주역지혜 · 주역점

주역지혜 · 주역점 주역의 이해와 응용

초판 1쇄 2017년 12월 2일

지은이 김기 ● 펴낸이 김기창 ● 기획 임종수
디자인 銀 ● 인쇄 및 제본 천광인쇄사

펴낸곳 도서출판 문사철
주소 서울 종로구 명륜동 2가 4번지 아남A 상가동 2층 2호
전화 02 741 7719 ● 팩스 0303 0300 7719
홈페이지 wwww.lihiphi.com ● 전자우편 lihiphi@lihiphi.com
출판등록 제300-2008-40호

ISBN 979 11 86853 32 0 (03180)

주역지혜·주역점

주역의 이해와 응용

김기 지음

文史哲

도서출판문사철

차 례

제1부 주역지혜

제2부 주역점

제1부　　　　　　　　　주역지혜

들어가는 말

주역은 '지혜' 그 자체이다. 인간의 이성적 사고가 가진 한계점을 주역은 뛰어넘게 해준다. 카오스 상황 속의 인간사를 지혜롭게 해결할 방법을 주역은 알고 있다. 우리는 그 답을 끌어내어 사용하기만 하면 된다. 주역을 진정으로 대할 때, 우리는 주역으로부터 많은 지혜를 빌려올 수 있다.

주역은 크게 두 가지의 연구경향을 가진다. 주역을 통해 인생의 지혜 및 인간사의 이치를 철학적으로 연구하는 의리역학(義理易學), 주역의 괘상과 수리를 연구하여 점법(占法)의 이론적 근거를 제공하는 상수역학(象數易學)이 그것이다. 이 책의 '주역지혜' 편에서는 주역의 「대상전(大象傳)」을 인생의 지혜 및 군자의 수양법과 관련하여 설명하였다. 그리고 각 괘가 가진 철학적 의미도 곁들여 설명하였다. 그래서 '주역지혜' 편은 의리역학적인 성격을 가졌다고 하겠다.

「대상전」에서는 자연의 도를 근거로 인간의 도를 설명한다. 자연세계에서 인간의 도리를 찾으려는 시도는 고대로부터 있어왔다. 노자(老子)나 공자(孔子) 등 동양의 옛 성인(聖人)들은 인생의 법칙을 자연계에서 찾는 전통을 세웠다. 노자는 『도덕경』에서 "가장 뛰어난 선(善)은 물과 같다.[上善若水]"라고 하여 인간의 행동 법칙을 물의 성질에서 찾고자 했다. 공자는 『논어』에서 "어진 자는 산을 좋아하고, 지혜로운 자는 물을 좋아한다.[仁者樂山 知者樂水]"라고 하여 사람의 덕성을 산과 물에다 비유하기도 했다. 「대상전」은 우리에게 큰 지혜를 제공해준다. 여기서 제공한 지혜를 일상생활에 적용시킨다면, 우리는 고통 대신 행복의 나라에, 부조화 대신 조화의 나라에 노닐 수 있다.

필자의 주역공부는 23세 때부터 시작되었다. 백발의 동주(東洲) 최석기(崔碩基) 선생님 문하에서 사서(四書)를 배운 후 주역의 문에 들어섰다. 이 책은 동주 선생님의 가르침을 토대로 다양한 경험과 연구를 통하여 얻은 깨달음을 수 년 전에 중부권 모 일간지에 연재함으로부터 만들어지기 시작하였다. 어리석은 필자가 주역에 대해 무엇을 알겠는가. 그러나 이미 작성된 원고를 불태워 버리기에는 아깝다는 생각이 들었다. 그래서 원고를 대폭 수정·보완하여 감히 출간할 용기를 내게 되었다. 부족한 점에 대해서는 강호제현들의 따끔한 충고를 기다리는 바이다.

2017년 9월 중화서당(中和書堂)에서 김기는 쓰다.

주역의 기초

❖ 하도 · 낙서

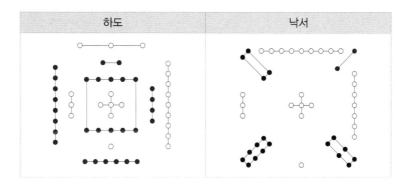

하도	낙서

❖ 복희8괘 · 문왕8괘

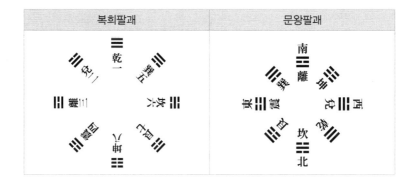

복희팔괘	문왕팔괘

❖ 8괘 상관표

用　卦	☰乾	☱兌	☲離	☳震	☴巽	☵坎	☶艮	☷坤
수리	1	2	3	4	5	6	7	8
상징	天	澤	火	雷	風	水	山	地
괘덕	健	悅	麗,明	動	入	陷,險	止	順
가족	父	少女	中女	長男	長女	中男	少男	母
방위	西北	西	南	東	東南	北	東北	西南

❖ 64괘 일람표

用　卦	1.☰ 건天	2.☱ 태澤	3.☲ 리火	4.☳ 진雷	5.☴ 손風	6.☵ 감水	7.☶ 간山	8.☷ 곤地
1.☰ 건天	01 乾	43 夬	14 大有	34 大壯	09 小畜	05 需	26 大畜	11 兌
2.☱ 태澤	10 履	58 兌	38 睽	54 歸妹	61 中孚	60 節	41 損	19 臨
3.☲ 리火	13 同仁	49 革	30 離	55 豐	37 家人	63 旣濟	22 賁	36 明夷
4.☳ 진雷	25 无妄	17 隨	21 噬嗑	51 震	42 益	03 屯	27 頤	24 復
5.☴ 손風	44 姤	28 大過	50 鼎	32 恒	57 巽	48 井	18 蠱	46 升
6.☵ 감水	06 訟	47 困	64 未濟	40 解	59 渙	29 坎	04 蒙	07 師
7.☶ 간山	33 遯	31 咸	56 旅	62 小過	53 漸	39 蹇	52 艮	15 謙
8.☷ 곤地	12 否	45 萃	35 晉	16 豫	20 觀	08 比	23 剝	02 坤

❖ 8괘의 괘상 풀이

8괘는 일명 '소성괘(小成卦)' 또는 '단괘(單卦)'라고도 한다. 8괘를 나열해 본다면, 건[☰乾]·태[☱兌]·이[☲離]·진[☳震]·손[☴巽]·감[☵坎]·간[☶艮]·곤[☷坤]이다. 이것은 음효(陰爻⚋)와 양효(陽爻⚊) 두 효를 서로 다른 형태로 세 겹으로 조합함으로써 생성되었다. 괘와 효는 모두 자연의 형상을 관찰하여 그 메시지를 함축함으로써 탄생되었다. 그래서 괘와 효에는 다양한 의미들이 담겨져 있다. 그 내용을 보면 다음과 같다.

1. 건괘(乾卦☰)

건괘는 하늘을 상징하는 괘이다. 여기서의 하늘은 종교적인 의미의 하늘이 아닌, 자연으로서의 하늘을 의미한다. 하늘의 운동은 한 순간도 멈춤이 없다. 그래서 그 성정은 강건함[健]이 된다. 이것을 드러내기 위해 건괘는 세 개의 양효를 쌓아 만들었다.

하나의 양효도 원래 강한 성정을 가지는데, 양효가 세 개나 포개진 것은 지극히 강건함을 뜻한다. 지극히 강건하지 않다면 하늘의 운행은 정지되고, 또한 만물에게 지속적으로 기운을 주지 못한다.

건괘가 상징하고 있는 것은 나라로 보면 임금, 가정으로 보면 아버지, 신체로 보면 머리, 오행으로 보면 금(金), 숫자로는 1, 방위로는 서북(西北)이 된다. 이밖에 둥근 모양, 쇠, 옥, 차가움, 얼음, 늙은 말, 수척한 말, 얼룩 말, 나무 과실, 크게 붉음 등의 의미도 가진다.

2. 태괘(兌卦☱)

태괘는 못을 상징하는 괘이다. 제방을 쌓아 물을 담아 모은 것이 못이다. 괘의 모양을 분석해보면, 아래의 두 양효는 물을 가두는 언덕 또는 제방이 되고, 위의 음효는 물이 된다. 음효인 물이 양효인 제방 안에 담기어 출렁거린다. 출렁거리는 것은 좋아서 날뛰는 모습인데, 그래서 태괘의 성정은 기쁨[悅]이 된다.

인간사로 보면, 꽃다운 소녀가 두 남자 위에서 자태를 뽐내고 있고, 그러한 모습을 두 남자가 떠받들고 있는 형국이다. 그래서 어린 여성 자신도, 그리고 그 아래의 남자도 모두 기쁨에 젖어 있다.

태괘가 상징하고 있는 것은, 가정으로 보면 소녀(少女), 신체로 보면 입, 오행으로 보면 금(金), 숫자로는 2, 방위로는 서(西)가 된다. 이밖에 강함, 소금, 첩, 양, 꺾어짐, 구설수, 결단 등의 의미도 있다.

3. 이괘(離卦☲)

이괘는 불을 상징하는 괘이다. 안은 음, 밖은 양이다. 이것은 자기를 태워 주위를 밝게 하는 모습이다. 그래서 이괘는 밝음[明]을 상징하는 괘가 된다. 그리고 불은 땅에 걸려서 타오른다. 그래서 그 성질은 걸림 [麗]이 된다. 불은 물과 함께 만물을 운영하는 주체이다. 불이 없으면, 만물은 생기를 받을 수 없다. 절대 없어서는 안 될 것이 바로 불이다.

이괘가 상징하는 것은, 가정으로 보면 가운데 딸인 중녀(中女), 신체로 보면 눈, 오행으로 보면 화(火), 숫자로는 3, 방위로는 남(南)이 된다. 이밖에 해, 전기, 갑옷, 병장기, 큰 배, 거북, 꿩 등의 의미도 있다.

4. 진괘(震卦☳)

진괘는 우레를 상징하는 괘이다. 우레를 '천둥'이라고도 한다. 천둥은 대기권 내의 구름 속에서 일어난 방전현상 때문에 나는 소리이다. 이때의 방전현상을 '번개'라 한다. 번개가 터지면 천둥이 울려 움츠린

만물을 일깨워준다. 위의 두 음효는 구름을 뜻하고, 아래에 있는 한 개의 양효는 방전을 일으키는 전류가 된다. 우레는 천둥뿐 아니라, 화산 폭발이나 지진 등 땅을 울리는 모든 현상을 지칭하기도 한다.

원래 양은 강하고 또 움직이는 성질을 가졌기에 음 속에 있으면, 음의 장막을 뚫고 터져 나오려는 성질을 가진다. 그래서 진괘의 성정은 움직임[動]이 된다.

진괘가 상징하는 것은, 가족으로 보면 큰아들인 장남(長男), 신체로 보면 발, 오행으로 보면 목(木), 숫자로는 4, 방위로는 동(東)이 된다. 이밖에 용(龍), 결단, 조급함, 검으면서 누른 빛, 푸른 대, 갈대, 씩씩함, 회생, 붉은 이마 등이 해당된다.

5. 손괘(巽卦☴)

손괘는 바람을 상징한다. 바람은 기압의 변화에서 생기는 자연현상으로, 공기를 순환시켜주는 역할을 한다. 바람은 허공을 마음대로 떠돌다가, 힘이 사라지면 몸을 낮추어 만물 속에 조용히 스며든다. 바람은 원래 형체가 없기에 만물들 속을 용이하게 파고 들 수 있다. 그래서 손괘의 성정은 들어감[入]이 된다. 그리고 음효가 두 개의 양효 아래 있으므로 유순과 겸양의 덕을 갖추고 있다.

손괘가 상징하는 것은, 가족으로 보면 큰 딸인 장녀(長女), 신체로 보면 다리, 오행으로 보면 목(木), 숫자로는 5, 방위로는 동남이 된다. 이밖에 곧은 먹줄, 흰색, 직공, 높다, 어른, 진퇴(進退), 넓은 이마, 냄새, 과단치 못함 등이 해당된다.

6. 감괘(坎卦☵)

감괘는 물을 상징하는 괘이다. 물은 불과 짝이 되어 만물에게 생명을 준다. 괘의 모양을 보면 안은 양, 밖은 음으로 되어 있는데, 이는 물이 안은 밝고 밖은 어두운 데서 취했다. 그리고 괘의 모양은 하나의 양효가 두 개의 음효 속에 빠져있는 형국을 하고 있다. 실제로 물은 물체를 빠지게 한다. 그래서 물의 성정은 빠짐[陷]이 된다. 또한 빠지면 위험하므로 험난함[險]을 상징하기도 한다.

감괘가 상징하는 것은, 가족으로 보면 가운데 아들인 중남(中男), 신체로 보면 귀, 오행으로 보면 수(水), 숫자로 보면 6, 방위로는 북쪽이 된다. 그밖에 도랑, 숨다, 바로 잡다, 불, 바퀴, 근심, 마음병, 귓병, 재앙, 통하다, 달, 도둑, 돼지 등의 의미도 있다.

7. 간괘(艮卦☶)

간괘는 산을 상징하는 괘이다. 산은 부드러운 땅위에 꿋꿋하게 솟아있는 자연물이다. 그래서 괘의 모양이 아래는 부드러움을 상징하는 음효가 두개 깔려있고, 그 위에 하나의 양효가 솟아 있다. 그리고 꼭대기의 양효가 두 개의 음효를 올라타서 누르고 있는 형상을 하기에, 간괘의 성정은 그치다[止]가 된다.

간괘가 상징하는 것은, 가족으로 보면 어린 남자인 소남(少男), 신체로 보면 손, 오행으로 보면 토(土), 숫자로 보면 7, 방위로는 동북쪽이 된다. 그 밖에 지름길, 작은 돌, 손가락, 문, 내시, 개, 쥐, 검은 부리의 짐승, 견고한 마디 등의 의미도 있다.

8. 곤괘(坤卦☷)

곤괘는 땅을 의미한다. 땅은 부드러움으로 만물을 싣고 또 만물을 기르는 역할을 한다. 그래서 곤괘는 부드러움을 상징하는 음효가 세 겹으로 포개져 있으며, 그 성정은 순함[順]이 된다. 건괘가 강건한 성정을 가지어 만물에 기운을 불어주고 또 덮어준다면, 곤괘는 유순한 덕으로써 만물을 길러주고 또 실어준다. 그렇기에 건괘와 곤괘는 모든 괘의 부모가 된다. 실제로 모든 괘는 건괘와 곤괘에서 변하여 나왔다.

곤괘가 상징하는 것은, 가정에서 보면 어머니, 신체로 보면 배, 오행으로 보면 토(土), 숫자로 보면 8, 방위로는 서남쪽이 된다. 그밖에 가마솥, 균등, 소, 큰 수레, 베[布], 인색함, 대중, 자루 등의 의미도 있다.

❖ 괘와 효에 대한 기초지식

괘와 효에는 각각의 칭호와 위상을 가진다. 또 고유의 의미도 가진다. 이것을 알면 주역을 이해하는데 도움이 된다.

1. 소성괘(小成卦) · 대성괘(大成卦), 내괘(內卦) · 외괘(外卦)

소성괘는 세 개의 효로 이루어진 8개의 괘를 말하고, 대성괘는 소성괘가 포개져서 된 64개의 괘를 말한다. 하나의 대성괘에는 상괘(上卦)와 하괘(下卦)가 있다. 상괘는 윗부분에 있는 소성괘로 '외괘(外卦)'라고도 한다. 하괘는 아랫부분에 있는 소성괘로 '내괘(內卦)'라고도 한다. 상괘는 지배층 · 후반부 · 완성 · 현상 · 외부 등의 의미를 가지며, 하괘는 피지배층 · 전반부 · 미완성 · 심리 · 내면 등의 의미를 가진다.

2. 호괘(互卦)

하나의 괘에는 두 개의 호괘(互卦)가 있다. 호괘는 64괘 속에 모두 들어 있는데, 이것은 모든 괘에는 숨겨진 괘가 있음을 뜻한다. 이는 자연계의 생명체가 땅 표면에도 있지만 땅 밑에도 숨겨져 있음과 같은 이치이다. 호괘에는 상호괘(上互卦)와 하호괘(下互卦)가 있다. 3 · 4 · 5 효를 묶어서 '상호괘', 2 · 3 · 4효를 묶어서 '하호괘'라 칭한다. 화지진괘(火地晉卦䷢)를 예로 설명해보면, 하호괘는 간괘(艮卦☶)가 되고 상호괘는 감괘(坎卦☵)가 된다. 이 두 호괘를 조합하면, 수산건괘(水山蹇卦䷦)가 된다. 결국 화지진괘 속에는 수산건괘의 의미도 포함되어 있다는 말이 된다.

3. 효의 이름

하나의 대성괘에는 6개의 효가 있다. 효는 아래로부터 위로 헤아려 올라간다. 그래서 가장 아래 효는 '초효(初爻)', 그 다음은 '이효(二爻)', '삼효(三爻)', '사효(四爻)', '오효(五爻)', 가장 위의 효는 '상효(上爻)'라 한다. 그리고 양효는 '구(九)', 음효는 '육(六)'이라 한다. 그 이유는 기본수인 생수(生數)는 1에서 5까지인데, 이 가운데서 양수(홀수)인 1 · 3 · 5를 더하면 9가 되고, 음수(짝수)인 2 · 4를 더하면 6이 되기 때문이다. 그래서 제일 아래 효가 음이면 '초육(初六)', 양이면 '초구(初九)'라 한다. 아래서 두 번째 효가 음이면 '육이(六二)', 양이면 '구이(九二)'라 한다. 아래서 세 번째 효가 음이면 '육삼(六三)', 양이면 '구삼(九三)'이라 한다. 아래서 네 번째 효가 음이면 '육사(六四)', 양이면 '구사(九四)'라 한다. 아래서 다섯 번째 효가 음이면 '육오(六五)', 양이면 '구오(九五)'라 한다. 가장 위에 있는 효가 음이면 '상육(上六)', 양이면 '상구(上九)'라 한다. 최하위의 효와 최상위의 효에는 효의 차례를 알리는 숫자를 붙이지 않고 최하위의 효에는 '초', 최상위의 효에는 '상'이라는 글자를 붙인다.

4. 효의 계급

각 효의 위상을 비유하면 이렇다. 초효는 공부하는 선비, 2효는 과거에 금방 합격한 초급관리, 3효는 낮은 관리, 4효는 높은 관리, 5효는 왕, 상효는 은퇴한 왕으로 볼 수 있다. 요즈음의 기업체로 말하면, 초효는 취업 준비생, 2효는 신입사원, 3효는 유능한 중견 사원, 4효는 임원, 5효는 최고 경영자, 상효는 명예회장에 비유할 수 있겠다.

5. 천(天)·지(地)·인(人) 삼재(三才)와 효

초효와 2효는 가장 아래 있으니 지(地)를, 3효와 4효는 가운데 있으니 인(人)을, 5효와 상효는 가장 위에 있으니 천(天)을 뜻한다. 그리고 상하의 소성괘 자체에도 천·지·인이 있다. 즉 최하위의 효는 지, 중간의 효는 인, 최상의 효는 천이 된다. 그러면 주역에서는 무엇 때문에 괘를 천·지·인으로 나누어 말하는가. 그것은 바로 주역이 인간과 하늘, 그리고 땅이 몸은 서로 다르지만, 하나의 세계 속에서 존재한다는 세계관을 가졌기에 그러하다. 즉 주역에서는 천지자연과 인간이 하나의 유기체 속에 어울려 있는 것으로 보고 있다는 말이다. 천·지·인은 나누어 보면 셋이 되고, 모아서 보면 하나일 뿐이다.

6. 효의 호응 관계 및 정(正)과 중(中)

각 효에는 서로 호응하는 짝이 있다. 짝은 서로의 역할을 원만히 수행할 수 있도록 해준다. 호응하는 짝은 이성적 또는 사업적 파트너라고 할 수 있다. 초효-4효, 2효-5효, 3효-상효가 서로 호응관계를 이룬다. 이때 음양이 서로 다르면, '정응(正應)'이라 하여 길한 것으로 본다. 그리고 양수(홀수) 자리에 양효가 있거나, 음수(짝수) 자리에 음효가 있으면, '정(正)'이라 하여 길하다고 본다. 그리고 하괘의 중간에 있는 제2

효와 상괘의 중간에 있는 제5효를 각각 '중(中)'이라 하여 길하다고 본다. 또 정과 중이 동시에 갖추어져 있으면 '중정(中正)'이라 말한다. 예를 들어 수화기제괘(水火旣濟卦䷾)의 제2효에는 음이 있고 제5효에는 양이 있다. 즉 양자리(제5효)에 양효가 자리해 있고 음자리(제2효)에 음효가 자리해 있어, 음양이 각각 바른 자리를 차지하고 있다. 그리고 이두 효는 모두 상하괘의 중에 있다. 그래서 수화기제괘의 제2효와 제5효는 모두 이른바 '중정'이 된다. 주역에서 중정을 길하게 여기는 이유는 주역이 추구하는 바가 바로 '바름[正]'과 '중용[中]'이기 때문이다.

❖ 주역에 대하여

흔히들 '주역'이라 하면, '신비롭다'와 '미신이다'라는 두 종류의 선입견을 가진다. 그러나 어떠한 견해든, 주역이 가진 참 의미를 알지 못한다면, 그러한 견해들은 의미 없는 말장난에 불과하다. 그러면 도대체 '주역'이란 무엇인가.

주역은 중국 고대의 경전 중 가장 중요한 지위를 차지한다. 주역은 동아시아 각국들의 학술문화의 수준을 높이는 데 크게 기여를 하였으며, 300여 년 전에는 서양으로까지 전해져 서양인들의 정신세계에 많은 영향력을 발휘하기도 하였다. 주역의 의미는 크게 두 가지로 해석할 수 있다. 첫째는 주역의 '주(周)'자에는 '두루하다'는 의미가 있는 바, 주역은 '두루두루 빠짐없이 변화의 이치를 갖춘 책'이라 할 수 있다. 둘째는 '주'는 나라 이름이기도 하므로 주역은 '주나라의 역학서(易學書)', 더 정확히 말한다면 '주나라의 점치는 책'이라고도 말할 수 있다.

'역(易)'자는 변화를 의미하는 글자로 이것은 도마뱀의 모양을 본떠 만든 상형문자이다. 즉 윗부분의 '日'은 도마뱀의 머리, 아랫부분의 '勿'은 도마뱀의 몸과 다리를 상징한다. 도마뱀은 발이 네 개인데, 상황에 따라 몸의 색깔을 변화시키는 특성을 가진다. 그래서 세상이 변화하는 원리를 '易'자로 표시했고, 서양인들은 주역의 경문(經文)을 '변화의 책(The Book of Change)'으로 번역을 하였다.

주역의 구성을 보면 크게 「역경(易經)」과 「역전(易傳)」으로 구분되는데, 이들은 서로 다른 특색을 가진다. 「역경」은 64괘의 의미를 밝힌 괘사(卦辭)와 384개의 효(爻)를 해석한 효사(爻辭)로 구성되어 있다. 괘사와 효사는 인간사의 길흉(吉凶)을 말하고 있기에, 「역경」은 점서(占書)라고 할 수 있겠다. 「역전」은 일명 '십익(十翼)'이라고도 한다. 「단전(彖傳)」상(上)·하(下), 「상전(象傳)」상(上)·하(下), 「문언전(文言傳)」, 「괘사전(卦辭傳)」상(上)·하(下), 「설괘전(說卦傳)」, 「서괘전(序卦傳)」, 「잡괘전(雜卦傳)」으로 구성되어 있다.

현재 통용되고 있는 주역책은 매 괘마다 다섯 항목의 글이 실려 있다. 즉 ①괘의 길흉을 풀이한 괘사(卦辭), ②괘의 뜻을 자연론적으로 해석한 「단전(彖傳)」, ③괘의 상(象)을 설명한 「대상전(大象傳)」, ④효를 해석한 효사(爻辭), ⑤효의 상(象)을 해석한 「소상전(小象傳)」으로 구성되어 있다. 단, 건괘(乾卦)와 곤괘(坤卦)에는 예외적으로 「문언전(文言傳)」이 더 첨가되어 있다.

「대상전」에 대해서만 조금 더 언급해본다면, 「대상전」은 자연의 형상을 본떠서 만든 64괘의 괘상(卦象)이 내포하고 있는 역학적 의의를 파악한 후에 그것을 인문학적으로 해석함으로써 삶의 지혜를 제시해준 글이다. 따라서 「대상전」은 주역을 점서로서의 위상뿐만 아니라, 인간의 삶을 윤택하게 해주는 '지혜의 보고(寶庫)'로서의 위상도 확보할 수 있도록 한 작품이라 하겠다.

중천건괘重天乾卦

 세상이 열린다.
경기의 주역 대상전 풀이

중천건괘(重天乾卦)는 상하에 모두 하늘을 상징하는 건괘(乾卦☰)가 놓여 이루어진 괘이다. 중천건괘는 하늘만 열려있을 뿐, 아직 만물이 출현하지 않은 상태를 의미한다. 이때는 에너지가 힘차게 꿈틀거리며 생명활동을 준비한다. 그래서 중천건괘는 만물의 시작을 의미하는 괘가된다.

주역은 천지만물의 변화법칙을 설명한 책이다. 만물은 하늘과 땅이있어야만 존재할 수 있다. 그래서 주역에서는 하늘과 땅을 상징하는 건괘와 곤괘(坤卦)가 첫머리에 등장하였다. 건괘의 하늘 기운과 곤괘의땅 기운이 서로 섞일 때, 만물이 탄생한다. 건괘는 곤괘와 서로 짝을 이루어 만물을 생육하는 자연으로서의 하늘을 뜻한다. 결코 유일신 종교에서의 지고신(至高神)을 지칭함이 아니다.

다산(茶山) 정약용(丁若鏞)은 '건(乾)'자와 '기(氣)'자의 의미는 본래 서로 같다고 말한다. 여기서 본다면, 건괘의 하늘은 바로 '기'이다. 여기서의 기는 하늘의 각종 에너지 및 빛을 의미한다. 이것이 지구로 내려와 지구의 환경조건과 결합하면 지상의 만물이 비로소 생육활동을 하게 된다. 이렇게 보면, 하늘은 지구의 파트너라 볼 수 있다. 그러나 엄밀히 말하면, 하늘과 지구의 위상은 동등하지 않다. 지구 역시 하늘의 에너지가 응축됨으로써 이루어졌기에 지구는 하늘에서 나왔다고 할 수 있다. 그래서 건괘 「단전(彖傳)」에서는 "위대하도다, 건원(乾元) 이여! 만물이 힘입어 시작한다."라고 했다. 땅 위의 만물은 물론, 땅 역시 건괘의 하늘에서 나왔다.

주역에서는 하늘과 땅의 선후 문제를 계속 따지지 않는다. 주역에서는 하늘과 땅은 우리에게 공간과 자양분을 빌려주는 양대 요소이므로, 서로 협조해야 할 대등한 파트너로 자리 매김을 한다. 하늘의 건과 땅의 곤은 우주의 남녀이다. 그래서 「계사전(繫辭傳)」에서는 "건도(乾道)는 남성을 이루고 곤도(坤道)는 여성을 이룬다."고 말했다. 주역에서는 모든 괘가 건괘와 곤괘가 서로 사귐으로부터 나왔다고 보며, 이러한 사고구도 위에 만물은 하늘과 땅의 사귐으로부터 나왔다고 본다.

주역에서는 하늘의 덕을 '굳셈'으로 본다. 건괘의 「대상전」에서는 하늘의 움직임을 '굳셈[健]'으로 말했다. 『중용(中庸)』에서는 천도(天道)를 '성(誠)'으로 보았는데, 이것은 '참됨'이란 뜻과 함께 '쉬지 않음'이란 뜻도 가진다. 즉 하늘의 움직임이 굳세어 쉼이 없다는 말이다. 하늘의 별들은 지금도 쉼 없이 움직이고, 그 공간은 끝없이 팽창해나가고 있다. 하늘의 움직임은 한순간도 정지된 적이 없다.

건괘는 굳센 덕성으로 지상 만물의 씨앗을 준 아버지가 된다. 이는 건괘가 주역 속의 다른 모든 괘의 근본이 됨을 의미한다.

1-2 강건한 기상으로 세상을 이끌어간다.
김기의 주역 대상전 풀어

중천건괘(重天乾卦)는 상하의 괘가 모두 순양(純陽)으로 이루어져 있다. 그래서 건괘는 지극히 건실하고, 또 지극히 능동적인 행동양태를 가진 괘가 된다.

건괘는 순양으로 이루어졌기에 그 성품이 지극히 강건하고, 또 적극적이어서 능동적으로 변화를 이끌어간다. 그래서 풍운조화를 부리면서 힘차게 승천하는 용(龍)을 등장시켜 건괘의 의미를 설명하고 있다. 건괘는 자연으로 보면 하늘이지만, 국가로 말한다면 임금이 된다. 옛날에는 임금을 용으로 비유하여, 임금의 자리를 '용상(龍床)', 임금의 얼굴을 '용안(龍顏)', 임금의 눈물을 '용루(龍淚)' 등의 단어를 만들어 사용했는데, 이것은 모두 주역의 건괘에서 유래되었다.

원래 최고의 지도자는 안으로 포용의 덕을 감추면서 강인한 기상과 큰 국량을 가져야 한다. 그러면서 풍운처럼 밀려오는 변화에 능동적이고 적극적으로 대응해야 한다. 그렇지 않으면 명령이 서지 않고, 따라서 효과적이고 체계적인 경영이 불가능해진다. 가장 못난 지도자는 포용의 덕을 갖추지 못했고, 거기에다 세상을 보는 안목이 협소하면서 소극적인 태도로 조직을 경영하는 자이다. 이런 지도자는 요즈음처럼 저항과 변수가 많은 시대에는 단 하루도 견디지 못한다.

건괘의 각 효에서는 시기에 따른 처신법을 일러주고 있다. 최하위의 효는 물속에 잠겨 있는 잠룡(潛龍)인데, 세상도 명예도 다 잊어버리고 숨어서 미래를 준비하는 단계이다. 제2효는 '현룡(見龍)', 즉 '나타난 용'인데, 처음 뽑혀서 최고 지도자 앞에 등장하는 단계이다. 제3효는 중심권에 진입하려는 위치에 있기에 조심해야 하는 상태, 제4효는 중심권에 진입한 후 지존(至尊)에 오르기 위해 선거를 앞두고 있는 단계, 제5효는 마침내 뜻을 이루어 하늘을 훨훨 나는 비룡(飛龍), 최상의 제6효는 이미 최고 지위에 이르렀기에 모든 것을 다 내려놓고 물러나 있는 항룡(亢龍)이다. 여섯 용들이 시기마다 그 모습이 다르지만, 내면에는 모두 굳건한 덕성을 갖추고 있다. 굳건한 덕성을 바탕으로, 자신이 지금 어떤 상황에 처해 있는가를 알아 거기에 맞게 움직이면, 마침내 허물없는 삶을 꾸려갈 수 있다.

건괘는 순양의 괘로서 굳센 덕을 가졌는데, 만물의 아버지를 뜻한다. 아버지는 생명의 씨앗을 내려줌과 동시에 구성원들을 감싸서 이끌어간다. 그래서 건괘는 '씨앗'의 의미와 '지도자'의 의미를 함께 가진다.

1-3
길기의 주의 대상전 풀이

하늘의 운행이 굳세니, 군자가 이것을 본받아 쉬지 않고 스스로 힘쓰느니라. 〈天行(천행)이 健(건)하니 君子(군자) 以(이)하야 自彊不息(자강불식)하나니라〉

「대상전」은 괘 아래에 '상왈(象曰)'로 시작하는 글을 두고 하는 말인데, 이것은 64괘 전체에 다 달려있다. 「대상전」에서는 자연의 상징물인 괘를 깊게 관찰하여 인간의 길을 설파하고 있다. 이것이 있기에 주역은 수양서로서의 의미가 한층 더 강화되었다.

불교나 유교에서는 인간사의 길흉은 덕행을 쌓았는지의 여부에 달렸다고 본다. 그래서 불교에서는 행위의 여부에 따라 길흉을 받는다는 업보설을 제시했고, 유교에서는 조상의 적덕(積德) 여부에 따라 자손의 길흉이 갈라진다는 주장을 내놓았다. 이 말에 근거해서 본다면, 인간사의 길흉은 인격의 수양과 밀접한 관련이 있다고 볼 수 있다. 그런 의미에서 수양법을 제시하고 있는 「대상전」은 흉을 피하고 길을 취하게 하는 비결서(秘訣書)라고도 말할 수 있다.

건괘는 상하가 모두 양으로 된 괘로서 하늘을 상징한다. 하늘의 운동은 쉼이 없고 또 씩씩하다. 우주 공간은 지금도 무서운 속도로 팽창해가고 있으며, 이미 모습을 갖춘 별들은 끝없이 운동을 하고 있다. 또 하늘에는 다양한 에너지와 빛들이 제각기 다른 방향으로 꿈틀거리며 운동한다. 이처럼 하늘은 한 순간도 쉼 없이 변화를 구사해 나간다.

군자는 하늘의 이러한 모습을 명철하게 관찰하고, 또 배워서 자기 성장을 위해 일일신우일신(日日新又日新)의 노력을 기울여야 한다. 나날이 새롭고 또 날마다 새롭고자 하는 노력을 기울일 때, 비로소 대사를 이룰 수 있다. 장차 실패할 사람은 반드시 나태함에 빠지고, 또 남에게 의지한다. 성공할 사람은 자신의 일에 열정을 보이므로, 뛰어난 아이디어를 창출해낼 수 있고, 또 일을 성취시킬 수 있다. 특히 세상을 이끌어가는 사람은 더욱 더 그래야만 한다.

그런데 괘변(卦變)의 원리에서 볼 때, 유념해야 할 사항이 있다. 즉 굳센 덕을 가진 건괘는 유순한 덕을 가진 순음(純陰)의 곤괘가 변해서 되었다는 점이다. 건괘의 내면에는 곤괘의 덕이 저장이 되어 있다. 그래서 우두머리는 굳세고 강건한 자세로 일을 하지만, 속에는 부드러움과 여유를 간직하고 있어야 한다. 왜냐하면 '태강즉절(太剛則折)'이란 말처럼 너무 강하면 부러지기 때문이다. 겉과 속이 모두 강하기만 하면, 마침내 자멸하거나 아니면 타인에 의해 파멸된다.

그래서 건괘에서 배우는 자는 굳센 정신과 행동력을 가져야함과 동시에, 내적으로는 유연한 덕을 머금고 있어야한다. 이렇게 한다면, 마침내 대업을 이루고, 또 그 대업을 기리 지켜나갈 수 있다.

중지곤괘重地坤卦

부드러운 덕으로 하늘의 일을 돕는다.

중지곤괘(重地坤卦)는 여섯 효 모두 음으로 이루어진 순음(純陰)의 괘이다. 순음의 괘이기 때문에 그 성질이 지극히 유순하고 부드럽다. 그래서 곤괘는 자연계에서 볼 때는 부드러운 흙으로 된 지구를 상징하며, 인간세계에서 볼 때는 부드러운 심성을 가진 어머니를 상징한다.

곤괘는 모두 음효(--)로 되어 있다. 음효는 효의 형상에서도 보듯이 바깥은 차있고 속은 비어 있다. 이것은 무엇을 받아들일 여유가 있음을 뜻한다. 그래서 곤괘는 만물을 수용하는 땅덩이를 상징한다. 땅덩이는 속이 부드러워 만물이 쉽게 뿌리를 내릴 수 있다. 그리고 땅 속에는 지상의 생명체들을 살릴 많은 에너지가 담겨 있다. 사람으로 말하면, 여성의 자궁에 해당한다. 자궁은 살덩이 속에 있는데, 그곳에는 2세를 탄생시킬 수 있는 생명에너지가 비축되어 있다. 자궁 속의 생명에너지는 남성의 생명에너지와 융합을 이룸으로써 비로소 생명체를 탄생시킨다.

건장한 하늘은 반드시 유순하고 고요한 성질의 땅을 만나야만 생명활동이 가능해진다. 하늘 없는 땅도 무의미하지만 땅 없는 하늘도 무의미하다. 반드시 만물을 생성할 터전인 땅이 있어야만 비로소 하늘은 생명활동을 구사할 수 있다. 그래서 「계사전」에서는 "천지의 기운이 서로 사귐에 만물이 변화하고, 남녀의 정기(精氣)가 서로 얽힘에 만물이 생성된다."고 했다. 서로 다른 기운이 공존화합하지 않으면 아무 것도 이룰 수 없다.

땅의 흙은 부드러운 성질을 가져 생명체들이 살 수 있게 해준다. 현대과학에 의하면, 지구는 약 45억 년 전에 형성되었는데, 초기에는 지구의 환경이 매우 불안정했다. 긴 세월이 흐르면서 지각운동이 안정을 찾고, 또 온도와 수질 및 공기 등의 여건들이 차츰 생명체들의 생존이 가능하게끔 변해갔다. 이로써 지구는 마침내 만물의 어머니가 되었다. 만약 지구가 안정적이고 평화로운 환경을 갖추지 못하면, 지상에는 생명체가 생존할 수 없다. 땅은 유순함과 고요함으로써 만물을 기른다. 곤괘 「단전(彖傳)」에서는 "지극하다, 곤원(坤元)이여! 만물이 의지하여 생겨나니, 이에 유순함으로 하늘을 받들도다."라고 했다. 즉 하늘이 생명의 씨앗을 주면, 땅은 유순함으로 그 씨앗을 길러낸다는 말이다.

하늘이 지상 생명체들에게 최초의 생명 인자들을 주었기에 생명의 아버지라 한다면, 땅은 생명의 인자를 잘 양육하여 생명을 완성시키는 역할을 하므로 어머니가 된다. 그러므로 하늘과 땅은 지상 생명체의 근원이 된다. 그래서 하늘을 상징하는 건괘와 땅을 상징하는 곤괘가 차례로 주역의 선두에 나왔다.

2-2 유순한 덕으로 만물을 양육한다.
<small>정기의 주역 대상전 풀이</small>

중지곤괘(重地坤卦)는 순음(純陰)의 괘로서 어머니에 해당한다. 어머니는 지극히 유순한 덕을 가졌다. 만약 아기가 뱃속에 있을 때, 어머니가 과격하게 움직이면 뱃속의 아기는 정상적으로 자랄 수 없다.

곤괘는 만물을 부드럽게 감싸서 양육하는 덕을 가지고 있다. 순양의 건괘는 앞장서서 적극적으로 씨를 뿌리는 입장에 있고, 순음의 곤괘는 뒤따르면서 씨를 받아 기르는 입장에 있다. 음과 양의 서로 다른 두 기운이 화합을 함으로써 비로소 천지간에는 만사만물이 생겨나고, 또 모두가 각자의 삶을 유지해나갈 수 있다.

국가나 회사 또는 가정 등 인간세계의 모든 조직들은 한쪽이 강력한 힘으로 이끌어나가면, 다른 한쪽은 부드럽게 어루만져주어야 한다. 이끌어 가는 사람만 있고 보좌해주는 사람이 없거나, 반대로 보좌해주는 사람만 있고 이끌어 가는 사람이 없으면, 그 집단은 오래 존속될 수 없다. 가정에서도 부부 모두 강경하거나 또는 유연하기만 하면, 가정을 원만하게 이끌어갈 수 없다. 한 쪽이 강하게 밀고 나가면, 다른 한쪽은 잘 어루만져서 다독여 줘야만 원만한 가정을 이룰 수 있다.

곤괘는 유순하지만, 강한 기질을 품고 있다. "여자는 약하지만 어머니는 강하다."라는 말이 있다. 여성의 모성애는 불가사의할 정도로 강한 힘을 발휘한다. 이는 곤괘 속에 건괘가 숨어 있어서 그런 것이다. 즉 순음의 곤괘는 순양의 건괘에서 변해왔기에 그렇다는 말이다. 실제로 보면, 여자라고 해서 모든 면에서 연약한 것만은 아니다. 어떤 경우에는 여성이 남성보다 더 강한 모습을 보이기도 한다. 그러나 여성에게 남성의 기질이 너무 많으면, 정상적인 부부생활을 유지하기 어렵다. 강한 여자들은 남자 없이 고독한 삶을 살아갈 가능성이 많다.

건괘가 제1인자라면, 곤괘는 제2인자이다. 만약 제2인자가 적극적으로 나서서 제1인자 행세를 하면서 전체의 판도를 좌우하려하면 제1인자로부터 견제를 받아 장차 제거를 당하는 불운을 맞는다. 그러므로 제2인자는 드러나지 않게 말하고 행동하는 지혜를 가져야 한다. 그래서 곤괘의 괘사(卦辭)에 "먼저 하면 미혹하고 뒤에 하면 얻으리니, 이로움을 주관한다."라고 했다.

세상사는 항시 건괘와 곤괘가 서로 짝을 이룬다. 이때 곤괘는 제2
인자의 위치를 지켜야 한다. 곤괘의 입장에 있는 자는 반드시 앞장서서
일을 벌이지 말고 음지에서 마무리하는 역할을 해야만, 자신과 전체가
다 행복해진다.

**땅의 형세를 곤(坤)이라 하니, 군자가 이것을 본받아 후한 덕으로써
만물을 실어주느니라.** 〈地勢(지세) 坤(곤)이니 君子(군자) 以(이)하야
厚德(후덕)으로 載物(재물)하나니라〉

중지곤괘(重地坤卦)는 땅덩이를 상징한다. 땅은 부드럽고 후덕한 마음
씨로 만물을 실어주고 길러주고 정화시켜준다. 지상의 모든 생명체들
은 땅의 기운을 받지 않으면 생명을 유지할 수 없다. 생명체는 땅에서
멀어지면 멀어질수록 빨리 시든다. 그래서 모든 생명체는 본능적으로
땅을 그리워하게 된다.

만약 땅이 후한 덕이 없어 얇고 가볍다면 생명체들이 뿌리를 내려
살아갈 수가 없고, 또 만물이 실려 있을 수도 없다. 땅이 만물을 기르고
또 의지처가 되어주는 것은 바로 후한 덕을 가졌기에 그런 것이다. 땅
은 오행설에서 보면 토(土)가 된다. 토는 믿음[信]의 덕을 가졌다. 실제
로 토기(土氣)가 강한 무일(戊日)이나 기일(己日)에 태어난 사람들은
대부분 믿음직한 인품을 가졌다.

세상을 원만히 잘 살아가려면 반드시 곤괘의 성정을 본받아야 한
다. 지도자의 경우에는 더욱 더 그렇게 해야 한다. 만약 지도자라 하
여 강건한 건괘의 성정만 고수한다면 비명횡사(非命橫死) 당하기 십상
이다. 노자는 "강함은 죽음의 무리요, 부드러움은 삶의 무리이다."라고
했다. 이미 죽은 생명체는 몸이 딱딱하고, 살아있는 생명체들은 몸이

유연하다. 어떤 위치에 있던 부드럽게 감싸주는 덕이 없으면 사람들을 포용할 수가 없고, 그렇게 되면 세상을 구제하기는커녕 자기 한 몸도 건사하기 어렵다. 끓어오르는 분노나 자신을 위한 이기심을 다 물리치고 남을 포용해준다는 것은 참으로 어려운 행동이다. 이것이 곤괘의 성정을 실현하는 길이다. 만약 곤괘의 성정을 실현한다면 그는 인간 중의 참 인간이 될 수 있다. 그러므로 사람의 그릇이 크고 작음은 곤괘의 덕을 얼마나 가지고 있는가에 달려있다고 할 수 있다.

그러나 곤괘는 무조건 유순하기만 한 것은 아니다. 곤괘는 건괘가 변해서 된 괘이므로 곤괘의 이면에는 건괘의 강건한 성품이 잠재되어 있다. 만약 오로지 유약하기만 하면 어떻게 줄기차게 만물을 싣고, 또 기를 수 있겠는가. 사람도 너무 부드럽고 유순하기만 하면 복잡하고 어지러운 이 세상을 살아가기가 어렵다. 부드럽고 유순하지만, 내면에는 신념과 절개를 지키고 있어야 한다.

세상을 성공적으로 살아가려면, 후덕하고 유순하면서도 강인한 정신력을 가진 땅의 덕을 본받아야 한다.

‖

수뢰둔괘水雷屯卦

3-1 어렵지만 결국에는 새싹을 틔운다.
경기와 주역 대상전 풀이

수뢰둔괘(水雷屯卦)는 생명체가 처음 태어나는 순간을 나타낸 괘이다. 생명체는 물론, 세상만사도 시작의 시점에는 많은 진통이 따른다. 그래서 수뢰둔괘는 '어려운 탄생'이라는 의미를 가진다.

둔괘의 괘상(卦象)을 보면, 위에는 물을 뜻하는 감괘(坎卦☵), 아래는 우레를 뜻하는 진괘(震卦☳)가 배치되어 있다. 우레는 강한 생명 에너지를 머금고 있다. 그래서 둔괘는 생명 에너지가 물속에서 배양되어 마침내 하나의 생명체로 탄생하게 된다는 의미를 가진다. 사람의 탄생도 이와 같은 원리로 이루어진다. 즉 아버지의 정자는 강하게 움직이는 우레에 해당되고, 어머니의 양수는 물에 해당된다. 아버지가 뿌린 생명의 씨앗이 어머니의 양수 속에 있다가, 10개월 후에 자궁 밖으로 나오면, 비로소 생명체는 완성을 보게 된다. 그래서 주역에서는 물과 우레로 된 수뢰둔괘를 아버지 괘인 건괘(乾卦☰)와 어머니 괘인 곤괘(坤卦☷)의 뒤에 두었다.

곽점(郭店)의 초묘(楚墓)에서 발굴된 『태일생수(太一生水)』에서는 "태일(太一)이 물을 낳았다. 그 물이 다시 태일을 도우니 하늘이 이루어지고, 하늘이 다시 태일을 도우니 땅이 이루어졌다."라고 하였다. 여기서 본다면, 물은 태일[道]과 함께 천지를 낳는 주체의 위상을 가진다.

34

이는 만물이 물에서 나왔음을 의미하는 말이다. 서양에서도 고대 그리스 철학자인 탈레스가 '만물의 근원은 물이다'란 주장을 내놓은 바 있다. 주역의 수뢰둔괘 역시 만물의 씨앗이 물속에서 태어난다는 논리를 편다. 『태일생수』와 탈레스, 그리고 주역의 수뢰둔괘는 모두 생명의 탄생을 물과 관련시켜 말하고 있음은 흥미로운 일이다. 한편, 현대과학에서도 지상의 최초 생명체는 물속에서 배양되어 나온 것이라는 견해를 내놓고 있다.

수뢰둔괘는 하늘에서 내려온 생명의 씨앗이 지상의 물속에서 자라나, 마침내 세상으로 나오는 순간을 포착한 괘이다. 이때 꿈틀거리면서 성장해가는 생명의 주체가 바로 가장 아래에 있는 양효이다. 양효는 양기를 상징하는데, 양기는 본래 떨쳐 올라가려는 성질을 가지고 있다. 올라가려는 그 성질 때문에 마침내 양기는 세상 밖으로 나가 완성된 생명체가 된다. 생명체가 발아하여 밖으로 나오는 순간에는 참으로 많은 고통이 따른다. 그 고통을 겪고 지상으로 모습을 드러낸 새 생명체는 비로소 광명을 받으면서 길고 긴 삶을 누리게 된다.

모든 일에는 시작이 있는 법이다. 시작하는 시기에는 본래 어려움이 뒤따른다. 어려움을 견디고 나아가면 반드시 빛을 볼 때가 온다. 이것이 자연의 이치이자 주역의 이치이다.

3-2 초창기에는 굳센 조력자를 만나야 한다.

주자(朱子)는 '둔(屯)'자의 자의(字意)로써 수뢰둔괘(水雷屯卦)의 뜻을 풀이했다. 즉 '둔'자의 속에 있는 '屮'자가 바로 '싹날 철'자이기에, 둔괘는 바로 초목이 처음 싹을 틔워서 지면을 뚫고 올라오려는 순간을 표현하는 괘라는 것이다. 초목이 처음 싹을 틔워 지표면을 뚫고 위로 오르려 할 때는 곤란이 따른다. 이때는 필사의 힘을 다해야만 한다. 이 상황은 어머니의 자궁 밖으로 나오려고 발버둥치는 태아의 모습을 상상해보면 쉽게 이해할 수 있다.

둔괘는 물을 뜻하는 감괘(坎卦☵)가 위에 있고, 꿈틀거리는 생명력을 뜻하는 진괘(震卦☳)가 아래에 있다. 감괘는 '험준함'의 성정을 가졌고, 진괘는 '떨쳐 일어남'의 성정을 가졌다. 양은 아래에 있으면, 위로 솟아오르려고 하는 본능을 가지고 있다. 수뢰둔괘는 아래의 진괘가 막 떨쳐 일어나려고 하는데, 험준한 감괘가 앞을 가로막고 있어 곤경에 처해 있음을 상징한다. 그래서 둔괘는 중수감괘(重水坎卦)·수산건괘(水山蹇卦)·택수곤괘(澤水困卦)와 함께 주역의 사난괘(四難卦)에 속한다. '사난괘'란 주역에서 곤란한 상황을 상징하는 네 가지의 괘를 말한다. 그러나 수뢰둔괘는 일의 성취가 늦어질 뿐 실패를 상징하는 괘는 아니다.

그러면 이 어려운 상황을 어떻게 돌파해 나갈 것인가. 둔괘의 괘사(卦辭)에서는 "함부로 나가지 말고 제후를 세움이 이롭다."라고 했고, 둔괘의 「단전(彖傳)」에서는 "하늘의 조화가 처음 어두울 때에는 마땅히 제후를 세울 것이요, 편안함에 머물지 말아야 한다."고 했다. 여기서의 '제후'는 군왕의 대리자 역할을 하는 자인데, 맨 밑의 양효가 바로 제후를 상징한다. 이 제후는 양기를 머금고 있어 추진력이 강하고 만인의 신망도 받는다. 그래서 시작 시기에 찾아오는 어려움을 시원히 헤쳐 나간다. 만약 무(無)에서 유(有)를 창조하고자 한다면, 반드시 굳센 성정을 가진 대리자, 즉 실무 책임자를 발굴하여 매사에 앞장을 세워야 한다.

그런데 실무 책임자를 내세움에 있어 주의할 점이 있다. 옛말에 "의

36

심나는 사람은 쓰지 말고, 이미 쓰는 사람은 의심하지 말라."는 말이 있다. 이미 앞장을 세웠다면 전폭적으로 믿어주어야 한다. 만약 일을 맡겨놓고 의심을 한다면 결국 일도 이루지 못하고 사람 또한 잃게 된다.

비록 제5효가 군왕이지만 제5효는 물을 상징하는 감괘 가운데 거처해 있다. 그래서 제5효는 물속에 처해있는 것처럼 위기감을 가지어 몸을 삼가면서 만사를 실무 책임자인 맨 밑의 양효에게 맡겨주어야 한다. 국가나 회사를 처음 세울 때는 최고 지도자가 현장의 모든 일을 다 관장할 수는 없는 노릇이다. 그래서 한고조(漢高祖) 유방(劉邦)이 나라를 처음 세울 때, 장량(張良)에게 모든 일을 맡겼던 것이다.

상황은 변한다. 그러므로 둔괘를 만나면 처음에는 어렵겠지만, 사람을 잘 활용하고 힘찬 자세로 실력을 배양하면 마침내 밝은 미래를 열어갈 수 있다.

3-3
김기의 주역 대상전 풀어

구름과 우레가 둔(屯)이니, 군자가 이것을 본받아 경륜(經綸)하느니라. 〈雲雷(운뢰) 屯(둔)이니 君子(군자) 以(이)하야 經綸(경륜)하나니라〉

수뢰둔괘(水雷屯卦)는 천지가 생긴 이후, 처음 일을 시작하는 상황을 나타낸 괘이다. 인간사로 말하면, 일을 막 시작한 시점에 해당한다.

상괘인 감괘(坎卦☵)는 물을 상징하는 괘이다. 그런데 「대상전」에서는 물을 '구름'이라 칭했다. 구름은 물방울이 모여서 된 것인데, 이것은 태양을 가리고 시야를 어둡게 한다. 물을 '구름'이라 한 것은 바로 둔괘가 가진 부정적인 의미를 함축적으로 드러내기 위해서이다.

구름에 가려진 어두운 세상을 벗어나려고 하면 비상한 대책을 세우지 않을 수 없다. 특별한 용기와 과감함을 가져야만 어둠의 세상에서 탈출할 수 있다. 진괘의 주인공은 제일 아래의 양효인데, 이 양효는 최고 지도자를 대신하여 위험한 시기를 이끌어 가는 관리자이다.

수뢰둔괘는 운무(雲霧)가 자욱하게 깔려 갈피를 잡을 수 없는 상황을 나타낸 괘이다. 조직이 처음 이루어질 때는 이런 상황을 만나기 마련이다. 활동할 수 있는 여건이 주어져도 처음에는 누구나 갈피를 잡지 못한다. 왜냐하면 경험이 부족하여 마치 눈앞에 구름이 낀 것처럼 상황을 예측할 수 없기 때문이다. 그래서 한 발 한 발 내딛을 때마다 위험이 따른다. 그러나 이러한 상황 속에서도 둔괘를 이끌어갈 총괄책임자는 양강(陽剛)한 기질을 가진 사람이기에, 불굴의 의지로 경륜(經綸)을 펼쳐 나간다.

'경륜'은 원래 '실을 다스림'을 뜻하는 말이다. 주자(朱子)에 의하면, '경(經)'자는 '잡아당긴다'는 의미이고 '륜(綸)'자는 '정리한다'는 의미이다. 그러니 '경륜'은 '실을 늘어뜨려 간추린다'는 의미가 된다. 실을 정리할 때는 세 가지의 덕이 필요하다. 첫째로는 가닥을 바로잡는 지혜가 있어야 하고, 둘째로는 긴장 속에서도 여유를 가져야 하고, 셋째로는 바로 잡은 가닥을 과감히 잘라내는 용기가 있어야 한다. 즉 지(智)·인(仁)·용(勇)의 삼달덕(三達德)이 갖추어져야 한다는 말이다.

세상사도 마찬가지다. 지도자는 먼저 시세를 정확히 판단하는 지혜가 있어야 하고, 또 사람을 포용하는 인자함이 있어야 하고, 그리고 가닥을 잡은 일은 과감히 추진하는 용기가 있어야 한다. 이것이 갖추어질 때, 비로소 혼란을 뚫고 세상을 구제할 능력을 갖출 수 있다.

무슨 일이든 처음 일을 시작할 때는 둔괘의 상황을 만난다. 이럴 때는 용기, 그리고 지혜와 포용력을 가지고서 경륜을 펼쳐야만 혼돈의 세상을 안정의 세상으로 바꾸어 갈 수 있다.

산수몽괘山水蒙卦

 4-1 학업에 힘쓸 순간이라 다른 일은 할 수 없다.

산수몽괘(山水蒙卦)는 수뢰둔괘(水雷屯卦)를 이어서 나온 괘이다. 수뢰둔괘는 생명체가 갓 태어난 상태를 상징하는데, 생명체가 갓 태어났으면 차츰 자라기 시작한다. 이것을 나타낸 괘가 바로 산수몽괘이다.

몽괘의 괘상을 보면, 산을 뜻하는 간괘(艮卦☶)가 위에 있고, 물을 뜻하는 감괘(坎卦☵)가 아래에 있다. 간괘는 산을 상징하므로 그 성질이 정지하여 움직이지 않는다. 감괘는 물을 상징하기에 부드럽게 흘러가는 성질을 가진다. 그래서 위에는 간괘, 아래는 감괘로 된 산수몽괘는 물이 지표로 처음 나와 흘러가려 하는데, 산이 가로막혀 갈 바를 몰라 하는 상태를 표현한 괘가 된다. 그러나 솟아난 물은 처음에는 무력하지만 시간이 지나면서 세력을 얻어 아래로 힘차게 흘러간다. 그래서 몽괘의 괘사(卦辭)에서도 "몽은 형통하다."라고 했다. 즉 처음에는 어려우나 계속 전진하면 차츰 길이 열린다는 뜻이다.

산수몽괘의 의미는 사업이나 정치 등의 세상사에 있어서도 적용이 된다. 막상 일을 시작은 해놓았지만, 처음에는 누구나 어찌 할 바를 모른다. 이럴 때는 우선 좌절하지 않는 용기가 필요하다. 그리고 지극 정성으로 스승을 찾아다니면서 자문을 구해야 한다. 그래서 몽괘의 괘사에도 "내가 아이에게 구하는 것이 아니라, 아이가 나에게 구해야 한다."

고 하였다. 이는 스승이 제자를 구함이 아니라, 제자가 스승을 찾아서 배워야 한다는 뜻으로 한 말이다. 중국의 혜가(慧可) 스님은 돌아보지도 않고 면벽을 하고 앉은 달마대사(達磨大師)에게 불법(佛法)을 배우고자 자신의 팔뚝을 자르는 정성을 보였고, 유비(劉備)는 제갈량(諸葛亮)을 군사(軍師)로 맞이하고자 삼고초려를 하였다. 미숙한 사람이 대성을 하려면 반드시 눈 밝은 안내자를 지극 정성으로 찾아야 한다. 그렇게 한다면 큰일도 쉽게 이룰 수 있다.

몽괘의 주제는 교육이다. 율곡(栗谷) 선생이 아이들을 가르치기 위해 만든『격몽요결(擊蒙要訣)』이란 책 이름도 바로 몽괘에서 취하였다. 그러면 몽괘에서 교육을 담당하는 주체는 누구인가. 바로 제2효이다. 그리고 교육을 받는 제일의 당사자는 바로 제5효에 있는 군왕이다. 제2효가 양강(陽剛)의 덕으로 베푸는 가르침을 제5효가 순순히 받아들이면, 마침내 길함을 얻는다고 주역에서는 말한다.

몽괘에서는 일처리에 미숙하다면 반드시 정성껏 현사(賢師)를 찾아 자문을 구해야만, 뜻을 성취할 수 있다는 사실을 알려주고 있다. 실제로 역사에서 보면, 현사를 내치는 군왕은 결국 몸과 나라를 망쳤고, 현사를 받드는 군왕은 모두가 자신과 나라를 영광되게 하였다.

 산 아래 샘이 솟는 것이 몽(蒙)이니, 군자가 이것을 본받아 행동을 과감히 하며 덕을 기르느니라. 〈山下出泉(산하출천)이 蒙(몽)이니 君子(군자) 以(이)하야 果行(과행)하며 育德(육덕)하나니라〉

산수몽괘(山水蒙卦)는 샘물이 금세 솟아나 바다로 흘러가려 하나, 산이 앞을 가리고 있어 샘물이 갈 바를 몰라 어리둥절해하고 있는 형상을 나타낸 괘이다. 장애물을 만난 물이 계곡으로 강으로 흘러가려면 스스로가 힘을 내고, 또 세력을 모아야 한다. 군자는 자연계의 이러한 모습을 보고서 자라나는 아이에게 자기를 지탱할 용기 및 무리들과 무난히 어울릴 수 있도록 덕성을 길러주고자 한다.

자라서 훌륭한 사회인이 되려면 어릴 때 용기와 덕행을 쌓는 공부를 해야 한다. 용기가 없으면 연약한 새싹처럼 작은 어려움 앞에서도 금방 좌절하여 세상에서 도태된다. 그러나 용기를 기름에 있어 주의해야 할 것이 있다. 진정한 용기는 자기를 극복하고 통제하는 데서 길러진다. 자기를 극복하고 통제할 수 있으면 천하무적의 강자가 된다. 마치 속이 여문 박달나무처럼 된다. 그러나 자기를 이기지 못하면 쉽게 꺾이는 갈대가 되고 만다. 자기를 다스리는 공부는 시키지 않고 그저 '네가 최고다'라는 식으로만 아이를 기르면, 이것은 아이를 쉽게 꺾이는 갈대로 만드는 짓이라는 사실을 명심해야 한다.

그리고 용기 못지않게 중요한 것은 포용의 덕이다. 용기만 기르고 덕을 쌓지 않으면 사람이 딱딱해진다. 사람이 너무 딱딱해지면 원만한 사회생활을 할 수 없다. 용기를 몸에다 비유하면 골격과도 같다. 골격이 없으면 사람이 설 수가 없다. 그러나 골격만 있다고 해서 정상적인 사람이 되는 게 아니다. 살과 뇌, 그리고 각종 기관이 붙어있어야 한다. 살과 뇌, 그리고 각종기관을 붙이는 것이 바로 덕을 기르는 일에 해당한다. 덕을 기르려면 우선 남을 배려하고 포용하는 자세를 가져야 한다. 그리고 사회의 질서를 유지하기 위한 사회적 약속들도 숙지해야 한다. 이것이 바로 인의(仁義)의 덕을 배양하는 구체적인 방법이다. 만약 어릴 때부터 덕성을 배양하지 않으면 자라서 정상적인 사회인이 될 수 없다. 성공적인 삶을 가꾸는 것은 기대조차 할 수 없다. 지금의 사회는 능력 위주로 사람을 평가하지만, 능력만 가지고서는 성공적인 삶을 가꿀 수 없다. 부덕한 사람은 모두의 미움을 산다. 그러니 무슨 수로 성공적인 삶을 가꿀 수 있겠는가.

용기와 덕행은 어릴 때부터 길러야 한다. 그래야만 힘 있게 자라나고, 또 원만한 인격을 갖추어 성공적인 사회인이 될 수 있다.

☷☰
수천수괘水天需卦

수천수괘(水天需卦)는 산수몽괘(山水蒙卦☷)를 이어 나온 괘이다. 몽괘
는 '어리다'는 뜻을 가진다. 어린 생명체가 독립적인 생활을 하려면 당
연히 양육을 받으면서 더 자라기를 기다려야 한다. 그래서 수괘에는
'기다린다'는 뜻과 '양육한다'는 뜻을 모두 가진다.

수괘의 상괘에는 위험함을 뜻하는 감괘(坎卦☵)가 있고, 하괘에
는 씩씩함을 뜻하는 건괘(乾卦☰)가 있다. 건괘는 순양(純陽)의 괘로서
지극히 강건한 덕을 가졌지만, 깊은 물이 앞을 가리고 있어 전진하지
않고 기다리는 모습이다. 이때의 기다림은 힘을 비축하기 위한 기다림
이다.

수괘는 수뢰둔괘(水雷屯卦☵)와 괘의 형상이 비슷하다. 그러나 수뢰
둔괘는 생명체가 처음 태어나는 순간을 나타낸 괘로, 양기가 음기 아
래에서 발동하여 상승하려 하나 아직 힘이 미약한 상태를 상징한다. 그
러나 수괘는 아래의 양기가 셋이나 쌓여짐으로써 둔괘의 시절보다는
힘이 더 강해진 상황에 있다. 이제 조금만 더 기다리면서 몸을 양육하
면 세상에 나가서 마음껏 활동을 할 수 있게 된다.

수괘의 윗부분에 자리한 감괘는 험한 물을 상징한다. 물론, 물이 지
상에 가득 고여 있으면 만물을 위험에 빠지게 할 것이지만, 하늘 위에

있게 되면 도리어 유익함을 준다. 즉 지상으로 내려 메마른 만물을 적셔주고 길러주는 단비가 된다. 그래서 물이 하늘 위에 올라가 있는 괘인 수괘는 음식으로 양육한다는 뜻을 가지게 된다.

수괘는 아직은 아니지만, 발전성이 엿보이는 괘이다. 수괘의 괘사(卦辭)에 "믿음을 두어 광명하며 형통하고 정(貞)하여 길하니, 큰 내를 건넘이 이롭다."라고 했다. 수괘의 주인공은 제5효인데, 제5효는 양강(陽剛)의 덕으로 왕위(王位)에 앉아 아래에 있는 건괘의 양효들을 통솔하고 있다. 건괘의 양효들은 제5효를 신뢰하고, 제5효는 그 신뢰를 바탕으로 아래의 양효들을 자제시켜 힘을 더 배양하도록 지휘한다. 그래서 지금 당장은 아니지만 장차에는 발전을 기대할 수 있다.

사람에 있어서도 어릴 때는 반드시 교육과 음식으로써 정신과 육체의 성장을 병행시켜야 한다. 주역에서는 교육을 뜻하는 몽괘가 먼저 있고, 양육을 뜻하는 수괘가 뒤에 있다. 이렇게 된 것은 사람에게는 음식으로 몸을 기르는 것도 중요하지만, 교육을 통해 인성을 가꾸어주는 것이 더 근본이 된다고 여긴데서 연유하였다.

5-2
김기의 주역 대상전 풀이

구름이 하늘에 오르는 것이 수(需)이니, 군자가 이것을 본받아 마시고 먹으며 연회를 벌이고 즐거움을 누리느니라. 〈雲上於天(운상어천)이 需(수)이니 君子(군자) 以(이)하야 飮食宴樂(음식연락)하나니라〉

일이란 항상 때에 맞추어 시작해야 한다. 만약 때가 되지 않았는데 조급히 움직이면 마치 익지도 않은 땡감을 미리 따는 것과 같은 꼴이 되고 만다. 그러니 일을 성공적으로 이끌려면, 먼저 실력을 닦아놓고 느긋이 때를 기다려야 한다. 위에서 '마시고 먹으며 연회를 벌이고 즐거움을 누린다'고 한 말은, 바로 때를 기다림에 있어서는 아주 편안하고, 또 느긋하게 기다려야함을 의미한다.

조선 말기의 흥선대원군(興宣大院君) 이하응(李昰應)은 안동 김씨의 세도정치 아래서 왕족이기에 도리어 무서운 견제를 당했다. 그는 견제를 피하기 위해 일부러 실성한 사람처럼 행동했다. 만약 똑똑한 척 나서다가는 언제 견제를 당해 죽임을 당할지 모를 판이기 때문에 그렇게 행동을 하였다. 그래서 그는 실성한 사람처럼 곳곳을 돌아다니면서 음식과 술을 구걸하기도 했고, 권세가들에게 굽실거리기도 했던 것이다.

그러나 흥선군이 정말 실성한 것은 아니었다. 그의 흉중에는 기백과 야망이 꿈틀거리고 있었다. 그래서 그는 고통과 수모를 참고 또 참으면서 때를 기다렸는데, 마침내 때를 만나 자기의 둘째 아들을 왕으로 세웠으니, 그가 바로 고종(高宗)이다. 흥선대원군은 왕의 아버지로서 왕을 대신하여 정치를 맡게 되어 옛날과는 정반대의 신분이 되었다. 그래서 그는 마침내 국정을 쇄신하면서 자신의 포부를 마음껏 펼칠 기회를 얻었다.

만약 그가 힘든 세월을 참지 못하고 성급히 분노를 드러내거나, 또는 여건도 갖추어지지 않았는데 국정에 참여하려 했다면 그는 대원군이 되기는 고사하고 당시의 세력가들에게 흔적도 없이 제거 당했을 것이다. 때를 기다리고 또 기다렸기에 그는 더할 수 없는 큰 광영을 맛볼 수 있었다.

수괘는 구름이 하늘을 덮고 있는 상인데, 구름이 결국 비가 되어 내려올 것이지만, 아직은 때가 되지 않은 상태를 의미한다. 즉 구름이 비로 변해 대지를 적셔주려면 좀 더 기다려야 한다는 말이다. 일에는 항상 단계가 있는 법이다. 만약 아직 시점이 안 되었는데 함부로 움직인다면 만사는 수포로 돌아가고 만다. 그래서 큰일을 도모하려 한다면, 실력을 안으로 갖추어놓고 느긋하게 기다릴 줄 알아야 한다. 기다릴 줄 아는 것도 또한 실력이다.

『중용』에 "군자는 떳떳한 데 머물러 천명을 기다린다."라고 했다.
실패는 조급함에서 오나니, 때를 기다리는 것은 성공의 으뜸 조건이다.

천수송괘天水訟卦

6-1 보물은 시비를 부른다.

경기의 주역 대상전 풀이

천수송괘(天水訟卦)는 위에는 건괘(乾卦☰)가, 아래는 감괘(坎卦☵)가 놓임으로써 이루어진 괘이다. 건괘는 하늘을 상징하니 '강건함'을 뜻하고, 감괘는 물을 상징하니 '험함'을 뜻한다. 상부에 있는 사람이 강한 힘을 가졌고 하부에 있는 사람이 포악한 성정을 가지면 자연히 다툼이 생긴다. 다툼은 송사를 부른다. 송사는 양측이 모두 강경한 자세를 가질 때 이루어진다.

송괘 앞에 있는 수천수괘(水天需卦☶)는 음식을 통해 몸을 기름을 뜻하는 괘이다. 먹을 것이 있으면 반드시 다툼이 뒤따른다. 옛날에는 독도가 일본인들에게 큰 관심의 대상이 아니었다. 그래서 자신들의 지도에 독도를 포함시키지도 않았다. 즉 자기들 영토가 아님을 인정했다는 말이다. 그러다가 나중에 독도가 경제적 · 군사적 가치가 높음을 인지하고서부터는 일본인들 모두가 자기네 땅이라고 우기기 시작했다. 그리고 장차 독도문제를 국제사법재판소로 가져가 송사를 통해 어떻게 해보려 하고 있다. 이처럼 먹을 것이 있으면 반드시 시비가 뒤따르게 되어 있다. 그래서 '음식으로 양육함'을 뜻하는 수괘 다음에 시비를 뜻하는 송괘가 나왔다.

괘상을 보면 천수송괘와 그 앞의 수천수괘는 모두 감괘와 건괘로 되어 있다. 수천수괘를 뒤집으면 천수송괘가 되고, 천수송괘를 뒤집으면 수천수괘가 되는데, 이는 두 괘의 본질이 서로 같음을 의미한다. 수천수괘는 편안히 음식을 먹으면서 자기를 기르는 괘이고, 천수송괘는 상하가 서로 다투는 괘이다. 상반된 것은 항상 동거하는 법이다. 그래서 불행의 극치 속에는 행복의 씨앗이 있고 행복의 극치 속에는 불행의 씨앗이 있으며, 평화의 극치 속에는 혼란의 씨앗이 자라고 혼란의 극치 속에는 평화의 씨앗이 자란다. 그러므로 좋은 상황을 만나더라도 좋아할 것이 없고 나쁜 상황을 만나더라도 실망할 필요가 없다.

천수송괘는 하늘을 상징하는 건괘가 위에 있고 물을 상징하는 감괘가 아래에 있어, 위의 하늘과 아래의 물이 정반대 방향으로 가고 있다. 그래서 뜻이 서로 합치되지 않는다. 이렇게 되면 다툴 수밖에 없다. 점을 쳐서 송괘를 만나면 현자(賢者)의 도움을 받아야 한다. 만약 혼자서 송사를 끝까지 밀고나가면 불리하다. 괘사(卦辭)에서 "대인을 봄이 이롭다."고 한 것은 현자의 도움을 받아야 함을 암시하고, "큰 내를 건넘은 이롭지 않다."라고 한 것은 끝까지 밀고가면 뜻을 이룰 수 없음을 암시한다.

송사는 모든 사람들이 꺼리는 바이다. 정말 억울해서 송사를 일으키는 경우도 있고, 더러는 상대를 괴롭힐 목적으로 '아니면 말고'식으로 송사를 일으키는 사람들도 있다. 송괘는 욕심과 미혹이 만들어 낸 세상의 추한 단면을 보여 주는 괘이다. 먹을 것은 늘 다툼을 부른다.

하늘과 물이 서로 어긋나게 가는 것이 송사의 뜻이니, 군자가 이것을 보고서 일을 지음에 처음부터 철저히 해야 하느니라. 〈天與水(천여수) 危行(위행)이 訟(송)이니 君子(군자) 以(이)하야 作事謀始(작사모시) 하나니라〉

인간 세상에는 송사가 일어날 가능성이 늘 잠재하고 있다. 송사에 한번 휘말리면 심신은 큰 상처를 받는다. 세상에 못할 짓이 바로 이 송사이다. 그러므로 애당초 송사에 휘말리지 않도록 미리 조심해야 한다.

송사가 성립되려면 쌍방 간에 서로 의견이 달라야 한다. 만약 의견이 서로 같다면 송사가 생길 리가 없다. 천수송괘(天水訟卦)의 괘상은 하늘을 뜻하는 건괘(乾卦☰)가 위에 있고, 물을 뜻하는 감괘(坎卦☵)가 아래에 놓여서 된 괘이다. 이는 하늘은 위에서 강경한 입장을 고수하고 있고, 물은 아래에서 집어삼킬 것 같은 험한 얼굴을 하고 마주 서 있음을 뜻한다. 위의 것은 위쪽으로 달려가고, 아래의 것은 아래쪽으로 달려가면 서로 뜻이 합치되지 않는다. 이렇게 되면 결국 다툼이 일어날 수밖에 없다.

원래 자연계의 발전법칙은 서로의 것을 주고받는 것을 원칙으로 한다. 그래야만 기운이 유통되어 만물이 원만히 자랄 수 있다. 인간세상에서도 마찬가지다. 나의 생각이 상대에게 전달되고 상대의 생각이 나에게 전달되어 의사소통이 원만히 이루어져야만 양자가 서로 화합을 이룰 수 있다. 만약 양자의 의견이 서로 소통되지 않으면 서로를 이해할 수 없다. 서로 이해할 수 없으면 말이 통하지 않아 마침내 법정에서 시비를 가릴 수밖에 없는 상황을 맞는다.

서로 간에 분쟁을 막으려면 서로 간에 의견의 유통이 잘 이루어져야 한다. 그래서 남과 무슨 일을 도모하려할 때는 가장 먼저 고려해야 할 점이 바로 서로 뜻이 잘 통할 수 있는지의 여부이다. 그 다음 뜻이 통하여 함께 일을 하게 된다면, 분쟁이 생길 여지가 있는 부분에 대해서는 미리 서로 합의를 해놓아야 한다. 그렇게 해놓으면 나중에 다툴 일이 생겨도 처음에 합의한 대로 처리하면 되므로 소송을 벌이는 데까지는 이르지 않을 수 있다. 그래서 「대상전」에서는 '일을 지음에 처음부터 신중을 기하라[作事謀始]'고 하였다. 처음에 장차 일어날 수 있는 여러 가지 상황에 대해 자세히 합의를 해놓지 않으면 나중에 반드시 분쟁이 야기된다.

이익이 있는 곳에는 늘 송사가 따른다. 처음에는 서로 의기투합했다가 이익이 생기면 마음이 서서히 변하여 자기에게 유리한 생각과 주장을 한다. 대부분의 송사는 이런 과정을 거치면서 발생한다. 송사를 막는 길은 처음부터 분쟁의 소지를 막는 데 있다.

지수사괘地水師卦

7-1 큰 싸움에 휘말린다.
김기의 주역 대상전 풀이

지수사괘(地水師卦)는 군대를 일으켜 전쟁을 수행하는 상황을 나타낸
괘이다. 사괘 앞에는 천수송괘(天水訟卦☰)가 있었는데, 송괘는 소송을
통한 분쟁을 의미하는 괘이다. 전쟁은 아무 조짐도 없다가 갑자기 일어
나는 경우가 드물다. 반드시 이유가 되든지 안 되든지, 먼저 트집을 잡
아 시비를 벌인 다음, 빌미를 잡아 전쟁을 일으킨다. 그래서 시비를 뜻
하는 송괘 다음에 군대를 뜻하는 사괘가 나왔다.

　사괘는 땅을 뜻하는 곤괘(坤卦☷)가 위에, 물을 뜻하는 감괘(坎卦
☵)가 아래에 있음으로써 된 괘이다. 상하의 괘가 모두 음으로 되어 있
는데, 오직 하괘의 중심 자리인 제2효에만 양이 하나 있어 괘 내의 모
든 음효들을 이끌고 있다. 이 상황을 괘의 성품에 근거하여 설명해보
면 곤괘는 유순하고, 감괘는 험악하므로 위의 곤괘가 아래의 감괘에 복
종하는 형국이 된다. 험악한 감괘 중에서도 제2효가 홀로 양강(陽剛)한
성품을 가지고 있어 사괘 전체의 괘주(卦主), 즉 군대로 말하면 대장군
의 역할을 한다.

　원래 군대는 최고 지휘권자의 명령에 따라 일사불란하게 움직이는
집단이다. 따라서 하나의 대장군이 지휘권을 행사함에 임금을 위시한
모든 구성원들이 대장군의 지휘에 순응을 해야 한다. 그래야만 국운을

좌우하는 전쟁을 성공적으로 치를 수 있게 된다. 그래서 사괘의 괘사(卦辭)에서는 "장부(丈夫)라야 길하고 허물이 없다."고 한 것이다. 사괘의 뜻과 꼭 맞게 전쟁을 수행한 나라가 바로 삼국시대의 촉(蜀)나라이다. 촉의 군주인 유비(劉備)는 병권을 가진 제갈량(諸葛亮)의 지휘를 기꺼이 따랐다. 그래서 세력이 약하지만 나라의 형세를 유지할 수 있었다.

군대는 반드시 대장군이 위엄을 가지고 엄숙히 명령을 집행해야만 한다. 만약 그렇지 않을 경우에는 군대가 아이들 병정놀이처럼 운영되어, 마침내 자멸에 이르고 만다. 그래서 사괘에는 오직 하나의 양효가 대장군으로 있고, 나머지 효는 모두 유순한 덕으로 양효의 명령을 순종하는 형상을 취하고 있다. 만약, 괘가 이런 형국을 하고 있지 않다면 군대를 의미하는 사괘가 될 수 없다.

전쟁이 일어나는 근본적인 원인은 무지와 탐욕이다. 이것들은 인간에게 있어 가장 흉한 덕이니, 이에서 기인한 전쟁도 역시 흉사(凶事)이다. 노자(老子)는 군대를 '상서롭지 못한 도구[不祥之器]'라 했고, 또 '싸움에 이기면 상례(喪禮)로 임하라[戰勝以喪禮處之]'고 하였다. 전쟁은 무서운 재앙이다. 피치 못해 전쟁을 치러야 할 경우에는 모두가 대장군의 지휘에 따를 때, 전쟁을 효과적으로 수행할 수 있다.

땅 속에 물이 있음이 사(師)이니, 군자가 이것을 본받아 백성을 포용하고 무리를 모으느니라. 〈地中有水(지중유수) 사(師)이니 君子(군자) 以(이)하야 容民畜衆(용민축중)하나니라〉

지수사괘의 「대상전」에서는 땅과 물의 관계를 관찰하여 사람을 거느리는 법을 일러주고 있다. 사괘는 위에는 땅을 상징하는 곤괘(坤卦☷), 아래는 물을 상징하는 감괘(坎卦☵)로 이루어져 있다. 즉 사괘는 땅 속에는 물이 가득 저장되어 있는 형상을 그려낸 괘라는 말이다.

땅 아래 있는 물은 사람이 인위적으로 퍼 내지 않는 한 항상 그대로 유지된다. 그래서 땅 속에는 많은 물이 저장되어 있다. 물을 많이 모아 두면 유사시에 적절히 활용할 수 있다. 군대도 역시 마찬가지이다. 평상시에 미리 사람들을 모아 군사훈련을 시켜 놓으면 비상시에 아주 요긴하게 활용할 수 있다. 그래서 군대를 통솔할 임무를 부여받은 대장군은 반드시 사괘의 괘상을 살펴서 병사들을 모으고, 또 그들로부터 신임을 모으기에 힘써야 한다. 그렇게 하지 않으면 국가를 재난으로부터 지켜낼 수 없다.

임진왜란이 일어나기 전에 이율곡(李栗谷) 선생이 10만의 군사를 양성하자고 조정에 주청했다. 그러나 이 주청이 받아들여지지 않았다. 그 후에 왜적이 침입했을 때, 선조(宣祖) 임금은 밤비를 맞으면서 의주로 피신하는 처참한 꼴을 당했다. 군대는 금세 만들어지는 것이 아니다. 사람을 모으고, 또 훈련을 시키려면 많은 시간을 필요로 한다. 그러므로 군대는 미리 길러놓는 것이 중요하다. 그렇게 하면 전쟁이 발발했을 때 적을 쉽게 물리침은 물론, 전쟁을 억제시키는 효과도 거둘 수 있다.

조선의 많은 지식인들은 임진왜란이 일어나기 전에 이미 일본군의 침략을 감지하였다. 이순신(李舜臣) 장군은 전라 좌수영에 부임한 후 민심을 모으고, 바다를 지킬 군사를 기르는 한편, 많은 무기들을 장만해두었다. 그 유명한 거북선도 이때 만들어졌다. 이렇게 준비를 해놓은 지 얼마 안 되어 그 참혹했던 왜란이 터지고 말았다. 도성이 함락되고, 국토가 왜적에게 짓밟혔지만, 이순신 장군이 지키는 곳에는 왜적이 얼씬도 하지 못했다. 이순신 장군의 연이은 승리 덕분에 전세를 역전시킬 수 있었다. 이순신 장군이야말로 지수사괘의 의미를 잘 간파했다고 할 수 있다.

큰일을 도모하려 하면, 지수사괘가 땅 속에다 물을 저장해 두듯이 반드시 부드러운 덕으로 사람들을 모아두어야 한다. 그래야만 유사시에 사람들과 함께 일을 도모할 수 있다. 만약 사람들을 모아놓지 않는다면, 아무리 큰일을 해보려하나 어찌할 수가 없다.

수지비괘水地比卦

8-1 사람이 모여든다.

김기의 주역 대상전 풀이

수지비괘(水地比卦)는 위에는 물을 뜻하는 감괘(坎卦☵), 아래는 땅을
뜻하는 곤괘(坤卦☷)가 합해져서 이루어진 괘이다. 물이 땅 위에 있음
보다 더 친밀한 것은 없다. 그래서 수지비괘는 '친하다'는 뜻을 가진다.

물과 땅은 서로 친분을 유지할 때, 각자의 존재 가치를 다할 수 있
다. 만약 물은 물 대로 땅은 땅 대로 서로 떨어져 있으면 땅은 메마른
박토가 될 것이요, 물은 의지할 데가 없어 소용돌이를 치면서 떠돈다.
그래서 물과 땅은 서로 친할 수밖에 없고, 또 친해야만 한다.

괘의 차례를 보면, 비괘는 지수사괘(地水師卦☷)를 이어 나온 괘이
다. 사괘는 사람이 모여 있음을 상징하는 괘인데, 사람이 모여 있으면
반드시 서로 친함이 있다. 그래서 사괘 뒤에는 친함을 상징하는 비괘
가 나왔다.

수지비괘의 괘상을 보면, 유일(唯一)한 양효인 제5효를 제외한 나
머지 다섯 효는 모두 음효이다. 제5효의 유일한 양효는 군왕을 뜻하
고, 다섯 음효는 신하와 백성들을 뜻한다. 비괘는 신하와 백성들이 유
일한 양효인 제5효에게 친근감을 가지고 모여드는 형세를 하고 있다.
그렇게 되는 이유는 제5효가 상괘의 중간에 자리하여 득중(得中)을 하
였고, 또 양효로서 양수(홀수) 자리에 있기에 자리의 정당성도 확보했

고, 게다가 파트너인 제2효가 음효이므로 양효인 제5효와는 정상적인 호응 관계를 이루고 있다. 비괘의 제5효는 '괘의 중간 자리를 얻음[得中]', '양효가 양의 자리에 처함[正位]', '음효인 제2효와 정당한 호응관계를 이룸[正應]'의 3박자를 다 갖추었으니, 만인이 추종하지 않을 수 없는 형세를 가졌다. 주역에서는 제1효↔제4효, 제2효↔제5효, 제3효↔제6효가 각각 호응관계에 있다고 본다. 이때 호응하는 효끼리는 음양이 서로 달라야 한다. 음양이 서로 다른 효끼리 응하는 것이 정응이다. 정응이 되어야만 정상적인 짝을 이루어 상부상조의 협조관계가 이루어진다.

원래 민심은 제5효, 즉 상괘의 중심자인 왕을 축으로 모여야 한다. 만약 민심이 하괘의 중심자인 제2효를 중심으로 모인다면, 이것은 조직이 분열될 조짐이다. 그래서 왕을 상징하는 효인 제5효를 축으로 민심이 모이면 길한 징조를 내포한 비괘가 되고, 대리자를 상징하는 제2효를 축으로 민심이 모이면 흉한 징조를 내포한 사괘가 된다.

지도자와 구성원이 서로 친근감을 가져 단합하려면 가장 중요한 요소는 바로 지도자의 자질이다. 위대한 지도자가 되려면 수지비괘의 제5효처럼 중용의 덕과 지위의 정당성, 그리고 올바른 파트너를 얻어야 한다. 이처럼 완벽한 조건을 갖추었을 때, 사람들의 절대적인 추종을 얻을 수 있다. 그래서 훌륭한 지도자가 되려면 모든 면에서 완벽을 기해야 한다.

8-2
김기의 주역 대상전 풀이

땅 위에 물이 있음이 비(比)이니, 선왕(先王)이 이를 본받아 만국(萬國)을 세우고 제후를 친하느니라. 〈地上有水(지상유수) 比(비)니 선왕(先王)이 以(이)하야 建萬國(건만국)하고 親諸侯(친제후)하나니라〉

땅과 물은 찰떡같은 궁합을 이룬다. 땅은 물이 없으면 기댈 곳이 없고,

56

물은 땅이 없으면 사막이 되어버린다. 그래서 둘은 떼어놓으려야 떼어놓을 수 없는 밀접한 관계를 이룬다. 이 상황을 드러내는 괘가 바로 수지비괘(水地比卦)이다.

비괘는 서로 친밀하게 지냄을 뜻하는 괘이다. 그런데 친밀함을 주관하는 자는 누구인가. 바로 상괘의 제5효이다. 제5효는 왕의 자리가 되며, 비괘에서 유일한 양효이기도 하다. 제5효는 양수(홀수) 자리에 양효가 차지하고 있어 정위(正位)가 되니 정통성이 있는 왕이라 할 것이요, 또 제5효는 상괘의 중심에 있으므로 중도(中道)를 얻고 있으니 덕이 높은 사람이기도 하다. 그러니 비괘의 주인공인 제5효는 지위를 위협할 자도 없고, 또 바른 위치에서 정권의 정통성을 확보하였고, 또 중용의 덕을 가졌기에 왕으로서는 완벽한 위상을 가졌다고 하겠다.

제5효는 이미 완벽한 왕이기에 괘 내의 모든 음효들을 안정적으로 통솔해갈 수 있다. 음효들로서도 정통성과 중도의 덕이 있고, 또 유일한 양효이기에 모든 음효들이 친밀감을 가지고 자발적으로 추종하려 한다. 그래서 조직의 가장 바람직한 모습이 바로 비괘 속에 있다고 하겠다. 구성원들 간의 관계가 비괘의 형상으로 된 조직은 단합이 잘 된 조직이므로 절대 무너지지 않는다.

세상의 지도자들은 비괘의 제5효가 가진 정통성과 중도의 덕을 갖추어야 한다. 그렇게 되면 모든 구성원들이 한결같이 감복하여 추종할 것이고, 이렇게 되면 강력한 집단을 만들 수 있다. 그러므로 훌륭한 지도자는 항상 자신을 닦아 여러 부서에 관심을 기울이고, 또 그 구성원들의 신뢰를 얻도록 노력해야 한다. 신뢰는 아랫사람만 윗사람에게 얻어야 하는 게 아니라, 윗사람도 아랫사람에게 얻어야 하는 덕목이다. 신뢰가 무너지면 상하가 서로 갈라서게 되어 마침내 조직은 와해되고 만다.

맹자는 "천시(天時)가 지리(地理)만 못하고, 지리가 인화(人和)만 못하다."라고 했다. 비록 씨 뿌릴 시기도 되었고, 좋은 밭도 준비했다고 해도, 식구끼리 다툼이 벌어져 씨를 뿌리지 못하는 상황이 되면 만사는 수포로 돌아가고 만다. 훌륭한 지도자가 되려면 반드시 물과 땅으로 구성된 비괘에서 깨침을 얻어야 하리라.

☰

풍천소축괘風天小畜卦

9-1 힘이 약하여 일이 지체된다.

풍천소축괘(風天小畜卦)는 위에는 바람을 뜻하는 손괘(巽卦☴), 아래는 하늘을 뜻하는 건괘(乾卦☰)가 배치되어 이루어진 괘이다. 바람은 유순한 덕을 가졌고 하늘은 강건한 덕을 가졌는데, 소축괘는 유순한 바람이 강건한 하늘 위에서 강성한 양(陽)들을 통솔하는 형국을 하고 있는 괘이다.

소축괘는 유순한 것이 강한 것을 누르고 있는 형국을 하는 괘이기에 일이 실패로 돌아가는 것은 아니지만, 만족할 만한 결과는 기대할 수가 없다. 그래서 괘사(卦辭)에서는 "소축은 형통하니 구름이 빽빽하게 끼었으나 비가 내리지 않는다."라고 말했다. 즉 형통하지만 구름이 뭉친 것처럼 일이 시원하게 이루어지지 않는다는 말이다.

괘의 차례를 보면, 소축괘 앞의 괘는 수지비괘(水地比卦☷)이다. 비괘는 물과 땅의 관계처럼 서로 친밀함을 나타내는 괘이다. 서로 친밀하면 구성원들이 의기투합하여 모여든다. 그래서 '그친다' 또는 '모은다'는 뜻의 소축괘가 비괘를 이어 나왔다.

힘의 향방은 언제나 희소가치가 높은 곳으로 향하도록 되어 있다. 여자 하나에 남자가 여럿이면, 그 집단에서는 여자가 존중을 받게 된다. 소축괘는 하나의 음에 다섯 양이 모여서 된 괘이므로 음이 양보다

희소가치가 더 높아 주도권이 음에게로 향한다. 그래서 소축괘에서는 유일한 음효인 제4효가 주도권을 잡게 되었다.

소축괘에서의 제4효는 임금을 뜻하는 제5효의 바로 아래에 있으면서 임금의 신임을 모으는 최측근자이다. 그리고 제4효는 소축괘 내에서는 유일한 음효로서 모든 양효들의 호감을 사고 있다. 제4효는 유순한 덕을 가진 재상에 해당하는데, 임금의 신임을 받으면서 모든 양효들을 통솔한다. 더욱이 제4효는 음효로서 음수(짝수) 자리에 있어서 그 위치가 바르다. 그래서 제4효는 정당성과 포용력으로 여러 양효들을 대하고, 이에 대해 여러 양효들은 제4효를 순순히 따라준다.

그러나 제4효는 부드러운 덕으로 자신에게 맞는 자리를 차지하여 앉았고, 또 희소가치가 있어 괘의 주인공 노릇을 하지만, 연약한 힘으로 강성한 양들을 다스리는 상황에 있으므로 아무래도 큰 소득을 거두기 어려운 여건에 있다. 그래서 소축괘「단전(彖傳)」에서는 "유(柔)가 지위를 얻고, 상하가 응하므로 '소축'이라 한다."라고 했다. 즉 제4효가 여러 가지 장점을 가졌지만, 하나가 다섯을 상대하는 중과부적의 형세를 하고 있으므로 크게 모으기는 어렵다는 것이다.

훌륭한 통치는 지도자가 어느 정도 힘을 가져야만 이룰 수 있다. 너무 연약하면 다스림에 한계가 있을 수밖에 없다.

바람이 하늘 위로 부는 것이 소축(小畜)이니, 군자가 이것을 보고 문장과 덕행을 아름답게 하느니라. 〈風行天上(풍행천상)이 小畜(소축)이니 君子(군자) 以(이)하야 懿文德(의문덕)하나니라〉

군왕이든, 군왕의 통치권을 위임받은 재상이든 국가를 경영하려 하면 반드시 힘이 있어야 한다. 지도자는 다양한 개성을 가진 많은 대중들을 어루만지며 이끌어야 하고, 때로는 일어나는 반발을 무마시키기도 해야 한다. 그리고 세상사는 복잡하고, 또 변화가 많다. 이런 상황을 본다면 지도자는 반드시 강건한 힘을 가져야 한다.

법가(法家)의 집대성자인 한비자(韓非子)는 지도자가 가져야할 세 가지의 중요한 도구로 술(術)과 법(法), 그리고 세(勢)를 제시했다. 세는 권세를 말하는데, 이것이 있어야만 국정을 일사분란하게 다스릴 수 있다고 했다. 세력이 없는 지도자는 효과적인 국정을 수행할 수 없다. 그래서 현대 정치에서도 대통령은 민심을 얻는 한편, 주요기관을 장악하고, 또 강한 여당의 뒷받침을 받고자 한다.

제4효가 소축괘의 주인공이긴 하지만, 하나의 음으로 다섯 양을 모두 통제하기에는 역부족이다. 그러므로 너무 조급히 나서지 말고, 도리어 학문을 연마하고, 덕행을 닦으면서 힘을 길러야 한다. 만약 힘에 넘치도록 과격한 행동을 한다면 도리어 화를 입게 된다.

사람의 운명은 사주(四柱) 속에 들어있다. 원래 자연계의 기운은 시시각각으로 변화한다. 그래서 사람이 태어나게 되면 태어나는 그 순간 자연계에 형성된 기운을 받게 된다. 이때 태어난 연월일시(年月日時)를 육십갑자(六十甲子)로 환산하여 정립한 것이 바로 사주이다. 사주학(四柱學)을 연구하는 학자들은 운세가 나쁠 때는 경거망동을 삼가고, 공부를 하여 실력을 쌓기에 힘쓰라고 한다. 이것이 사주학에서 제시하는 가장 일반적이면서 처방법이다.

힘이 모자랄 때 함부로 움직이면 불의의 재앙을 당하게 된다. 주역의 소축괘를 만났을 때도 마찬가지이다. 소축괘의 주인공인 제4효는 재능이 없는 것은 아니나, 하나의 음효가 전체의 양효를 다 상대하려 다보니 역부족의 상태에 놓이게 된 것이다. 그래서 함부로 움직이기 보다는 호연지기(浩然之氣)를 길러 정신적인 힘을 비축함과 함께 세상을 경영할 현실적인 능력을 쌓기에 힘써야 한다.

아직 힘이 부족하면, 일을 더 확장시키지 말고 현 상태를 유지하면서 자신의 능력을 기르는 데 심혈을 기울여야 한다. 그래야만 당장의 화를 막음과 동시에 더 나은 미래를 기대할 수 있다.

천택리괘天澤履卦

10-1 범을 만나면 순종을 해야 화를 면한다.
김기의 주역 대상전 풀어

천택리괘(天澤履卦)는 위에는 하늘을 뜻하는 건괘(乾卦☰), 아래는 못을 뜻하는 태괘(兌卦☱)가 배치되어 이루어진 괘로, 하늘 아래에서 못물이 출렁거리는 풍경을 연출하고 있다.

괘의 덕을 보면, 건괘는 강성한 덕을 가졌고, 태괘는 기쁨의 덕을 가졌다. 부드러운 태괘가 강한 건괘의 뒤를 밟아 따라간다는 데서 천택리괘는 '밟는다'는 의미를 가진다. '밟는다'는 것은 '행한다'는 뜻인데, 행할 때는 반드시 예법에 맞아야 한다. 그래서 천택리괘는 '밟는다'는 뜻과 함께 '예법'의 뜻도 가진다.

괘의 차례를 보면, 천택리괘는 풍천소축괘(風天小畜卦☴) 다음에 나온다. 소축괘는 '모은다'는 뜻을 가진다. 군중들이 모이면 반드시 거기에는 질서가 있어야 한다. 만약 예법이 없으면, 그 집단은 혼란에 빠지고 만다. 그래서 소축괘 다음에 예법을 의미하는 천택리괘가 나왔다.

천택리괘의 상괘는 건괘로서 범 같은 사람에, 하괘는 태괘로서 순종적인 사람에 비유된다. 아무리 사람이 범처럼 무섭다고 해도 웃음으로 뒤따르는 사람에게는 너그러울 수밖에 없다. 그래서 괘사(卦辭)에서는 "범의 꼬리를 밟아도 사람을 물지 않으니, 형통하다."라고 했다. 여기서의 사람은 웃으면서 뒤따르는 사람을 말한다. 강한 자에게는 부드러운 웃음으로 대해야 한다. 물론, 여기서의 강한 자는 명분을 가진 정의로운 지도자이다. 그러므로 유순함으로 따르는 것이 도리어 예법을 따름이 된다. 예법을 따름이 바로 천택리괘의 본질적 의미이다.

천택리괘는 '밟는다'는 뜻을 가졌으므로 처신법에 대해 말한 괘라 할 수 있다. 천택리괘를 만나면 유순함으로써 윗사람을 따라야 한다. 그래야만 괘사의 말처럼 형통해질 수 있다. 만약 자신의 힘을 헤아리지 못하고 망동을 하면 한 순간에 범의 먹이가 되고 만다. 천택리괘의 제3효는 범을 뜻하는 상괘인 건괘의 꼬리부분에 있다. 즉 상괘의 바로 밑에 있다는 것이다. 그런데 제3효는 음의 그릇을 가지고 양수(홀수) 자리를 차지하고 있다. 즉 음의 성질을 가지고서 양처럼 행동한다는 것이다. 그래서 제3효의 효사에서는 "애꾸눈이 보며 절름발이가 걷는 것이라. 범의 꼬리를 밟아 사람을 무니 흉하다."라고 하였다. 이는 분수에 지나치게 행동을 하니 범에게 물린다는 뜻이다.

인생을 살다보면 능력은 있지만, 자숙해야 할 때가 있다. 지혜로운 자는 위치에 맞게 행동할 줄 알아야 한다. 상황은 늘 바뀌므로 위치도 다시 바뀌게 된다. 좋은 위치에 있을 때, 그때 자신의 뜻을 펴는 여유를 가져야 한다.

위에는 하늘이 있고 아래는 못이 있는 것이 이(履)이니, 군자가 이것을 본받아 상하를 분별하여 백성의 뜻을 안정시키느니라. 〈上天下澤(상천하택)이 履(리)니 君子(군자) 以(이)하야 辯上下(변상하)하야 定民志(정민지)하나니라〉

천택리괘(天澤履卦)는 위에는 하늘이 있고, 아래는 못이 있는 괘이다. 하늘은 굳센 성품을, 못은 출렁거리며 기뻐하는 성품을 가졌다. 그래서 이 괘는 강력한 힘을 가진 남성의 뒤를 명랑한 성품을 가진 어린 여자

아이가 기쁜 마음으로 뒤따라가는 형국을 하고 있다.

천택리괘의 상괘인 건괘(乾卦☰)는 아버지를 뜻하고, 하괘인 태괘(兌卦☱)는 소녀(少女)를 뜻한다. 즉 어린 딸이란 말이다. 어린 딸이 아버지를 기쁜 마음으로 따르면, 아버지 역시 어린 딸을 예뻐한다. 아버지가 어린 딸을 귀여워하는 것은 잘 따르기 때문이다. 만약 어린 딸이 늘 사납게 대든다면 아버지의 사랑을 독차지 할 수 없다. 어린 딸 역시 아버지가 올바로 양육하지 않고, 학대만 한다면 딸은 아버지를 잘 따르지 않을 것이다. 그러므로 아버지와 딸이 서로 사이좋게 지내려면 각자의 자리에 맞는 행동을 해야 한다.

원래 현재의 우주가 있기 이전의 근원의 세계에는, 어떤 차별도 존재하지 않는다. 충막무짐(沖漠無朕)의 기(氣)만 존재할 뿐이다. 여기에는 장단(長短)도, 고하(高下)도, 미추(美醜)도, 선악(善惡)도 존재하지 않는다. 그러나 충막무짐한 기가 뭉쳐지면 현상 세계에는 서로 다른 성질을 가진 만물들이 나타나게 된다. 이에서 보면, 천지만물은 본래는 차별이 존재하지 않지만, 후천적으로 차별이 존재할 수밖에 없다.

현실세계는 다양한 것이 모여 이루어졌다. 그래서 신분도 또한 다양하게 나누어져 있다. 만약 현실세계에서 다양성이 인정되지 않는다면 세상은 당장 멈추고 만다. 심지어는 절대세계를 구하기 위해 모여든 종교 조직에서도 계급과 직책의 구분은 있다. 현실세계 속에서는 그렇게 하지 않을 수 없다. 그래서 「대상전」에서 "상하를 분별하고, 백성의 뜻을 안정시킨다."라고 하였다. 즉 본질적인 면에서야 모두가 평등하지만, 현실적으로는 계급이 없을 수가 없다. 세상이 원만히 운영되려면 각자의 계급을 인정해야 한다. 그래야만 안정된 마음으로 일을 추진할 수 있다.

인간은 본래 평등하지만, 현실적으로는 사장 · 부사장 · 국장 · 부장

· 과장 · 계장 · 평직원 등의 직급이 구분될 수밖에 없다. 여기서 신분에 맞게 최선의 노력을 기울이면 보다 나은 자기를 가꿀 수 있음은 물론, 조직의 발전과 화합도 꾀할 수가 있다.

지천태괘地天泰卦

 11-1 사귐이 이루어져 번창이 있다.

지천태괘(地天泰卦)는 땅을 뜻하는 곤괘(坤卦☷)가 위에, 하늘을 뜻하는 건괘(乾卦☰)가 아래에 배치되어 이루어진 괘이다. 위의 하늘 기운은 아래로 내려오고, 아래의 땅기운은 위로 올라감으로써 상하가 서로 사귀는 형상을 한다. 그래서 이 괘는 기운의 배열이 가장 바람직한 상태를 나타낸다. 상하의 기운이 서로 사귐으로써 이 괘는 '소통한다' 또는 '태평하다'의 뜻을 동시에 가진다.

괘의 차례를 보면 태괘는 '행한다'는 뜻의 천택리괘(天澤履卦☱)를 이어 나온 괘로, 행할 때는 마음이 태연해져야만 안정을 유지할 수 있다. 그래서 천택리괘 다음에 태괘가 나왔다.

원래 만사만물은 서로 사귀어 에너지를 교환함으로써 원만한 생명 활동을 해나갈 수 있다. 만약 서로 사귐이 없다면 힘의 교류가 없어 생명이 태어날 수도 없고, 또 태어난 생명을 유지할 수도 없다. 남자와 여자가 서로 기운을 교환하지 않으면 어떻게 생명이 탄생할 수 있겠는가.

태괘에서는 땅을 상징하는 곤괘가 위에 있고, 하늘을 상징하는 건괘가 아래에 있다. 이는 천지가 서로의 기운을 교환함을 상징한다. 천지가 기운을 교감함에 만물은 생육된다. 그래서 태괘의 「단전(彖傳)」에서는 "천지가 사귐에 만물이 통하고, 상하가 사귐에 그 뜻이 통합된다."

제1부 주역지혜 **67**

라고 말했다. 천지에는 천지의 두 기운이 사귐으로써 만물이 생성되고, 인간세계에는 쌍방이 의견을 교환함으로써 일을 이룬다. 만약 양측이 서로 사귐이 없다면 자연세계에는 조화가 사라질 것이요, 인간세계에서는 역사가 중지되고 만다.

서로 다른 요소들이 모여 사귈 때, 일은 열리기 시작한다. 그래서 태괘는 정월(正月)을 상징하는 괘가 된다. 정월은 한 해가 시작되고, 또 봄이 시작되는 시기이다. 한 해가 시작되는 정월은 천지의 교감이 이루어지는 시점으로, 이때부터 만물이 비로소 생동하기 시작한다.

태괘의 괘상을 보면, 아래에 세 개의 양효가 있고 위에 세 개의 음효가 있어, 음과 양이 서로 균형을 이루고 있는 상태이다. 만물의 생성 활동은 이로 말미암아 바르고 활발하게 이루어진다. 음양이 상하로 서로 사귀었다 하나, 역시 짝이 맞지 않으면 올바른 교합이 이루어지지 않아 난잡한 상황을 연출해낸다. 그러나 지천태괘처럼 음양의 수가 짝을 맞춘 상태에서 상하로 교감을 이루게 되면, 이보다 더 바람직한 상태는 없다. 자연세계에도 인간세계에도 태괘의 상태처럼만 된다면, 안정과 번창을 이룰 수 있다.

태괘는 활동의 모습이 가장 이상적인 상태를 이루고 있기에 길함의 의미를 내포하고 있는 괘이다.

천지가 사귐이 태(泰)이니, 임금이 이것을 본받아 천지의 도를 재단하여 이루며, 천지의 법칙을 보완하고 도와서 백성을 좌우하느니라. 〈天地交(천지교) 泰(태)이니 后(후) 以(이)하야 財成天地之道(재성천지지도)하며 輔相天地之宜(보상천지지의)하야 以左右民(이좌우민)하나니라〉

하늘과 땅이 서로 교합하여 하늘의 기운은 아래로 내려오고, 땅의 기운은 위로 올라가면 비로소 만물이 태어나고, 또 번창하게 된다. 이것이 바로 지천태괘(地天泰卦)가 가진 의미이다. 성스러운 임금은 천지가 서로 사귀는 모습을 보고서 천하의 백성들을 편하게 한다.

천지가 서로 사귀는 태괘는 천지자연의 운영 법칙을 설명하는 괘이기에 괘의 위상이 여타의 괘와는 같지 않다. 천지는 자연세계에서 현실적인 힘을 발휘하는 존재이다. 그래서 태괘에서는 다른 괘에서처럼 '군자가 본받는다'라고 하지 않고, 나라 속에서 현실적으로 큰 힘을 발휘하는 이가 임금이라는 데서, '임금이 본받는다'라고 말했다. 천지가 만물을 운영하는 것이나, 임금과 신하가 나라를 운영하는 것이나, 각각 단위만 서로 다를 뿐이지 운영의 원리는 같다.

천지는 태평해져야 한다. 태평해진다는 것은 기운이 유통됨을 의미한다. 천지의 기운이 유통되지 않으면 기운이 막혀서 만물의 생성이 불가능해진다. 인간 세계에 있어서도 마찬가지이다. 경영이란 무엇인가. 바로 경색된 국면을 푸는데 있다. 지도자는 정국이 경색되면 대화와 타협으로 풀고, 경제가 경색되면 각종 처방을 내어서 유통이 되게 한다. 가정의 일도 마찬가지이다. 조직 속의 기운이 유통되지 않으면 혈액순환이 안 되는 몸에 병이 생기는 것처럼 조직은 와해되고 만다.

천지는 인간의 위대한 스승이다. 천지의 움직임을 알면 훌륭한 지도자가 될 수 있다. 천지는 지공무사(至公無私)한 마음으로 세상을 운영하는데, 가장 중요히 여기는 것이 바로 기운을 유통시키는 것이다. 기운의 유통은 곧 변화(變化)를 뜻한다. 변화가 없으면 천지만물은 더 이상 생명을 이어갈 수 없다. 그러므로 훌륭한 지도자가 되려면 천지자연의 이치를 알아, 그 이치를 정치에 응용을 해야 한다. 그래서 태괘의 「대상전」에서는 "천지의 도를 재단하여 이루며, 천지의 법칙을 보완하고 도와서 백성을 좌우한다."라고 말했다. 즉 천지의 도와 천지의 법칙을 응용하여 정치 행위를 한다는 말이다.

지도자가 천지가 서로 사귀는 형상을 관찰하고서 천지자연의 이치를 터득하여 천지자연의 법도에 따라 백성을 다스리면, 지극한 다스림은 그 속에서 이루어진다.

천지비괘天地否卦

12-1 사귐이 없으면 만사가 막힌다.
김기의 주역 대상전 풀이

천지비괘(天地否卦)는 지천태괘(地天泰卦☷)와는 반대되는 괘이다. 즉 하늘을 상징하는 건괘(乾卦☰)는 위에 있고, 땅을 상징하는 곤괘(坤卦☷)는 아래에 있어, 천지가 서로 사귐이 없어 마침내 천지의 조화가 중단되는 상황을 담고 있는 괘이다.

극(極)에 가면 되돌아오는 것이 자연의 법칙이다. 밤과 낮, 추위와 더위 등이 반복되는 것은 천지자연의 역사요, 평화와 혼란, 흥함과 망함은 서로 짝이 되어 반복되는 것이 인간세계의 역사이다. 그래서 번창의 괘인 태괘 다음에 막힘의 괘인 비괘가 나왔다.

비괘의 형국을 인간사로 말해 보면 남편은 남편대로, 아내는 아내대로 각각의 방에 머물러 서로 사귐이 없는 상황에 해당한다. 만약 그렇게 되면 자손은 어떻게 낳고 어떻게 기를 것이며, 살림은 또 어떻게 꾸려 갈 것인가. 마침내 그 가정은 깨어지고 만다. 나라나 기업도 마찬가지이다. 지도자는 지도자대로 자기 위상만 지키고 있고, 구성원들은 구성원들끼리만 뭉쳐 있다면 서로 의기가 투합함이 없어 마침내 그 조직은 와해되고 만다. 천지도 인간세계도 모두 상대와 서로 사귐이 없다면 결국 멸망의 지경에 이르고 만다. 그래서 비괘의 「단전(彖傳)」에서는 "천지가 사귀지 않으니 만물이 생성하지 않으며, 위와 아래가 사귀지 않으니 천하에 나라가 존립할 수 없게 된다."라고 했다.

비괘의 괘상 안에는 비괘의 형국을 맞게 된 이유가 담겨져 있다. 비괘의 「단전(彖傳)」에 "아래는 음이고 위는 양이며, 아래는 유(柔)이고 위는 강(剛)이며, 안은 소인이고 밖은 군자이니, 소인의 도가 자라나고 군자의 도가 사라지는 것이다."라고 했다. 즉 비괘는 건괘가 위에 있고 곤괘가 아래에 있는 괘인데, 이것은 유약하고 무능한 소인들이 안방을 차지하여 있고 강인하고 유능한 군자들이 밖으로 내몰려 있는 형국이다. 이렇게 되면 마침내 그 조직은 정상적으로 운영될 수가 없어, 결국에는 와해의 길로 치닫고 만다.

천지비괘는 계절의 순환법칙으로도 설명이 된다. 비괘는 음력 7월을 나타내는 괘인데, 음력 7월은 가을이 시작되는 시기로 음기가 차츰 강성해져 세상의 판도를 바꾸어 가는 시점이다. 음기가 강성해지면 결국 만물은 숙살(肅殺)이 되고, 마침내 음기의 극치인 겨울이 온다. 겨울이 오면 만물은 모두 깊은 잠 속으로 빠져들고 만다.

비괘는 모든 상황이 경색되어 있음을 나타낸 괘이다. 상황이 경색된 이유는 바로 양측의 기운이 서로 소통되지 않기 때문이다. 서로 간에 기운이 유통되지 않으면, 마침내 생성활동은 멈추어진다.

천지가 사귀지 않음이 비(否)이니, 군자가 이것을 보고서 덕을 검소히 하고, 험난함을 피하여 작록으로 영광을 누리지 말 것이니라. 〈天地不交(천지불교) 否(비)니 君子(군자) 以(이)하야 儉德避難(검덕피난)하야 不可榮以祿(불가영이록)이니라〉

천지비괘(天地否卦)는 하늘과 땅이 각자의 자리에서 서로 사귀지 않는 형국의 괘이다. 상대가 서로 사귀지 않는다면 결국 만물은 흔적 없이 소멸된다. 이것이 자연계의 당연한 법칙이자, 또한 인간사의 법칙이기도 하다. 그러면 원래부터 천지가 서로 사귀지 않는 비괘의 형국에 있었는가 하면, 그렇지 않다. 비괘 앞에는 지천태괘(地天泰卦䷊)가 있었다. 태괘는 천지가 서로 기운을 주고받음으로써 세상이 태평해진 상태를 나타낸 괘이다. 그런데 땅에도 오르막과 내리막이 있듯이 인간사에도 태평함이 극도에 이르면 비색한 상황을 맞게 된다. 그래서 천지가 서로 사귀는 지천태괘 다음에 사귐이 막히는 천지비괘가 자리하였다.

나라나 기업 등 모든 조직은 태평시절을 맞이하고 나면 긴장이 풀려 일에 대한 의욕이 사라지고, 그 대신 조직 내부에서 상하 간에 싸움을 일으킨다. 상하간의 싸움이 생기는 이유는 바로 상하가 각각 자기의 입장만 생각하기 때문이다. 이것이 심해지면 극한 쟁투로 이어져 마침내 그 조직은 문을 닫게 된다. 실제로 지도자와 구성원들 간의 갈등으로 인하여 무너진 나라나 기업이 많이 있지 않은가.

조직이 해체되는 지경에까지 간 데는 상하 모두에게 책임이 있다. 지도자가 신뢰와 존경을 받지 못하고, 구성원들이 근면성과 성실성을 보이지 않는다면 서로의 존재를 인정해줄 수 없다. 이로써 마침내 서로 의견의 교류가 막혀 비괘의 형상을 이루고 만다. 그러면 이미 비괘의 상태에 들었을 때는 어떻게 할 것인가. 우선 상하가 각각 냉철한 자세로 자기반성을 해야 한다. 만약 상하가 모두 자기반성을 하지 않으면 결코 상대에게 인정을 받을 수 없다. 그러니 먼저 자기반성의 기회를 가진 다음, 상하 간에 의사소통을 재개하여 새 출발을 이루어야 한다.

구성원들 간에 의견의 유통이 단절된 집단은 오래가지 못한다. 그래서 명철한 사람은 덕을 숨기어 그 집단 속에 들어가지 않으며, 직책에 현혹이 되어 그 조직에 몸을 의탁하지 않는다. 이것이 천지비괘 「대상전」의 가르침이다. 『논어(論語)』에서도 또한 "위태한 나라에는 들어가지 말고, 어지러운 나라에는 머물지 말라."라고 했다.

태평시절이 왔을 때 막힘의 상태가 오지 않게 미리 대비한다면 태평시절을 오래 유지할 수 있다. 그 길은 무엇인가. 바로 상호신뢰를 바탕으로 의기투합의 상태를 계속 유지하는 데 있다.

천화동인괘天火同人卦

13-1 두 마음이 하나 되면 쇠도 능히 끊는다.

천화동인괘(天火同人卦)는 공명정대(公明正大)한 마음으로 대동천하(大同天下)의 시대를 개척한 상태를 나타내는 괘이다. 큰일을 해나가자면 반드시 천하 모든 사람들의 마음을 하나로 만들어야 한다. 그렇게 하려면 천하 앞에 자기 속을 솔직히 내보여 천하가 모두 믿을 수 있도록 해야 한다.

동인괘는 위에는 하늘을 뜻하는 건괘(乾卦☰), 아래는 불을 뜻하는 이괘(離卦☲)가 더해져서 된 괘이다. 본래 불은 위로 타오르는 성질을 가졌는데, 하늘을 만나면 한껏 타올라 하늘과 하나가 된다. 동인의 뜻은 바로 여기서 취했다. 불이 하늘 위로 한껏 타오르면 천하가 밝아져 서로를 볼 수 있다. 이로써 만물은 서로 신뢰를 주고받아 하나를 이룰 수 있다. 그리고 양효인 제5효와 음효인 제2효는 호응의 관계에 있는데, 두 효는 음양이 서로 달라 합력(合力)이 강하다. 합력이 강하면 하나를 이룰 수 있다는 데서도 동인의 뜻을 볼 수 있다.

나라나 가정 뿐 아니라, 세상의 모든 조직에 밝음이 사라져 비밀과 사심이 가득하면, 그 조직은 단결력이 약화되어 건강한 상태를 유지할 수 없다. 만약 조직에 어둠이 있으면 서로 의기가 투합하지 않아, 마침내 반목하고 경계하는 사이로 변한다. 세상이 밝아져 사물을 분간할 수 있으면 상호간의 충돌이 저절로 사라져 안정된 삶을 얻을 수 있다. 그래서 동인괘 괘사(卦辭)에서 "들에서 사람과 같이 하면 형통하리니, 큰 내를 건넘이 이롭다."라고 말했다. 즉 베일에 가려진 비밀스런 장소가 아닌, 모두가 다 보는 훤한 들판에서 서로 속을 터놓고 뜻을 함께 하면 의기가 투합하여 아무리 큰 일이 가로놓여있다 해도 막힘없이 처리해 낼 수 있다는 말이다.

동인괘는 하늘과 땅이 서로 사귀지 않아 운행이 중단된 상태를 나타내는 천지비괘(天地否卦☷)의 뒤를 이어 나온 괘이다. 만사만물의 움직임은 반복왕래(反復往來)하는 성질을 가졌다. 비록 비괘의 시절을 만났지만 타개해 나가려는 노력이 있으면, 다시 유통이 되기 마련이다. 그래서 상하 모두가 하나 되는 동인괘가 비괘의 뒤를 이어 나왔다.

모두가 단결되는 동인의 상태를 이루려면, 탁 트인 들판에서 만나야 한다고 괘사에서는 말하고 있다. 트인 들판에서 만나라고 하는 것은 서로의 마음을 열라는 뜻이다. 그렇게 되면 일심동체(一心同體)를 이룰 수 있다. 이렇게 되면, 무슨 일인들 이루지 못하겠는가. 그래서 「계사전」에서는 "두 사람이 마음을 함께 하니, 그 예리함이 쇠를 끊도다. 같은 마음에서 나오는 말이 그 향기가 난초와 같다."라고 하였다.

하늘과 불이 동인(同人)이니, 군자가 이것을 보고서 종류와 족속 별로 나누어 사물을 분별하느니라. 〈天與火(천여화) 同人(동인)이니 君子(군자) 以(이)하야 類族(유족)으로 辨物(변물)하나니라〉

천화동인괘(天火同人卦)는 확 트인 공간에 불이 밝게 빛나고 있는 형국의 괘이다. 불은 만물을 밝혀주는 자연물이기에 만물을 살피고, 구별하는 주체라 할 수 있다. 만물을 살피고 구별하는 것은 만물들을 하나로 모음에 있어 반드시 선행해야 할 조건이다. 왜냐하면 모임이란 서로 다른 것들이 모일 때 그 모임이 조화롭고, 또 생동감 있는 모임이 되기 때문이다. 특징이 없는 사람끼리 모이게 되면 그 모임은 의미 없는 모임이 된다. 그러므로 천하를 경영할 군자는 불같이 밝은 눈으로 각 사물들의 차이점을 먼저 구분한 뒤, 다시 그것을 조합함으로써 다양성과 생명력이 있는 모임을 이루어야 한다.

우리의 몸은 여러 가지 서로 다른 요소들이 뭉쳐져야만 하나의 건전한 몸을 이룰 수 있다. 우리 몸의 각 기관을 만약 한 가지 기관으로만 통합시키려 한다면 어떻게 되겠는가. 위장이 중요한 기관이기는 하지만 우리 몸이 모두 위장으로만 채워지면 정상적인 사람이 될 수 있겠는가. 그것은 사회도, 나라도, 우주도 다 마찬가지이다. 각기 서로 다른 특성을 가진 것들이 하나의 울타리 속에 모여들 때, 건전한 생명체를 이룰 수 있다. 그러므로 동인(同人)의 진정한 의미는 '서로 다른 것들이 모여 하나를 이루는 것'이라 말할 수 있다.

동인괘는 대길(大吉)의 조짐을 가진 괘이다. 원래 역학에서는 홀수를 양수, 짝수를 음수로 본다. 동인괘를 보면, 상괘의 중심효인 제5효는 양의 자리에 양효가 앉았기에 중(中)과 정(正)을 다 얻었고, 하괘의 중심효인 제2효는 음의 자리에 음효가 앉았기에 또한 중과 정을 다 얻었다. 이것은 상괘와 하괘의 두 주인공, 즉 제5효와 제2효가 음양이 서로 달라 정상적인 교합이 이루어졌음을 뜻한다. 그리고 두 효 모두 가운데 자리에 앉아있기에 중용의 덕을 가졌고, 또 양효는 양수 자리에 음효는 음수 자리에 앉아있기에 정당한 지위를 가졌다. 동인괘는 이처럼 정상적인 교합, 중용의 덕, 정당한 지위를 모두 갖추었기에 크게 길한 괘가 된다.

자연의 세계도 인간의 세계도 모두 하나의 유기체를 이루고 있다. 유기체라는 것은 다른 것들이 모여서 서로 영향을 주고받으며 하나의

생명체를 이루는 것이다. 그래서 동인괘를 보는 사람은 반드시 만물의
차별성을 인정하는 가운데, 전체를 하나로 모으는 길을 찾아야 한다.

$\equiv\equiv$

화천대유괘火天大有卦

14-1 높은 곳에서 세상을 살피면 큰 것을 얻는다.
김기의 주역 대상전 풀어

화천대유괘(火天大有卦)는 불을 뜻하는 이괘(離卦$\equiv$)가 위에 있고, 하늘을 뜻하는 건괘(乾卦$\equiv$)가 아래에 있음으로써 이루어진 괘이다. 대유괘는 천상의 태양이 만물을 두루 비추어 품속으로 모두 포용함을 의미한다. 만물이 빛 속에 들어가면 생기 넘치는 삶을 살아간다. 그래서 대유괘의 괘사(卦辭)에서 "대유는 크게 형통한다."고 말했다.

'크게 소유한다'는 의미의 대유괘는 천화동인괘(天火同人卦$\equiv$) 다음에 나오는 괘이다. 천화동인괘는 불을 뜻하는 이괘가 아래에, 하늘을 뜻하는 건괘가 위에 있어, 아래의 불이 위로 타올라 하늘과 하나를 이루려하는 상을 가진다. 동인괘 다음에는 대유괘가 나오는데, 불이 한껏 타올라 마침내 하늘 위로 솟으면 만물을 두루 비출 수 있다. 만물을 두루 비춘다는 것은 만물을 모두 포용함을 뜻하는데, 이는 곧 만물을 소유함을 의미한다. 이것을 상징하는 괘가 바로 대유괘이다. 이에서 보면, 대유괘는 동인괘를 이어서 나올 수밖에 없다.

동인괘 다음에 대유괘가 나오므로 인간사에서도 '대유의 형국', 즉 '크게 소유하는 형국'을 이루려면 반드시 동인의 형국을 먼저 만들어야 한다. 동인의 형국이란 서로 뜻을 합치는 것을 말하는데, 이것은 서로 밝은 불빛 아래서 자신을 내보이듯이 투명하게 사귀어야만 이루어진다.

만약 국가나 기업의 지도자가 큰 것을 얻고자 한다면 반드시 모든 사람을 하나로 묶는 동인의 상태를 먼저 만들어야 한다.

대유괘의 괘상을 보면, 역시 '크게 소유한다'는 의미를 내포하고 있음을 알 것이다. 대유괘는 여섯 효 중에 제5효만 음이고, 나머지는 모두 양으로 이루어져 있다. 제5효는 임금에 해당한다. 제5효는 음효이므로 부드러운 덕을 가졌으며, 또 불을 의미하는 이괘의 중심에 위치해 있어 세상을 비추어 줄 수 있는 문화적 소양을 가진 임금이다. 이러한 덕성을 지닌 제5효는 파트너의 자리에 있는, 강하면서도 중용의 덕을 갖춘 제2효에게 힘을 실어줌으로써 천하를 쉽게 소유한 것이다. 즉 제2효가 아래의 양효들을 모두 통솔하여 제5효에게 귀순을 했다는 말이다. 이것이 바로 대유괘의 괘상이 내포하고 있는 의의이다.

뛰어난 지도자가 되려면 반드시 대유괘의 5효처럼 처신해야 한다. 즉 자신은 유연한 덕성과 문화적 안목을 갖춤으로써 그릇을 키우는 한편, 통솔력 있는 인재를 내세워 실무를 챙기도록 한다면 쉬우면서도 질 높은 정치를 펼 수 있다. 만약 천박한 식견을 가지고 자신이 직접 세상사를 다 처리하려 한다면, 그는 실패하는 지도자가 될 것이다. 특히 요즈음 같이 밝은 세상에는 더더욱 그러하다.

불이 하늘 위에 있는 것이 대유(大有)이니, 군자가 이것을 본받아 악을 막고 착함을 드날려 하늘의 아름다운 명을 따르느니라. 〈火在天上(화재천상)이 大有(대유)니 君子(군자) 以(이)하야 遏惡揚善(알악양선)하야 順天休命(순천휴명)하나니라〉

화천대유괘(火天大有卦)는 하늘을 뜻하는 건괘(乾卦☰)가 아래에 놓여 있고, 밝은 불을 의미하는 이괘(離卦☲)가 하늘 위에 놓여 이루어진 괘이다. 그러므로 대유괘는 불이 하늘 위에서 만물을 두루 비추고 있는 모습의 괘라 하겠다.

광명이 사라진 세상은 어둠 속에 묻혀 지척도 구분할 수 없다. 태양 불이 하늘 높이 솟아오르게 되면 모든 어둠은 다 사라져 세상에 광명이 가득해진다. 광명이 비쳐지면 만물이 활기차게 활동을 할 수 있고, 활동을 하면 또한 많은 것을 생산할 수 있다. 그래서 하늘 위에 태양이 올라감으로써 이루어진 대유괘는 '크게 소유한다'는 의미를 가진다.

자연계에서의 이괘는 태양불이지만, 인간세계에서의 이괘는 밝은 덕성을 의미한다. 하늘에 태양이 높이 솟으면 지상이 밝아지듯, 사람이 덕을 밝히면 인생이 밝아진다. 사람의 악이나 어리석음은 어둠에 비유하지만, 착함이나 지혜로움은 밝음에 비유한다. 그래서 착한 마음을 '명덕(明德)'이라 하고, 지혜로운 이를 '명철(明哲)한 사람'이라 한다.

유학(儒學)의 여러 경서 중 군자가 가야할 길을 밝힌 『대학(大學)』에서는 '천하에 밝은 덕을 밝히는 것[明明德於天下]'을 궁극적 목표로 삼는다. 즉 천하 사람이 밝은 덕을 밝힐 수 있도록 한다는 의미이다. 대유괘의 「대상전」에서도 군자는 자신뿐 아니라, 백성들도 하늘의 아름다운 명을 따를 수 있게 해주어야 한다고 했다. 그 구체적인 방법으로는 '악을 막고 착함을 드날림[遏惡揚善]'을 제시했다. 즉 사람의 악을 세상에 알리지 말고, 반대로 선은 널리 전파시키라는 말이다. 사람의 행위는 분위기에 따라 바뀔 수 있다. 남들은 선행을 하는데 혼자서만 악행을 한다면 부끄러움을 느낄 것이지만, 악행을 예사로 하는 세상의 사람들은 악행을 하고도 양심의 가책을 느끼지 못한다. 그래서 악행을 숨기고, 선행을 전파하라고 한 것이다. 『중용(中庸)』에서는 순(舜)임금 또한 '악을 숨기고, 선을 드러냄[隱惡而揚善]'의 정치를 폈다고 한다.

천하의 모든 백성이 아름다운 덕을 따르게 하려면 지도자 자신이 모범을 보이는 한편, 선행을 장려하는 세상을 만들어야 한다.

지산겸괘地山謙卦

15-1 겸손히 처신하면 복이 온다.
김기의 주역 대상전 풀이

지산겸괘(地山謙卦)는 위에는 땅을 상징하는 곤괘(坤卦☷)가, 아래는 산을 상징하는 간괘(艮卦☶)가 배치되어 이루어졌다. 높은 산이 몸을 낮추어 땅 아래로 들어가는 형국을 하고 있다. 이것이 바로 겸손의 상징이 된다.

　괘의 성정을 가지고 설명해본다면, 위의 곤괘는 부드러운 성정을 가졌고 아래의 간괘는 절제하는 성정을 가졌는데, 이는 속마음은 절제를 하고 외양은 부드럽게 함을 뜻한다. 이것이 바로 겸괘의 덕성이다.

　지산겸괘의 주인공은 제3효이다. 제3효는 유일한 양으로서 나머지 다섯 음이 모이는 구심점 역할을 한다. 그리고 제3효는 양효로서 양수(홀수) 자리에 거처하여 정위(正位)를 얻었다. 이는 몸가짐을 분수에 맞게 가짐을 뜻한다. 그래서 제3효는 많은 사람들을 이끌고 일을 하지만, 하괘에 처해 있는 자신의 분수에 넘치지 않도록 처신한다. 권력을 얻어 정세를 주도하는 신하는 왕처럼 거만한 태도를 가지기 십상이다. 권력을 잡아 사람들의 중심에 서 있으면서도 겸손하기는 참으로 어렵다. 지산겸괘의 제3효는 권력을 잡고서도 겸손하다. 참으로 남이 하기 어려운 일을 행하였으므로 당연히 영원한 복을 누릴 것이다. 그래서 효사(爻辭)에서 "공로가 있으면서도 겸손히 처한다. 군자가 마침이 있으니 길하니라."고 하였다.

　겸손함에도 발전하지 못하는 경우는 드물고, 거만함에도 오래 지키는 경우는 드물다. 겸손하면 당연히 남의 호감을 산다. 남의 호감을 사면 우군이 많이 모인다. 우군이 많은 사람은 도움이 많기에 반드시 성공한다. 반대로 거만하면 사람들이 모두 싫어한다. 모든 사람들은 자존심을 가졌다. 자존심은 자기 생명을 지키려는 본능에서 나온 마음이다. 남이 거만하게 굴면 자존심이 상한다. 그래서 거만한 사람은 모두가 본능적으로 미워한다. 남의 미움을 사면 도움이 아니라 저주를 받는다. 이러고도 망하지 않기는 참으로 어렵다. 노자는 "골짜기는 가득 채우지 않는다. 골짜기로서의 생명이 다할까 두려워해서이다."라고 했다. 오래 지키고자 한다면 항상 마음을 겸손히 가져야 한다.

　낮은 곳에 물이 모이는 것처럼 겸손은 사람을 모이게 한다. 그리고 겸손은 평정을 유지하게도 한다. 마음이 평정되면 자기를 조절할 여유를 가지게 되어 중심 잡힌 판단과 행동을 할 수 있다. 그러나 겸손을 모르는 사람은 자기위주의 사고를 하기에 판단과 행동이 중심을 잃는다. 그러므로 진정으로 자기를 높이고, 또 큰일을 이루고자 한다면 그 길은 바로 겸손의 미덕을 갖추는데 있다고 하겠다. 그래서 겸괘의 괘사(卦辭)에서는 "겸(謙)은 형통하니 군자가 마침이 있다."라고 했다. 즉 겸손한 군자는 유종의 미를 거둔다는 뜻이다.

　자기를 높이려는 마음은 모든 생명체가 본능적으로 가진 마음이다. 그래서 겸손은 참으로 실천하기 어려운 미덕이다. 실천하기 어려운 일을 실천하는 것이 위대한 사람이고, 또 그래서 특별한 상을 받는다. 무슨 상인가. 바로 남에게 사랑 받게 하며, 일을 이루게 하며, 또한 이루어진 일을 오래 지키도록 해준다. 겸손한 자는 영원한 복을 누린다.

땅 가운데 산이 있는 것이 겸(謙)이니, 군자는 이것을 본받아 많은 데에서 덜어내어 적은 데로 더해주어 물건을 헤아려보고 공평하게 베푸느니라. 〈地中有山(지중유산)이 謙(겸)이니 君子(군자) 以(이)하야 衷多益寡(부다익과)하야 稱物平施(칭물평시)하나니라〉

지산겸괘(地山謙卦)는 땅이 위에 있고, 산이 아래에 있는 괘로서 높은 것은 아래로, 낮은 것이 위로 가는 형상의 괘이다. 즉 높은 것은 낮게 하고 낮은 것은 높게 하여 높고 낮음이 서로 균형을 맞추고자 하는 모습을 나타낸 괘라는 말이다.

천지자연은 불균형을 균형으로 맞추어 가고자 끊임없이 움직이고 있다. 그래서 높은 곳은 낮게 되고 낮은 곳은 높게 되며, 큰 것은 수축하게 되고, 작은 것은 팽창하게 된다. 애당초 불균형한 모습을 간직한 것도 자연의 법칙이요, 또 불균형한 것을 균형 있게 만들려 하는 것도 또한 자연의 법칙이다. 만일 애당초 균형이 맞아버린다면 천지자연에는 운동이 사라지게 되고, 운동이 사라지게 되면 천지간의 만물은 물론, 천지 그 자체도 사라지게 된다.

인간 세계에서도 마찬가지다. 사상의학(四象醫學)에 의하면, 폐장과 간장, 비장과 신장은 각각 힘의 대소(大小)가 서로 다른데, 서로 다른 그 힘의 균형을 이루기 위해 운동을 함으로써 장부(臟腑)가 제 기능을 다할 수 있게 된다고 한다. 인간이 사는 사회를 보면, 인간 사회에는 빈부귀천 등 모든 면에서 선천적으로 서로 간에 불균형한 모습을 가지고 있다. 이 불균형한 세상을 균형 잡힌 세상으로 만들고자 하는 것이, 바로 인간 세상을 유지하는 원리가 된다.

그러나 인간은 욕심과 간지(奸智)를 가졌기에 자연세계처럼 순리적으로 운영되지 못하여 마침내 다툼, 그리고 공멸의 길로 치닫게 된다. 겸괘를 읽는 군자는 바로 이 이치를 알아서 많은 것을 덜어내어 적은 사람에게 보태주도록 노력해야 한다. 이렇게 하는 것이 바로 정치요, 또한 인간 세상을 조화롭게 발전시키는 근본 원리이다.

겸괘 「단전(彖傳)」에서는 "하늘의 도는 가득 찬 것을 이지러지게 하고 겸손한 데에 더해주며, 땅의 도는 가득 찬 것을 변하게 하고 겸손한 데로 흐르게 하며, 귀신은 가득 찬 것을 해치고 겸손한 데에 복을 주며, 사람의 도는 가득 찬 것을 싫어하고 겸손한 것을 좋아한다."라고 했다. 가득차면 덜어내고, 겸손하면 더해주는 것은 천지와 귀신과 인간 모두가 공통으로 취하는 행동이다. 이는 결국 균형을 찾기 위한 행위로, 이것이 바로 천지자연과 인간세계를 건전하게 운영하는 근거이다.

뇌지예괘雷地豫卦

뇌지예괘(雷地豫卦)는 위에는 우레를 뜻하는 진괘(震卦☳), 아래는 땅을 뜻하는 곤괘(坤卦☷)가 배치되어 이루어진 괘이다. 진괘는 움직이는 덕을 가진 괘이고, 곤괘는 유순한 덕을 가진 괘이다. 그러므로 진괘와 곤괘가 합해져서 된 뇌지예괘는 순하게 움직임을 상징하는데, 순하게 움직이면 자연히 즐거움이 뒤따른다. 그래서 예괘의 의미는 '즐겁다'가 된다. 예괘는 지산겸괘(地山謙卦☶)를 이어 나온 괘이다. 겸괘는 높은 산이 낮은 땅 아래에 들어가 있는 형국의 괘로서 '겸손'을 의미한다. 지위가 높지만 몸을 낮추어 겸손히 처신한다면 가슴속에 여유가 생겨나고, 또 그로써 즐거움도 따라 생겨난다. 그래서 즐거움을 뜻하는 예괘가 겸괘를 뒤이어 나왔다.

예괘는 제4효만이 양효이고 나머지는 모두 음효로 이루어져 있다. 예괘는 제4효만이 능동적으로 움직이고 나머지 효는 모두 4효를 기쁜 마음으로 순종을 하고 있는 형국의 괘이다. 그래서 예괘의 괘사에서는 "예괘는 제후를 세우고 군사를 움직임이 이롭다."라고 말했다. 즉 천자가 사람들의 환영을 받는 제4효를 대리자로 내세우자, 군사를 효과적으로 움직일 수 있어 이득을 얻게 된다는 말이다. 예괘는 겸괘를 이어 나왔기에 예괘의 최고 지도자인 제5효는 능력을 가졌음에도 겸손히 처신하여 바로 밑의 실력자에게 권한을 위임했다. 전권을 위임받은 실력자는 순리적으로 조직을 이끌어가기에 모든 구성원들이 즐거운 마음으로 따르고, 또 그로써 공을 세울 수 있다.

인위적인 행위는 결국 파탄을 맞는다. 인위적인 행위는 갈등과 고통을 수반한다. 그렇기에 장구(長久)할 수가 없는 것이다. 천지가 장구한 세월을 보냈지만, 여전히 젊은 상태를 유지하는 이유는 바로 순리적으로 움직이기에 그런 것이다. 천지는 궤도를 멋대로 수정하여 움직이지 않는다. 인간사도 마찬가지이다. 순리적으로 자신의 삶과 조직의 발전을 꾀할 때, 안정과 번영을 누릴 수 있다. 만약 힘이나 술책을 앞세워 살아가려 한다면, 우선은 번창하는 것 같지만 남의 원한을 사게 될 것이고, 결국에는 자멸의 고통을 맛보게 될 것이다. 그래서 예괘의 「단전(彖傳)」에서는 "천지는 순함으로 움직인다. 이런 까닭으로 일월이 지나치지 않아 사시가 어긋나지 않는다. 성인은 순함으로 움직인다. 이런 까닭으로 형벌이 맑아져 백성들이 복종한다."고 말했다.

천지든 사람이든 순리적으로 움직일 때, 조화로움과 즐거움이 따른다. 뇌지예괘는 이 소식을 일러주는 괘이다.

우레가 땅에서 나와 떨침이 예(豫)이니, 선왕이 이것을 본받아 음악을 지어서 덕을 높여 성대히 상제(上帝)께 올려서 조상님을 배향하느니라. 〈雷出地奮(뇌출지분)이 豫(예)니 先王(선왕)이 以(이)하야 作樂崇德(작악숭덕)하야 殷薦之上帝(은천지상제)하야 以配祖考(이배조고)하니라〉

뇌지예괘(雷地豫卦)는 움직이는 성정을 가진 우레가 위에 있고, 양순한 성정을 가진 땅이 아래에 놓여서 이루어진 괘이다. 움직이되 순리적이고, 또 양순하게 움직이므로 즐거움이 생겨난다. 그래서 우레와 땅으로 이루어진 뇌지예괘는 '즐거움'의 뜻을 가진다. 속이 즐거울 때 나오는 것이 바로 음악이므로, 예괘는 또한 음악을 뜻하는 괘이기도 하다. 괘의 형상을 보면, 우레가 땅 위에서 소리를 울리고 있는데, 이것이 바로 음악을 상징하는 것이다.

옛날이나 지금이나 음악은 인간 세상에서 없어서는 안 될 보물이다. 음악은 예술의 영역을 넘어서서 인간의 내면을 정화하여 인간의 심성을 윤택하게 만드는 수양의 도구로 활용이 되기도 한다. 그래서 공자는 "시로써 착한 마음을 일으키며, 예법으로써 몸을 세우며, 음악으로써 도를 이룬다."라고 말했다. 이 말에서 공자는 음악을 심성수양에 있어 최상의 도구로 보았음을 알 수 있다. 또 예기(禮記)에서는 "예를 극진히 하여 몸을 닦고, 음악을 극진히 하여 마음을 다스린다."라고 했다. 좋은 음악은 마음을 정화시켜 간사한 생각이 일어나지 않게 한다. 이에서 본다면, 덕을 닦는 데는 음악만한 것이 없다고 하겠다.

그리고 유교(儒敎)에서는 음악의 쓰임새를 개인의 수양뿐 아니라, 정치 및 종교적 영역에까지 확장을 시켰다. 이 점을 예괘의 「대상전」에서 언급을 하고 있다. 즉 우레가 하늘에서 울리는 것을 보고서 음악을 짓고, 또 그것을 사용하여 덕을 쌓고, 그로써 나아가 상제(上帝)에게 성대히 제사를 올림과 함께 조상도 함께 제사를 받게 한다는 것이다.

은(殷)나라와 주(周)나라 시대에는 왕의 조상신은 지고한 신의 파트너가 되어 나라의 일에 관여한다는 종교관을 가졌었다. 그래서 상제와 조상신에게 성대히 제사를 드리는데, 이때에 음악을 가장 중요한 수단으로 삼았다. 유교뿐만 아니라, 모든 종교의 의식에는 반드시 음악이 활용된다. 불교의 범패(梵唄)나 기독교의 찬송음악 등이 그것이다.

좋은 음악은 인심을 변화시킨다. 그래서 나라의 지도자는 음악을 잘 관리하여, 좋은 음악이 세상에 울려 퍼지게 하여 인심도 순화시키고, 국정도 안정시키도록 해야 한다.

☷

택뢰수괘澤雷隨卦

상황에 따라 적극적으로 움직인다.

택뢰수괘(澤雷隨卦)는 못을 뜻하는 태괘(兌卦☱)가 위에, 우레를 뜻하는 진괘(震卦☳)가 아래에 놓여서 된 괘이다. 아래의 우레가 움직이자 위의 못물도 따라 움직인다는 데서 '따르다'의 의미를 가진다.

괘의 성정을 보면, 위의 태괘는 '기뻐함'의 성정을 가졌고, 진괘는 '움직임'의 성정을 가졌다. 따라서 이 두 괘가 합해져 만들어진 수괘는 '기쁜 마음으로 따른다'는 의미를 가진다.

수괘 앞에는 뇌지예괘(雷地豫卦☲)가 있었다. 예괘는 양순하게 움직임으로써 즐거움이 생긴다는 의미의 괘이다. 즐겁다는 것은 마음에서 만족을 느낄 때 일어나는 감정이다. 즐거움이 일어나면 안으로는 기쁨이 충만하고, 밖으로는 세상 모든 것이 긍정적으로 보이게 된다. 그래서 즐거움이 있는 곳이 바로 극락이요 천국이다.

세상에는 '따름의 행동양식'도 있고, '거역의 행동양식'도 있다. 중요한 것은 '따름'과 '거역' 그 자체보다는 그것이 상황에 맞는가의 여부이다. 상황에 맞지 않게 따르면 소인(小人)의 행이 되어 흉함을 부르고, 상황에 맞게 거역하면 현인(賢人)의 행이 되어 길함을 부른다. 수괘에서의 '따름'은 상황에 맞는 따름을 뜻한다. 이는 수괘가 즐거움의 의미를 가진 뇌지예괘를 계승했기 때문이다. 모두가 즐겁다는 것은 모두의 공감을 얻었음을 의미하므로 따라간다고 해도 문제가 생기지 않는다.

우레가 아래서 떨쳐 일어나자 위에 있는 연못이 기뻐서 출렁거리며 따라 움직이는 것이 자연 현상에서 본 수괘의 의미이다. 자연계의 존재들은 큰 흐름을 따름으로써 각자의 삶을 보존하고 있다. 나무가 봄이 오면 봄기운을 따라 싹이 돋고, 여름이 오면 여름 기운을 따라 잎이 무성하고, 가을이 오면 가을 기운을 따라 열매가 익고, 겨울이 오면 겨울 기운을 따라 휴식을 한다. 오직 때의 흐름에 맞추어 즐거운 마음으로 움직일 때, 왕성한 생명력을 유지할 수 있다. 인간세계에서도 마찬가지로 모든 구성원들이 조직의 흐름에 맞추어 움직일 때, 그 조직은 번창할 수 있다.

자연계에서 보든 인간계에서 보든, 수괘는 '즐거운 마음으로 바른 흐름을 따라 간다'는 의미를 가진다. 그래서 수괘의 괘사(卦辭)에 "수(隨)는 크게 형통하니 곧게 함이 이로운지라 허물이 없다."라고 했다. 즉, 무엇을 따를 때는 순수한 마음으로 따라야 할 것이니, 그렇지 않으면 비록 크게 형통하다고 하나 허물이 따르게 된다는 말이다.

'따름'을 잘하려면 곧은 마음으로, 그리고 때에 맞추어야 한다. 이렇게 할 때, 허물없이 오래도록 번창을 누릴 수 있다.

못 가운데 우레가 있는 것이 수(隨)이니, 군자가 이것을 본받아 저녁 때가 되면 집에 들어가 휴식을 취하느니라. 〈澤中有雷(택중유뢰) 隨(수)이니 君子(군자) 以(이하야) 嚮晦入宴息(향회입연식)하나니라〉

택뢰수괘(澤雷隨卦)는 '따른다'는 뜻의 괘인데, 따름에 있어서는 때를 따르는 것이 가장 큰 의미를 가진다. 그래서 수괘의 「단전(彖傳)」에서는 "때를 따르는 의의가 크도다!"라 하였다.

여름이 오면 얇은 옷을 입고, 겨울이 오면 두꺼운 옷을 입는 것이 바로 때를 따라 움직이는 삶이다. 만약 때의 흐름을 거역하면 고통스런 삶을 살아갈 수밖에 없다. 사람을 위시한 만물은 모두 자연의 흐름에 따라 움직이는 본능을 가지고 있다. 그래서 지각기관에 결함이 생기지 않은 이상, 모든 생명체들은 모두가 자연스럽게 때의 흐름에 맞게 움직인다.

사람은 자연세계의 일원이기도 하지만, 또한 인간사회의 일원이기도 하다. 그러나 인간 세상의 일이란 인위적인 요소가 많고, 또 변화가 미세하기에 변화를 뚜렷이 감지하기가 어려운 점도 있다. 그래서 군자는 냉철한 자세로 기미를 면밀히 살피어 상황 따라 처신을 해야 한다. 「대상전」에서 "저녁때가 되면 집에 들어가 휴식을 취한다."라고 한 것이 바로 이 말이다. 저녁이 되면 집에 가서 쉬고, 아침에는 밖에 나와 일하는 것이 바로 때를 따르는 행동이다.

『통감절요(通鑑節要)』에 '성인여세추이(聖人與世推移)'라는 말이 있다. 그런데 이 말은 두 가지 뜻으로 해석할 수 있는데, 하나는 '성인(聖人)이라야 정도(正道)를 지키기 위해 상황에 맞게 처세를 한다'는 뜻이요, 또 하나는 '성인도 생존을 위해 시류에 따라 삶의 방식을 바꾼다'는 뜻이다. 그런데 이 두 가지의 해석이 가진 의미는 하늘과 땅처럼 서로 다르다. 전자는 바른 도를 지키기 위해 시국에 휩쓸려가지 않고 시국에 능동적으로 대처하는 것을 말하고, 후자는 자신의 몸을 보존하기 위해 지조를 굽히고 시류에 따르는 기회주의자를 말한다. 전자는 진짜 성인이요, 후자는 소인배이다. 그래서 양자의 격은 하늘과 땅처럼 차이가 난다. 주역에서 말하는 '때를 따라 변한다'는 것은 바로 전자를 두고 하는 말이다.

정자(程子)는 「역전서(易傳序)」에서 "역(易)은 변역(變易)하는 것이니, 때를 따라 변역하여 바른 도를 쫓는 것이다."라고 했다. 그 상황에 맞는 도리를 찾아 행동하도록 하는 것이 바로 주역의 궁극적인 가르침이다. 그렇게 본다면, 수괘는 주역의 본질을 잘 나타내는 괘라 하겠다.

산풍고괘山風蠱卦

 기운이 막히면 사고가 생긴다.

산풍고괘(山風蠱卦)의 '고(蠱)'자를 파자(破字)해 보면, 그릇을 의미하는 '명(皿)'자 위에 벌레를 뜻하는 '충(虫)'자가 셋이 있다. 이는 그릇 위의 음식을 벌레들이 모여 갉아먹는 것을 의미한다. 지속적으로 갉아먹으면 마침내 처리해야 할 일이 생기고 만다.

고괘는 위에는 산을 뜻하는 간괘(艮卦☶)가 있고, 아래는 바람을 뜻하는 손괘(巽卦☴)가 놓여서 이루어진 괘이다. 즉 바람이 산 아래에 불고 있는 형상인데, 바람이 산에 가로 막혀 나아가지 못하면 역풍이 불어 주위를 소란하게 한다. 그래서 고괘는 '일이 생긴다'는 뜻을 가진다. 고괘 앞에는 '따른다'는 의미의 택뢰수괘(澤雷隨卦☱)가 있다. 무조건 따르기만 하면 반드시 일이 생긴다. 그래서 수괘 다음에 '일이 생김'을 의미하는 고괘가 나왔다.

괘의 재질로 본다면, 고괘는 '일을 처리한다'는 의미도 가진다. 그래서 고괘 괘사(卦辭)에서 "고(蠱)는 크게 형통하니, 큰 내를 건넘에 이롭다."라고 하였다. '큰 내를 건넌다'는 말은 어려움을 극복하여 일을 처리해낸다는 뜻을 가진다. 따라서 점을 쳐서 고괘를 얻으면, 용기를 내어 적극적으로 문제를 해결하려는 자세를 가져야 한다. 그래야만 뒤를 기약할 수 있다.

그러면 일이 터지게 되면 그 일을 어떻게 처리해야 하는가. 즉 흉한 상태를 길한 상태로 만들려면 어떻게 해야 할 것인가. 고괘의 괘사에서 "갑일(甲日)을 앞으로 하여 사흘을 하고, 갑일을 뒤로 하여 사흘을 한다."고 했다. 여기서 갑(甲)은 십간(十干)의 첫머리이므로, '일의 시작'을 의미한다. 그러므로 괘사를 의역해보면, '일이 시작되면 그 시점부터 가까운 과거를 되짚어 그 일이 생긴 까닭을 생각해보고, 또 가까운 미래는 어떻게 될 것인가를 생각해보아야 한다'는 뜻을 가진다. 일을 수습하려면 무턱대고 나설 것이 아니라, 먼저 그 일이 생긴 원인을 면밀히 검토해야만 일을 처리할 방안을 마련할 수 있다. 그리고 과거의 원인뿐 아니라, 앞으로의 추이도 면밀히 살펴야만 조변석개(朝變夕改)식의 대책이 아닌, 일관성 있는 해결 방안을 마련할 수 있다. 이것이 쉬운 듯해도 큰일을 당하여 혼비백산(魂飛魄散)한 상태에 놓이게 되면 쉽지 않을 수 있다.

천지도 그렇듯이 인간 세상을 활기 있게 하는 원동력은 바로 일이다. 일이 생기지 않으면 세상은 더 이상 발전하지 않는다. 그래서 주역에서는 '일'을 의미하는 고괘를 64괘 속에 담고 있다.

산 아래에 바람이 있음이 고(蠱)이니, 군자가 이것을 본받아 백성을 진작시키며 덕을 기르느니라. 〈山下有風(산하유풍)이 蠱(고)니 君子(군자) 以(이)하야 振民(진민)하며 育德(육덕)하나니라〉

산풍고괘(山風蠱卦)는 산이 위에 있고, 바람이 아래에 있는 형국의 괘이다. 고괘는 바람이 불어오다가 앞에 있는 산 때문에 나아가지 못하고 흩어져 주위를 소란스럽게 하는 상을 가졌다. 주위가 소란스러워지면 반드시 일이 터진다. 만약 바람이 위에 있고, 산이 아래에 있다면 바람이 산을 넘어 술술 지나간다. 이러한 상태를 담아낸 괘가 바로 '점점 나아간다'는 의미를 가진 풍산점괘(風山漸卦䷴)이다.

바람이 산에 막혀 되돌아오면 그것을 '역풍(逆風)'이라 한다. 역풍은 항상 뜻밖의 사태를 만들어 낸다. 역풍이 불면 주위의 초목이 흔들리고, 또 흙먼지가 일어난다. 그러면 그 속에 있는 사람들은 고초를 겪게 된다. 나라의 정치도 그렇고, 기업의 경영도 그렇다. 계획했던 일이 잘 추진되면 바람이 산을 넘어가듯 원만히 운영이 되겠지만, 중간에 실패를 하면 많은 부작용이 일어나고, 민심이 술렁거리기 시작하여 마침내는 궁지에 몰리고 만다.

역풍의 힘은 2004년 3월에 있었던 노무현 전 대통령 탄핵사건에서도 볼 수 있었다. 탄핵사건이 있기 이전에 노무현 대통령이 장차 있을 17대 국회의원선거에서 당시 여당인 열린우리당이 이겼으면 좋겠다는 투의 발언을 하였다. 이에 국민들 중 많은 사람들은 노무현 대통령의 선거관련 발언을 부정적으로 바라보았다. 이에 당시 야당들은 대통령이 '정치적 중립성의 의무'를 위반했다는 이유를 들어 대통령 탄핵소추안을 국회에서 통과시켰다. 막상 대통령을 탄핵하자 민심은 도리어 노무현 대통령 쪽으로 급속도로 기울어버렸다. 그리하여 그해 5월에 있었던 17대 국회의원 선거에서 열린우리당이 과반 이상의 당선자를 내고, 야당들은 고배를 마셨다. 이처럼 저리로 가다가 금방 이리로 되돌아오면서 강력한 파괴력을 발휘하는 바람이 바로 '역풍'이다.

일이 이루어지지 않아 역풍이 불 기미가 있으면 어떻게 해야 하는가. 「대상전」에서는 "백성을 진작시키며 덕을 기른다."라고 했다. 즉 지도자는 구성원들의 마음을 어루만짐과 동시에 자기의 덕을 길러야 한다는 말이다. 사건이 터졌을 때는 항상 자기의 덕을 먼저 반성하여, 그로써 더욱 새로운 자기를 가꾸도록 노력해야 하고, 또 그것을 바탕으로 구성원들의 마음을 어루만져야 한다. 그럴 때, 일치단결을 이루어 마침내 어려운 상황을 타개해 나갈 수 있다.

　세상에는 '일이 생김'과 '일이 해결됨'이 끝없이 이어진다. 일이 생기는 것은 너무나 당연한 현상인데, 여기서 일을 잘 해결해내는가의 여부에 따라 번창과 쇠망이 결판난다. 일을 잘 처리하는 비결은 바로 민심을 다독이고, 자기의 덕을 닦는 데 있다.

≣

지택림괘地澤臨卦

지택림괘(地澤臨卦)는 위에는 땅을 상징하는 곤괘(坤卦☷), 아래는 못을 상징하는 태괘(兌卦☱)가 배치되어 이루어진 괘이다. 땅이 못 위에 닿아 있는 형상을 하기에 지택림괘는 '임하다'는 뜻을 가진다.

괘상으로 보면, 순음(純陰)의 중지곤괘(重地坤卦☷)에서 양효가 하나둘 자라나는 모습을 하고 있다. 이것은 강성해지는 양기로 앞을 막는 장애물에 과감히 임하여 처리해나가는 모습을 상징한다. 임괘는 산풍고괘(山風蠱卦☶)의 뒤를 이어 나온 괘인데, 고괘는 '일'의 의미를 가진 괘이다. 일이 있으면 당연히 적극적으로 임하여 처리해야 한다. 그래서 고괘 다음에는 '임하다'는 의미를 가진 임괘가 나왔다.

괘를 계절의 변화로 풀어보면, 순음괘인 중지곤괘는 10월괘가 되는데, 최하위에 양효가 하나 생겨나면 지뢰복괘(地雷復卦☳)가 된다. 복괘는 11월을 상징한다. 복괘로부터 양효가 점차 성장하여 제2효까지 양효로 변하면 임괘가 되는데, 임괘는 12월괘가 된다. 12월이 되면 추위가 극도에 이른다. 그러나 그 속에는 양기가 봄을 향하여 이미 전진하고 있다.

원래 세상사에 있어서도 하나의 일이 모습을 드러내기 위해서는 반드시 준비단계가 필요하다. 준비단계에서는 계획을 수립하여 여러 가지 필요한 요건들을 갖춘다. 사실은 이때도 이미 일이 시작된 것으로 간주해야 한다. 인간사에서 본다면 어머니 뱃속에서 자라고 있는 태아도 역시 생명체로 인정이 되고 있음과 같다. 곡식의 줄기가 밖으로 나오지 않아도 지하에서 싹을 틔우고 있으면 그 또한 엄연히 살아있는 생명체이다.

임괘도 양기가 아직 세상에 드러나지는 않았지만, 내면에서는 양기를 키워가고 있다. 이미 봄이 진행되고 있다. 그래서 점을 쳐서 이 괘를 얻으면, 적극적인 몸부림 끝에 장차 발전할 것이라 본다. 그러나 자연계는 가득 차면 반드시 이지러진다. 봄이 왔지만 장차에는 가을이 찾아온다. 그때는 음기가 다시 성장하여 만물이 쇠락한다. 그래서 새롭게 일을 할 때는 늘 먼 미래의 상황을 염두에 두어야 한다. 이 때문에 괘사(卦辭)에 "임(臨)은 크게 형통하고 바르게 함이 이로우니, 8월에 이르러서는 흉함이 있을 것이다."라고 말했다. 여기서의 8월은 일양(一陽)이 처음 생기는 11월 동짓달로부터 8번째 달인 6월을 말한다. 6월에는 보이지 않는 가운데 음기가 점차 자라난다.

자연계에서든 인간계에서든, 모든 사물에는 성장이 있게 되고, 또 성장이 극도에 이르게 되면, 도리어 그 반대 현상이 일어나게 된다. 이것을 일깨워 주는 괘가 바로 임괘이다.

못 위에 땅이 있는 것이 임(臨)이니, 군자가 이것을 본받아 가르치려는 생각이 다함이 없으며 백성을 용납하여 지킴이 끝이 없느니라. 〈澤上有地(택상유지) 臨(임)이니 君子(군자) 以(이)하야 敎思無窮(교사무궁)하며 容保民(용보민)이 無疆(무강)하나니라〉

지도자가 국민들을 진정으로 사랑하는 길은 무엇인가. 그것은 그들을 포용하여 유익한 가르침을 베푸는 데 있다.

지택림괘(地澤臨卦)는 땅이 못을 감싸고 있는 형상을 한 괘이다. 땅은 후하면서 넓은 도량을 가진 지도자에 비유하고, 못물은 출렁거리며 즐거워하는 군중들에 비유할 수 있다. 땅이 물을 넓게 감싸주면 큰 못을 이루듯이 조직의 지도자도 구성원들을 넓게 감싸주면 인심을 크게 모을 수 있다. 인심이 모이면 재물과 권력은 자동으로 얻을 수 있다. 임괘는 바로 그 방법을 제시해주고 있는 괘라고 말할 수 있다.

나쁜 지도자들은 국민들에게 정신을 열어주는 교육은 베풀지 않고, 도리어 미혹과 쾌락에 빠지도록 유도한다. 그들이 그렇게 하는 것은 정치를 자기들 마음대로 주물러 사리사욕을 채우기 위해서이다. 결국, 그런 지도자들은 국민을 위해서가 아니라, 자기 자신을 위해 정치를 하는 자이다.

그러나 국민을 진정으로 사랑하는 지도자들은 국민들이 건전하고, 편안하게 살아갈 수 있도록 배려한다. 이것의 기초는 교육 정책을 잘 펴는 데 있다. 가정에서도 자식을 진정으로 사랑하는 부모는 자식을 불러다가 자상하게 인간의 길과 세상을 살아가는 법을 일러준다. 이는 자식이 자라서 가정생활과 사회생활을 원만히 해나갈 수 있기를 바라는 부모의 간절한 애정 때문이다. 이처럼 나라의 지도자도 국민에 대한 진정한 애정을 가지고 어디서든 행복하게 살아갈 수 있도록 교육정책을 잘 펴도록 해야 한다. 이렇게 할 때, 가장 위대한 지도자가 될 수 있다. 우리나라의 세종대왕(世宗大王)이 한글을 창제하여 백성들이 교육을 받을 수 있게 한 것이 바로 바람직한 지도자의 표본이다.

그리고 정치를 잘하는 길은 사람을 포용하는 도량이 있어야 한다. 그래야만 사람들이 모여들어 추종을 하려 할 것이다. 물론, 그 중에는 감싸주고, 베풀어주는 그 호의를 짓밟는 이들도 있을 수 있다. 그러나 그렇다고 해서 사람을 포용하지 않는다면 애당초에 지도자 노릇을 할 자격조차 얻을 수 없다.

못물을 감싸고 있는 언덕의 형상을 한 임괘를 보는 지도자는 반드시 국민에 대한 포용과 교육에 정성을 기울여야 한다.

풍지관괘風地觀卦

20-1　세상을 관찰해야 세상을 얻을 수 있다.

풍지관괘(風地觀卦)는 위에는 바람을 뜻하는 손괘(巽卦☴), 아래에는 땅을 의미하는 곤괘(坤卦☷)가 배치되어 이루어진 괘이다. 손괘의 덕성은 공손함이 되고, 곤괘의 덕성은 유순함이 된다. 그래서 손괘와 곤괘가 합해서 된 관괘는 겸손한 성품으로 백성들의 살림살이를 자상히 살펴본다는 의미를 가진 괘가 된다.

관괘는 '임하다'는 의미를 가진 지택림괘(地澤臨卦☷)의 뒤를 이어 나왔다. 그 이유를 「서괘전(序卦傳)」에서는 "임(臨)은 커지는 것이니, 물체가 커진 이후에 볼만해진다. 그래서 관괘가 이어서 나왔다."라고 하였다. 물체가 너무 작으면 보아야 할 대상으로 주목 받기가 쉽지 않다. 사람의 눈은 큰 것을 먼저 보게 되어 있다.

관(觀)은 '본다'는 뜻인데, 무슨 일에서나 우선 현재의 상태를 먼저 살펴보아야만 그 판도를 읽을 수 있다. 관은 '관찰'의 의미로 바로 무형의 정보를 얻는 수단이다. 그래서 경영에 능한 지도자는 모든 상황을 관찰하는 행위를 게을리하지 않는다. 괘의 형상을 보면, 아래의 1, 2, 3, 4효는 높은 누각의 다리를 상징하고, 5효는 누각의 마루 위에서 멀리 관찰하는 사람을 상징한다. 즉 5효에 있는 군왕이 높은 누각에 올라가 백성들의 생활상을 살피는 모습을 하고 있는 것이 풍지관괘가 가진 형상적 의미라는 말이다. 관찰을 하되 높은 곳에서 해야만 올바른 관찰을 할 수 있고, 또 관찰을 하되 임금이 몸소 해야만 느낌이 간절하여 더욱 실속 있는 대책을 마련할 수 있다.

관괘에서 관은 제5효가 아래의 모든 효를 쳐다보는 것을 의미하기도 하지만, 또한 아래의 모든 효가 제5효를 쳐다보는 것을 의미하기도 한다. 제5효에서 보면 아래로 내려다보는 형상을 하고 있지만, 아래의 네 효의 입장에서 보면 제5효는 우러러 볼 대상이 된다. 즉 제5효의 자리는 대중의 시선이 집중되는 곳이라는 말이다. '관'의 의미가 심오한 것은 군왕이 백성을 보는 것뿐만 아니라, 백성이 군왕을 쳐다보는 의미도 동시에 가졌기 때문이다. 괘사(卦辭)에 "관은 손만 씻고 제수(祭需)를 올리지 않았을 때처럼 공경히 믿음을 두어 우러러 본다."라고 했다. 이 말은 제5효의 군왕이 마치 제사를 지내기 직전처럼 정성과 공경을 다하여 백성을 살피고, 또 그에 맞는 처치를 해주면 백성들이 모두 위에 거처해 있는 군왕을 우러러 본다는 의미이다.

중정의 덕을 가진 군왕이 백성들의 사정을 살피기 위해 아래로 내려다보고, 백성은 군왕을 사모하여 위로 올려다보는 것이 관괘의 의미이다. 보는 방향은 지위에 따라 서로 다르지만, 쌍방이 함께 쳐다보면 상하의 교감이 이루어진다. 관의 도는 이렇게 함으로써 완성된다.

바람이 땅위를 행하는 것이 관(觀)이니, 선왕(先王)이 이것을 본받아 지방을 순시하여 백성을 관찰하여 가르침을 베푸느니라. 〈風行地上 (풍행지상)이 觀(관)이니 先王(선왕)이 以(이)하야 省方觀民(성방관민)하야 設敎(설교)하나니라〉

땅 위에 바람이 부는 형상을 가진 괘가 바로 풍지관괘(風地觀卦)이다. 바람은 이 지역 저 지역을 마음껏 쏘다니며 세상을 살피고, 또 그에 대한 소식을 사방으로 전해주는 매체이다. 바람은 전파와 같다. 바람이 없으면 이 지역의 소식이 저 지역으로 전해지지 않는다. 소문은 반드시 바람을 타야 한다. 그래서 '풍문(風聞)'이라는 말도 있다. 소식은 바람을 따라서 전해진다.

훌륭한 정치의 첫걸음은 백성들의 생활 상태를 정확히 파악하는데 있다. 이것은 마치 의사가 환자의 질병이 어디에 있는지를 알아야만 올바른 치료를 할 수 있는 것과 같은 이치이다. 백성들의 생활상을 알지 못하면 백성을 위한 정치를 펼 수가 없다. 그렇게 되면 저절로 혼군(昏君)이 되고 만다. 예로부터 혼군은 눈과 귀를 막고 산다. 그래서 백성들의 고통을 알 수가 없었다.

옛날 유능한 군왕들은 백성들의 생활상을 여러 가지 통로로 관찰하고자 했다. 옛 시대에는 이것을 잘하는 군왕이 대체로 성군(聖君)으로 추앙을 받았었다. 그 이유는 백성들이 처한 실상을 자세히 알아, 매 상황에 대해 적절한 대책을 수립할 수 있었기 때문이다. 옛 성군들이 백성들의 생활상을 살피는 방법으로는 여러 종류가 있었다. 군왕이 직접 민정을 살피기 위해 지방을 시찰했는데, 이것을 '순수(巡狩)'라고 한다. 또 민간에 유행되는 노래를 채집하여 민정을 살피기도 했다. 『시경(詩經)』의 「국풍(國風)」에 실린 시들이 바로 그때의 노래 가사이다. 그밖에도 군왕이 신분을 감추고 저자를 다니면서 민정을 살피는 방법, 또 초야의 선비들이 올린 상소문을 읽는 방법 등 다양한 방법으로 민정을 살피고자 했다.

세상의 상황을 살피는 일은 예나 지금이나 중요하다. 지금은 세계가 하나의 울타리 속에 사는 상황이 되어 세상의 움직임을 더욱 신속히 파악해야 한다. 그래서 각국에서는 많은 돈을 들여 정보기관을 운영하며, 또한 통신사업과 언론문화를 활성화 시키고 있다. 세상은 그야말로 정보 전쟁의 시대에 들어 왔다고 하겠다.

현대사회에서의 모든 주도권은 좋은 정보를 많이 가진 쪽으로 향한다. 정보전쟁에서 뒤떨어지면, 그 조직은 결국 붕괴되고 만다. 이런 의미에서 본다면, '세상을 관찰한다'는 뜻을 가진 풍지관괘는 정치에 있어 중요한 의의를 가진 괘라 말할 수 있겠다.

☰☰☰

화뢰서합괘火雷噬嗑卦

21-1 굳세지 않으면 괴로운 일에 시달린다.
김기의 주역 대상전 풀이

화뢰서합괘(火雷噬嗑卦)는 불을 뜻하는 이괘(離卦☲)가 위에 있고, 우레를 뜻하는 진괘(震卦☳)가 아래에 놓여서 된 괘이다. 우레가 아래서 위로 올라가 하늘의 불과 화합하는 형상을 하고 있다.

괘의 모양으로 본다면 초효와 가장 위의 상효는 양효로 되어 위턱과 아래턱을 상징하고, 제4효의 양효는 아래턱과 위턱 사이에서 서로 합치지 못하도록 하는 장애물에 해당한다. 위턱과 아래턱이 서로 합치려면 속의 장애물을 다 씹어서 제거해야만 한다. 즉 서합괘는 장애물을 제거하여 상하의 턱이 합한다는 의미를 가진다. 점을 쳐서 이 괘를 얻으면 장애물이 나타나 삶을 힘들게 할 것이므로 한동안 이것을 처리하기 위해 동분서주해야 한다.

서합괘는 '본다'는 뜻의 풍지관괘(風地觀卦☴)를 뒤이어 나온 괘이다. 내가 보여줄 만한 보물을 가졌을 때, 비로소 남이 찾아와 합하려 한다. 이것이 세상사의 이치이다. 만약 나에게 아무 것도 없으면 아무도 나에게 응해오지 않는다. 그래서 보아줄 만한 무엇이 있음을 뜻하는 관괘 뒤에 '합한다'는 의미의 서합괘가 뒤따랐다.

괘의 성품으로 본다면 불은 밝은 덕성을 가졌으므로 지혜를 상징하고, 우레는 떨쳐 일어나는 덕성을 가졌기에 위엄을 상징한다. 지혜와 위엄을 함께 가지게 되면 사람의 시비곡직(是非曲直)을 분명히 가려내어 잘못된 자를 처벌할 수 있다. 만약 지혜만 있고 위엄이 없다면 지혜도 무용지물이 되고, 만약 위엄만 있고 지혜가 없다면 포학한 사람이 되고 만다. 그러므로 지혜와 위엄이 함께 있어 일의 그릇됨을 교정하는 것이 또한 서합괘의 의미가 된다. 그래서 괘사(卦辭)에서 말하기를, "서합(噬嗑)은 형통하니 옥사(獄事)를 다스리는 데 이득이 있다."라고 하였다. 즉 서합괘는 지혜의 불과 위엄의 우레가 어우러졌기에 옥사를 다스림에 이롭다는 뜻이다.

서합괘를 효로써 풀이해보면, 괘의 주인공은 제5효인데, 제5효는 옥사를 주관하는 우두머리다. 제5효는 불의 중심부에 있으므로 밝은 지혜를 가진 자이다. 그리고 상괘의 중간에 위치하므로 중도를 지키고 있으며, 또한 음효이면서 제5효의 양수(홀수) 자리에 위치하여 강함과 약함을 모두 겸하고 있다. 그러므로 제5효는 능히 옥사를 처리할 수 있는 능력을 가진 자라 할 수 있다.

천지자연에도 우레와 불덩이가 있어 음습하고 잠복되어 있는 만물들을 일깨우고 말려주듯이, 인간 세계에도 세상을 썩게 하는 사람은 반드시 지혜로 그 죄를 밝히고 위엄으로 징벌을 내려야 한다. 그래야만 세상이 유지될 수 있다. 그래서 서합은 세상을 바로 잡는 의미를 가진 괘가 된다.

21-2
경기의 주역 대상전 풀이
우레와 번개가 서합(噬嗑)이니, 선왕(先王)이 이것을 본받아 형벌을 밝히고 법률을 엄격히 하느니라. 〈雷電(뢰전)이 噬嗑(서합)이니 先王(선왕)이 以(이)하야 明罰勅法(명벌칙법)하나니라〉

화뢰서합괘(火雷噬嗑卦)는 불과 우레가 합해져 있는 괘이다. 그런데 여기서의 불은 우레를 동반한 불이기에 뇌성과 함께 터지는 번갯불이라 할 수 있다. 그러니 서합괘는 번쩍이는 지혜와 강력한 힘으로 시비를 판단하는 의미를 가진 괘가 된다.

세상만물을 벌벌 떨게 하는 것이 바로 번갯불과 우레이고, 우레와 번개가 합해서 된 괘가 바로 서합괘이다. 서합괘는 인간세계에서는 '죄를 가리어 벌을 주는 일'을 상징하는 괘이다. 사람들은 예로부터 사법기관에만 가면 왠지 두려운 마음이 든다. 그것은 사법기관이 가지는 특징이 바로 번갯불과 우레가 합해져서 된 것이기 때문이다. 그래서 그곳에 가면 절로 두려운 생각이 들고, 죄를 지은 사람은 더더욱 두려운 생각이 든다.

번쩍이는 번갯불은 지혜를 상징하고, 진동하는 우레는 힘을 상징한다. 죄를 가리는 데는 지혜가 없으면 안 되고, 법을 집행하는 데는 강한 힘이 없으면 안 된다. 만약 번갯불 같은 지혜가 없으면 죄 없는 사람을 죄 있는 사람으로 만들 수도 있다. 그렇게 되면 죄를 집행하는 사법관이 도리어 죄를 얻게 된다. 그래서 노자(老子)는 "사형을 집행하는 사법관이 사람을 죽인다. 그러나 원래 사람의 목숨은 하늘에 달린 것인데, 사법관이 하늘을 대신하여 사람을 죽이게 되면 이는 보통 사람이 대목수가 하는 일을 대신하는 것과 같다. 보통 사람이 대목수를 대신하여 도끼를 잡고서 나무를 깎으면 손을 다치지 않는 자가 드물다."라고 했다. 즉 사법관이 사람을 벌주는 것은 하늘을 대신하는 일이기에 주의하지 않으면 도리어 하늘의 벌을 받을 수도 있다는 말이다.

그리고 비록 죄가 밝혀졌다 하나 그것을 공정하고, 또 힘차게 집행할 힘이 없다면 세상은 무법천지가 되고 만다. 그래서 세상의 지도자는 번갯불과 우레로 된 서합괘를 보고서 반드시 벌을 정확히 밝히고, 또 법을 엄중히 집행하도록 해야 한다.

최고의 이상적 정치는 무위정치(無爲政治), 그 다음이 덕치(德治)

이다. 그러나 인간은 욕망의 이끌림을 쉽게 단절할 수 없기에 세상은 법치(法治)로 운영해야 한다. 그러니 법은 사회를 지탱하는 기둥이라 할 수 있다. 따라서 법을 다스리는 사법기관은 스스로 신성함을 지켜 국민의 신망을 모으도록 해야 한다.

산화비괘山火賁卦

 22-1 멋을 중시하여 멋으로 살아간다.

산화비괘(山火賁卦)는 위에는 산을 뜻하는 간괘(艮卦☶), 아래는 불을 뜻하는 이괘(離卦☲)가 합해져서 된 괘이다. 즉 산 아래 불빛이 환하게 비추어 산을 아름답게 장식한다는 데서 비괘는 '꾸민다'라는 뜻이 된다.

비괘 앞에는 '합한다'는 의미의 화뢰서합괘(火雷噬嗑卦☲)가 있다. 사람이든 물건이든, 서로 합치려 하면 반드시 의식을 치러야 한다. 혼인 또는 계약을 맺을 때는 의식 행위를 거쳐야 하고, 물건과 물건이 서로 합해질 때는 이음새가 있어야 한다. 그래서 '합한다'는 뜻의 서합괘 뒤에는 문화적 의식을 상징하는 비괘가 따라붙게 되었다.

괘의 성품으로 보면, 위의 간괘는 그치게 하는 덕성을 가졌고, 아래의 이괘는 밝혀주는 덕성을 가졌다. 그래서 간괘는 조절하는 능력을 가졌고, 이괘는 화려하게 수식하는 능력을 가졌다. 원래 아름다움을 이루려면 절제의 미덕과 수식의 기교가 적절히 조화를 이루고 있어야 한다. 만약 일방적으로 억눌러 절제만 하면 경직된 모양의 작품이 나오고, 너무 화려함만 앞세우면 경박한 성질의 작품이 나온다. 그래서 자율과 통제, 개방과 수렴이 함께 어우러진 산화비괘가 '조화롭게 꾸밈'을 뜻하는 괘가 되었다.

상하괘로 나누어 비괘를 풀어본다면, 상괘는 원래 곤괘(坤卦☷)였고, 하괘는 원래 건괘(乾卦☰)였다. 즉 지천태괘(地天泰卦䷊)가 바로 '조화롭게 꾸밈'을 뜻하는 비괘의 본체라는 말이다. 지천태괘는 곤괘가 위에, 건괘가 아래에 있는 괘이다. 여기서 아래의 건괘 제2효가 위로 곤괘의 꼭대기에 올라가 곤괘를 꾸며주니 곤괘가 간괘로 변했고, 위의 곤괘 중 최상의 효가 아래 건괘의 제2효에 내려와 건괘를 꾸며주니 건괘가 이괘로 변했다. 그러므로 간괘와 이괘로 된 산화비괘는 괘 자체에서도 이미 상하가 서로 꾸며주는 의미를 가졌다. 괘 자체에서 서로 꾸며주고 있기에 비괘는 '꾸밈'을 뜻하는 괘가 된다.

이 세상의 모든 존재는 모두 각자의 문화를 가진다. 하늘은 일월성신(日月星辰)으로 자기를 꾸미는 문화 활동을 하고, 땅은 산수(山水)와 초목(草木)으로 자기를 꾸미는 문화 활동을 한다. 그밖에 인간을 포함한 모든 생명체들도 다 자기를 꾸미는 문화 활동을 한다. 그러므로 문화 활동은 또한 모든 존재들의 여러 본능들 중 하나라 할 수 있겠다. 그래서 천지자연과 인간의 도를 설파하는 책인 주역에서도 '꾸밈'을 뜻하는 비괘를 포함했다.

산 아래 불이 있는 것이 비(賁)이니, 군자가 이것을 본받아 여러 정사(政事)를 밝히되, 옥사(獄事)를 결단함에는 과감히 하지 않느니라.
〈山下有火(산하유화) 賁(비)니 君子(군자) 以(이)하야 明庶政(명서정)호되 無敢折獄(무강절옥)하나니라〉

산화비괘(山火賁卦)는 산을 뜻하는 간괘(艮卦☶) 아래에 불을 뜻하는 이괘(離卦☲)가 배치되어 산을 환하게 비추어주는 형상의 괘이다. 그래서 산화비괘는 '꾸민다'라는 뜻을 가진 괘가 되었다.

대부분의 사람들이 생각하는 것처럼 문화란 것은 인류만의 전유물이 아니다. 모든 생명체들은 모두 자기를 표현하고, 또 더 나은 자기를 가꾸기 위해 몸부림을 친다. 그 결과 그들은 그들만의 고유한 삶의 형식을 갖추게 되는데, 이것이 바로 문화이다. 그 예로 세균들도 그들만의 문양을 가지고 있고, 개미나 벌들은 질서 정연한 조직 체계와 자기들만의 특수한 형식의 삶을 가꾼다. 이것을 보면 '문화'라는 것은 모든 생명체들이 함께 하는 공유물임을 알 수 있다.

문화는 생명체들이 군집하면 반드시 탄생하게 된다. 그러면 인류의 지도자들은 문화를 어떻게 가꾸어가야 하는가. 인류가 질서 속에서 안락한 삶을 꾸려가려면 지도자는 문화적 감각에 눈을 떠야한다. 그 중에서 특히 정치문화를 실속 있고, 또 의미 있게 꾸며가야 한다. 그래야만 질서 있는 국가를 만들 수 있고, 또 국민들이 행복한 삶을 살아갈 수 있게 된다. 비괘는 바로 지도자가 불빛이 산을 밝혀주듯이 유익한 문화를 만들어 세상을 밝게 이끌어가도록 계시하는 괘이다.

그러나 정치·경제·예술 등 각종 부문의 문화는 적극적으로 가꾸어 가지만, 비괘에서는 옥사(獄事)를 결단하는 데는 특히 더 신중을 기해야 한다. 옥사, 즉 재판과 징벌은 진실에 근거해야 한다. 만약 꾸미려는 마음을 가지고 옥사를 다스리게 되면 올바른 법 집행이 이루어지지 않는다. 법을 만들고 법을 집행하는 사람들은 사실을 직시해야한다. 그들은 과학자와 같은 시각을 갖추어야 한다. 과학은 꾸미는 것을 추구하지 않고, 도리어 꾸며진 외형 속의 실체를 파악하는 학문이다. 그래서 법을 대하는 사람은 결코 추상적이거나 감성적인 자세를 가져서는 안 될 것이며, 반드시 객관적이고 엄정한 시각을 가져야 한다. 정상참작이란 것도 이 위에서 이루어져야 한다.

그러니 비괘를 읽는 지도자는 다양한 제도로써 나라를 잘 다스릴 수 있게끔 해야 할 것이지만, 특히 옥사를 다스림에 있어서는 함부로 결단하지 말고, 냉정히 진실을 살펴서 법을 집행해야 한다.

산지박괘山地剝卦

 23-1 절정에 가면 반드시 내려와야 한다.

산지박괘(山地剝卦)는 위에는 산을 뜻하는 간괘(艮卦☶), 아래는 땅을 뜻하는 곤괘(坤卦☷)가 배치되어 이루어진 괘이다. 이 괘는 하나의 양효가 여러 음효들 위에서 장차 사라지는 모습을 가졌기에 '사라진다' 또는 '깎인다'는 의미를 가진다.

박괘 앞에는 산화비괘(山火賁卦☲)가 있다. 비괘는 아름답게 꾸민다는 뜻을 가진 괘인데, 아름답게 피어난 꽃도 장차 시들어 떨어지게 되듯이 인위적으로 꾸며놓은 것은 시기가 지나면 반드시 다시 걷어내어 소각해야 한다. 그래서 '꾸민다'는 뜻을 가진 비괘 뒤에 '사라진다'는 의미의 박괘가 나왔다.

박괘는 순양의 중천건괘로부터 출발되었다. 순양의 중천건괘에 음기가 들기 시작하여 맨 아래의 양효부터 하나씩 음효로 변하다가, 마침내는 최상의 양효 마저도 음으로 변하기 직전의 상태에 처하게 되었다. 이 상태를 나타낸 괘가 바로 박괘이다.

계절로 본다면 박괘는 9월을 상징하는 괘가 된다. 음력 9월은 늦은 가을로써 겨울에 들기 일보직전의 시기에 해당한다. 겨울은 음력 10월부터 시작되는데, 겨울이 오면 모든 생명체들은 활동을 완전히 멈춘다. 그러니 박괘는 9월에 양기가 극도로 쇠약해져서 만물의 활동이 멈추기 직전의 시점을 나타낸 괘가 되었다.

박괘를 세상사로 설명해보면, 군자들로 꽉 찬 건실한 집단 속에 간사한 소인이 하나 둘 들어와 요직을 모두 차지하여 마침내 하나 남은 마지막 군자마저 쫓겨나기 직전의 형국을 나타낸 괘라 하겠다. 산지박괘의 상황을 만난 마지막 군자는 위태한 상황에 처해 있으므로 언행에 신중을 기해야 한다. 그래서 괘사(卦辭)에서 "박(剝)은 가는 바를 둠이 이롭지 않다."라고 하였다. 함부로 움직이다가는 소인배들의 공격을 받아 목숨을 잃을 수 있다. 만약 군자의 씨가 다 말라버린다면 나중에 시운이 돌아왔을 때는 무엇으로 종자로 삼을 것인가.

천지든 인간이든 모두 순환의 법칙 위에 운영이 된다. 그래서 비록 음이 꽉 찬 세상이 되었다고 해도 장차 양의 세상이 오고 만다. 그러나 양의 세상을 맞이하려면 양의 세상을 열어갈 씨앗은 보존되어 있어야 한다. 그래서 최상에 있는 상구(上九)의 효사(爻辭)에서는 '석과불식(碩果不食)'이라 한 것이다. 이는 '씨를 할 큰 열매는 먹지 않는다'는 뜻의 말이다.

박괘는 세상의 도가 무너지기 직전의 모습, 그리고 그에 맞는 처신법을 모두 일러주는 괘이다. 마지막 순간을 맞이했을 때는 다음 세상을 위하여 씨를 남겨두어야 한다.

산이 땅에 붙어있는 것이 박(剝)이니, 윗사람이 이것을 본받아 아래를 두텁게 하여 집을 편안하게 하느니라. 〈山附於地(산부어지) 剝(박)이니 上(상)이 以(이)하야 厚下(후하)하야 안택(安宅)하나니라〉

땅 위에 산이 있고, 산 아래 땅이 있는 괘가 산지박괘(山地剝卦)이다. 크고 강한 성질을 가진 산이 허약한 지반 위에 서 있다. 모래땅 위의 빌딩이 얼마나 버틸까. 미구에 큰 재앙이 들이닥칠 것이다. 인체로 말하면 상체는 풍만한데 하체가 허약하여 바람이 불면 금방이라도 쓰러질듯 한 상태를 나타낸 괘요, 나라로 말하면 지도층 인사들만 배가 부르고, 나머지 국민들은 곤궁에 허덕이는 상태를 나타내는 괘이다.

옛 역사를 살펴보면 나라를 망치는 가장 큰 원인은 내부에 있다. 아무리 성벽을 높게 쌓고, 군사를 조련시켜도 내부가 부패하면 나라를 유지할 수 없다. 나라를 망치는 적은 바로 내부에 있다. 지도자들의 억압과 착취를 더 이상 참을 수 없을 때, 내란은 불꽃처럼 일어난다. 이런 사실은 진시황(秦始皇)의 예에서 분명히 알 수 있다. 진시황이 북방족의 침입을 막기 위해 만리장성을 힘들여 쌓았지만, 진나라는 이민족의 침입에 의해 망한 것이 아니라 만리장성의 안에서 일어난 반란에 의해 망했다.

그러므로 지혜로운 지도자는 백성들을 두려워할 줄 알고, 또 내가 편하고 싶으면 백성들도 편하고 싶은 마음이 있다는 것을 알아, 동고동락(同苦同樂)의 자세를 취해야 한다. 만약 권세를 앞세워 백성들을 가볍게 대하면, 그 나라는 발전은 고사하고 잘못하면 민란의 소용돌이 속에 휘말리고 만다. 미련하고 미련한 지도자는 바로 백성들을 두려워할 줄 모르는 지도자이다.

고구려를 침범하여 우리에게는 좋지 못한 감정을 주지만, 중국(中國)에서는 영웅으로 추앙받는 당태종(唐太宗)은 자기 백성들을 사랑했다. 그는 관리들이 백성들을 수탈하는 행위를 특히 경계하였다. 그는 지도자들이 백성들을 수탈하여 사복을 채우는 만행을 두고 '다리 살을 깎아 상체에다 보탬으로써 하체를 마르게 하여 몸을 지탱하지 못하도록 하는 현상'에 비유하였다. 하체의 살을 깎아 상체에다 보태면 몸을 지탱할 수 없는 것처럼, 관리들이 백성의 재물을 수탈하면 결국 나라는 망하고 만다. 이러한 철학으로 선정을 편 당태종은 마침내 이른바,

'정관지치(貞觀之治)'를 이루어 내었다.

    비단 정치의 원리뿐 아니라, 세상의 모든 일을 박괘에서 배울 수 있다. 기초를 튼튼히 할 때 무슨 일이든 내실 있게 이룰 수 있다. 만약 기초는 튼튼히 쌓지 않고 겉만 중시하면서 살아간다면 한 순간 모든 것을 잃고 만다. 그러므로 박괘를 보는 군자들은 반드시 아래를 튼튼히 하도록 힘써야 한다.

＃

지뢰복괘地雷復卦

하던 일을 다시 한다.

지뢰복괘(地雷復卦)는 위에는 땅을 상징하는 곤괘(坤卦☷), 아래는 우레를 뜻하는 진괘(震卦☳)가 놓여서 된 괘이다. 땅 아래서 지진이 꿈틀거리며 올라오려는 형국을 하고 있기에 복괘는 돌이켜 올라온다는 의미를 가진다. 그래서 복괘의 뜻은 '회복하다'가 된다.

　복괘는 계절로 보면 동지가 된다. 동지는 양기가 처음 올라오는 시점으로 음력 11월에 해당한다. 동짓달 앞 10월에는 순음(純陰)의 중지곤괘(重地坤卦☷), 그 앞의 9월은 산지박괘(山地剝卦☶)에 해당한다. 박괘는 순양(純陽)의 중천건괘(重天乾卦☰)가 아래서부터 차츰 음으로 변하여 장차 양이 다 떨어질 시점의 괘이다. 그러다가 10월이 되면, 마침내 양이 다 떨어져 순음의 곤괘가 된다.

　그러나 천지자연의 흐름은 순환을 통하여 그 생명력을 이어가기에 항상 순음의 상태로 머물러 있지 않는다. 그래서 순음의 10월이 되면 곧이어 아래에서 양기가 다시 생겨나게 된다. 이렇게 생겨난 양기가 아직 힘이 미약하지만, 차츰 성장하여 제1, 2, 3효가 다 양으로 변해버리면, 비로소 양기는 음기를 대적할 만큼의 세력을 얻게 되어, 마침내 양기로서의 행세를 할 수 있게 된다. 그래서 괘사(卦辭)에서 "복(復)은 형통하여 출입에 병통이 없어 벗이 와야 허물이 없다."라고 했다. 즉 복

116

괘의 시점인 동지는 양기가 움직이긴 하지만, 아직 더 많은 양기가 와야 힘을 펼 수 있다는 말이다. 양이 제구실을 다하려면 양효의 세력이 음효의 세력과 비슷해야만 하는데, 이 시기에 '입춘(立春)'이 찾아온다.

동지에서 입춘까지의 일을 인간사로 본다면, 10월의 곤괘는 여자의 자궁에 해당한다. 여자의 빈 자궁에 남자의 정자가 주입되면 태아가 처음 생겨나게 되는데, 이 시점이 바로 11월의 동지에 해당한다. 그 후 태아가 산모의 뱃속에서 성장을 하다가 완전히 독립된 생명체가 되었을 때, 비로소 세상에 출현하여 자기의 삶을 살아가게 되는데, 이 시점이 바로 새해 1월의 입춘에 해당한다. 한 해의 시작을 동지로 보느냐, 입춘으로 보느냐의 문제는, 인생의 출발점을 태아가 자궁 속에서 처음 생겨난 시점부터로 할 것인가, 아니면 모태에서 독립하여 세상 밖으로 태어난 시점부터로 할 것인가의 문제처럼, 보는 자의 입장에 따라 서로 달라진다.

천지자연도 인간사도, 모두 순환의 법칙 위에 운영이 된다. 주기가 크고 작음의 차이, 형태의 차이는 있을 지라도 기본적으로는 순환하는 구조를 가지고 있다. 순환의 새로운 시발점이 바로 복괘이다.

우레가 땅 속에 있는 것이 복(復)이니, 선왕(先王)이 이것을 본받아, 동짓날에 관문을 닫아 상인들이 다니지 못하게 하며, 제후가 지방을 순찰하지 않느니라. 〈雷在地中(뇌재지중)이 復(복)이니 先王(선왕)이 以(이)하야 至日(지일)에 閉關(폐관)하야 商旅(상여) 不行(불행)하며 后不省方(후불성방)하니라〉

지뢰복괘(地雷復卦)는 새로운 씨앗이 땅 속에서 발아하는 시점을 나타낸 괘이다. 그래서 위에는 씨앗을 감싸는 땅을 의미하는 곤괘(坤卦☷), 아래는 싹이 처음 발동하는 것을 나타내는 우레의 진괘(震卦☳)가 있다.

복괘는 만물이 처음으로 돋아나는 시절이긴 하지만, 아직 만물의 싹이 튼튼하지 못하기에 지극히 신중을 기해야 한다. 만약, 산모가 아기를 처음 가졌을 때 몸을 함부로 움직인다면 아기가 안정된 성장을 이룰 수 없다. 나라의 대사나 개인의 사업에 있어서도 그렇다. 일을 처음 시작했을 때는 경거망동하지 말고, 신중한 자세로 일에 임해야 한다. 그렇지 않으면 기초를 튼튼히 쌓을 수가 없다. 무슨 일이든 그렇지 않음이 없다.

지구상에서 바라본 천지자연의 기운은 동짓날에 생명의 양기가 차츰 돈아난다. 이것을 나타낸 괘가 바로 복괘이다. 모두가 음효로 되어 있는데, 맨 아래에만 양효가 하나 나타나 있는 것이 복괘의 형상이다. 이것은 양기의 시작을 뜻하는데, 장차 양기가 성장하여 마침내 모든 효가 다 양으로 변한다. 그래서 복괘의 맨 아래 초효의 효사(爻辭)에서 "머지않아 돌아올 것이다. 후회에까지 이르지 않을 것이니, 크게 길하리라."고 말했다. 즉 양기가 차츰 번창하여 결국 머지않아 화창한 봄의 계절을 만나게 될 것이라는 말이다. 그리고 이 말은 수신(修身)에도 적용이 되는 말인데, 즉 지금은 비록 허물에 빠졌다하나 자신을 반성하여 착한 데로 다시 되돌아가면 허물이 없고 크게 길할 것이라는 말이다.

복괘의 시절인 동짓날에는 양기가 처음으로 들어오는 시점이다. 이 때는 천지만물이 조심스럽게 움직이기 시작한다. 그래서 세상의 통치자인 군왕은 천지자연의 흐름을 따라 동짓날에는 나라의 모든 행사를 금하고, 관문을 굳게 닫아 사람이 다니지 못하도록 하였다. 이것은 새로운 시작에 임하여 정신을 하나로 모아 내실 있는 미래를 열어 가고자 하는 뜻에서 행한 일이다.

천지의 일이든 인간의 일이든, 항상 최초 단계는 반드시 제사를 받들 듯이 신중한 태도로 일에 임해야 한다.

☰
☳
천뢰무망괘天雷无妄卦

아무 것도 할 수 없다. 마음을 비우고 있어야 한다.

천뢰무망괘(天雷无妄卦)는 위에는 하늘을 뜻하는 건괘(乾卦☰), 아래는 우레를 뜻하는 진괘(震卦☳)가 놓여서 이루어진 괘이다. 하늘 위로 굉음을 울리는 우레가 터지면 새파란 불꽃이 사방으로 튄다. 이 순간에는 한 점의 불순물도 찾을 수 없다. 이 상태가 바로 무망(无妄)이다. 무망은 거짓과 잡념이 없음을 말한다.

무망괘는 '되돌아온다'는 의미의 지뢰복괘(地雷復卦☷)를 이어 나온 괘인데, 지뢰복괘의 '복(復)'은 나쁜 곳에서 바른 곳으로 되돌아온다는 뜻을 가진다. 바른 곳으로 되돌아오면 바로 거짓됨이 없는 지경에 도달한다. 그래서 복괘 다음에 무망괘가 나왔다. '거짓 없음' 또는 '꾸밈 없음'을 『중용』에서는 '성(誠)'이라 표현했다. 그리고 『중용』에서는 문왕(文王)을 칭송하면서 '순역불이(純亦不已)'라 하였다. 이는 '순수함을 또한 그치지 않는다'라는 말로써 '성'의 뜻을 드러낸 말이다. 우주자연은 인위적인 꾸밈에 의해 운영되는 것이 아니다. 꾸미려는 마음이 한 순간이라도 일어나면 그때는 '무망'이 아니라 '유망(有妄)'이요, '성'이 아니라 '불성(不誠)'이요, '자연'이 아니라 '부자연(不自然)'이 된다. 이렇게 되면, 우주의 질서는 자율적 조절기능을 잃어 혼란에 빠지고 만다.

근래에 이른바 '지적설계론(知的設計論)'을 신봉하는 사람들이 많이 있다. 이것은 성경에도 불경에도, 그 어떤 고대 경전에서도 볼 수 없는 이론이다. 미국의 스티븐 제이 굴드 등의 과학자들은 이 이론이 근래에 만들어졌다고 진단한 바 있다. '지적설계'라는 말은 찰스 다윈이 진화론을 강조할 때 한 농담 중에서 처음 나왔다. 다윈은 '진화가 아니라면 어떤 지적설계자의 계획에 의해 만물이 번성한 것이리라.'는 투의 농담을 통해 진화설의 확실성을 강조한 바 있다. 지적설계론은 창조론자들이 빅뱅설과 진화설 등의 현대과학의 성과에 자극을 받아 근래에 새로 만든 이론으로, 여기서는 우주자연의 역사, 예컨대 빅뱅설과 진화설 등도 모두 어떤 신적인 존재의 설계에 의해 진행된다고 주장한다. 이 이론에는 인위성이 철저히 개입된다. 여기에는 '무망'도, '성'도, '자연함'도 철저히 배제되어 있다.

주역의 '무망'은 '성'이며 '자연함'이다. 주역에서는 이러한 원리에 의해 우주가 운영된다고 본다. 이는 인위적인 계교가 없음을 뜻한다. 연기가 바람을 따라 이리저리 움직이는 것이 곧 '자연함'이다. 인위적인 계교는 큰 재앙을 부른다. 이제 지구는 인류가 남발한 인위적 계교 탓에 환경이 파괴되어 대재앙을 앞두고 있다. 노자는 "천하는 신물(神物)과 같다. 함부로 만져서는 안 된다. 만약 만진다면 패망할 것이요, 잡는다면 잃을 것이다."라고 했다. 이제라도 인류는 속히 생각을 돌이켜 거짓과 꾸밈이 없는 '무망'으로 나아가야 한다.

하늘 아래 우레가 움직여 만물마다에 '거짓 없음'을 내려주나니, 선왕(先王)이 이것을 본받아 천시(天時)에 성대히 응하여 만물을 기르느니라. 〈天下雷行(천하뢰행)하야 物與无妄(물여무망)하니 先王(선왕)이 以(이)하야 茂對時(무대시)하야 育萬物(육만물)하니라〉

천뢰무망괘(天雷无妄卦)는 하늘 속에 우레가 터지는 형상을 나타내는 괘이다. 하늘 가운데 우레가 꽝음을 울리며 터지면 천지간의 생명체들은 혼비백산(魂飛魄散)한다. 새파란 번갯불을 동반한 그 우렛소리는 지극히 맑아 조금의 잡소리도 섞이지 않으며, 우레와 함께 생기는 번갯불 역시 너무나 맑아서 그 빛이 새파랗다. 그래서 우레가 터지는 순간에는 깜짝 놀라 마음속의 거짓을 몽땅 잊어버린다. 「대상전」의 '만물마다에 거짓 없음을 내려준다'는 말은 바로 이를 뜻한다.

거짓이 많은 사람일수록 우렛소리에 더 크게 놀란다. 이것은 우레가 만물에게 거짓 없는 무망(无妄)의 덕을 내려주기 때문이다. 천지는 거짓이 없기에 자연함으로 운영된다. 사람도 역시 인위적인 꾀를 쓰지 않고 자연스럽게 살아갈 때, 세상도 편해지고 자신도 편안해진다. 공연히 미꾸라지 한 마리가 물을 흐리게 하듯이 술수를 부려서 세상을 혼란에 빠뜨리게 하면 자신은 물론 전체도 혼란에 빠지고 만다. 그러므로 자연계의 우레와 번개는 인간의 거짓을 깨부수어 진심을 가지고 살아가도록 한다는 데서 유익한 역할을 한다고 할 수 있겠다.

그래서 명철(明哲)한 선왕(先王)은 하늘 가운데 터지는 우레가 천지만물들을 이롭게 함을 본받아 어진 정치로써 백성들을 유익하게 해주고, 또 어진 덕으로써 모든 생명체들에게 편안한 분위기를 만들어 준다. 물론, 천지만물을 운영하는 주역(主役)은 사람이 아니라, 천지자연 그 자체이다. 다만 명철한 선왕은 천지자연의 운행과 호흡을 함께 함으로써 천지조화에 동참을 하려는 의사를 보이려 하였다.

만사를 이끌고, 만물을 기르는 데는 반드시 때에 맞게 움직여야 한다. 때를 알지 못하는 사람을 철모르는 사람이라 한다. 철모르는 사람이 무슨 일인들 이룰 수 있겠는가. 지혜로운 사람은 바로 때의 흐름을 잘 아는 사람을 두고 말한다. 착하기만 할 뿐 지혜가 없다면 결국 자신과 남을 모두 암흑의 세계로 떨어지게 한다.

　봄이 오면 싹이 돋고 여름이 오면 잎이 무성하고 가을이 오면 열매가 익고 겨울이 오면 씨앗을 저장한다. 천지가 이처럼 때에 맞추어 조화를 부리듯이 성인(聖人)도 오직 때에 맞추어 일을 한다. 이렇게 함으로써 천지와도 백성들과도 뜻이 통하는 큰 지도자가 될 수 있다.

산천대축괘山天大畜卦

 26-1 알맹이를 가득 채웠다.

산천대축괘(山天大畜卦)는 위에는 산을 뜻하는 간괘(艮卦☶), 아래는 하늘을 뜻하는 건괘(乾卦☰)가 더해져서 된 괘이다. 산이 크나 큰 하늘을 속에 품고 있는 형상을 한 괘이다. 이는 바로 큰 것을 쌓아둠을 의미한다. 그래서 대축괘는 '크게 쌓음'의 의미를 가진다.

사람은 누구나 재물을 가득 쌓아두기를 원한다. 그러나 여기에는 길이 있다. 대축괘에서 그 방법을 알 수 있다. 대축괘는 위에는 건괘(乾卦), 아래는 진괘(震卦)로 된 '거짓 없음'을 뜻하는 천뢰무망괘(天雷无妄卦☳) 다음에 오는 괘이다. 만약 거짓이 없으면 참다움이 가득해지므로, 무망괘 다음에는 '가득 쌓음'을 뜻하는 대축괘가 나왔다.

대축괘는 강건한 덕을 가진 건괘와 강한 억제력을 가진 간괘가 동거함으로써 만들어진 괘이다. 사람이 만약 대축괘처럼 강한 기상과 강한 자제력을 동시에 가진다면 이 사람은 양면의 덕을 모두 갖추었으므로 큰 업적을 쌓을 수 있다. 그래서 대축괘는 천하의 대사를 도모하는 뜻을 가진다고 하겠다. 대축괘의 괘사(卦辭)에서는 "집에서 밥을 먹지 아니하면 길하니, 큰 내를 건넘이 이롭다."라고 하였다. 강한 힘과 자제력으로 대사를 도모하는 대축괘의 대인(大人)이 집에 갈 틈도 없이 열심히 노력한다면 마침내 큰일을 이룰 수 있다. 대축괘는 대인이 천하대사를 도모하는 의미를 담은 괘이다. 만약 대인의 대사가 아닌 경우에는 기운이 너무 강하게 모여 있어 하는 일이 지체된다.

'쌓는다'는 의미의 괘는 대축괘 외에도 소축괘가 있다. 소축괘(小畜卦☰)는 음효인 제4효가 아래의 많은 양들을 모아 통솔하고 있는데, 한 개의 음으로써 많은 양들을 통솔함에는 힘의 한계가 있다. 그래서 '조금 쌓는다'는 의미의 소축괘가 되었다. 이에 비해 대축괘는 최상위의 양효가 바로 아래 자리의 제5효의 협조를 받아, 아래의 많은 양들을 모아서 통솔하는 상을 가지고 있다. 최상위의 효는 양의 성질을 가졌지만 물러난 원로이고, 제5효는 실세이지만 음의 성질을 가졌다. 둘이서 서로 협조하여 부족한 부분을 보완하면 아래의 양들을 모여들게 할 수 있다. 물론, 여기서 모이게 하는 주체는 '그침'의 성정을 가진 최상위의 양효이다. 최상위의 효가 제5효의 도움을 얻어 많은 양들을 모아서 통솔하는 것이 바로 대축괘의 의미이다.

자연계에는 하늘의 강한 활동력과 산의 강한 억지력이 공존하고 있는데, 그것을 상징하는 괘가 바로 대축괘이다. 굴곡 많은 삶을 사는 이들은 반드시 균형의 의미를 일깨워주는 대축괘에서 배워야 한다.

하늘이 산 가운데 있는 것이 대축(大畜)이니, 군자(君子)가 이것을 본받아 옛사람의 언행을 많이 알아서 그 덕을 쌓느니라. 〈天在山中(천재산중)이 大畜(대축)이니 君子(군자) 以(이)하야 多識前言往行(다식전언왕행)하야 畜其德(축기덕)하나니라〉

26-2
김기의 주역 대상전 풀이

간괘(艮卦☶) 아래에 건괘(乾卦☰)가 놓여서 된 괘가 산천대축괘(山天大畜卦)이다. 간괘는 맨 위에 있는 하나의 양효가 아래의 두 음효를 올라타고 있다. 그래서 불룩 솟아 땅을 누르고 있는 산을 의미한다. 건괘는 양효로만 되어 있어 강하면서도 풍요한 하늘을 의미하다. 대축괘는 산 속에 하늘이 담겨 있는 상으로 산의 입장에서 보았을 때는 아주 큰 것을 머금고 있으므로 '크게 쌓는다'는 뜻이 된다.

대축괘의 형상은 '가득 채움'을 뜻하는데, 나라를 다스리는 사람이 대축괘를 보고서 배울 점은 무엇인가. 바로 과거의 치세가(治世家)들이 남겨놓았던 통치철학과 업적에 대한 지식을 쌓는 일이다. 과거는 현재를 비추어주는 거울이기에 과거의 일에 명철하다면 현재의 일을 능숙히 처리할 수 있다. 예로부터 역사를 중시하는 이유는 바로 여기에 있다. 심원한 경륜은 하루아침에 어디서 툭 떨어지는 것이 아니다. 이것은 많은 경험과 지혜를 축적할 때 얻을 수 있다.

공부하는 사람의 입장에서 대축괘를 보고 배울 점은 무엇인가. 바로 산 가운데에다 하늘을 담듯이 가슴속에다 큰 덕을 가득 담는 일이다. 그러기 위해서는 선현들의 가르침, 그리고 현 시대의 일에 밝은 석학들의 사상을 배우고, 연구하여 스스로를 개발하고 단련해야 한다. 그리고 쉼 없이 노력하면 자신도 모르게 덕이 나날이 쌓여갈 것이다. 그래서 대축괘「단전(彖傳)」에서는 "대축은 강건하고 독실하고 빛이 나서 날로 덕을 새롭게 한다."라고 말했다.

「괘사전(卦辭傳)」에서는 주역이 지어진 목적을 크게 두 가지로 말한다. 숭덕(崇德)과 광업(廣業)이다. 숭덕은 '덕을 높인다'는 말로 이는 자기를 수양하는 일이고, 광업은 '사업을 넓힌다'는 말로 세상에 은택을 베푸는 것을 말한다. 사업을 넓히려면 먼저 자신의 덕을 높여야 한다. 그 길은 바로 과거사에서 거울을 찾아 스스로를 비추어 보는 데서부터 시작된다.

'덕'이란 나와 이웃을 모두 유익하게 해주는 능력을 말한다. 만약 사람이 덕이 없으면 생존 본능만 가득해져 자신은 물론, 세상 전체를 위태롭게 한다. 그래서 주역에서는 행복한 인간 세상을 위해 누누이 덕을 강조하고 있는 것이다. 그리고 덕을 쌓기 위해서는 옛 선인들의 자취를 연구해서 지혜를 얻어야 한다.

산뢰이괘山雷頤卦

양육(養育)은 생명을 잇게 해준다.

산뢰이괘(山雷頤卦)는 위에는 산을 뜻하는 간괘(艮卦☶), 아래는 우레를 뜻하는 진괘(震卦☳)가 배치되어 이루어진 괘로, '양육(養育)'의 의미를 가진다. '양육'을 의미하는 산뢰이괘는 '많이 쌓는다'는 의미의 산천대축괘(山天大畜卦☶)를 이어서 나왔다. 재물을 모아야만 비로소 몸을 안정적으로 양육할 수 있음은 누구나 다 아는 이치이다.

위에 있는 간괘는 산을 의미하는데 산은 '그침'의 성정을 가졌고, 아래에 있는 진괘는 우레를 의미하는데 우레는 '움직임'의 성정을 가졌다. 사람의 턱 속에도 산이 있고 우레가 있다. 위턱은 두개골에 붙어 있어 산처럼 고정되어 있고, 아래턱은 우레처럼 움직인다. 만약 양쪽이 다 움직이면 음식을 안정적으로 씹을 수 없고, 양쪽이 다 고정되어 있으면 애당초에 음식을 씹을 수가 없다. 동(動)과 정(靜)이 서로 짝을 이루어야 한다는 진리가 턱 속에서도 적용이 되고 있다. 고정된 턱과 움직이는 턱이 함께 있어야만, 음식을 안정적으로 씹어서 몸을 잘 양육할 수 있다. 그래서 그쳐 있는 산과 움직이는 우레가 협동하는 괘인 산뢰이괘는 '양육'의 의미를 가진다.

산뢰이괘의 괘상을 보면 턱의 모양과 같다. 가장 아래의 양효는 아래턱을, 가장 위의 양효는 위턱을, 그리고 속의 음효는 입안의 음식물

을 뜻한다. 음식물은 물렁물렁하고 또 습기를 가지고 있기에 음(陰)이
되고, 상하의 턱은 딱딱하기에 양(陽)이 된다. 가운데 있는 음을 상하
의 양이 부수는 것이 바로 턱이 하는 일이다.

산뢰이괘의 의미는 몸을 양육하는 것이다. 그러나 여기서의 양육은
그 의미가 단순히 몸에만 한정되지 않는다. 육체적 양육과 함께 지덕
(智德)의 양육도 병행하여 심신을 모두 건강하게 하는 것이 진정한 의
미의 양육이다. 맹자(孟子)는 입과 배를 소체(小體)로 보고 이것을 기르
는 사람을 '소인(小人)'이라 하고, 인의(仁義)를 대체(大體)로 보고 이
것을 기르는 사람을 '대인(大人)'이라 했다. 대인이 되려면 입과 배만
채울 것이 아니라, 인의의 덕성도 키워 자신과 세상을 모두 이롭도록
해야 한다.

점을 쳐서 이 괘를 얻으면, 적극적인 움직임을 삼가도록 해야 한다.
가만히 앉아서 양육을 받아야 할 입장에 있는데, 괜히 나서서 경거망
동하면 양육 받을 기회를 잃고 만다. 그래서 제1, 2, 3효는 움직이는 의
미를 가진 진괘에 속하므로 모두 흉하고, 제4, 5, 6효는 그쳐있음을 의
미하는 간괘에 속하므로 모두 길한 징조를 품고 있다.

인간뿐 아니라, 만물도 양육의 도가 없으면 몸이 소멸하게 될 것이
므로 '양육'을 의미하는 산뢰이괘의 의미는 심대하다고 하겠다.

 **산 아래 우레가 있음이 이(頤)이니, 군자가 이것을 본받아 언어를 신
중히 하고 음식을 절제하느니라.** 〈山下有雷(산하유뢰) 頤(이)이니 君
子(군자) 以(이)하야 愼言語(신언어)하며 節飮食(절음식)하나니라〉

고정되어 있는 산 아래 움직이는 우레가 있음이 산뢰이괘(山雷頤卦)인
데, 여기에는 '양육'의 의미가 있다. 아래에 있는 우레가 힘차게 움직이
려 하면 위에 있는 산이 누르고, 다져주어야만 덕과 육체를 알차게 기

를 수 있다.

온전한 사람이 되려면, 몸과 마음을 함께 수양해야 한다. 몸과 마음을 수양함에 있어 가장 중요한 역할을 담당하는 것은 바로 음식을 먹는 입이다. 산뢰이괘의 최하위와 최상위에는 각각 양효가 차지하고 있는데, 이것은 입을 상하로 감싸고 있는 턱을 상징한다. 그래서 산뢰이괘는 음식을 씹는 턱과 입이 되므로 '양육'의 의미를 가진다.

양육에 있어 가장 중요한 것은 바로 입이다. 머리에서 생각이 나오게 되고, 생각이 나오게 되면 입을 통하여 말이 나오고, 말이 나오게 되면 몸으로 행동을 하게 된다. 마음속의 생각이야 남들이 잘 알지 못하지만, 말과 행동은 밖으로 드러나는 것이기에 남이 금방 알 수가 있다. 그래서 「괘사전(卦辭傳), 상(上)」에서는 "말과 행실은 군자의 지도리이니, 지도리의 움직임이 곧 영욕(榮辱)을 받는 주체이다. 말과 행실은 군자가 천지를 움직이는 바이니, 삼가지 않을 수 있으랴!"라고 했다. 특히 말은 턱만 놀리면 되기에 행동보다 더 쉽게 밖으로 나타나게 된다. 그래서 말로 인한 실수는 눈 깜짝할 사이에 어디서든 생길 수가 있다. 한(漢)나라 때의 현자(賢者)인 군평(君平)이 이미 경계한 바가 있다. "입과 혀는 재앙과 근심의 문이요, 몸을 멸하는 도끼이다."

사람에게 있어 제일 중요한 것은 바로 몸이다. 몸이 없으면 마음도 없어진다. 과학에서는 마음 또한 뇌에서 나오는 것이고, 뇌는 바로 몸의 일부분이므로 마음도 결국 몸에서 나온 것으로 본다. 마음을 만들어 내는 뇌는 영양분이 있어야 하고, 뇌를 있게 하는 여러 신체 기관도 역시 각종의 영양분이 있어야 한다. 그러므로 영양분을 공급해주는 음식이란 사람에게 가장 중요한 물건이다. 이것이 없으면 결국 죽음에 이르게 된다. 그러나 음식이 생명 유지를 위해서는 반드시 필요한 것이지만, 음식을 절도 없이 함부로 섭취하면 역시 질병을 초래하고 만다.

덕을 기르려면 말을 절제해야 하고, 육체를 기르려면 음식을 절제해야 한다. 말과 음식은 모두 입으로 출입을 하기에 결국 입을 잘 관리하는 속에 덕행과 건강, 모두를 원만히 가꿀 수 있다.

택풍대과괘澤風大過卦

28-1
김기의 주역 대상전 풀이

과유불급(過猶不及)이다.

택풍대과괘(澤風大過卦)는 위에는 못을 뜻하는 태괘(兌卦☱), 아래는 바람을 뜻하는 손괘(巽卦☴)가 합해져서 만들어진 괘이다. 바람이 못 아래로 불어가자 물결이 거세게 부는 형상을 하고 있다. 만약 바람이 못 위로 분다면 물의 표면만 일렁일 뿐이겠지만, 바람이 수면 아래서 해류를 일으킨다면 큰 소용돌이를 일으킨다. 그래서 못 아래 바람이 부는 형상의 괘인 대과괘는 '크게 지나치다'는 뜻을 가진다.

또한 위의 태괘는 만물을 적시어 주는 연못의 역할을 하고, 아래의 손괘는 자연물로 말하면 나무가 된다. 나무는 물을 먹어야만 살 수 있지만, 나무가 못물 속에 빠져있으면 물을 너무 지나치게 먹어 도리어 생육에 해가 된다. 그래서 또한 태괘와 손괘로 된 대과괘는 '크게 지나치다'라는 의미를 가진 괘가 된다. 그리고 음양론으로 본다면 대과괘는 양효가 괘 가운데 과도하게 차 있음의 뜻도 가진다. 괘의 바닥에 해당하는 맨 아래 효도 음이고, 또 괘의 덮개라 할 수 있는 맨 위의 효도 음이다. 그에 비해 음효의 가운데 있는 4개의 양효는 서로 굳게 결당하여 지나치게 기세등등하다. 음에 비해 양이 과도하게 강력한 이러한 형상을 가진 괘가 바로 대과괘이다.

공자는 '과유불급(過猶不及)'이란 말을 하였다. 이는 '지나침은 미치지 못함과 같다'는 뜻의 말이다. 매사는 넘치지도 모자라지도 않도록 하여 중(中)에 머물러야 가장 바람직하다. 중에 머문다는 것은 상황에 맞음을 뜻하는데, 이렇게 되면 어떠한 허물도 생기지 않는다. 중에 미치지 못함도 문제이지만, 지나침도 역시 문제이다. 중에서 벗어남이 크면 클수록 흉이 그만큼 더 커진다.

대과괘의 괘사(卦辭)에서 이르기를, "대과는 들보가 휘어짐이니, 가는 바를 둠이 이로워 형통하다."라고 했다. 괘의 모양을 보면 가장 아래 초효와 가장 위의 상효는 모두 음효인데, 가운데는 모두 양효로만 되어 있다. 이것은 집의 천정에 올리는 들보 위에 너무 많은 물건을 올려놓아, 들보가 휘어져서 무너지기 일보직전의 상태를 의미한다. 만약 그냥 방치하면 결국 집 전체가 무너지고 만다. 그래서 속히 움직여 집을 수리해야 한다.

괘사에서 "갈 바가 있음이 이로워 형통하다."라고 했다. 이 말은 곧 아직 좋은 쪽으로 나아갈 기회가 있으니, 속히 지나친 것을 바로 잡아 집을 수리하라는 말이다. 즉 만약 노력을 한다면 다시 형통해질 수 있다는 뜻이다. 그 이유로는 지나친 힘을 가진 양효의 무리 중 제2효와 제5효가 상하괘의 중간에 자리하여, 즉 득중(得中)을 하여 중도적(中道的)인 행동을 하고 있기 때문이다. 또 괘의 성품을 보면 상괘인 태괘는 '기쁨', 하괘인 손괘는 '순종'의 성질이 있기에 아직 손을 써볼 여지가 있다고 볼 수 있다.

만약 점을 쳐서 대과괘를 얻게 되면 새로 일을 만들지 말 것이요, 이미 벌어진 일은 속히 수습하도록 해야 한다.

28-2
정기의 주역 대상전 풀이

> 못이 나무를 잠기게 함이 대과(大過)이니, 군자가 이를 본받아, 홀로
> 서 있어도 두려워하지 않으며, 세상에서 버려져도 민망해하지 않느니
> 라. 〈澤滅木(택멸목)이 大過(대과)이니 君子(군자) 以(이)하야 獨立不
> 懼(독립불구)하며 遯世無悶(돈세무민)하나니라〉

못물 속에 나무가 있는 형국의 괘가 바로 택풍대과괘(澤風大過卦)이다.
바람을 상징하는 손괘(巽卦☴)는 나무로 풀이할 때도 있다. 못물은 나
무를 윤택하게도 하지만, 나무가 물밑에 잠겨 있으면 비정상적인 상황
이 된다. 그래서 못을 상징하는 태괘(兌卦☱) 아래 나무를 상징하는 손
괘가 자리한 대과괘는 '크게 지나치다'라는 뜻을 가진다.

택풍대과괘는 나무가 못물 속에 잠겨있음을 상징하는 괘이다. 나무
가 물에 잠김은 정상에서 벗어난 상황, 즉 '너무 지나친 상황[大過]'이
라고 말할 수 있다. 나무는 육상에 있어야만 정상적인 삶을 유지할 수
있다. 그러나 홍수 등의 급변상황을 만나면 물에 잠겨 살아야 할 때도
있다. 이럴 때 나무는 그 환경에 적응을 잘 해야만 생존을 유지할 수
있다. 물속에 잠긴 나무는 육상의 나무와는 다른 태도로 살아야 한다.
비상한 시국을 만나면 그에 맞게 살아야 한다. 못물 속에 잠긴 나무와
비상시를 만난 군자는 동일한 처지에 있다. 그래서 모두 대과의 상황
에 처해있다고 말할 수 있다. 군자는 이럴 때 차분함을 유지하고 있어
야 한다. 그래서 『중용』에서는 "군자는 중용에 의지하다가 세상에서 버
려져 인정을 받지 못해도 후회하지 않나니, 오직 성자(聖者)라야 능히
할 수 있다."고 말했다. 군자는 비상한 시국을 만나 어려움에 처하더라
도 후회가 없다. '후회가 없다'는 것은 마음이 차분하여 흔들림이나 원
망이 없다는 말이다

대과의 시대, 즉 비상한 시대를 만나 지나침이 없도록 차분함을 유
지하는 데는 두 가지의 행동패턴이 있다. 그 하나는 '홀로 서있어도 두

려워하지 않음[獨立不懼]'이다. 이것은 비상한 시대를 만나 그 시대와 정면대결을 할 때 취하는 자세이다. 보통 사람들은 비상한 시기를 만나면 마음이 흔들리지만, 중용의 도를 아는 군자는 차분히 상황과 맞서는데, 이순신(李舜臣) 장군이 여기에 해당한다고 하겠다. 비상한 시국을 만나 차분함을 유지하는 또 하나의 경우는 '세상에서 버려져도 민망해하지 않음[遯世無悶]'이다. 보통 사람은 비상한 상황을 만나면 원망과 한탄 속에서 하루하루를 보낸다. 그러나 대과의 때에 임한 군자는 산야(山野)에 버려져도 차분한 마음으로 현재 주어진 삶에 최선을 다한다. 18년간의 유배생활을 편하게 받아들이면서 수많은 저작을 남긴 다산(茶山) 정약용(丁若鏞)이 이에 해당한다고 하겠다.

비상한 상황을 만난 사람은 심지를 굳고 차분히 가지라는 것이 대과괘의 가르침이다. 곤경에 처한 사람은 반드시 대과괘에서 배움을 얻어야 한다.

중수감괘重水坎卦

 29-1 큰물이 사람의 앞길을 막는다.

주역은 상·하권으로 나뉘는데, 상권은 천지자연의 도(道)를 말하고, 하권은 인간의 도를 말한다. 그래서 상권은 하늘을 상징하는 중천건괘(重天乾卦䷀)와 땅을 상징하는 중지곤괘(重地坤卦䷁)로 시작해서, 물을 상징하는 중수감괘(重水坎卦䷜)와 불을 상징하는 중화이괘(重火離卦䷝)로 끝을 맺는다. 즉 건곤감리(乾坤坎離)의 네 괘로써 만물을 낳고 감싸고 운영을 한다는 말이다. 중수감괘는 '크게 지나치다'는 뜻의 택풍대과괘(澤風大過卦䷛) 다음에 나와 있다. 무엇이든 너무 지나치면 반드시 위험한 지경에 빠진다. 그래서 대과괘 다음에 중수감괘가 나왔다.

　동주(東洲) 최석기(崔碩基) 선생은 『하락연의(河洛演義)』에서 "천지(天地)는 만물을 생양(生養)하고, 수화(水火)는 만물을 운용(運用)한다."라고 했다. 즉 하늘과 땅은 만물을 생육하는 주체이고, 물과 불은 만물을 운영하는 주체라는 뜻이다. 사람으로 말하면 건곤의 부모가 있어야 몸이 태어날 수 있고, 감리의 열기와 수분이 있어야 생명활동을 해나갈 수 있음과 같다. 그래서 건·곤·감·리는 뼈대가 되는 괘요, 천·지·수·화는 만물의 토대이다. 우리 태극기에 건·곤·감·리를 사방에 배치한 것은, 바로 이 4개의 괘가 나머지 60개 괘의 골격 역할을 하기 때문이다.

64괘 중의 중수감괘는 상하에 모두 물을 뜻하는 감괘(坎卦☵)가 있기에, 그래서 '습감(習坎)'이라 칭한다. 습감은 감괘가 중첩되었음을 뜻한다. 감괘는 물을 상징하는데, 물은 사물을 빠지게 한다. 괘상(卦象)을 보면, 속이 허한 음효가 상하에 배치되어 있는데 하나의 양효가 그 속에 빠져 있다. 이는 사물이 물속에 빠져 있음을 상징한다. 이러한 감괘가 포개져 만들어진 습감괘는 빠진 가운데 또 빠져 지극히 곤란한 상황에 처해 있음을 상징한다. 그래서 습감괘는 사난괘(四難卦)에 속한다. 그러나 위험한 듯한 상황 속에서 성장의 기틀을 마련할 수 있는 것이 또한 세상사이다. 현실에 안주하고 있으면 새로운 도약은 기약할 수 없다. 그래서 감괘의 괘사(卦辭)에서는 "믿음을 두어 오직 마음이 형통하니, 가면 더함이 있다."라고 하였다. 상괘와 하괘 모두 음 속에 내실 있는 양이 자리 잡고 있기에 결국에는 알맹이를 거둘 날이 온다. 여기서 볼 때, 어려움과 위태함 속에서도 참된 뜻을 잃지 않는다면 반드시 다시 살아날 수 있음을 알 수 있다.

점을 쳐서 이 괘를 얻게 되면, 위태함에 빠진다. 그러나 "범에게 물려가도 정신만 차리면 산다."라는 말처럼, 각오를 새롭게 하여 전력투구를 한다면 어려움을 극복해낼 수 있다.

물이 거듭 이르는 것이 습감(習坎)이니, 군자가 이것을 본받아 덕행을 떳떳이 하며 교육의 일을 익히느니라. 〈水(수) 洊至(천지) 習坎(습감)이니 君子(군자) 以(이)하야 常德行(상덕행)하며 習教事(습교사)하나니라〉

중수감괘(重水坎卦)는 물을 뜻하는 감괘(坎卦☵)가 상하로 중첩되어 이루어진 괘이다. 그래서 중수감괘를 보고서 세상의 이치와 수양의 방법을 터득하고자 한다면, 중수감괘는 감괘가 중첩되어 이루어졌다는 사실을 눈여겨보아야 한다.

　중첩되었다는 것은 행위를 반복한다는 말이다. 이것은 참으로 중요한 의미를 내포하고 있다. 세상에 한 번 만에 무슨 일이 뚝딱 이루어지는 경우는 없다. 큰일은 작은 성과들을 쌓고 또 쌓아야만 이룰 수 있다. 한 번 만에 일을 이루고자 한다면 세상을 너무 가볍게 보는 경솔한 사람이거나, 세상을 그저 차지하려는 도둑의 심보를 가진 사람이다. 천하명검(名劍)을 얻고자 한다면 우선 좋은 쇠를 구해야 하고, 그 다음에는 수만 번의 담금질을 해야만 한다. 세상만사도 이와 같아 큰 공적을 이루기 위해서는 노력하고, 또 노력하여 쉼이 없어야 한다.

　물이 흘러가는 모습을 보면 이어지고, 또 이어져 끊임이 없다. 그래서 공자는 시냇물 위에서 "흘러감이 이와 같도다. 밤낮으로 쉬지 않는구나!"라는 말로 탄식을 했던 것이다. 즉 유유히 끊임없이 흘러가는 물을 보고, 공자는 사람들이 저 물처럼 쉼 없이 움직이는 덕을 가지기를 은연중에 요구하고 있는 것이다. 만약 사람이 흐르는 물처럼 쉼 없이 노력한다면, 무슨 일인들 이루지 못하겠는가.

　교육에 있어서도 마찬가지다. 『논어(論語)』에 "배우고 때로 익히면, 또한 기쁘지 않겠는가."라는 말이 있다. 여기서는 배움과 익힘을 동시에 중요시한다. 만약 배우기만 하고, 배운 것을 반복하여 익히지 않는다면 만족스런 학습 효과를 얻을 수 없다. 주자(朱子)는 여기서 '익힌다'는 뜻을 가진 '습(習)'을 '조삭비(鳥數飛)', 즉 '새가 자주 난다'는 뜻으로 해석했다. 새가 창공을 자유롭게 날려면 자주 날개짓을 하여 나는 연습을 해야 한다. 반복 연습이 없으면 큰 발전을 이룰 수 없다.

　무슨 공부든 배우기만 하고, 익히지 않는다면 자기 것으로 만들기가 어렵다. 만약 이미 배운 것을 철저히 익힌다면 뒷부분의 것은 힘들이지 않고도 터득할 수 있다. 그래서 지혜로운 스승들은 그날 배운 것을 다 익히지 못한 제자에게는 그 다음 과정을 가르쳐주지 않는다. '거듭한다'는 것은 성공적인 삶을 가꾸는 데 가장 중요한 덕목이 된다.

중화이괘重火離卦

정열에 불탄다.

불을 나타내는 이괘(離卦☲)는 물을 나타내는 감괘(坎卦☵)와 함께 생
명체가 각자의 생명을 유지하고, 또 운영하는 데 있어 필수적인 요소
이다. 불은 에너지의 근원으로써 생명체의 몸뿐만 아니라, 인류의 모든
문명도 결국 불에 의해서 탄생되고, 운영이 된다.

  불의 역사를 보면 다음과 같다. 구석기 이전 시대는 태양이 주는 자
연적인 열에 의지하여 삶을 유지하다가 구석기시대에 이르러 마침내
마찰열을 통하여 인공의 불을 얻게 되었다. 불을 발견한 이후부터 인
류는 불을 이용하여 음식물을 익혀 먹고, 더 나아가서는 난방용으로도
사용하게 되었다. 불을 오랫동안 이렇게 활용을 해오다가 근대에 와서
인류는 물과 불을 상호 조화시켜, 증기 에너지를 개발해내기에 이르렀
다. 지금에 와서는 마침내 전력과 원자력으로 막대한 양의 불 에너지
를 얻게 되었다. 이를 발판으로 인류는 다양한 첨단장비와 다양한 전
자문화를 개발해내어 삶의 편리를 도모하고 있다. 이제 인류는 불에서
얻은 그 에너지가 없다면 삶의 유지가 불가능할 정도가 되었다. 여기서
본다면 인류 문명의 역사는 불, 그리고 그것을 다양한 에너지로 전환
하는 가운데 진보해왔다고 해도 과언이 아니다.

  64괘의 중화이괘(重火離卦)는 상하 모두에 불을 뜻하는 이괘가 배

치되어 이루어졌다. 괘의 모양을 보면 상하에는 양효가, 가운데는 음효가 놓여 있다. 이때 양효는 실하고 음효는 허한데, 이것은 불이 밖으로는 실체가 있는 것 같지만, 만져보면 실체가 없어 텅 비어 있는 것에서 기인했다. 그리고 허한 음효는 실한 양효에 붙어서 생존하므로 이괘의 성품은 '밝다'와 함께 '걸리다'의 뜻도 가진다.

그리고 가운데 하나 있는 음효가 괘의 주인공이 되기에 상괘와 하괘에서 각각 가운데 효인 제2효와 제5효가 주인공이 된다. 즉 음의 유순한 성질을 가지고 가운데 처해 있는 제2효와 제5효가 괘의 주인공이 된다는 말이다. 그래서 괘사(卦辭)에서도 "암소를 기르듯 하면 길하다."라고 했다. 이 말은 음이 주인공이 됨을 의미한다.

'걸리다'는 뜻의 중화이괘는 '빠지다'는 뜻의 중수감괘 다음에 나오는데, 그 이유는 위험한 곳에 빠지면 반드시 몸을 붙일 곳을 찾아야 하기에 그렇다. '걸림'의 현상은 인간계에서도, 자연계에서도 없어서는 안 된다. 해와 달은 허공에 걸려 있고, 사람과 초목은 지구 위에 걸려 있다. 그 외에 모든 물체는 어딘가에 걸려 있지 않고서는 유지가 불가능하다. 그래서 '밝다'란 의미에다 '걸리다'는 의미까지 가진 이괘는 중요한 의미를 가진 괘가 된다.

두 개의 밝은 불이 이괘(離卦)를 짓나니, 대인(大人)이 이것을 본받아 밝음을 이어서 사방을 비추느니라. 〈明兩(명양)이 作離(작리)하니 大人(대인)이 以(이)하야 繼明(계명)하야 照于四方(조우사방)하나니라〉

중화이괘(重火離卦)는 상하로 각각 불을 뜻하는 이괘(離卦☲)가 포개져서 된 괘인데, 이는 밝음을 계속 이어감을 뜻한다. 밝음은 끊임없이 계속 이어가야만 생명이 안심하고 자랄 수 있다.

인격의 수양에 있어 '밝음'은 두 가지의 의미를 가진다. 그 하나는 지혜와 관련이 있고, 또 하나는 덕과 관련이 있다. 그래서 밝은 지혜를 '명철(明哲)'이라 하고, 밝은 덕을 '명덕(明德)'이라 한다. 그러나 몸을 닦는 데 있어 지혜와 덕은 함께 있어야 한다. 지혜가 있어야 덕이 닦이고, 덕이 닦여야 지혜가 밝아진다. 인격 수양의 두 가지 요소인 '명철'과 '명덕'은 모두 다 '밝음'을 지향한다고 하겠다.

그러나 중화이괘는 자기를 밝힘으로 끝나는 것이 아니라, 세상 전체를 밝히는 것을 궁극적 목표로 하고 있다. 이는 자기를 밝게 닦은 선각자가 자기 속에 쌓아둔 광채를 밖으로 발산하여 세상을 밝히는 것을 의미한다. 중화이괘의 괘상을 보면 가운데는 음효로서 그 속이 비어 있고 바깥에는 양효가 상하로 감싸서 빛을 발하고 있다. 밖을 밝히려면 자기 속의 에너지를 끄집어내어 태워야 하니, 이는 자기를 태움으로써 세상을 밝히는 상태를 의미한다. 그러니 중화이괘는 자기희생을 통하여 세상을 밝히는 성인의 모습을 상징하는 괘이다.

자연계의 태양은 강력한 열과 빛을 발산하여 태양계를 덥혀주고, 또 밝혀준다. 그러나 이렇게 고마운 작용을 하는 태양은 딱딱한 형질을 가진 고체가 아니라, 고온·고압의 유동적인 가스덩이이다. 즉 대부분이 수소가스로 되어 있는데, 이것이 연소될 때 나온 에너지가 바로 빛과 열의 원천이다. 그러므로 태양은 기체덩이의 몸을 가지고서 자기를 희생시켜 온 세상에 열과 빛을 제공한다. 가운데가 음으로 된 중화이괘는 바로 이러한 태양을 적절히 표현한 괘라 하겠다.

사람은 어두움을 싫어하고 밝음을 좋아한다. 그래서 좋지 않은 상태를 형용하기를 '암흑'이라 하고, 좋은 상태를 형용하기를 '광명'이라 한다. 윤리와 심리의 면에서도 그렇다. 모두가 밝음을 지향한다. 마음 다스리는 수양을 많이 하면 마음도 밝아지고, 삶도 밝아진다. 이처럼 모든 면에서 사람들은 밝음을 좋아한다. 밝아야만 세상이 바로 보이기 때문이다. 그래서 세상을 근심하는 대인(大人)은 항상 세상을 밝히기에 힘쓴다.

택산함괘澤山咸卦

 마음과 마음이 통한다.

택산함괘(澤山咸卦)는 주역 하권(下卷)의 첫 번째 괘이다. 상권(上卷)은 천지의 도를 말하기에 중천건괘(重天乾卦䷀)와 중지곤괘(重地坤卦䷁)로 시작했지만, 하권은 인간의 도를 말하기에 남녀관계를 설명하는 괘인 택산함괘와 뇌풍항괘(雷風恒卦䷟)로부터 시작한다.

인간 세상에는 인간관계가 다양하게 형성되어 있다. 부부는 물론, 부모, 형제, 친구, 어른과 아이, 주인과 손님 등 갖가지 형태로 인간관계가 맺어져 있다. 그러나 이 중에서 부부남녀는 인간 사회의 여러 관계 중 가장 근원적인 관계가 된다. 만약 부부남녀의 관계가 없다면, 인류는 더 이상 존속되지 않아 결국 지구상에서 모두 사라지고 만다. 그러므로 부부남녀의 관계를 말하는 함괘와 항괘가 인간의 도를 설명하고 있는 주역 하권에 가장 먼저 나왔다.

함괘는 위로는 못을 뜻하는 태괘(兌卦䷹), 아래로는 산을 뜻하는 간괘(艮卦䷳)를 결합하여 만든 괘이다. 태괘는 아리따운 소녀(少女)이고, 간괘는 청춘의 소남(少男)이다. 이 세상에서 가장 화합이 잘 되는 관계는 바로 소남과 소녀, 즉 청춘 남녀의 관계이다.

그러나 태괘와 간괘가 서로 좋은 관계이지만, 반드시 소녀를 뜻하는 태괘가 위에 있고, 소남을 뜻하는 간괘가 아래에 있어야만 한다. 왜

냐하면 아래 있던 음기는 위로 가고, 위에 있던 양기는 아래로 와야만
사귐이 이루어지기 때문이다. 만약 양기를 가진 간괘가 위에 있고 음
기를 가진 태괘가 아래에 있으면 사귐이 없어 반응도 일어나지 않게
된다. 그러나 함괘는 소녀를 상징하는 태괘가 위에 있고, 소남을 뜻하
는 간괘가 아래로 내려와 바람직한 관계를 이루고 있다. 그래서 함괘
는 남녀가 서로 결합하는 결혼의 괘가 된다. 괘사(卦辭)에서도 "함은
형통하니 정(貞)함이 이로우니, 여자를 취하면 길하다."라고 말했다.

한편, 함괘는 '느낌'의 의미가 있다. 청춘남녀를 서로 결합시키는
매체는 바로 느낌이다. 느낌이 있어야 서로 반응이 생겨 결합이 이루어
진다. 남녀 관계뿐 아니라, 이 세상의 모든 관계는 느낌이 생길 때 비로
소 이루어진다. 느낌이 일어나 서로 감정의 교감이 일어나면 그때부터
는 양자가 일체화를 이룬다. 그러나 만약에 느낌이 없다면 쌍방은 강
변의 조약돌처럼 서로 분리된다. 만물이 서로 관계를 맺고 어울려 살
수 있는 것은 느낌이 있기에 가능하다. 그 중에서도 느낌이 가장 예민
하게 반응하는 것이 바로 청춘남녀의 사이이다. 함괘는 바로 청춘남녀
가 느낌을 통해 일체를 이루는 현상을 설명한 괘이다.

 **산 위에 못이 있는 것이 함(咸)이니, 군자가 이를 본받아 비움으로써
사람을 수용하느니라. 〈山上有澤(산상유택)이 咸(함)이니 君子(군자)
以(이)하야 虛(허)로 受人(수인)하나니라〉**

산 위에 못이 있을 수 있는 것은 산이 자기를 비웠기 때문이다. 산이
만약 꼭대기까지 돌과 흙으로 가득 채워져 있다면, 물이 어떻게 산 위
에 모여들 수 있겠는가. 비우지 못하는 자는 절대 얻을 수 없다는 사실
을 택산함괘(澤山咸卦)에서도 배울 수 있다.

이루 헤아릴 수 없이 많은 별들이 있다. 그래서 밤하늘을 쳐다보는

인간들에게 황홀감과 경이감을 느끼게 한다. 그러나 우주에 공간이 없다면, 어떻게 저렇게 많은 별들이 모여들 수 있겠는가. 오직 텅 빈 공간이 있기 때문에 저토록 장대하고 화려한 우주를 꾸려나갈 수 있다.

나라나 집단의 지도자는 지위가 높기에 특히 자기를 비우지 않을 가능성이 많다. 지도자들이 실패의 길을 가는 것은 지위가 높아짐에 따라 자만심도 함께 높아졌기 때문이다. 그래서 세상에는 성공하는 지도자가 드문 것이다. 지위가 높아짐에 따라 더욱 자기를 비워낼 수 있다면, 이런 지도자는 100% 성공하는 지도자가 될 수 있다. 그러나 높은 지위를 가진 사람이 마음을 비운다는 것은 물을 거슬러 올라가는 것처럼 힘든 일이다. 지위가 높아지면 자만심도 높아지게 되는데, 지위와 반비례하여 마음을 비우기란 쉬운 일이 아니다. 정신을 차리지 않으면 높아지는 지위를 따라 자만심도 높아져 버린다. 성공하는 지도자가 드문 것은 바로 높아진 지위에 따라 자만심도 함께 나타났기 때문이다.

일반인들이 성공하는 지름길도 바로 자기를 잘 비울 줄 아는데 있다. 비우지 않으면 아무 것도 얻을 수 없다. 첫째로 사람을 얻을 수 없다. 자만심이 가득한 사람은 만인이 다 싫어한다. 싫어하면 당연히 사람이 모이지 않고, 또 그로써 큰일을 이룰 수 없다. 둘째로 큰 능력을 얻을 수 없다. 자기의 능력을 과신하면 더 이상 노력을 하지 않는다. 그렇게 되면 자연히 능력이 퇴보한다. 셋째로 발전의 기회를 얻을 수 없다. 자기를 비울 줄 모르면 욕심과 강박감의 포로가 되어 무모하게 일을 벌인다. 이렇게 하면, 결코 성공의 기회는 얻지 못한다. 마음을 텅 비우고 나면, 그때서야 세상이 바로 보여 정확한 판단을 내릴 수 있다.

비울수록 많이 얻는 것은 자연스런 현상이다. 함괘를 보는 군자는 반드시 자기를 비움으로써 더 큰 것을 얻도록 힘써야 한다.

뇌풍항괘雷風恒卦

현상을 유지한다.

뇌풍항괘(雷風恒卦)는 위에는 우레를 뜻하는 진괘(震卦☳), 아래는 바람을 뜻하는 손괘(巽卦☴)가 합해져서 된 괘로, 택산함괘(澤山咸卦☶)를 이어 인간사를 설명한다.

우레는 위로 떨쳐 일어나는 물건이고, 바람은 아래로 스며드는 물건이다. 항괘는 아래로 스며들어가는 성질을 가진 바람이 아래에 들어가 있고, 위로 올라가는 성질을 가진 우레가 위에 있는 괘이다. 우레와 바람이 모두가 각자의 성질을 다 발휘할 수 있기에 우레와 바람이 모여서 된 항괘는 '오래한다'는 뜻을 가진다.

항괘 앞에 청춘남녀가 결혼을 하는 괘인 택산함괘가 있었다. 남녀가 결혼을 하여 가정을 이루었으면 그 가정이 오래 유지되도록 해야 한다. 그래서 결혼을 의미하는 함괘 다음에 '오래한다'는 뜻을 가진 항괘가 나왔다.

함괘는 소남(少男)과 소녀(少女)가 서로 교감을 하는 괘이기에 소녀가 위에 있고, 소남이 아래에 있었다. 그러나 항괘는 이미 결혼을 하여 성인이 되었기에 소남이 장남(長男)으로 변하고, 소녀가 장녀(長女)로 변했으며, 그리고 이제는 교감을 하는 단계가 아니라 결혼생활에 임해 나가는 단계이다. 그래서 항괘는 적극적으로 움직이는 성질을 가진 우레, 즉 장남이 위에서 살림을 주도하고, 움츠러들어 소극적인 성질을 가진 바람, 즉 장녀가 아래에서 따라주는 형국을 하고 있다.

지금은 남녀가 평등해진 세상이기에, 항괘에서의 장남과 장녀는 성별을 가릴 것 없이 적극적인 사람이면 장남이 되고, 소극적인 사람이면 장녀가 된다고 보면 될 것이다. 적극적이고 능력이 있으면 남녀를 가릴 것 없이 위에서 주도적으로 움직이는 자가 될 수 있다. 꾸려놓은 가정이 원만히 운영이 되려면 적극적인 사람이 가정사를 좌우하고 소극적인 사람이 보좌해주는 형식을 취해야 한다. 만약 소극적인 사람이 위에서 주도해 나가고, 적극적인 사람이 아래에 눌러있게 된다면, 갈등이 생겨나 결국에는 가정이 파탄되고 만다. 그래서 적극적인 우레가 위에 있고, 소극적인 바람이 아래 있는 항괘는 가정을 오래 지켜나간다는 의미를 가지고 있다.

오래도록 지속하는 덕은 인간사에서만 소용되는 게 아니라 천지자연에 있어서도 마찬가지이다. 과학에서도 천지와 만물은 장구한 세월 동안 진화(進化)를 통하여 이루어진 것으로 본다. 만약 지속하는 덕이 없다면 천지만물도 생겨날 수 없었을 것이며, 인간세계 역시 존속될 수 없다. 주역에서의 항괘의 의미는 그래서 크다고 말할 수 있다.

32-2
김기의 주역 대상전 풀이

우레와 바람이 항(恒)이니, 군자가 이것을 본받아 한군데 서서 자리를 바꾸지 않느니라. 〈雷風(뇌풍)이 恒(항)이니 君子(군자) 以(이)하야 立不易方(입불역방)하나니라〉

뇌풍항괘(雷風恒卦)의 '항(恒)'자는 '항상한다'는 의미를 가진다. 즉 어떠한 상태를 계속 지키는 것을 뜻한다. 무슨 일이든 항상함이 없이 이랬다가 저랬다가 하면 결국 힘만 낭비하고 소득은 거두지 못한다.

항괘는 우레를 뜻하는 진괘(震卦☲)와 바람을 뜻하는 손괘(巽卦☴)

가 합해져서 이루어진 괘이다. 우레는 원래 위로 떨쳐 일어나는 성질을 가졌고, 바람은 아래로 스며드는 성질을 가졌다. 항괘는 우레가 위에 있고, 바람이 아래에 있는 상황의 괘이다. 즉 우레는 위에서 자신의 성질에 맞게 자리를 차지하고 있고, 바람은 아래에서 자기의 성질에 맞게 자리를 차지하고 있다. 상하가 모두 각자의 자리를 지키고 있기에, 그래서 항괘에는 '오래한다'는 뜻이 담겨있다.

천지만물은 긴 세월을 지나면서 이루어졌다. 어느 날 갑자기 태어나는 것은 이 세상에 없다. 과학적 성과에 의하면, 인류는 약 35억 년간 진화한 뒤에야 이루어진 종(種)이다. 인류는 35억 년 전의 무핵세포에서 여러 과정을 거쳐 어류→양서류→파충류→조류→포유류→원인류의 진화단계를 거치면서 지상에 출현하였다. 무핵세포에서 인류의 조상이 탄생하기까지는 35억 년이라는 긴 세월을 거쳤다. 그리고 지금의 천지는 인류보다 훨씬 더 오랜 세월동안 진화해왔다. 하늘은 150억년 전, 땅은 45억 년 전부터 시작되었다. 하늘도 땅도 인간도 모두 항상한 마음으로 중단 없이 자기발전을 꾀한 후 지금의 상태까지 왔다. 그리고 그들은 모두 현재의 상태를 고수하는 게 아니라, 지금도 자기 발전을 꾀하고 있다.

인간사에 있어서도 마찬가지이다. 사람을 사귈 때나 사무를 처리할 때는 변함없는 마음으로 임해야 한다. 만약 행동에 일관성이 없으면 원만한 인간관계를 유지할 수 없고, 또 사무적으로도 큰 성과를 거두기가 쉽지 않다. 물론 변화해야 할 때는 당연히 변화해야 하겠지만, 때에 맞지 않게 경솔히 변덕을 부리면, 이것은 변화에 응하는 지혜로운 사람이 아니라 경박한 사람이다. 만약 사람이 이렇게 인생을 산다면 천하의 비웃음거리가 되고 만다. 그래서 항괘의 제3효에 "그 덕을 일정하게 하지 않아, 부끄러움이 뒤따라 올 것이다."라고 했다. 뜻이 자주 변하여 언행을 바람에 나부끼는 나뭇잎처럼 일관성 없게 하면, 결국 일도 이루지 못하고 남의 손가락질만 받고 만다.

경망스럽게 변덕을 부리는 사람들은 항괘에서 배움을 얻어, 무게 있는 인생을 가꾸어 나가도록 노력해야 한다.

천산돈괘天山遯卦

33-1 나서지 말고 피하라.
경기의 주역 대상전 풀이

천산돈괘(天山遯卦)는 위에는 하늘을 뜻하는 건괘(乾卦☰), 아래는 산을 뜻하는 간괘(艮卦☶)가 놓여서 된 괘이다. 산 위에 하늘이 있으므로 위로 보이는 것은 오직 하늘뿐인 심산유곡의 형상을 하고 있다. 심산유곡은 은둔지이다. 그래서 돈괘는 '물러나 숨는다'는 뜻을 가진다.

괘의 성정을 보면 위의 건괘는 강건한 성품을, 아래의 간괘는 그치는 성품을 가졌다. 위에 있는 두뇌의 정신력은 아주 강건하고, 아래에 있는 몸은 절제하여 멈추는 의미를 가진 괘가 바로 천산돈괘이다. 만약 정신력이 나약하면 은둔해야 할 때가 왔다고 해도 세상을 자발적으로 등지기 어렵다. 오직 강한 정신력을 가져야만 세상의 유혹을 물리치고 산중에 들어가 자기 수양에 힘쓸 수 있다.

군자가 학덕을 쌓음은 세상에 나아가 포부를 펴기 위해서이다. 그러니 군자가 세상을 떠나 은둔하는 것은 바랄 바가 아니다. 맹자도 "대저 사람이 어려서부터 학문을 함은 장성하여 그것을 행하고자 함이다."라고 했다. 군자가 공부를 함은 자기를 닦고, 더 나아가서는 세상에 보탬을 주고자 해서이다. 군자가 은둔을 하는 것은 형편상 어쩔 수 없을 때 하는 것이므로 크게 권장할 바는 아니다.

괘의 기세를 보면 두 개의 음이 아래로부터 성장하는 상황에 있다.

즉 밝은 양지가 음지로 변하는 형국이니, 이는 소인이 점점 성장하는 형상이다. 소인이 득세하면 군자는 비위에 맞지 않아 자발적으로 숨게 된다. 만약 미련을 가지고 함께 어울리려 한다면 소인의 모략에 걸려 화를 면치 못한다. 그래서 군자는 산중으로 피신을 하여 홀로 그 몸을 착하게 할 뿐이다.

돈괘는 계절로 따져본다면 늦여름이 된다. 즉 돈괘는 음력 6월에 해당하는 괘이다. 6월은 소서(小暑)와 대서(大暑)가 있는 한여름이지만, 속에서는 추위를 몰고 오는 음기가 자라나는 때이다. 인간 세계로 말한다면, 시국이 이미 음을 향해 기울어지기 시작하여 장차 소인이 득실거리는 세상으로 변해갈 것임을 뜻한다.

돈괘 앞에는 위에는 우레, 아래는 바람으로 된 뇌풍항괘(雷風恒卦 ䷟)가 있었다. 항괘는 '오래한다'는 의미의 괘인데, 무엇이든 오래되면 반드시 물러나게 된다. 그래서 항괘 뒤에는 '물러나 숨는다'는 의미의 돈괘가 나왔다.

세상을 살다보면 물러나야 할 때도 있다. 그러나 반드시 중용(中庸)에 의지해야 한다. 물러나지 않아야 할 때 물러나면 비겁한 도피자가 되고, 물러나야 할 때 물러나지 않으면 몸을 욕되게 한다.

33-2
경기의 주역 대상전 풀이

하늘 아래 산이 있음이 돈(遯)이니, 군자가 이것을 본받아 소인을 멀리하되, 악한 모습으로 하지 말고 엄숙하게 하느니라. 〈天下有山(천하유산)이 遯(돈)이니 君子(군자) 以(이)하야 遠小人(원소인)호대 不惡而嚴(불악이엄)하나니라〉

천산돈괘(天山遯卦)는 '물러나 숨는다'는 뜻을 가진 괘이다. 돈괘는 원래 중천건괘(重天乾卦 ䷀)에서 시작했다. 돈괘는 처음에는 양으로만 가득 차 있다가 아래서부터 차츰 음으로 변해 가는 찰나를 나타낸 괘이다. 명철한 군자는 장차 음으로 될 상황, 즉 소인배가 득세하는 상황이 올 것을 미리 알고서 소인들을 경계한다.

부귀를 탐하여 소인과 함께 어울리게 되면 자신도 소인의 물이 들거나, 아니면 소인에게 이용을 당하여 가치 없는 죽음을 당한다. 소인은 원래 자신의 목적을 위해서라면 무슨 짓도 마다하지 않는다. 공자는 "비루한 사람과는 가히 함께 임금을 섬길 수 있겠는가. 지위를 얻지 못해서는 얻을 것을 근심하고, 이미 얻어서는 잃을까 근심하나니, 진실로 잃을 것을 근심한다면 하지 못할 짓이 없느니라."라고 했다. 소인은 자신의 이익을 위해서라면 인정사정 돌아보지 않는다. 그래서 소인을 가까이 하면 우선에는 득을 볼 것 같지만, 결국에는 화를 당하고 만다. 그러므로 소인들과는 애당초 어울리지 말아야 한다.

소인은 옹졸하다. 그래서 자기에게 조금이라도 서운하게 하면 앙심을 품고서 보복을 하려한다. 소인과 가까이 했다가는 언제 무슨 일을 당하게 될지 모른다. 이런 소인을 다스리는 데는 두 가지 길이 있다.

첫째로는 공자가 노(魯)나라 재상의 일을 섭정할 때, 악인(惡人)인 소정묘(少正卯)를 베어버리듯이 선수를 쳐서 소인의 뿌리를 제거해버리는 것이요, 둘째로는 그럴 형편이 안 될 때는 애초에 소인을 멀리해야 한다. 이때 주의할 것은 소인을 대할 때는 말투나 낯빛을 편안하게 가지어 소인의 앙심을 사지 않도록 해야 한다. 이와 동시에 태도를 신중히 가지어 소인의 접근을 막도록 해야 한다. 율곡(栗谷) 선생은 『격몽요결(擊蒙要訣)』에서 "고을 사람들 중 착하지 않은 사람이라도 나쁜 말로 그의 더러운 행실을 드러내어서는 안 되며, 다만 무정히 대하여 서로 왕래하지 않아야 한다. 만약 본래부터 아는 사람이라면 근황만 간단히 묻고, 다른 말은 주고받지 않는다면 저절로 서로 멀어져 원한과 분노를 사는 데까지는 이르지 않을 것이다."라고 했다. 즉 소인을 다룰 때는 자극적인 방법은 피하라는 말이다.

돈괘는 '소인을 멀리함'을 뜻하는 괘이다. 소인을 완벽히 제거하지 못하겠거든, 기회가 올 때까지 조심스럽게 관리해야 한다.

뇌천대장괘雷天大壯卦

34-1 활기차게 나아간다.
감기의 추여 대상전 풀이

뇌천대장괘(雷天大壯卦)는 위에는 우레를 뜻하는 진괘(震卦☳), 아래는 하늘을 뜻하는 건괘(乾卦☰)가 놓여 이루어진 괘이다. 그래서 강력한 힘을 가진 괘라 할 수 있겠다.

우레는 약동하는 성질을 가졌고, 하늘은 넓은 공간과 강건한 에너지를 가진 물체이다. 약동하는 우레가 하늘 위에서 터지면 그 기상이 장엄하기 이를 데 없다. 위로 약동하기를 갈구하는 우레가 무한의 공간인 하늘 위에서 터지면 온 세상을 뒤흔들 힘을 발휘한다. 그래서 우레가 위에 있고, 하늘이 아래 있음으로써 이루어진 대장괘는 '장성(壯盛)하다'는 의미를 가진다.

대장괘의 모습을 보면, 네 개의 양효가 아래서부터 위로 포개져 있어 힘이 장대해진 상을 하고 있다. 즉 대장괘는 본래 순음(純陰)의 괘인 중지곤괘(重地坤卦☷)에서 나온 괘이다. 순음의 중지곤괘에서 양효가 하나씩 자라나 지뢰복괘(地雷復卦☷), 지택림괘(地澤臨卦☷), 지천태괘(地天泰卦☷)를 거치며 차츰 변했다가 마침내 대장괘가 나왔다. 즉 양효가 하괘에서 상괘로 절반 넘게 올라옴으로써 이루어진 괘가 바로 대장괘라는 말이다. 이때는 사람으로 말하면, 청장년기에 해당하여 기운이 극도로 왕성해진 상태이다. 기운이란 극도에 도달하면 쇠해지는 법

154

이니, 만약 대장괘에서 양효가 하나만 더 생기게 되면 '결단나다' 또는 '무너지다'의 뜻을 가진 택천쾌괘(澤天夬卦☱)가 된다.

대장괘 앞에는 하늘을 뜻하는 건괘와 산을 뜻하는 간괘(艮卦☶)가 더해져서 된 천산돈괘(天山遯卦☴)가 있었다. 돈괘는 '물러나 숨는다'는 의미가 있는데, 물러나면 다시 나타나는 것이 자연의 법칙이다. 그러기에 겨울이 가면 새봄이 다시 오고, 밤이 가면 아침이 다시 밝아 온다. 천지만물은 순환의 법칙에 의해 발전한다. 그래서 돈괘 다음에는 '장성하다'는 의미를 가진 대장괘가 나왔다.

대장괘는 음지에 있다가 뜻을 얻어 세상에 나와 그 힘을 마음껏 발휘하는 형상을 하고 있다. 이때는 '호사다마(好事多魔)'란 말처럼 매사를 공명정대하게 처리하도록 해야 한다. 만약 기세만 믿고 방자하게 처신하면 허공을 마음대로 날다가 화살을 맞고 추락하는 독수리처럼 원통한 꼴을 당하고 만다. 그래서 대장괘 「단전(彖傳)」에서는 "대장이 이로운 이유는 큰 것이 바르기 때문이다."라고 했다. 즉 대장이 뜻을 펴는 것은 바른 덕을 가졌음을 전제로 한다는 말이다.

자연계든 인간계든 장성한 기상이 없다면 존재 자체가 불가능하다. 그러므로 장성함은 바로 생명활동의 원동력이다.

우레가 천상(天上)에 있는 것이 대장(大壯)이니, 군자가 이것을 본받아 예(禮)가 아니면 행하지 않느니라. 〈雷在天上(뇌재천상)이 大壯(대장)이니 君子(군자) 以(이)하야 非禮不履(비례불리)하나니라〉

뇌천대장괘(雷天大壯卦)는 우레가 천상에서 굉음을 내며 터지는 상태를 나타내는 괘이다. 인간의 사욕(私欲)은 천상에서 터지는 저 우레와 같은 힘이 아니면 부수기가 어렵다. 그래서 군자는 천상에 우레가 터지는 형상을 보고서 자신의 사욕을 격파하려 한다.

사욕은 공리(公理)와 반대되는 말이다. '생존의 욕망' 그 자체는 생명을 유지시켜 주는 에너지이므로 반드시 필요하다. 그래서 '생존의 욕망' 그 자체는 사욕도 아니고, 또 악도 아니다. 단지 자신의 생존 욕망이 공익을 침범하면 그때 비로소 사욕이 된다. 사욕을 앞세우게 되면, 사회 질서가 파괴된다. 질서가 무너지고 나면 자신 또한 생존을 보장받을 수 없게 된다. 그래서 자신과 전체의 행복을 위해서는 자기 자신만을 위하려는 사욕을 꼭 제거해야 한다.

사욕을 제거하는 것을 '극기(克己)'라 하는데, 사실 극기는 그렇게 쉬운 것이 아니다. 모든 생명체는 자기를 아낀다. 그래서 자기만 위하려는 욕심에 빠지기가 쉽다. 그 욕심은 매순간 마다 강력한 힘으로 우리를 유혹한다. 그래서 자기만을 위하려는 욕심, 즉 사욕을 극복하고 공리를 따라간다는 것은 사실상 쉽지가 않다. 마치 아래로 내려오는 빗물을 위로 다시 올라가게 하는 것처럼 어렵다. 그래서 사욕을 쳐부수는 극기는 보통의 각오로 이룰 수 있는 것이 아니다. 하늘 위에 우레가 폭발하는 것 같은 강력한 에너지를 가져야만 비로소 극기를 이룰 수 있다. 극기를 해야만 공적인 규범을 따를 수 있다.

공자의 수제자가 안회(顔回)인데, 공자는 인(仁)의 도를 묻는 안회에게 '극기복례(克己復禮)'를 말하였다. 사욕을 극복하여 예법에 맞게 움직이라는 말이다. 공자는 자기의 사욕을 이겨내어 예법에 맞게 처신하면 위대한 인간의 도는 그 속에서 이룰 수 있다고 보았다. 안회 같은 수제자에게 극기를 가르쳤다는 것은 극기가 그만큼 중요하고 또 실천하기 어려움을 뜻한다. 진정으로 강한 자가 아니면 극기는 참으로 어렵다. 노자(老子)는 '자승자강(自勝者强)'이라 했다. 이는 '자신을 이기는 자는 강하다'는 뜻의 말이다. 남을 이기기는 오히려 쉽지만, 자기의 이기적 본능을 이겨내어 공리에 부합되는 삶을 살아가는 것은 진정으로 어려운 일이다.

작은 자기를 넘어 전체와 공존하는 대인(大人)이 되려면, 천상에 터지는 우레처럼 강력한 폭발력으로 자신의 사욕을 깨부숴야 한다.

화지진괘火地晉卦

 35-1 대지에 태양이 솟으니 만물이 성장한다.

화지진괘(火地晉卦)는 위에는 태양을 뜻하는 이괘(離卦☲), 아래는 땅을 상징하는 곤괘(坤卦☷)가 놓여서 된 괘이다. 화지진괘는 '나아가다', 즉 '진(進)'자의 의미를 가지고 있다. 그러나 정자(程子)에 의하면, '진(晉)'자는 '나아간다'는 의미에다 '밝음이 왕성함'의 의미도 겸한다고 한다. 이렇게 본다면 화지진괘는 단순히 나아가기만 하는 것이 아니라, 광명이 찬란히 살아난다는 의미도 동시에 가진다.

진괘의 괘상(卦象)을 보면 태양이 땅위로 떠오르는 모양을 하고 있다. 이것이 바로 '나아감'의 상이 된다. 또한 태양이 대지 위에 둥실 떠올라 세상이 밝아지면 만물이 불쑥불쑥 성장한다. 지상의 만물은 태양의 광채를 받아야만 생기를 가지고 자랄 수 있다. 만물이 태양 아래에서 성장하는 것이 또한 '나아감'의 상이 된다.

괘의 성품에 의거해서 설명해본다면, 화지진괘는 불의 성정을 가진 지혜로운 지도자에게 땅의 유순한 성품을 가진 아랫사람이 순종하면서 나아가는 형세를 가지고 있다. 지혜가 밝은 지도자를 백성들이 유순히 따른다면 그 나라는 상하의 화합이 이루어져 갈등 없이 앞으로 나아갈 수 있다. 그래서 불과 땅이 모여서 된 화지진괘는 '나아간다'는 의미를 가진다.

진괘는 괘상으로 보든 괘의 성정으로 보든 좋은 징조를 내포하고 있다고 하겠다. 빛나는 태양이 대지 위를 비추자 만물이 활개를 치며 성장을 하니 이것이 바로 길한 상이요, 모든 구성원들이 지혜로운 지도자를 따라가니 이것이 또한 흥성할 상이다. 그래서 괘사(卦辭)에서 "진(晉)은 강후(康侯)에게 말을 많이 하사하고, 하루에 세 번 접견(接見)하도다."라고 했다. 즉 나라를 편하게 하는 제후가 천자의 총애를 받아 많은 말을 하사받고, 또 공무 중인 대낮에도 세 번이나 부름을 받으니, 신하로서는 말할 수 없이 큰 영광이 된다. 그래서 화지진괘는 길함을 암시하는 괘가 된다.

화지진괘는 '장성함'을 의미하는 뇌천대장괘(雷天大壯卦☳)를 이어 나온 괘이다. 「서괘전(序卦傳)」에 의하면, "물건은 끝까지 장성할 수만은 없는지라. 그런 까닭으로 진(晉)으로써 받았다."라고 했다. 즉 사물이 장성하기만 하고, 더 이상 나아가지 않으면 발전이 없다. 그러므로 기운이 장성해지면 새로운 단계로 전진함이 있어야 한다. 화지진괘가 뇌천대장괘를 이은 것은 바로 이 이유 때문이다.

진괘는 태양이 땅 위로 솟자 만물이 따라 성장한다는 의미를 담은 괘이다. 밝은 지도자의 인도에 만민이 따르니, 어찌 발전이 없겠는가.

35-2
김기현의 주역 대상전 풀이

밝음이 지상에 솟아오르는 것이 진(晉)이니, 군자(君子)가 이것을 본받아 스스로 밝은 덕을 밝히느니라. 〈明出地上(명출지상)이 晉(진)이니 君子(군자) 以(이)하야 自昭明德(자소명덕)하나니라〉

땅 위에 태양이 있는 것이 화지진괘(火地晉卦)의 괘상이다. 광막한 대지 위에 태양이 솟아오르면 만물은 활개를 치면서 성장한다. '밝음'은 만물을 위로 끌어올리는 에너지를 가졌다. 그래서 화지진괘는 '나아감'의 뜻을 가진다.

태양이 땅 위로 높이 나아가면 어둠은 모두 물러가고, 세상은 광명으로 뒤덮인다. 몸을 닦는 군자는 여기에서 뜻을 취하여 자신의 덕을 밝혀 자신의 삶은 물론, 온 세상을 밝게 비추도록 노력한다. '밝음'은 군자의 마음상태 및 수양법과 밀접한 관련성을 가진다. 밝음을 추구하는 것이 바로 군자의 길이다.

밝음은 지상의 생명체들에게 활기를 준다. 인간에게도 밝음은 생기와 희망을 가져다준다. 자연계에서나 인간계에서나 '밝음'은 생명유지에 가장 중요한 요소가 된다. 그래서 개인의 심성 수양을 중시하는 대부분의 학파들은 곧잘 '밝음'이란 단어를 '궁극적 세계', 또는 '최상의 심리상태'를 형용할 때 가져다 쓰기도 한다.

원문에서는 '스스로 밝은 덕을 밝힌다'고 했는데, '밝은 덕'은 무엇인가. 주자(朱子)는 『대학』을 해석하면서 '밝은 덕', 즉 '명덕(明德)'에 대해서 이렇게 말했다. "'명덕'은 사람이 하늘에서 얻은 것으로 텅 비고, 신령하여 어둡지 않아, 온갖 이치를 갖추고 만사에 응하는 것이다." 주자는 공맹유학의 성선설을 계승하여 마음을 하늘에서 받은 신령한 무형의 물체로 설명하였다. 마음에는 모든 선한 이치가 다 담겨있어 밝은 빛을 가진다. 그러나 마음은 몸속에 담겨 있으므로 1차적으로 생리적 욕망으로부터 침범을 받고, 또 2차적으로는 사회적 활동을 하면서 사회로부터 오염을 당한다. 그래서 마침내 마음이 가진 본래의 밝음은 빛이 차단되어 본 모습을 잃는다. 마치 먼지를 둘러 쓴 진주의 모습과도 같다.

군자의 최종목적은 자기의 덕을 밝게 한 후, 나아가서는 천하사람 모두가 밝은 덕을 밝힐 수 있도록 하는데 있다. 이것은 『대학』의 "큰 학문의 길은 밝은 덕을 밝히는데 있으며, 백성을 새롭게 하는 데 있다." 고 한 말에서 알 수 있다. '백성을 새롭게 함'은 바로 천하의 모든 사람으로 하여금 자신의 밝은 덕을 밝힐 수 있도록 한다는 의미이다.

군자는 밝은 덕을 밝히는 삶을 살아야 한다. 진괘의 「대상전」에서는 밝음의 상징물인 태양이 하늘 위로 떠올라 세상을 밝히는 형상을 빌려서 군자의 본분을 환기시켜주고 있다. 밝음이야말로 우리를 편하게 해주고, 안정되게 해주고, 또 에너지를 축적시켜준다. 밝음이 있는 곳에는 늘 조화와 행복이 있다.

지화명이괘地火明夷卦

지화명이괘(地火明夷卦)는 위에는 땅을 말하는 곤괘(坤卦☷), 아래는 불을 말하는 이괘(離卦☲)가 포개져서 된 괘로, 불이 땅 속에 들어가 있는 형국을 하고 있다.

괘상(卦象)으로 풀어본다면 불의 이괘가 땅의 곤괘 속에 있으므로 밝음이 상한다는 뜻이 된다. 태양이 땅 밑으로 들어가고 나면 천지가 캄캄해진다. 그래서 명이는 밝음을 손상한다는 의미가 되고, 따라서 명이의 의미는 '상하다'가 된다. 원래 '이(夷)'자는 '평평하다'의 의미를 가짐과 함께 '상하다'의 의미도 겸하고 있다.

괘의 성품을 가지고 설명해 본다면 이괘는 양이 밖으로 나와 있어 밝은 빛을 발산하는 괘이고, 곤괘는 음으로만 되어 어둡고 둔탁한 성질을 가진 괘이다. 밝은 발광체가 어두운 물체에 감싸이게 되면 빛이 사라지게 된다. 그래서 명이괘에는 '상하다'는 의미가 담겨있다.

명이괘 앞에는 불이 땅 위에 있는 형상을 하는 화지진괘(火地晉卦☲)가 있었다. 진괘는 밝은 사람이 위에 있는 반면, 어두우면서 순종의 덕을 가진 사람이 아래에 있으므로 발전의 징후를 가진다. 밝은 지혜를 가진 사람이 위에서 영도하고, 밝지 못한 대중들은 지혜로운 지도자가 이끄는 대로 따라간다면 세상이 어찌 다스려지지 않겠는가.

그러나 명이괘는 그 반대로 밝은 사람이 아래로 숨거나 아니면 타의에 의해 쫓겨나고, 그 대신 어둡고 용렬한 사람이 위로 올라가 세상을 다스리는 꼴을 하고 있다. 그래서 명이괘는 어둠에 휩싸여 답답하고 혼란함에 빠진 상황을 의미하는 괘가 된다.

역사에서 어두운 임금을 '암군(暗君)' 또는 '혼군(昏君)'이라 한다. 여기서 '암(暗)'자나 '혼(昏)'자는 '어두움'을 의미한다. 어두운 사람이 윗자리에 있고 현명한 사람이 잠복을 해버린 것이 또한 명이괘의 형상이다. 어두운 사람이 윗자리에 있으면 현명한 사람은 피해야 한다. 만약 그냥 있으면 결국에는 귀양을 가거나 죽임을 당한다. 이와 같이 어두운 자가 지도자가 되고, 현명한 자가 제거를 당하면 세상에는 밝음이 사라져 마침내 어둠 속으로 빠져들고 만다.

'발전한다'는 의미를 가진 화지진괘 다음에 '상한다'는 의미를 가진 명이괘를 배치한 것은 '한 번 다스려지면 한 번 혼란이 온다'는 일치일란(一治一亂)의 역사 순환법칙을 상기시키기 위해서이다. 자연계에도 인간계에도 '밝음'과 '어두움'의 두 요소는 공존하고 있다. 그래서 주역에서는 '어두움'을 64괘 속에 포함시키고, 또 '어두움'의 속성에 대해서도 말하여 미리 경계를 드리웠다.

밝음이 땅 속에 들어가는 것이 명이(明夷)이니, 군자가 이것을 본받아 대중들에게 임함에 어두움을 사용하여 밝게 하느니라. 〈明入地中(명입지중)이 明夷(명이)니 君子(군자) 以(이)하야 莅衆(이중)에 用晦而明(용회이명)하나니라〉

36-2
강기의 주역 대상전 풀이

지화명이괘(地火明夷卦)는 두 가지 뜻을 동시에 포함한다. 즉 밝음이 숨어버려 광채가 사라졌다는 의미와 일부러 밝음을 감추어 어리석은 척 한다는 의미가 있다. 지화명이괘의 전체적인 의미는 전자의 해석과

부합을 하지만,「대상전」에서는 후자의 해석을 근거로 가르침을 폈다.

'어두움'의 긍정적인 의미는 두 가지로 말할 수 있다. 즉 '어리석은 척하여 현명함을 이룸'과 '자신의 존재를 감춤으로써 나중에 두각을 드러냄'의 뜻으로 정리할 수 있다.「대상전」에서는 전자의 뜻으로 사용했고, 현대 중국의 국가부흥 전략은 후자의 뜻으로 사용했다.

중국은 1980년대부터 개방정책을 펴기 시작했다. 이때 덩샤오핑은 '도광양회(韜光養晦)'의 외교 전략을 폈다. '도광양회'는『삼국지연의(三國志演義)』에 나오는 말로, '칼의 광채를 칼집에다 감추고 어두움 속에서 힘을 기른다'는 의미이다. 중국은 80년대부터 속으로는 대국이 되기 위한 야망을 품었으면서 겉으로는 무기력한 척 자기를 위장했다. 그래서 누구의 견제도 없이 국력을 신속히 키울 수 있었다. 2000년대에 들어서자 중국은 자세를 바꾸기 시작했다. 2002년에 후진타오는 '능동적으로 뭔가를 하겠다'는 뜻의 '유소작위(有所作爲)', 그리고 '부국강병(富國强兵)' 등의 기치를 내걸었다. 시진핑의 시대에 와서는 세계를 좌지우지해보겠다는 야망을 노골적으로 드러내기 시작했다. 중국은 '어두움'으로써 국력을 키우는 전략을 성공적으로 진행시켰다. 이것은 병가(兵家)의 속임수 전략이다.

그러면「대상전」에서는 '어두움'을 어떻게 쓰는가. 여기서는 사람을 포용하고 가르치는데 사용한다. 진정으로 밝은 자는 밝음을 밖으로 드러내지 않는다. 밝음을 감춤으로써 참으로 밝은 자의 모습을 갖춘다. 물이 너무 맑으면 고기가 없는 법이다. 군자는 비록 상대의 허물을 다 알고 있지만, 모른 척하고 덮어둔다. 그렇게 함으로써 사람들을 포용한다. 밝음을 앞세우지 않고 알면서도 모르는 척하는 것이 바로 군자의 처신법이다.

옛 군왕은 눈앞에 줄을 늘어뜨린 면류관(冕旒冠)을 쓰고, 또 옥으로 된 귀막이로 귀를 막는다. 면류관을 쓰는 이유는 드리워진 줄로 눈을 가려 신하들의 허물을 보지 않기 위해서요, 귀막이를 착용하는 이유는 신하들의 실언을 다 듣지 않기 위해서이다. 만약 신하들의 모든 언행을 일일이 다 지적한다면 아무도 그 곁에 머물지 못한다. 사람은 용서하고 감쌀 때 모여든다.

참으로 밝은 자는 밝은 척을 하지 않는다. 노자(老子)는 "속인은 밝으나 나는 홀로 어수룩하게 하며, 속인은 살피나 나는 홀로 허술하게 한다."라고 했다. 알고서도 덮어주어 감화시키는 것이 큰 덕을 가진 군자의 자세이다.

풍화가인괘風火家人卦

공자의 주역 대상전 풀이

37-1 제가(齊家)에 힘써야 큰일을 이룬다.

풍화가인괘(風火家人卦)는 위에는 바람을 뜻하는 손괘(巽卦☴), 아래는 불을 뜻하는 이괘(離卦☲)가 놓여서 된 괘로, 가정의 도(道)를 말하고 있다.

바람과 불은 서로 화합하는 관계에 있다. 바람이 위에서 불면 불이 거세어지고, 불이 거세어지면 바람도 맹렬해진다. 만약 바람이 없다면 불은 결국 사그라지고 만다. 그러나 불이 위에서 불어오는 바람을 만나게 되면 거세게 타올라 공중을 날아다니기까지 한다. 그리고 바람은 불을 만남으로써 위세가 더 강렬해져 그 위용을 떨친다. 이처럼 바람과 불은 서로 화합하여 돕는 관계에 놓여있다. 모든 집단은 화합을 해야 하지만, 그 중에서 특히 더 그래야 하는 것은 가정이다. 행복한 가정의 첫째 조건은 바로 구성원 간의 화합이다. 그래서 바람과 불이 화합한 괘가 바로 가정의 도를 밝혀주는 가인괘가 되었다.

괘의 성품을 가지고 풀이를 해본다면 순응하는 덕을 가진 손괘가 밖에 있고, 밝은 지혜를 가진 이괘가 안에 있다. 사람이 밖에서 순리적인 사람이 되려면 집안을 먼저 밝게 해야 한다. 그래서 『대학(大學)』에서는 "집이 가지런해진 이후 나라가 다스려진다."라고 했다. 가정이 혼란스러우면 심리적 안정을 이룰 수 없어, 밖에서 사람을 대하거나 일을 처리할 때 거친 행동을 한다. 안이 안정되지 않았는데, 어떻게 밖이 편안할 수 있겠는가.

가인괘는 상하의 괘가 모두 조화로움을 유지하고 있다. 상괘의 주인공인 제5효는 중(中)을 얻었으면서 자기에 맞는 자리, 즉 양효가 양수(홀수) 자리를 차지하고 있다. 또 하괘의 주인공인 제2효는 중을 얻었으면서 자기에 맞는 자리, 즉 음효로서 음수(짝수) 자리를 차지하고 있다. 그리고 상괘의 주인공인 제5효는 양효, 하괘의 주인공인 제2효는 음효이므로 바람직한 호응관계를 형성하고 있다. 음양이 같으면 동성관계이기에 완전한 합을 이룰 수 없지만, 음양이 서로 다르면 올바른 합을 이룰 수 있다. 그래서 가인괘는 상하가 각각 정위(正位)와 중용(中庸), 그리고 정응(正應)을 얻어 조화로움을 이루고 있는 것이다. 가정을 원만히 유지하려면 모두가 각자의 역할을 바르게 해야 한다.

가정의 도는 화합 속에 이루어진다. 그 화합을 이루는 길은 가인괘 「단전(彖傳)」의 "아버지는 아버지답고, 자식은 자식답고, 형은 형답고, 아우는 아우답고, 남편은 남편답고, 부인은 부인다움에 가도(家道)가 바르게 된다."라는 말처럼 각자의 구실을 다할 때, 서로를 인정하는 분위기가 조성되어 가정은 화합을 이룰 수 있다.

37-2
김기의 주역 대상전 풀이

바람이 불로부터 나오는 것이 가인(家人)이니, 군자가 이것을 본받아 말은 알맹이가 있게 하며 행위는 항상함이 있게 하느니라. 〈風自火出(풍자화출)이 家人(가인)이니 君子(군자) 以(이)하야 言有物而行有恒(언유물이행유항)하나니라〉

풍화가인괘(風火家人卦)는 '가정의 도(道)'를 설명하는 괘이다. 그래서 바람을 뜻하는 손괘(巽卦☴)가 위에, 불을 뜻하는 이괘(離卦☲)가 아래에 배치되어 있다. 즉 바람과 불은 서로 협조하여 서로 상생하는 관계에 있는 물체들이다. 바람이 불면 불의 기운이 거세어지고, 또 불의 기운이 거세어지면 바람이 더욱 맹렬해진다. 가정을 유지해 가는 도는 바로 바람과 불이 화합하여 상생하듯, 구성원들이 모두 화합함으로써 가정의 발전을 도모해야 한다.

가정은 사회를 이루는 데 있어 가장 기초적인 단위의 집단으로 사회의 행복은 바로 각 가정의 행복에서 나온다. 만약 각 가정들이 불행에 처하면 사회는 당연히 혼란 속에 빠지고 만다. 오늘날 사회 불안의 큰 요소 중 하나가 바로 많은 가정들이 깨어지고 있기 때문이다. 가정에 화목이 사라짐으로 사람들의 정서가 불완전해지고 심성이 황폐해지게 되는데, 만약 가정이 완전히 깨져버리면 모든 구성원들이 심리적 또는 경제적으로 많은 어려움을 당한다. 그것이 결국 사회불안의 핵심적 요인이 된다. 그래서 가정이 잘 유지되어야만, 개인의 행복도 사회의 행복도 함께 보장받을 수 있다.

치열하게 타는 불 속에는 바람이 나온다. 즉 화기(火氣)가 방출된다. 군자는 불 속에서 화기가 터져 나오는 것을 보고 에너지는 안에서 근원하여 밖으로 나오는 것임을 깨닫는다. 그래서 밖에서 공업(功業)을 이루려면 가정이 먼저 정돈되어져야만 된다는 사실을 인지하게 되는 것이다. 가정사가 혼란에 빠지면 밖에 나와도 일이 손에 잡히지 않는다. 그리고 또 가정보다 더 근본적인 게 있으니, 바로 자기 자신이다. 그래서 『대학(大學)』에서는 "몸이 닦인 이후에 집이 가지런해진다."라고 했다. 즉 구성원들이 각자의 몸을 닦지 않으면, 가정의 화목은 기대할 수 없다.

그러면 몸을 닦는 근본은 무엇인가. 「대상전」에서는 "말은 알맹이가 있게 하며, 행위는 항상함이 있게 하는 것이다."라고 했다. 말이 참되지 않으면 구성원들에게 믿음을 얻지 못하고, 행동이 일정하지 않으

168

면 일을 참답게 이룰 수 없다. 수신의 가장 근본은 바로 언행을 삼가는 데 있다. 근본을 튼튼히 할 때, 크고도 알찬 삶을 성취할 수 있다.

화택규괘火澤睽卦

어긋남이 있기에 변화가 생긴다.

화택규괘(火澤睽卦)는 위에는 불을 뜻하는 이괘(離卦☲)가, 아래는 못을 뜻하는 태괘(兌卦☱)가 합해져서 된 괘이다. 규괘는 '어긋나다'는 뜻을 가졌다. '어긋남'은 '화합함'과 함께 세상이 정상적으로 운영되게 하는 중요한 요소이다.

천지는 서로 다른 기능을 가졌고 남녀 간에도 그렇고 더 나아가서는 각각의 만물들 간에도 그렇다. 서로 다른 것끼리 모임으로써 비로소 건전한 생명체를 이룬다. 그래서 '어긋난다'고 해서 무조건 나쁘다고 볼 수만은 없다. 만약 같은 것끼리만 모여 있다면 서로의 부족분을 보충해 줄 수 없어, 마침내 모든 존재는 분리되어 소멸의 길을 걷고 만다.

괘상(卦象)으로 풀어본다면 불의 상을 가진 이괘가 위에 있고, 못의 상을 가진 태괘가 아래에 있다. 불은 위에 있으면서 위로 타오르고, 못은 아래에 있으면서 아래로 흘러간다. 이처럼 못물과 불이 각기 성품을 따라 움직임으로써 서로 어긋나게 되니, 그래서 불과 못물이 합해져서 된 규괘는 '어긋난다'는 뜻을 가진다.

괘의 성품을 가지고 풀이를 해본다면 위의 이괘는 '밝음'의 성정을 가졌고, 아래의 태괘(兌卦)는 '기쁨'의 성정을 가졌다. 자신이 밝다고 생각하는 자는 교만한 마음이 있어 위로 올라가려 하고, 기쁨에 취해 있는 사람은 안락에 빠져 아래로 추락한다. 이처럼 밝은 사람은 위로 가버리고, 기쁨에 취한 사람은 아래로 처져버린다. 그래서 '밝음'과 '기쁨'으로 만들어진 규괘는 '어긋나다'는 의미를 가진다.

그리고 위의 이괘는 중녀(中女)가 되고, 아래의 태괘는 소녀(少女)가 된다. 두 자매가 하나의 괘 속에 동거하지만, 결국에는 각자의 길을 가게 된다. 여자끼리는 애당초 영원한 동거가 되지 않고, 도리어 서로 밀어내는 본능을 가지고 있다. 그래서 중녀와 소녀가 합해져서 이루어진 규괘는 '어긋나다'는 의미를 품고 있다. 규괘 앞에는 가정의 화합을 의미하는 가인괘(家人卦)가 있었다. 상황은 늘 뒤바뀐다. 한 번 화합했으면 다시 서로 간에 갈등이 생겨 각자의 길을 걷는 상황이 온다. 그래서 가인괘 다음에 규괘가 나왔다.

'어긋남'과 '화합함'은 서로 상반된 의미를 가지지만, 이 둘은 세상을 유지시킴에 있어 양대 축의 역할을 한다. 하루에도 밤낮이 공존하듯이 반대 성질을 가진 것이 함께 있어야 세상은 돌아간다. 그러나 '어긋남'은 존재의 성립을 위해 꼭 있어야하는 것이지만, 또한 분열의 아픔을 동반하기에 규괘는 불길한 괘이다. 그래서 규괘의 괘사(卦辭)에서는 "규(睽)는 작은 일에는 길하다."고만 했다. 당연히 큰일에는 길할 수 없다.

38-2
김기의 주역 대상한 풀이

위에는 불이 있고, 아래는 못이 있는 것이 규(睽)이니, 군자가 이것을 본받아 같으면서도 다르게 하느니라. 〈上火下澤(상화하택)이 睽(규)니 君子(군자) 以(이)하야 同而異(동이이)하나니라〉

화택규괘(火澤睽卦)는 불과 못이 동거해 있는 형국의 괘이다. 그런데 불은 위에 있으면서 위로 타오르고 있고, 못은 아래에 있으면서 아래로 흐르고 있다. 규괘는 불과 못이 함께 거처하고 있으면서도 몸은 각기

반대로 가고 있는 형상의 괘이다.

위의 이괘(離卦☲)는 중녀(中女)가 되고, 아래의 태괘(兌卦☱)는 소녀(少女)가 된다. 자매는 둘이면서도 하나이고, 하나이면서 둘이다. 형제자매 사이를 나무로 비유할 때는 '뿌리는 같고 가지가 다르다[同根異枝]'라는 말로 표현할 수 있다. 물로 비유해본다면 '근원은 같고 줄기가 다르다[同源異流]'라는 말로 표현할 수 있다. 형제자매는 같으면서도 다르고 다르면서도 같은 사이이다.

형제자매뿐 아니라 우주만물은 서로 다르지만 하나의 몸이다. 개체는 공동체 속에서 공동의 가치를 추구하고, 또 공동체의 룰을 따름으로써 개체는 공동체와 일체를 이룬다. 그래서 만물은 각자의 특성을 유지하면서도 공동체와 하나가 되어 생존한다. 개체는 공동체와 분리되어 존재할 수 없지만, 또한 개체가 공동체 속에 함몰되어서도 안 된다. 그러면 개체는 자기 정체성을 지킬 수 없다. 개체와 공동체는 한 몸이면서도 다른 몸이고, 다른 몸이면서도 한 몸이다. 「대상전(大象傳)」에서 말한 '같으면서도 다름[同而異]'은 바로 이 점을 짚어주는 말이다. 이는 우주만물의 존재 원리이다.

우주만물은 동일성(同一性)과 상이성(相異性)을 동시에 가짐으로써 생성과 운영이 이루어진다. 동일성은 수축과 통일을 지향하고, 상이성은 팽창과 분열을 지향한다. 만약 수축과 통일만 있다면 우주만물은 한 개의 점으로 쪼그라들고 만다. 반대로 팽창과 분열만 있다면 우주만물은 형체를 이루지 못하고 산산이 부서져 기체로 변해버리고 만다. 수축과 통일, 그리고 팽창과 분열이 서로 힘의 균형을 이룰 때, 비로소 우주만물은 존립할 수 있다. 그러므로 지혜의 눈이 열린 철인(哲人)은 양면을 적대적으로 보기보다는 상보적(相補的)으로 바라본다.

공자는 군자의 태도에 대해 '화이부동(和而不同)'이라 말했다. 이는

172

세상과 화합하면서 살지만, 또한 세상과 다름을 지켜야 한다는 뜻의 말이다. 군자는 전체의 틀 속에서 화합을 이루지만, 세상에 부화뇌동하지 않는다. 전체와의 공생화합을 지향하지만, 또한 자신만의 길을 지켜야 한다. 이것이 세상을 인정하면서도 자신의 정체성을 지키는 길이다.

세상을 이루는 구성원들은 전체의 틀을 인정하는 한편, 각자의 특성을 유지해야 한다. 그래야만 개체와 전체가 조화로움을 유지하여 생명력을 지속시킬 수 있다. 오장육부가 각자의 역할을 할 때, 건강한 몸을 유지할 수 있다. 만약 오장육부가 하나의 장기로 변해버리면 어떻게 될까. 더 이상 생명을 유지할 수 없음은 자명한 사실이다.

≣

수산건괘水山蹇卦

수산건괘(水山蹇卦)는 위에는 물을 뜻하는 감괘(坎卦☵), 아래는 산을 뜻하는 간괘(艮卦☶)가 놓여서 된 괘이다. 건(蹇)은 '절룩거린다'는 뜻을 가졌는데, 괘명(卦名)이 이미 '어려움'을 암시하고 있다.

괘상(卦象)으로 말한다면 수산건괘는 산 위에 물이 고여 있는 형상이다. 물은 아래로 흘러가는 성질을 가졌는데, 산 위의 웅덩이 속에 갇히면 진퇴양난의 처지에 놓이게 된다. 그래서 물과 산이 만나서 된 수산건괘는 '어렵다'는 의미를 가진 괘가 된다.

괘의 성품을 가지고 설명을 해본다면 위의 감괘는 '빠짐'의 성정을 가졌고, 아래의 간괘는 '그침'의 성정을 가지고 있다. 앞에는 사람을 빠지게 하는 깊은 물이 둘러쳐져 있고, 뒤에는 산이 다시 가로막고 있어 운신의 폭이 좁아져 있다. 난국을 만났으면 당연히 그 상태를 극복하기 위해 모두가 동분서주(東奔西走)해야 할 것 아닌가. 현재로서는 어찌할 방법이 없으므로 고난을 당할 수밖에 없는 상황이다.

수산건괘의 상황, 즉 어려운 상황을 만나면 어떻게 해야 할 것인가. 괘사(卦辭)에서 말하기를, "건(蹇)은 서남쪽은 이롭고 동북쪽은 이롭지 않으며 대인을 봄이 이로우니, 정(貞)하면 길하다."라고 했다. 문왕팔괘(文王八卦)에서는 서남쪽은 곤괘(坤卦☷), 동북쪽은 간괘(艮卦☶)의 방위에 해당한다. 곤괘는 땅을 의미하는데 땅은 평탄하고, 간괘는 산을 의미하는데 산은 험준하다. 그래서 어려움을 만났을 때는 반드시 마음을 평탄히 가져야만 이로움이 있다. 만약 마음을 험준한 산처럼 거칠게 가지면 판단력이 떨어질 뿐 아니라, 주위사람들과 화합을 이룰 수 없어 곤경에서 탈출할 수 없다.

그리고 어려움을 만났을 때는 반드시 그 상황을 앞장서서 돌파해나갈 지도자가 있어야 한다. 수산건괘에서의 대인은 바로 제5효이다. 제5효는 중도(中道)를 얻고, 또 정위(正位)를 얻었기에 비록 어려운 상황을 만났다고 해도 그 상황을 타파해나갈 수 있다. 더욱이 상괘의 제5효와 상응관계에 있는 하괘의 제2효도 또한 중도와 정위를 얻었다. 즉 상하가 각자의 역할을 다하면서 화합을 도모하고 있는 상태란 말이다. 그래서 수산건괘는 비록 어려운 상황을 만났지만, 능히 그 상황을 돌파하여 길함을 얻을 수 있게 된다. 그러나 수산건괘를 얻으면 우선은 어려움을 당하는 것은 사실이다.

수산건괘 앞에는 '어긋난다'는 의미의 화택규괘(火澤睽卦☲)가 있었다. 어긋나면 어려움이 따르기에 규괘 다음에 '어렵다'는 의미의 수산건괘가 따라왔다. 어긋남이 지속되면 결국 어려움을 맞이하고 만다. 수산건괘가 사난괘(四難卦)에 속하게 된 것은 이 때문이다.

39-2
경기의 주역 대상전 풀이

산 위에 물이 있는 것이 건(蹇)이니, 군자가 이것을 본받아 자신을 반성하여 덕을 닦느니라. 〈山上有水(산상유수) 蹇(건)이니 君子(군자) 以(이)하야 反身修德(반신수덕)하나니라〉

수산건괘(水山蹇卦)는 물이 산 위에 갇혀 오지도 가지도 못하는 상황을 나타내는 괘이다. 물은 아래로 흘러가려는 성질을 가지고 있는데, 만약 그 성질을 펼 수 없게 되면 물은 고난의 지경에 빠진다. 그래서 물과 산이 합쳐져서 이루어진 건괘는 '고난'을 상징하는 괘가 된다.

　사람이 고난에 빠진 것은 산 위에 물이 갇혀있는 것과 같은 격에 처했기 때문이다. 만약 흘러가는 물처럼 자신의 뜻대로 삶을 살아갈 수 있다면 이것은 고난이 아니고 행복이다. 여러 가지 악조건 속에 포위되어 벗어나려 해도 벗어날 수 없는 상황을 만나게 되면, 이것이 바로 고난이다. 고난은 마치 늪과 같아서 한 번 빠져들게 되면 여간해서 벗어나기 어렵다. 그러면 고난 속에 들게 되는 이유는 무엇인가.

　사람이 고난에 빠지는 가장 큰 원인은 바로 자신을 돌아볼 줄 모르기 때문이다. 자신의 그릇, 자신이 처한 환경, 자신에게 유리한 시기 등을 바로 살피지 못하고 행동하기에 결국에는 고난에 들게 된다. 한 번 고난에 들어가면 빠져나오기가 어렵다.

　그러면 고난에 처했을 때는 어떻게 처신해야 하는가. 「대상전(大象傳)」에서는 '자신을 반성하여 덕을 닦아라.[反身修德]'라고 했다. 우선 냉철한 태도로 어떻게 이런 상황에 이르렀는가를 반성해야 한다. 잘못된 이유를 모르면 다시 회복할 방법이 없다. 맹자는 "어진 자는 활을 쏘는 자와 같다. 활을 쏘는 자는 몸을 바르게 한 이후에 쏘는데, 쏘아서 적중시키지 못하더라도 자기를 이긴 자를 원망하지 않고, 도리어 적중하지 못한 것에 대해 자신을 반성한다."라고 했다. 맹자는 덕을 닦는 군자는 활 쏘는 사람이 과녁을 맞히지 못하면 자기의 실력을 반성하는 것처럼 해야 한다고 했다. 철저한 자기반성이 있은 다음에 덕을 닦을 수 있다. 덕을 닦는 것은 철저한 자기반성이 선행되어야만 가능하다. 증자(曾子)는 공자로부터 크게 인정을 받은 제자이다. 그가 그렇게 될 수 있었던 것은 바로 반성을 생활화한 그의 삶의 태도 때문이다. 그는 자기가 남에게 충실했는가, 벗과 사귐에 신의가 있었는가, 복습을 잘 했는가에 대해 날마다 냉철히 반성하여 고쳐나갔기에 공자로부터

176

인정받는 사람이 될 수 있었다.

이처럼 자기를 반성하는 것은 덕을 닦고, 또 그로써 새로운 삶을 시작하는 첫걸음이다. 반성은 새로운 탄생의 밑거름이다.

≡≡
뇌수해괘雷水解卦

험준함에서 벗어나니 기쁨이 있다.

뇌수해괘(雷水解卦)는 위에는 우레를 뜻하는 진괘(震卦☳), 아래는 물을 뜻하는 감괘(坎卦☵)가 놓여서 된 괘이다. 위의 진괘는 우레이므로 위로 움직이는 성질을 가졌고, 아래의 감괘는 물이기에 험한 성질을 가졌다. 즉 우레가 아래의 험난함을 뚫고 위로 올라가 위험에서 벗어난 상황이 되므로 해괘는 '풀린다'는 뜻을 가진다.

해괘 앞에는 수산건괘(水山蹇卦☶)가 있었다. 수산건괘는 '어렵다'는 의미를 가진 괘이다. 일이란 어려움을 만나면 다시 풀릴 날이 있다. 그래서 수산건괘 뒤에 '풀린다'는 의미의 해괘가 뒤따랐다. 해괘와 상하가 반대되는 괘는 수뢰둔괘(水雷屯卦☳)인데, 수뢰둔괘는 물이 위에 있고, 우레가 아래에 있는데, 이는 위험 속에서 움직이기에 일이 둔화된다는 뜻을 가진다. 그러나 물의 위험을 뚫고 우레가 위로 솟아남을 의미하는 해괘는 둔괘와는 반대로 '풀린다'는 의미의 괘가 된다.

정자(程子)는 해괘를 음양의 교감현상으로 풀이하기도 했다. 즉 우레를 말하는 진괘는 양괘가 되고, 물을 말하는 감괘는 음괘가 됨으로써 진괘와 감괘가 서로 화합한 해괘는 음양의 교합을 나타낸 괘라는 말이다. 그리고 정자는 음양이 서로 교감을 하면 만사만물이 태평함을 얻어 마침내 어려움이 풀리므로 해괘는 '풀린다'는 의미를 가진 괘가 된다고

178

했다.

지도자는 국민들이 고생에서 해방되면 부드러움으로 임해야 한다. 그래서 괘사(卦辭)에서는 "해(解)는 서남쪽이 이로우니 갈 바가 없는지라, 되돌아옴이 길하다."고 했다. 서남쪽은 문왕팔괘(文王八卦)에서 곤괘(坤卦)의 방위가 되는데, 곤괘는 부드러운 덕을 가졌다. 어려움이 해결되면, 험한 일을 벌이지 말고 편안히 해주라는 것이다. 항우와의 7년 전쟁을 끝낸 한고조(漢高祖)는 춘추시대부터 시작된 오랜 전란과 진시황의 혹정에 시달린 백성들을 편안히 해주고자 복잡한 법령을 다 폐지하고 무위정치(無爲政治)를 폈다. 그래서 한나라는 안정을 누릴 수 있었고, 그로부터 차츰 국력이 회복되어 400년 간 국맥을 이어갈 수 있었다.

그리고 해괘의 괘사에서는 또 "갈 일이 있거든 일찍 함이 이롭다."고 했다. 안정을 거의 찾아갈 때, 미심쩍은 부분이 혹 있으면 속히 발본색원(拔本塞源)하여 근심의 뿌리를 제거하라는 말이다. 큰 불은 작은 불씨에서 시작되는 법이므로, 미연에 불씨를 제거해야만 큰 재앙을 막을 수 있다.

뇌수해괘를 우리가 험한 물을 뚫고 비약하는 형상의 괘이다. 점을 쳐서 이 괘를 얻으면 어려움이 모두 풀린다.

40-2
경기의 주역 대상전 풀이

우레와 비가 생겨남이 해(解)이니, 군자가 이것을 본받아 허물을 사면하고 죄를 용서하느니라. 〈雷雨作(뇌우작)이 解(해)니 君子(군자) 以(이)하야 赦過宥罪(사과유죄)하나니라〉

뇌수해괘(雷水解卦)는 어려움이 풀린다는 뜻이다. 국가도 개인도 시기에 따라 어려움이 따르기도 하고, 또 그 어려움이 풀리기도 한다. 이것은 밤낮이 번갈아 찾아오는 것처럼 절대로 피할 수 없는 현상이다.

「대상전」에서는 우레와 비가 생겨남을 '해(解)'라고 했다. 즉 천지간에 꽉 뭉쳤던 기운이 일순간에 풀림으로써 우레와 비가 생겨나게 됨을 의미한다. 이렇게 되면 해갈이 되어 시들었던 만물이 생기를 되찾는다. 기운이 뭉쳤다가 풀리는 해괘의 의미를 살핀 군자는 관대함으로써 사람에게 임해야 한다.

우리나라는 일제 치하에 억눌려 살다가 8.15 해방을 맞아, 마침내 주권국가가 되어 마음껏 자활(自活)을 도모할 수 있게 되었다. 우레와 물로 된 해괘는 바로 이러한 상황을 설명해주는 괘이다. 우레가 어둡고 험한 물속을 벗어나 천지를 울리는 것이 바로 일제 치하에서 벗어남을 의미한다. 이 사건을 우리는 '해방(解放)'이라 한다. 고통을 겪다가 막 해방이 되었을 때에는 민심을 위무(慰撫)하는 한편, 미래에 대한 희망을 갖도록 해주어야 한다. 만약, 새로 나온 지도자가 다시 국민들을 억압한다면, 절망과 분노에 찬 국민들이 세상을 파란으로 몰고 갈 것이다. 이렇게 되면 그 어떤 지도자도 무사할 수 없다.

한고조(漢高祖)는 오랜 전쟁 끝에 항우(項羽)를 물리치고 함양(咸陽)에 들어가 진시황의 복잡하고 가혹한 법령을 다 폐기해버리고 약법삼장(約法三章)을 발표했다. 그 내용은 살인자는 사형에 처하고, 사람을 상해한 자와 남의 것을 훔친 자는 벌을 준다는 것이다. 한고조가 한(漢)나라를 세우기 전의 중국 백성들은 춘추전국시대로부터 진시황 치하를 거쳐, 다시 초한(楚漢)의 전쟁이 끝나기까지 약 550년 동안 전쟁과 학정으로 극심한 고통을 받았었다. 이 고통을 해결해준 것이 바로 약법삼장이었다. 약법삼장은 작은 죄는 용서해주고, 또 필요 없는 법조문은 애초에 제거하여 백성들을 편하게 해주려는 의도에서 발표되었다. 한나라는 건국 초기에 이러한 유화정책을 베풀어 백성들이 쉴 수 있도록 해주었다. 이로 인하여 한나라는 차츰 안정을 누릴 수 있었다.

만약 또다시 백성을 억압했다면, 한나라도 진나라처럼 얼마 지나지 않아 망했을 것이다.

궁지에 몰린 쥐는 뒤쫓지 말아야 한다. 고통에서 갓 벗어난 사람들에게는 휴식을 주어야 한다. 그리고 희망의 기운을 불어넣어 주어야 한다.

≣

산택손괘山澤損卦

산택손괘(山澤損卦)는 위에는 산을 뜻하는 간괘(艮卦☶), 아래는 못을 뜻하는 태괘(兌卦☱)가 배치되어 이루어진 괘로 '덜어낸다'는 뜻을 가진다. 즉 손해를 본다는 말이다.

손괘는 지천태괘(地天泰卦☷)에서 온 괘이다. 즉 원래는 위에는 순음(純陰)의 괘인 곤괘(坤卦☷), 아래는 순양(純陽)의 괘인 건괘(乾卦☰)로 된 태괘였다. 태괘는 천지가 교감하여 만사가 형통하는 상황을 뜻하는 괘였다. 만사가 형통하여 번창 일로에 있는데, 태괘의 제3효와 제6효가 서로 자리바꿈을 하였다. 그래서 마침내 태괘가 손괘로 변하게 되었다. 산택손괘는 만사태평을 의미하는 지천태괘가 무너진 후 나온 괘이므로 당연히 손해가 따른다.

손괘의 괘상을 관찰해보면, 하괘의 제3효인 양효를 위로 징발해가서 상괘의 제3효, 즉 맨 위의 자리를 채우고 있다. 이는 하층부의 것을 빼돌려 상층부를 살찌우는 것을 상징한다. 정치로 말하면, 백성들의 재물을 수탈하여 지도층을 살찌우는 형상이다. 만약 지도자가 백성들의 고혈을 짜서 자신의 배만 채우려 하면 그의 운명은 장차 어찌 될 것인가. 결국 가진 것을 다 잃고 만다. 이를 두고 '소탐대실(小貪大失)'이라 한다. 멸망하는 나라에는 언제나 백성들을 가혹하게 수탈하는 권력자

무리들이 있다. 권력을 믿고서 백성들의 것을 함부로 수탈하면, 마침내 민란을 만나 멸망의 화를 당한다.

손괘는 '덜어낸다'는 뜻을 가지므로 나쁜 징조를 가진 괘이다. 그러나 상하 간에 믿음이 있다면 허물을 면할 수 있는 괘이다. 예를 들어 나라에 큰 전쟁이 발발했을 때, 국민들의 동의를 받고 인력과 군량을 차출해간다면, 이때는 해가 없다. 그래서 손괘의 괘사(卦辭)에서는 "손(損)은 믿음을 두면 크게 길하고 허물이 없다."고 하였다. 즉 아래의 것을 깎아 위로 가져갔지만, 그럴만한 사유가 있고, 또 서로 간에 신뢰가 쌓여 있다면 이때는 국민들로부터 지탄을 받는 것이 아니라, 호응을 받을 수 있다는 말이다.

'덜어낸다'는 손괘는 '풀린다'는 의미를 가진 뇌수해괘(雷水解卦䷧) 다음에 나온다. 정신이 풀리면 해이해지고, 해이해지면 손해가 오기 때문에 해괘 다음에 손괘가 뒤따라 나왔다. 손괘는 손해가 따름을 암시하는 괘이다. 그러나 구성원들 간에 두터운 믿음이 있을 경우에는 길함을 얻을 수 있음을 암시하는 괘이기도 하다.

41-2
김기의 주역 대상전 풀이

산 아래 못이 있는 것이 손(損)이니, 군자가 이것을 본받아 분노를 징계하고 욕심을 막느니라. 〈山下有澤(산하유택)이 損(손)이니 君子(군자) 以(이)하야 懲忿窒欲(징분질욕)하나니라〉

산택손괘(山澤損卦)의 괘상(卦象)을 보면 위에는 산을 의미하는 간괘(艮卦☶)가 있고, 아래는 못을 의미하는 태괘(兌卦☱)가 있다. 군자는 손괘의 이러한 모습을 보고 분노를 징계하고, 욕심을 막는 공부를 한다.

산이 평평하게 보이려면 솟은 부분을 깎아내어야 하고, 못이 평탄해지려면 흙으로 메워야 한다. 즉 깎을 것은 깎고, 메울 것은 메움으로써 평지가 되게 한다는 말이다. 군자가 마음을 닦음에 있어서도 마음의 상태를 평지처럼 평탄하게 해야 한다.

산과 못을 심성(心性)으로 설명해본다면, 산은 그 모양이 불룩 솟아 있으므로 분노가 위로 솟구치는 것을 상징하고, 못은 깊은 곳까지 물이 꽉 차있으므로 마음 깊은 곳에 욕심이 축축하게 스며있는 것을 상징한다. 그래서 분노는 겉으로 드러나는 양의 성질을 가졌고, 욕심은 속에 잠재해 있기에 음의 성질을 가졌다 할 수 있다.

사람이 만약 분노를 터뜨리면 화기(火氣)가 마치 산처럼 치솟아 언행이 평정을 잃는다. 그뿐 아니라, 분노를 폭발시키면 당연히 건강도 손상된다. 그러므로 분노는 잘 다스려야 한다. 물론, 너무 분노를 억누르면 그 역시 행동의 부조화와 심신의 질병을 초래할 수 있지만, 그러나 분노는 원래 솟구치기 쉬운 성질을 가졌기에 억누르는 공부를 해야 한다.

사람은 누구나 생존의 욕구가 있다. 그러나 그 욕구가 지나치면 욕심이 된다. 욕심은 은근하면서 집요하게 생겨나는 특징을 가졌다. 욕심이 과하면 자신을 살리고자 함이 도리어 자신을 해침은 물론, 남도 해치게 된다. 또한 욕심이 많으면 갈망이 심하여 영원히 만족과 평화를 느낄 수 없다. 마음속에 욕심이 가득 차있고서는 절대 행복은 맛볼 수 없는 법이다. 그리고 욕심이 많은 사람은 강한 사람 같지만, 사실은 아주 나약한 사람이다. 자신감이 없기에 부귀를 얻어 그 힘으로 자기를 지키려는 것 아니겠는가. 대인(大人)은 아무 것도 가지지 않아도 오히려 당당할 뿐, 근심을 알지 못한다.

마음의 평정을 얻으려면 솟구치는 분노는 산을 깎아내듯 들어내어야 하고, 음침한 욕심은 웅덩이를 메우듯 제거해야 한다. 그럴 때 비로소 마음의 평정을 얻어 삶을 조화롭게 가꿀 수 있다.

풍뢰익괘風雷益卦

42-1 윗사람이 베풀면 조직이 흥성한다.

김기의 주역 대상전 풀이

풍뢰익괘(風雷益卦)는 위에는 바람을 뜻하는 손괘(巽卦☴), 아래는 우레를 뜻하는 진괘(震卦☳)가 배치되어 이루어진 괘이다. 익괘는 '익(益)'이란 괘 이름 그대로 '더한다'는 의미를 가진 괘이다. 익괘는 손괘를 이어서 나왔다. 세상사는 덜어냄이 있으면 더함이 있는 법이다. 그래서 '손해'의 의미를 가진 손괘 다음에 '이익'의 의미를 가진 익괘가 뒤따라 나왔다.

　괘의 성품을 가지고 풀이를 해보면 바람은 아래로 스며드는 성질을 가졌고, 우레는 진동하여 위로 상승하는 성질을 가졌다. 그런데 익괘의 모양을 보면 상괘에는 아래로 스며드는 바람이, 하괘에는 위로 솟는 우레가 있어 우레와 바람이 서로 화합을 이루고 있다. 즉 위의 바람은 하강을 하고, 아래의 우레는 상승을 하여 서로 만난다는 말이다. 상하가 서로 만나 화합을 이루면 이익이 생기므로 바람이 위에 있고, 우레가 아래 있는 익괘는 '더한다'는 의미를 가진 괘가 된다.

　그리고 바람과 우레는 서로 기운을 보태어 각각의 세력을 더 왕성하게 해준다. 즉 바람이 불면 우레의 기운이 더욱 강해져 세상을 더 크게 흔들고, 우레가 터지면 바람의 기세도 덩달아 강성해져 세상을 크게 요동시킨다. 마치 부부가 서로 도움으로써 서로가 힘을 얻고, 또 그

것으로써 가정을 이익되게 하는 것과 같은 형상이다. 그러므로 바람과 우레로 된 익괘는 당연히 '더한다'는 의미를 가지게 된다.

익괘는 천기(天氣)는 위에, 지기(地氣)는 아래에 각기 머물러 상하 간에 사귐이 없는 천지비괘(天地否卦☰)가 변해서 된 괘이다. 비괘(否卦)는 상하 간에 사귐이 막히어 답답한 상태를 상징하는 괘이다. 상하 간에 소통이 없으면 이는 불길한 징조이다. 그러면 이익을 상징하는 풍뢰익괘는 어떻게 이루어졌는가. 익괘는 비괘의 네 번째 자리에 있는 속이 찬 양효를 맨 아래 자리로 내려 보내주고, 맨 아래에 있던 속이 빈 음효를 네 번째 자리로 올려주어 상하 간에 서로 소통을 이룸으로써 만들어진 괘이다. 이는 상하 간에 소통이 이루어짐은 물론, 상층부의 알맹이를 덜어다 하층부에게 내려준다는 뜻도 가진다. 상하 간에 소통이 이루어짐도 길한 징조인데, 상층부가 하층부를 도와줌으로써 조직 전체를 튼튼히 해주니, 길한 가운데 또 길한 징조이다. 이러한 조직은 반드시 공생공영이 이루어져 지속적으로 큰 이익을 창출할 수 있다. 상하의 사귐이 없는 천지비괘가 상하 구성원이 서로 사귐을 이루자 이익을 상징하는 익괘가 나왔다. 그래서 익괘의 괘사(卦辭)에서 "익(益)은 갈 바를 둠이 이로우며, 큰물을 건넘에도 이롭다."라고 하였다. 즉 활동을 개시하면 길함이 있다는 말이다.

상하 간에 의견교환이 이루어지고, 또 윗사람이 아래에 베풀어주면, 화합이 따름과 동시에 아래가 튼튼해져 건강한 집단을 이룬다. 큰 이득은 이럴 때 얻어진다.

42-2
경기의 주역 대상전 풀이

바람과 우레가 익(益)이니, 군자가 이것을 본받아 착함을 보면 옮겨 가고, 허물이 있으면 고치느니라. 〈風雷(풍뢰) 益(익)이니 君子(군자) 以(이)하야 見善則遷(견선즉천)하고 有過則改(유과즉개)하나니라〉

흔히들 나쁜 짓만 하던 사람이 착하게 변하는 것을 개과천선(改過遷善)했다고 한다. '개과천선'이란 사자성어는 바로 풍뢰익괘(風雷益卦)의 「대상전」에서 나온 말이다.

사람은 누구나 처음부터 완전한 사람은 없다. 타고난 기질이 치우친 사람도 있고, 또 자라면서 나쁜 습관이 들어 삐뚤어진 사람도 있다. '완전하지 못함'이라는 굴레는 인간인 이상 누구도 벗어나지 못한다. 문제는 완전치 못함을 고치려는 노력이 없음이다. 세상에는 상습적인 흉악범들이 너무 많다. 미국의 경우에는 상습적 범죄자가 전체 인구의 6%를 차지하는데, 그들이 전체 범죄의 70%를 저지른다고 한다. 그 밖의 나라에서도 이와 비슷한 통계가 나왔다. 범죄를 상습적으로 저지르는 이유는 사회적인 문제에서 찾을 수도 있겠지만, 더 큰 이유는 자신이 개과천선하려는 노력을 하지 않는 데서 찾을 수 있다.

몸을 닦는 군자는 익괘에서 개과천선의 도를 배운다. 익괘의 상부에는 바람을 뜻하는 손괘가 있는데, 이것은 '선을 실천한다[遷善]'는 의미를 가진다. 바람은 앞이 막히면 더 나아가지 못한다. 그러나 갈 수 있는 곳이면 주저함 없이 찾아간다. 바람은 정지하지 않는다. 정지해 있으면 그것은 이미 바람이 아니다. 군자는 바람의 이러한 모습을 보고 선함을 보면 주저 없이 그쪽으로 옮겨 간다. 바람처럼 주저함 없이 몸을 움직이면 힘들이지 않고도 선에 나아갈 수 있다.

익괘의 하부에는 우레를 뜻하는 진괘가 있는데, 이것은 '허물을 고친다[改過]'는 의미를 가진다. 우레는 강력한 행동력을 가진다. 우레가 발동하면 천지가 뒤흔들린다. 우레의 그 강력한 힘은 그 어떤 것도 막지 못한다. 사람이 나쁜 습관에 물이 들면, 그 습관을 고치기란 쉽지가 않다. 금연을 하고, 금주를 하고자 하는 사람들은 처음에는 각오를 단단히 다진다. 그러나 대부분이 얼마 되지 않아 다시 술과 담배를 손에

쥐고 있음을 본다. 그뿐인가. 마약, 게임, 채팅, 도둑질, 거짓말, 사치 등은 아주 강한 중독성을 가진다. 많은 사람들은 여기에 빠져서 그만 일생을 그르치고 만다. 그러면 이 무서운 중독증에서 벗어나려면 어떻게 해야 할까. 우레를 본받으면 된다. 우레의 위력을 본받아 중독 증세를 일시에 깨부숴버려야 한다.

개과천선은 운명을 개척하는 비결이다. 운명을 바꿈에는 비상한 각오가 필요한 법이다. 바람처럼 옮겨가고 우레처럼 격파해야 한다.

택천쾌괘澤天夬卦

43-1 악한 무리를 쫓아낸다.
검기의 주역 대상전 풀이

택천쾌괘(澤天夬卦)는 바람과 우레로 된 풍뢰익괘(風雷益卦☳)를 뒤이어 나온 괘이다. 익괘는 이익이 가득함을 나타낸 괘인데, 가득해지면 반드시 이지러지는 것이 천지자연의 이치이다. 그래서 '결단나다', 또는 '무너지다'는 뜻을 가진 쾌괘가 익괘를 뒤이어 나왔다. 쾌괘는 위에는 못을 뜻하는 태괘(兌卦☱)가, 아래는 하늘을 뜻하는 건괘(乾卦☰)가 놓여서 된 괘이다. 괘상을 보면 양효가 아래서부터 위로 가득 차오르고 있는 형국을 하고 있다.

택천쾌괘는 원래 6효 모두가 순음으로 된 중지곤괘(重地坤卦☷)에서 나온 괘이다. 즉 쾌괘는 최초에는 순음의 곤괘였다가 양효가 아래서부터 차츰 자라나 맨 위에 하나의 음효만 남아있는 상태의 괘이다. 계절로 말한다면 3월의 괘로서 늦봄에 해당한다. 3월은 진월(辰月)로써 양기가 성장해오고 있지만, 아직 음성의 수기(水氣)가 조금 남아있는 계절이다. 4월이 되어야만 음기가 완전히 소진되어 순양(純陽)의 계절로 접어든다. 그래서 3월, 즉 음기의 끝을 뜻하는 쾌괘는 양기가 극성하여 장차 최상의 마지막 음효 마저 무너뜨리려고 하려는 찰나를 나타낸 괘이다. 그래서 쾌괘에는 '결단나다'는 뜻을 가진다.

쾌괘는 양기가 음기를 격파하며 올라가는 형상의 괘이다. 흡사 정예군이 파죽지세(破竹之勢)로 적의 고지를 향해 돌진해가는 모양이다. 이때 가장 먼저 해야 할 일은 음효가 분수를 모르고 참람하게 여러 양효 위에 군림하고 있는 죄상을 대외적으로 알리는 것이다. 그래서 괘사에서 "쾌(夬)는 왕의 뜰에서 드러낸다."라고 했다. 이렇게 해야만 전쟁이 끝난 후에 전쟁의 정당성 시비에 휘말리지 않게 된다. 그리고 음을 완전히 무너뜨리는 이 순간에는 긴장을 늦추어서는 안 된다. 다 이긴 전쟁을 방심 때문에 지고 마는 경우가 허다하다. 그래서 괘사에서 "신뢰감 있게 호령하여 위기의식을 가지도록 해야 한다."라고 하였다. 그리고 적을 섬멸하기 직전에는 성급히 공격하기보다는 자신과 자신의 진영을 먼저 돌아보고 단속해야 한다. 그래서 괘사에서 "자기의 읍에만 주의할 점을 고할 것이요, 적에게 나아감이 이롭지 않다."라고 했다.

괘사에서 본 것처럼 적을 거의 섬멸하기 직전에는 우선 적의 죄상을 공표하여 대의명분을 확보해야 하고, 긴장의 끈을 늦추지 말아야 한다. 그리고 마지막으로 자기를 점검해야 한다. 이렇게 한 후 전진하면 뒤탈 없이 적을 완전히 제압할 수 있다. 여기서 본다면, 택천쾌괘는 어둠의 세력을 물리칠 때 주의할 점을 담은 괘라고 할 수 있겠다.

쾌괘는 양의 세력이 극도에 도달하려는 상황의 괘이다. 양이 극도로 성하면 음이 다시 소생하는 법이다. 이렇게 보면 쾌괘는 장차 음기가 주권을 잡는 어둠의 시대가 올 것임을 미리 경계해주는 괘이기도 하다.

43-2
김기의 주역 대상전 풀이

못이 하늘 위에 있는 것이 쾌(夬)이니, 군자가 이것을 본받아 녹을 베풀어 아래에 미치며, 덕에 머물러 금기사항을 법으로 제정하느니라.
〈澤上於天(택상어천)이 夬(쾌)니 君子(군자) 以(이)하야 施祿及下(시록급하)하며 居德(거덕)하야 則忌(칙기)하나니라〉

택천쾌쾌(澤天夬卦)는 아래에 있던 물이 위로 올라가고, 위에 있던 하늘이 아래로 내려온 형상을 한 괘이다. 상하의 교류가 이루어져 생산적인 일이 이루어질 징조를 내포하고 있다.

못이 하늘 위에 있으면 못물이 아래로 쏟아진다. 이것은 하늘 위에 수증기가 모여서 된 구름이 비가 되어 아래로 떨어짐을 의미하는 것이기도 하다. 하늘의 비가 지상에 떨어지면 지상만물들은 생기를 되찾는다. 군자는 이것을 보고서 자신의 재능과 재물을 사람들에게 베풀고자 한다. 남을 위해 베푸는 것은 자신을 진정으로 위하는 최선의 방도이다.

『명심보감』에 사마온공(司馬溫公)의 이 말이 실려 있다. "황금을 쌓아 자손에게 남겨줘도 자손이 다 지키지 못하고, 책을 쌓아 자손에게 남겨줘도 자손이 다 읽지 못하니, 남모르는 가운데 음덕을 쌓아 자손을 위하려는 계책만 같지 못하다." 이는 남몰래 하는 적선이야말로 결코 고갈되지 않는 영원한 이익을 얻는 길임을 알리는 말이다.

남을 돕는 것은 비단 자신뿐만 아니라, 세상 모두를 행복하게 만드는 길이기도 하다. 내가 남을 돕지 않으면 남도 나를 돕지 않는다. 서로 돕지 않으면 결국 세상은 조각조각 나누어진다. 그렇게 되면 모두가 고립적인 상황에 놓여 공멸의 길을 가고 만다. 그러므로 남을 돕는 것은 자신과 세상 모두를 위하는 행위임에 틀림없다. 지금 우리 사회가 존재하고 있는 것은 알게 모르게 자선행위가 행해지기 때문이다. 물론, 자선행위를 통해 자신의 사회적 입지를 공고히 하려는 개인이나 단체들도 있지만, 목적 없이 순수한 마음으로 하는 자선행위는 세상을 더욱 맑고 윤택하게 한다.

또한 쾌쾌는 양(陽)의 밝은 기운이 극도로 상승하는 상태의 괘이다. 이럴 때는 자칫 안하무인(眼下無人)의 자세로 사람을 대하고, 또 경거망동(輕擧妄動)의 태도로 일에 임하기가 쉽다. 이렇게 되면 상승의 기운에서 추락하여 어둠의 바다 속으로 떨어지게 된다. 세상에는 일이 잘 되어간다고 우쭐거리다가 단번에 추락의 길로 가는 가련한 인생들도 많다. 그러니 욱일승천(旭日昇天)하는 상태에 있는 사람들은 항상 자신의 허물을 살피면서 경우에 벗어난 짓을 하지 않도록 해야 한다.

남에게 은혜를 베푸는 것은 행복의 터전을 닦는 일이요, 자신을 삼가는 것은 행복을 굳게 지키는 철옹성이다.

천풍구괘天風姤卦

 44-1 소인을 만나니 흉이 따른다.

천풍구괘(天風姤卦)는 위에는 하늘을 뜻하는 건괘(乾卦☰), 아래는 바람을 뜻하는 손괘(巽卦☴)가 놓여서 이루어진 괘이다. 이 괘는 바람이 하늘 아래의 지상 세계로 불어 만물과 접촉을 하고 지나간다는 데서 '만난다'라는 의미를 가진다. 구괘는 '결단나다'는 뜻의 택천쾌괘(澤天夬卦☱)를 이어서 나왔다. 「서괘전(序卦傳)」에서는 둘로 결단이 나면 다시 만나게 되므로 쾌괘 뒤에 구괘가 뒤따랐다고 한다.

괘의 성품을 가지고 풀어보면, 밝고 강건한 지도자의 성질을 가진 건괘 아래에 순종하는 성품을 가진 손괘가 있으므로 지도자가 순종만 좋아하는 소인배 신하를 만나는 형상을 하고 있다. 바른 마음을 가지고 생산적인 일을 하면서 순종하는 신하는 현신(賢臣)이라 할 수 있다. 그러나 엉큼한 마음으로 오직 자신의 안위를 도모하기 위해 시도사의 비위만 맞추면서 살아간다면 이야말로 간신(奸臣)이 아니겠는가.

천풍구괘의 하괘는 간신의 덕을 가졌다고 볼 수 있다. 간신이 아래에 있으면 제방이 소리 없이 차츰차츰 무너지다가 어느 날 몽땅 터져버리듯이 나라도 차츰차츰 기울어가다가 마침내 소리 없이 왈칵 무너지게 된다. 소인이 아래에 있는 것이 정말 두려운 이유는 바로 지도자와 세상을 모두 소리 없이 썩게 한다는 데 있다. 그들은 절대 자기를 나쁜 사람이라 말하지 않는다. 선량한 얼굴을 하고 지도자와 세상을 현혹시킨다. 그래서 참으로 무서운 존재가 바로 소인이다. 그래서 천풍구괘는 '만난다'는 의미를 가졌지만, 결코 좋은 징조를 가진 괘가 아니다. 바로 소인이 득세해 가는 상황의 괘이다.

구괘는 계절로 보면 5월을 상징하는 괘이다. 4월의 괘는 순양(純陽)으로 된 중천건괘(重天乾卦☰)인데, 5월이 되면 건괘 최하위에 음효가 하나 생겨난다. 음효가 최하위에 하나 생겨나면 음의 세력이 점차 성장하여 마침내는 온 세상에 음이 가득차고 만다. 최하위에 양기가 처음 생겨나면 지뢰복괘(地雷復卦☷)가 되는데, 지뢰복괘는 천풍구괘와 정반대의 형세를 가진 괘이다.

구괘는 양의 시대가 음의 시대로 변해 가는 시발점을 뜻하는 괘이다. 그래서 남자가 결혼을 앞두고 이 괘를 얻으면, 상대 여자의 기세가 장차 강성해져 남자를 억압할 수 있다. 그러면 결국 파혼이 되고 만다. 괘사(卦辭)에 "구(姤)는 여자가 장성함이니, 여자를 취하지 말라."라고 했다. 부부간에는 한쪽이 일방적으로 득세를 하면 결국 화합이 깨지고 만다.

자연계에도 인간계에도, 흥함이 있으면 멸함도 있는 것은 불변의 법칙이다. 구괘는 바로 흥함 뒤에 멸함이 있음을 보여주는 괘이다.

하늘 아래 바람이 부는 것이 구(姤)이니, 임금이 이것을 본받아 명령을 펴서 사방에 알리느니라. 〈天下有風(천하유풍)이 姤(구)니 后(후)以(이)하야 施命誥四方(시명고사방)하나니라〉

천풍구괘(天風姤卦)는 '만나다'는 뜻을 가졌다. 만나면 소식을 전하게 되므로 구괘는 또한 '소식을 전한다'는 뜻도 가졌다.

구괘는 소리를 전하는 매체인 바람, 즉 손괘(巽卦☴)가 하늘을 뜻하는 건괘(乾卦☰) 아래 있으므로 높은 곳의 소식을 아래로 전한다는 의미를 가진다. 그래서 「대상전」에서는 '명령을 펴서 사방에 알린다'고 하였다. 천풍구괘는 소식을 전하는 바람이 하늘 아래로 내려오기 때문에 위의 소식을 아래로 펴는 의미를 가졌다. 그러나 소식은 위에서 아래로만 전하는 것이 아니라, 또한 아래에서 위로도 전해져야 한다. 그래서 주역에서는 아래의 소식이 위로 전해지는 것을 풍지관괘(風地觀卦☴)에 담고 있다. 관괘의 「대상전」에서는 '사방을 살피고 백성을 관찰한다'고 했다. 이는 백성들에 대한 정보를 군왕이 모으는 것이므로 정보가 아래에서 위로 전달됨을 뜻한다.

조직이 잘 운영되려면 상호간에 정보 전달이 원활해야 한다. 인체를 예로 든다면, 뇌에서 내린 지령이 인체의 각 기관에 전달되지 않거나, 감각기관이 보낸 정보를 뇌가 받아들이지 않는다면 식물인간이 되고 만다. 이처럼 원활한 정보 소통은 건강한 생명체를 이룸에 있어 필수적인 조건이다.

동물들은 집단생활을 함으로써 유리한 삶의 환경을 조성해나간다. 그러나 집단만 이룬다고 해서 유리해지는 것은 아니다. 구성원들끼리 정보전달이 원활해야만 집단생활의 이점을 최대한 누릴 수 있다. 개코원숭이는 개체수가 많다. 그들은 공동체 생활을 한다. 높은 나무에서 망을 보던 구성원이 침입자를 먼저 발견하면 소리를 내거나 꼬리를 흔들어 무리 전체에게 정보를 전달한다. 그래서 무리들로 하여금 상황에 효과적으로 대응할 수 있게 한다. 상황에 일사분란하게 대응하는 조직은 번성할 수밖에 없다. 개코 원숭이는 덩치가 크지 않음에도 다른 종류의 원숭이들보다 개체수가 많은 것은 바로 상호간에 정보전달, 그리고 상호협조가 잘 이루어지기 때문이다.

관괘가 아래의 소식을 위에서 받아감을 말한다면, 구괘는 위의 소식을 아래로 펴는 것을 말한다. 정보의 전달은 인체나 동물의 세계뿐 아니라, 인간 사회에서도 역시 중요하다. 지도부와 구성원, 구성원과 구성원들 간에 상호 의사소통이 원활하게 이루어지지 않는다면, 건강한 집단을 이룰 수 없다. 그런 집단은 이미 생명력을 잃었기에 막대기 하나로도 무너뜨릴 수 있다.

택지췌괘澤地萃卦

 즐거움과 부드러움이 있으면 사람이 모여든다.

택지췌괘(澤地萃卦)는 위에는 못을 뜻하는 태괘(兌卦☱), 아래는 땅을 뜻하는 곤괘(坤卦☷)가 배치되어 이루어진 괘이다. 못은 땅 위에 있기에 물이 많이 모일 수 있다. 허공에는 물이 모이지 못한다. 그래서 못을 뜻하는 태괘와 못을 싣고 있는 땅을 뜻하는 곤괘가 합해져서 된 괘인 췌괘는 '모인다'는 의미를 가진다. 췌괘는 '만난다'는 의미의 천풍구괘(天風姤卦☴)를 뒤이어 나온 괘이다. 여러 사람이 만나면 반드시 모임이 이루어진다. 그래서 천풍구괘 다음에 '모인다'는 뜻을 가진 췌괘가 나왔다.

괘의 성품을 가지고 풀이를 해보면 위의 태괘는 못물이 출렁거리듯 기쁜 마음이 요동을 치는 성질을 가졌고, 아래의 곤괘는 평탄하면서도 부드러운 성질을 가졌다. 윗사람은 기쁜 마음을 가졌고, 아랫사람은 무드럽고 유순한 덕을 가졌다. 그래서 상하가 서로 다툼 없이 화합하는 모습을 하고 있다. 화합한다는 것은 구성원들이 모이는 것을 의미한다. 그래서 췌괘에는 '모인다'는 의미가 내포되어 있다.

상괘의 주인공은 제5효이고, 하괘의 주인공은 제2효이다. 제5효는 양효로서 양수(홀수) 자리에 있고, 제2효는 음효로서 음수(짝수) 자리에 있어 각각 자리의 바름을 얻었다. 그리고 두 주인공은 가운데 자리에 거처하여 중용의 덕을 지녔으며, 또한 호응하는 제5효와 제2효는 음양이 서로 달라 올바른 합을 이룬다. 그래서 택지췌괘는 길한 의미를 가진 괘가 된다. 이러한 조건들을 갖춘 다른 괘들, 예컨대 수지비괘(水地比卦䷇) · 천화동인괘(天火同人卦䷌) · 풍화가인괘(風火家人卦䷤) 등의 괘들도 모두 길한 징조를 가진 괘가 된다.

『대학』에 '무리를 얻으면 나라를 얻는다.[得衆則得國]'는 말이 있다. 국가를 튼튼히 하려면 먼저 민심을 모아야 한다. 그래서 췌괘의 괘사(卦辭)에서는 민심을 모으는 것에 대해 말하고 있다. "췌(萃)는 왕이 사당에 이르니, 대인을 봄이 이롭다."라고 했다. 사당은 제사를 올리는 곳이다. 제사는 나라의 신이나 개인의 조상신에게 올리는 종교적 의식이다. 조상신을 제사하면 종족의 단합을 이루는데 유익하고, 나라의 신을 제사하면 국민의 단합을 이루는데 유익하다. 종족이나 국가의 단합을 도모하는 데에는 제사만한 게 없다. 제사를 지낼 때는 신을 중심으로 정성과 공경을 다하게 되는데, 이때 함께 제사를 지내는 사람들은 종족 단위, 또는 국가 단위로 자연스럽게 단합을 이룰 수 있다.

무리를 모아야 큰일을 이룬다. 무리를 모으는 길은 무엇인가. 바로 췌괘에서 보듯이 즐거움과 부드러움이 있어야 한다. 고통스럽고 딱딱한 분위기가 서린 곳에는 사람이 모이지 않는다.

못이 땅 위에 있음이 췌(萃)이니, 군자가 이것을 본받아 병기(兵器)를 수리하여 불측의 근심을 경계하느니라. 〈澤上於地(택상어지) 萃(췌)니 君子(군자) 以(이)하야 除戎器(제융기)하야 戒不虞(계불우)하나니라〉

택지췌괘(澤地萃卦)는 못과 땅이 결합된 괘로 '모은다'는 뜻을 가지고 있다. 즉, 땅 위의 못에 물이 많이 고여 있음을 의미한다. 군자는 땅 위의 못에 물이 많이 모인 것을 보고서 군중이 운집하면 질서가 있어야 함을 알고 미리 대비를 한다.

시퍼런 못물 앞에 가면 수영 선수가 아닌 이상은 누구나 두려움을 느낀다. 얇아진 못 둑을 보면 금방 무너질 것 같은 공포를 느끼고, 소용돌이를 보면 빨려 들어갈 것 같은 공포를 느낀다. 모여 있는 물의 힘은 엄청나게 강하다. 물의 성질은 부드럽지만, 그것이 한꺼번에 몰려다니면 천지를 휩쓸어버릴 만큼의 큰 힘을 발휘한다. 몇 해 전 동남아에서 일어난 쓰나미 현상에서 우리는 물의 힘을 똑똑히 목도했다. 강력한 해일이 육지로 몰려들자 순식간에 육지의 만물이 자취를 감추어버렸다. 세상에 물처럼 부드러운 것이 어디 있을까만, 이것이 모여서 멋대로 치달리면 실로 무서운 힘을 발휘한다.

인간세계에서도 마찬가지다. 사람이 홀로 있을 때는 무력하지만, 일단 무리를 이루면 이전의 무력했던 그 모습은 찾아볼 수 없다. 민초들이 비록 양순하지만, 대규모로 모여 집단을 이루면 무서운 기세를 발휘한다. 성난 군중은 전혀 딴 사람이 되어 나라를 뒤흔든다. 그러므로 집단을 다스리는 지도자는 군중이 모였을 때 주의하여 살피지 않으면 불측의 화를 당하고 만다.

절제력을 가진 군중들은 생산적인 일을 해내지만, 그렇지 못한 군중은 세상을 아수라장으로 만든다. 미국 남부에 허리케인이 상타했을 때, 갈 길 잃은 군중들에 의해 '선진국'이란 미국의 이미지가 무색해질 정도로 폭력과 약탈이 자행됨을 우리는 보았다. 또 얼마 전 아이티에 지진이 일어났을 때도 역시 배고픈 군중들에 의해 대규모의 약탈이 자행되는 경우를 우리는 보았다. 군중은 럭비공처럼 예측불가(豫測不可)하게 움직이며, 또 그 힘은 폭탄보다 더 무섭다. 그러므로 지도자는 군중이 모이면 무질서에 빠질 수도 있음을 알아, 미리 질서유지를 위한 준비를 철저히 갖추어 놓아야 한다. 그래서 「대상전」에서 "군자가 병기(兵器)를 수리하여 불측의 근심을 경계한다."라고 말했다.

물이 많이 모이면 괴력을 발휘하듯이 인간도 무리를 이루면 큰 힘을 발휘한다. 지도자는 이 힘이 발전의 에너지가 되도록 유도하는 한편, 파괴적으로 쓰이게 될 경우도 염두에 두어야 한다.

지풍승괘地風升卦

46-1 바람을 타고 하늘에 오른다.
김기의 주역 대상전 풀이

지풍승괘(地風升卦)는 위에는 땅을 상징하는 곤괘(坤卦☷)가, 아래는 바람을 상징하는 손괘(巽卦☴)가 배치되어 이루어진 괘로, 괘의 의미는 '오른다'가 된다. 아래에 있던 사람은 위로 오르고 싶어 하고, 이미 오른 사람은 더 오르고 싶어 한다. 오르는 것은 모든 이의 소망이다. 그래서 '오른다'의 의미를 가진 승괘는 좋은 의미를 가진 괘가 된다.

승괘는 '모은다'는 의미의 택지췌괘(澤地萃卦☷)를 이어 나온 괘이다. 사람이 모이고, 또 그로써 힘이 모이면 반드시 기세가 상승한다. 그래서 '모은다'는 의미의 췌괘 다음에 '오른다'는 의미의 승괘가 나왔다. 승괘는 위로 뽑아 올리는 힘을 상징하는 괘이기도 하다.

괘의 성품을 가지고 풀이를 해본다면 위의 곤괘는 부드러운 성품을 가졌고, 아래의 손괘는 겸손으로 자기를 낮추는 성품을 가졌다. 아랫사람이 겸손하면 윗사람은 부드러워진다. 자기를 낮추는 것이 겸손이다. 위로 오르려면 반드시 자신을 낮추어야 한다. 벌레들도 도약하기 직전에는 몸을 낮춘다. 아래의 손괘 입장에서 봤을 때, 지금은 겸손으로 자기를 낮추고 있지만, 그로 인해 틀림없이 장차 위로 오르는 영광을 얻게 된다. 겸손한 사람은 모두가 응원해주고 지원해준다. 그러므로 알고 보면 겸손의 덕 속에는 나아감의 에너지가 내장되어 있다. 그래서 이 점을 강조하고자 노자(老子)는 "그 몸을 뒤에 있게 함으로써 앞서게 하고, 그 몸을 밖에 맴돌게 함으로써 몸을 보존한다."는 명언을 남겼다.

일단 상승하기 시작하면 과감히 쭉쭉 뻗어나가야 한다. 그래서 괘사에서 "승(升)은 크게 형통하니, 대인을 만나보되 근심하지 말고 남쪽으로 간다면 길하다."라고 말했다. 즉 손괘는 기세가 상승하기에 형통하므로 중간에 머뭇거리지 말고 곧장 남쪽으로 가면 이롭다는 것이다. 남쪽은 앞쪽이므로 '남쪽으로 가라'는 말은 '앞으로 전진하라'는 뜻을 가진다.

또한 승괘를 오행설로 풀어보면 위의 곤괘는 땅이 되고, 아래의 손괘는 나무가 된다. 나무는 솟아오르는 본성을 가지고 있다. 오행설에서는 나무를 '갑(甲)'이라 하는데, 갑이 힘차게 땅을 뚫고 치솟는 것을 '갑탁(甲坼)'이라 한다. 갑탁이 가장 어려운 관문인데, 일단 갑탁이 되면 상승하는 힘이 생겨나 싹이 자라고, 지엽이 무성해져 나중에는 꼭대기에 열매가 가득 맺히게 된다. 에너지가 뿌리에서부터 줄곧 상승하여 끝내는 열매를 맺는 데까지 이르는 것이 바로 지풍승괘의 의미이다.

자연 세계에서든 인간 세계에서든, 위로 상승하는 작용이 반드시 있어야 한다. 그렇지 않으면 만물은 땅에 붙어서 살아야 한다.

땅 속에 나무가 자라나는 것이 승(升)이니, 군자가 이것을 본받아 덕을 순종하여 작은 것을 쌓아 높고 크게 하느니라. 〈地中生木(지중생목)이 升(승)이니 君子(군자) 以(이)하야 順德(순덕)하야 積小以高大(적소이고대)하나니라〉

지풍승괘(地風升卦)는 '오르다'는 의미를 가진 괘로서 땅을 뜻하는 곤괘(坤卦☷) 아래에 나무를 뜻하는 손괘(巽卦☴)가 놓여 있다. 승괘는 나무가 땅 속에서 움을 틔우려하는 찰나의 상황을 포착한 괘이다.

제일 아래 효가 음이고 위의 두 효가 양으로 된 손괘를 나무로 보는 이유는 나무의 형상을 보고 취한 것이다. 즉, 나무의 뿌리는 땅 아래 있고, 줄기와 가지는 지상에 솟아 있다. 뿌리는 음기를 가진 땅 속에 숨겨져 있고, 줄기와 가지는 양의 세상인 하늘을 향해 뻗어 나와 있다. 그래서 아래는 하나의 음효로, 위에는 두 개의 양효로 된 손괘는 나무의 의미를 내장한 괘가 된다.

나무는 땅에 몸을 붙이고, 또 영양분을 섭취함으로써 하늘을 찌르면서 성장해 나갈 수 있다. 나무의 성질은 부드러워 무쇠에게는 힘없이 잘려나가지만, 나무에게는 강력한 생명력과 추진력이 있다. 연약한 싹이 끈기와 힘을 가지고 땅을 비집고 올라오는 것을 보면, 나무의 생명력과 추진력에 대해 경이감을 가질 수밖에 없다.

군자가 덕을 닦음에 있어서도 그렇다. 덕이란 하루아침에 쌓여지는 것이 아니다. 자신을 닦기를 마치 땅 속의 나무가 땅을 비집고 지상으로 솟아나는 것처럼 강한 의지를 가지고 수행해 나가야 한다. 노력을 하는 둥 마는 둥 하면 마치 얼음을 얼리려 하는 사람이 물을 냉동실에 넣었다가 끄집어냈다가 하는 것과 같은 격이 된다. 그러므로 군자는 덕의 씨앗을 움틔우기 위해 지혜를 열고 어진 행실을 닦기를 쉼 없이 해야 한다. 그러다 보면 '티끌 모아 태산이다.'라는 말처럼 나중에는 어느 사이 성대한 덕을 가진 사람으로 거듭나게 된다.

덕을 높고 크게 쌓으면 내면에 큰 힘이 생겨나 자신감이 충만해진다. 그러한 사람은 이 때문에 모든 사람들과 화합할 수 있게 되고, 또 그로써 세상을 주도해 가는 사람이 될 수 있다. 덕은 남을 위해서가 아니라, 바로 자기 자신을 위해 쌓아야 한다. 이왕에 사는 삶이라면 당당하게 살아야 한다. 승괘의 「대상전」이 일러주는 메시지는 바로 땅을 가르고 솟아오르는 나무처럼 끈질긴 자세로 덕을 쌓으라는 말이다.

택수곤괘澤水困卦

택수곤괘(澤水困卦)는 '궁하다'는 의미를 가졌는데, 위에는 못을 뜻하는 태괘(兌卦☱), 아래는 물을 뜻하는 감괘(坎卦☵)가 배치되어 있다. 이것은 물이 못 밑으로 다 스며들어 못이 다 말라버린 상태를 상징한다. 그래서 택수곤괘는 '궁하다'는 뜻을 내포하여 사난괘(四難卦) 속에 포함된다.

못은 자연적으로 형성된 것도 있고 인공적으로 만든 것도 있는데, 어떤 것이든 다 나름대로의 유익한 역할을 한다. 거기에는 갖가지 식물들과 어류들이 모여 살며, 가뭄이 들 때는 인간들에게 물을 제공하여 삶을 윤택하게 해준다.

상괘인 태괘를 보면 맨 위에는 가운데가 비어 있는 음효가 자리하여 구덩이를 상징하고, 아래 두 효는 양효로서 제방의 모습을 취하고 있다. 그런데 못에 구덩이가 있고 또 제방이 있으면 물이 못의 바닥 위에 있어야 한다. 그러나 택수곤괘는 못물이 바닥 밑으로 다 스며들어 못이 텅 비어있는 모습을 취하고 있다. 못물이 아래로 다 스며들어버리면 바닥이 드러나 못은 자신이 가진 본래의 기능을 다하지 못하고 만다. 그래서 못 아래 물이 있는 모습의 괘인 곤괘는 '궁하다'는 의미를 가진다.

택수곤괘와 상하가 뒤바뀐 괘가 수택절괘(水澤節卦☵)이다. 수택절괘는 물이 못 위에 있는 괘로서 못 위의 물을 제방으로 막아 절제(節制)시킨다는 뜻을 가진 괘이다. 물이 못에 가득하고, 또 그것을 넘치지 않게 제방으로 절제를 시키면 못물을 효과적으로 이용할 수 있다. 그러나 택수곤괘는 그와 반대로 물이 못 속으로 다 스며들어버려 절제시키려 하나, 절제시킬 물이 없는 형국을 하고 있다. 그래서 만약 점을 쳐서 택수곤괘를 얻으면 곤경에 빠질 것임을 예측할 수 있다.

의리로 따져본다면, 택수곤괘는 양이 음 속에 가려진 괘로서 군자는 어둠 속에 가려지고, 소인은 밖에 나와 힘을 펼치는 형국의 괘이다. 즉, 하괘는 양효가 음 속에 빠져서 곤액을 당하고 있고, 상괘는 두 양효를 맨 위의 음효가 누르고 있는 모습을 하고 있다. 그래서 택수곤괘의 「단전(彖傳)」에서는 "곤(困)은 강(剛)이 가려져 있다."라고 하였다. 바르지 못하고, 지혜롭지 못한 소인이 득세를 하여 훌륭한 인재가 빛을 보지 못하면 그 집단은 결국 소멸되고 만다. 마치 물이 못 밑으로 다 스며들어 버리면, 수초도 어류도 모두 다 사라져버리는 것과 같다.

세상에는 많은 고갈이 있다. 자원고갈, 식량고갈, 사랑고갈, 신뢰고갈 등 모든 고갈은 고통을 부른다. 택수곤괘는 이러한 현상들이 가진 본질을 일깨워주고 있다.

47-2
경기의 주역 대상전 풀이

못에 물이 없는 것이 곤(困)이니, 군자가 이것을 본받아 목숨을 바치어 뜻을 이루느니라. 〈澤無水(택무수) 困(곤)이니 君子(군자) 以(이)하야 致命遂志(치명수지)하나니라〉

택수곤괘(澤水困卦)는 물을 뜻하는 감괘(坎卦☵)가 못을 뜻하는 태괘(兌卦☱) 아래에 자리하고 있기에 물이 못 아래로 다 스며들어 말라버린 형국을 한 괘이다. 못에는 물이 가득 출렁거릴 때, 비로소 못다운 못이 되어 거기에 사는 생명체들이 제각기 삶을 유지해나갈 수 있다. 그런데 못이 제방만 있고, 물은 다 말라 없어져버렸다면 그 얼마나 참담하겠는가.

택수곤괘는 제방만 있고 물이 고갈되어버린 못을 상징하는 괘이다. 이것은 상황이 최악의 지경에 이르렀음을 의미한다. 군자는 정대(正大)한 뜻을 이루기 위해 최선의 노력을 기울인다. 그러나 세상사는 그렇게 호락호락하지 않다. 뜻이 바르면 뜻이 굽은 사람들이 길을 막고, 뜻이 크면 뜻이 작은 사람이 길을 막는다. 그래서 정대한 뜻을 가진 군자는 아무리 나아가려 해도 마음대로 되지 않는 불가항력(不可抗力)의 상황을 만날 수 있다. 그럴 때는 어떻게 해야 하는가. 「대상전」에서는 '목숨을 바치어 뜻을 이루어야 한다[致命遂志]'라고 했다. 불가항력의 곤경에 처하면 어쩔 수 없이 생사를 걸고 대항하는 수밖에 없다. 그래야만 인간이 이루어야할 정대한 뜻을 성취할 수 있다.

우리나라는 일본으로부터 국권을 빼앗긴 적이 있다. 이때는 모든 국민이 고통 속에 허덕였다. 일본의 압제는 우리의 숨통을 조여 왔다. 국토만 있지 권리가 없는 상황, 이것이 바로 제방만 있고 물이 없는 택수곤괘의 상황이다. 이때 우리의 많은 선열들은 일본의 압제에서 벗어나고자 고귀한 목숨을 초개같이 던졌다. 이것이 바로 택수곤괘의 「대상전」에 말한 '치명수지(致命遂志)'에 부합하는 처신이다.

민족의 거룩한 영웅 안중근(安重根) 의사는 많은 유묵(遺墨)을 남겼다. 그 중 보물 제596-6호로 지정된 "견리사의(見利思義)요 견위수명(見危授命)이다."라는 글이 적힌 작품이 세상에 많이 알려져 있다. 이 글귀는 『논어(論語)』, 「헌문(憲問)」 편에서 가져왔다. 그 뜻은 "이익을 보면 옳은가를 생각하고, 위태함을 보면 목숨을 바친다."이다. 안중근 의사는 이 문구를 가슴에 새기고 있다가 국가가 곤란한 지경에 빠지자

그대로 실천을 하였다. 자신이 저 문구가 되고, 저 문구가 자신이 되어 버렸다. 안중근 의사는 목숨을 바쳐 정대한 뜻을 과감히 성취한 인물이다.

우리가 해방을 맞고, 또 오늘날 국운의 번창을 맞게 된 것은 모두가 선열들이 흘린 피의 대가이다. 그 분들이야말로 목숨을 기꺼이 바침으로써 마침내 '독립'과 '번영'이라는 소망을 성취하게 되었다. 살다보면 극도의 악조건을 만나기도 한다. 그때는 죽을 각오로 대항하면, 반드시 그 상황을 타개할 길을 찾을 수 있다.

수풍정괘水風井卦

수풍정괘(水風井卦)는 위에는 물을 뜻하는 감괘(坎卦☵), 아래는 바람을 뜻하는 손괘(巽卦☴)가 배치되어 이루어진 괘로 '우물'을 뜻한다. 우물은 인간에게는 꼭 있어야하는 물건으로 언제나 제자리를 지키면서 사람이 길어가기를 기다린다.

괘의 성품으로 보면 위의 감괘는 '빠짐'의 성질을 가졌고, 아래의 손괘는 '들어감'의 성질을 가졌다. 우물이 올바르게 형성되려면 아래로 내려가면서 공간이 푹 빠져 있어야 한다. 즉 구덩이가 넓게 뚫려있어야 한다는 말이다. 그래야만 두레박을 물속에 들어가게 하여 물을 퍼올릴 수 있다. 그래서 '빠짐'과 '들어감'의 덕이 더해진 수풍정괘는 우물을 상징하는 괘가 되었다.

자연 현상으로 보면 정괘의 상괘는 감괘로서 물을 뜻하고, 하괘는 손괘로서 나무를 뜻한다. 깊은 물속에다 나무로 된 두레박을 가라앉혀 물을 길어 올리는 장소가 우물이다. 그러므로 물이 위에 있고, 나무가 아래에 있는 모습의 정괘는 우물을 상징하는 괘가 된다.

정괘 앞에는 택수곤괘(澤水困卦☵)가 있었는데, 곤괘는 물이 아래로 다 스며들어 말라버린 상태를 나타낸 괘이다. 물이 다 말라버리면 당연히 땅을 파서 물길을 찾아내어야 하기에 물이 고갈됨을 의미하는 곤괘 다음에 우물을 뜻하는 정괘가 뒤따라 나왔다.

샘물은 생명의 원천이다. 사람의 몸은 70%가 물로 되어 있으므로 물이 없으면 생활의 불편은 물론, 당장 생명을 유지하는 데도 장애를 초래한다. 그래서 상수도 시설이 생기기 전 시절에는 우물을 중심으로 촌락이 형성되었고, 마을 사람들은 우물을 신성시했었다. 정괘의 괘사(卦辭)에서는 "정(井)은 고을을 바꿀 수는 있어도 우물을 바꿀 수는 없으니, 잃음도 없고 얻음도 없으며 오고가는 이가 우물을 우물로 여긴다."라고 했다. 고을은 옮길 수 있지만, 우물은 들어다가 다른 데로 옮길 수가 없는 물건이다. 그리고 근원이 깊은 우물은 물의 양을 항상 일정하게 유지한다. 가뭄에도 장마에도 물의 양은 항상 그대로이다. 우물은 오고가는 사람이 마음껏 목을 적실 수 있게 해준다. 그래서 우물은 인간세상에서는 꼭 필요한 보물이다.

세상이 망해도 우물은 그 자리를 지키면서 만인을 이롭게 한다. 사람은 물이 있어야만 생명을 유지할 수 있는데, 우물의 물을 두레박으로 퍼 올리려면 시간과 노력을 필요로 한다. 그래서 점을 쳐서 이 괘를 얻으면, 인내력을 발휘해야 할 필요가 있다.

나무 위에 물이 있는 것이 정(井)이니, 군자가 이것을 본받아 백성을 위로하고 서로 톱노록 권하느니라. 〈木上有水(목상유수) 井(정)이니 君子(군자) 以(이)하야 勞民勸相(노민권상)하나니라〉

수풍정괘(水風井卦)는 우물을 상징하는 괘이다. 이 괘는 물을 뜻하는 감괘(坎卦☵)가 위에, 바람을 뜻하는 손괘(巽卦☴)가 아래에 놓여 이루어졌다. 감괘에는 '빠진다'는 의미가, 손괘에는 '들어간다'는 의미가 담겨있다. 구덩이가 빠져 있어 두레박을 던져 넣을 수 있는 것이 바로 우물이다. 우물의 물을 길러 먹으려면 두레박을 던지고, 또 퍼 올리는 수고를 하여야 한다. 그래서 수풍정괘는 때를 기다리면서 지속적인 노력을 기울여야함을 나타낸 괘로 볼 수 있다.

수풍정괘의 상괘인 감괘는 물을 상징하고, 하괘인 손괘는 나무를 상징한다. 물속에다 나무를 깎아 만든 두레박을 가라앉혀 물을 길어 올리는 시설물이 우물이다. 그래서 「대상전」에서 "나무 위에 물이 있는 것이 정(井)이다."라고 했다. 만약 물만 있고 두레박이 없으면 그 우물은 쓸 수가 없고, 만약 두레박만 있고 물이 없으면 그 두레박은 쓸모가 없다. 그러므로 사용할 수 있는 우물이 되려면 반드시 물과 나무 두레박이 함께 있어야만 한다.

우물은 사람에 있어 가장 중요한 시설물이다. 우물이 없는 곳에는 사람이 살 수가 없다. 사람들이 사막을 두려워하는 가장 큰 이유는 우물이 없기 때문이다. 우물이 없으면 식수를 제공받을 수 없어, 사막의 나그네는 갈증의 고통을 겪는다. 그래서 사막의 나그네는 오아시스를 찾아 애타게 찾아 헤맨다.

맑은 물이 솟아나는 샘물은 보기만 해도 안도감을 준다. 이는 우물이 사람에게 중요한 역할을 하기 때문에 나타난 현상이다. 만약 지구의 환경이 파괴되어 식수가 다 고갈되었을 때, 맑은 물이 출렁이는 우물이 하나 있다면 서로 우물을 차지하려고 목숨을 건 쟁투를 벌일 것이다. 그 이유는 우물이 바로 생명의 젖줄이기에 그렇다.

현명한 지도자는 우물이 사람을 이롭게 하는 것을 본받아, 삶에 지친 국민들을 위로해야 한다. 그렇게 하면 백성들은 마치 목마른 나그네가 시원한 우물물로 갈증을 풀 때처럼 좋아할 것이다. 그리고 현명한 지도자는 백성들끼리도 상부상조(相扶相助)하도록 권해야 한다. 우물의 물은 원하는 사람 누구에게나 덕을 베풀어준다. 유능한 지도자는 우물의 이러한 면을 보고서 모든 사람들이 서로 돕기를 권장해야 한다.

좋은 세상을 만들려면 지도자든 구성원들이든, 모두가 우물처럼 살아가면 된다. 사람들에게 생명을 주는 것이 바로 우물이다.

택화혁괘澤火革卦

변혁은 발전의 추동력(推動力)이다.

택화혁괘(澤火革卦)는 '바뀐다'는 의미를 가진 괘로서 위에는 못을 뜻하는 태괘(兌卦☱), 아래는 불을 뜻하는 이괘(離卦☲)가 놓여서 된 괘이다. 혁괘는 '변화의 이치를 말하는 책'인 주역의 특성을 잘 드러내 주는 괘라 하겠다.

혁괘는 아래 있어야 할 물이 위로 가고, 위에 있어야 할 불이 아래로 내려와, 서로 교감을 이루는 상황을 드러낸 괘이다. 만물은 서로 교감을 이룸으로써 변화를 연출해갈 수 있다. 그래서 못이 위에 있고, 불이 아래에 있는 혁괘는 '바뀐다'는 의미를 가진다.

그리고 인간관계로 볼 때는 위의 태괘는 소녀(少女), 아래의 이괘는 중녀(中女)가 된다. 원래 남녀는 서로를 그리워한다. 그래서 남자와 여자가 동거할 때 정상적인 가정생활이 이루어진다. 그런데 여자만 둘이서 동거하면 어떻게 될까. 당연히 서로 갈등을 일으켜 마음이 어긋난다. 마음이 어긋나면 변화가 찾아온다. 그래서 소녀인 태괘와 중녀인 이괘가 동거하는 택화혁괘는 변화의 의미를 가진 괘가 된다.

자연세계든 인간세계든, 바뀜[革]은 존재를 유지시키고, 또 발전시키는 데 있어 반드시 필요한 과정이다. 천지자연은 끝없는 변화를 연출해간다. 천지가 변화를 구사하지 않으면 천지는 천지로서의 구실을 다할 수 없다. 변화가 없다면 천지뿐만 아니라, 천지간의 생명체들도 생명력을 잃어 삶을 유지해 갈 수 없다.

인간 세상에 있어서도 마찬가지이다. 세상은 수시로 새로운 상황들이 주어진다. 건강한 세상을 만들기 위해서는 새롭게 주어지는 상황에 맞게 자기 변혁을 꾀해야 한다. 만약 자기 변혁을 이루지 못하면 타의에 의해서나, 아니면 불미스런 사태를 겪으면서 변혁을 당한다. 그러므로 생기 있고 내실 있는 사회를 만들기 위해서는 변혁을 항상 염두에 두고 있어야 한다.

혁괘는 혁명(革命)의 뜻을 가진 괘이다. 혁명은 세상을 질적으로 변혁시키는 것을 의미한다. 질적인 변혁은 발전을 불러온다. 혁명을 성공시키자면 때를 맞추어야 하고, 또 민심을 얻어야 한다. 그래서 혁괘의 「단전(彖傳)」에서 "하늘에 순종하고 사람에게 부응한다."고 말했다. 만약 비록 세상이 썩었다 해도 때와 민심을 얻지 못하면 도리어 화를 당하고 만다.

혁괘 앞에는 '우물'을 뜻하는 수풍정괘(水風井卦䷯)가 있었다. 우물은 수시로 바닥을 파내어야 청결을 유지할 수 있다. 그래서 정괘 다음에는 개혁을 의미하는 혁괘가 나왔다.

혁괘는 세상을 존재하도록 하는 추동력이다. 변혁이 없으면 결국 소멸되고 만다. 그러므로 혁괘의 의미는 지극히 크다고 하겠다.

49-2
김기의 주역 대상전 풀이

못 가운데 불이 있는 것이 혁(革)이니, 군자가 이것을 본받아 책력을 만들어 때를 밝히느니라. 〈澤中有火(택중유화) 革(혁)이니 君子(군자) 以(이)하야 治歷明時(치력명시)하나니라〉

택화혁괘(澤火革卦)는 위에는 물이 가득한 못, 아래는 열을 가할 수 있는 불이 배치되어 이루어진 괘이다.

물은 원래 아래에 있고, 불은 원래 위에 있다. 그러나 혁괘는 물과 불이 서로 자리바꿈을 함으로써 새 일을 만들어내려는 괘이다. 물과 불이 사귀지 않으면 천지자연에는 생명체의 발생 및 그 생명활동이 불가능해지고, 또 인간세계에서는 문명을 유지해갈 수 없다. 그래서 물이 위에, 불이 아래에 있는 혁괘는 큰 의미를 가진 괘가 된다.

인간에 있어서도 의식의 세계로나 육체의 세계로나, 끝없는 변화를 구사함으로써 삶을 이끌어간다. 만약 의식의 변화가 있지 않으면 상황에 능동적으로 대처해 나갈 수 없다. 그리고 만약 몸이 변화를 구사해 나가지 않는다면, 신체의 신진대사는 물론 노쇠한 세포와 새로운 세포의 교체가 이루어지지 않아 건강한 몸을 유지할 수 없다. 변혁이 없으면 인간은 정상적인 삶을 누릴 수가 없다.

석가모니는 제행무상(諸行無常)을 말했다. 즉 '모든 일은 항상 변화한다'는 말이다. 이 세상에는 변화하지 않는 것이란 없다. 변화는 모든 만물이 서로 간에 영향을 주고받음으로써 동반적으로 이루어진다. 변화는 현재를 허물어뜨림으로써 새로운 것을 이끌어내는 속성을 가진다. 그런 의미에서 변화는 만물만사를 발전시키는 원동력이다.

변화 중 큰 변화는 계절의 변화이다. 추운 계절과 더운 계절이 주기에 따라 계속 변하고, 또 더 나아가서는 그 주기마저도 우주간의 다른 행성들의 상황에 따라 변한다. 하루 24시간, 일년 365일의 주기는 영원한 것이 아니다. 그러나 그 주기가 갑자기 변하는 것이 아니기에 옛 전통을 지켜온 책력들이 당장에는 유용성을 가진다.

계절은 인간의 생활과 밀접한 관련을 가진다. 더구나 농경사회인 경우에는 계절의 오고감은 생업에 직접적인 영향력을 발휘한다. 그래서 상고시대의 군왕인 요(堯)임금도 희화(羲和)에게 책력을 전문적으로 관리하게 했다. 이후의 역대 왕들도 천문 관찰 및 책력 관리의 중요성을 인식하여 전문지식을 가진 관리들에게 그 일을 맡겼다.

　일기를 잘 관찰해야 함은 비단 농사만을 위해서가 아니다. 기상이 변이 속출하는 현재의 상황에서 일기의 변화를 잘 관찰하는 것은 전 인류의 생사를 좌우하는 일이므로 중요한 일이라 하지 않을 수 없다.

화풍정괘火風鼎卦

50-1 물과 불을 조화시키는 솥, 먹을 것이 가득하다.

화풍정괘(火風鼎卦)는 솥을 의미하는 괘이다. 위에는 불을 뜻하는 이괘(離卦☲)가, 아래는 바람을 뜻하는 손괘(巽卦☴)가 놓여서 이루어졌다. 손괘는 또한 나무를 상징하기도 한다. 인류의 삶이 질적인 변화를 맞이하게 된 것은 나무와 불이 서로 만나면서부터이다.

정괘의 괘상을 보면 바로 솥 모양을 하고 있다. 즉 가장 아래의 음효는 다리의 모양을 하고 있고, 제2효와 제3효, 그리고 제4효의 세 양효는 솥의 배를 의미하고, 음효인 제5효는 솥귀가 되고, 최상의 양효는 솥뚜껑의 모습을 하고 있다.

인류의 문명을 이끌어 가는 동력은 불이다. 불은 나무에서 나온다. 나무를 마찰시킴으로써 불을 얻을 수 있고, 또 나무를 계속 태움으로써 불을 살려나갈 수 있다. 그러므로 나무와 불은 단짝이 되어 날 음식을 익힘으로써 물질의 질적인 변화를 이루어낸다. 나무와 불을 활용함으로부터 인류는 타 동물과는 차원이 다른 삶을 누리게 되었고, 인간세상의 문명은 비약적인 진보를 이루게 되었다.

나무가 일으킨 불 위에 음식을 구워먹던 시기를 문명의 시발점으로 볼 수 있다. 그 후 솥에다 불을 때서 음식을 삶아 먹는 시대가 도래(到來)하였다. 이로써 문명은 또 한 단계의 도약을 이루었다. 나무로 불을 때어 음식을 삶으려면 반드시 솥이 있어야 한다. 그래서 솥을 상징하는 화풍정괘는 나무를 상징하는 손괘가 아래에 있고, 불을 상징하는 이괘가 위에 놓임으로써 이루어졌다.

솥의 의미를 담은 정괘는 '바뀐다'는 의미의 택화혁괘(澤火革卦☲)를 이어서 나왔다. 택화혁괘는 물이 가득한 못이 위에 있고, 불이 아래에 있는 괘이다. 즉 아래서 불을 지펴 위의 물을 끓임으로써 사물을 변혁시키는 것을 의미한다. 그런데 물과 불을 통해 변혁을 완성시키려면 물과 불을 조화시키는 매개체가 있어야 한다. 그 매개체가 바로 솥이다. 물과 불을 솥을 통해 조화시키면 절묘한 변화가 일어난다. 근대화를 이끈 증기기관도 바로 솥이 물과 불을 조화시키는 원리에서 나왔다. 택화혁괘 다음에 정괘가 나온 것은 참으로 의미심장하다고 하겠다.

물과 불은 천지조화의 양대 요소이다. 물과 불이 만나야 새로운 탄생이 연출된다. 물과 불이 서로 침범함 없이 조화롭게 만나도록 하려면 반드시 솥이 있어야 한다. 자연에서 볼 때는 하늘과 땅이 하나의 거대한 솥이다. 그 속의 만물은 물과 불의 작용에 의해 변화를 연출해나간다.

나무와 불이 만남으로 문명은 싹텄고, 불과 물이 만남으로부터 문명은 비약적으로 발전하기 시작했다. 물과 불이 조화를 연출할 수 있게 하는 도구가 바로 솥이다. 솥은 바로 문명을 비약시키는 중요한 도구이다. 그래서 옛사람은 이사할 때도 솥을 먼저 챙겼다.

50-2
김기의 주역 대상전 풀이

나무 위에 불이 있는 것이 정(鼎)이니, 군자가 이것을 본받아 자리를 바르게 하여 명령을 중(重)하게 하느니라.〈木上有火(목상유화) 鼎(정)이니 君子(군자) 以(이)하야 정위(正位)하야 凝命(응명)하나니라〉

음식은 불로 익힌다. 이때 음식을 효과적으로 익히는 도구는 바로 솥이다. 그래서 불을 뜻하는 이괘(離卦☲)가 위에, 나무를 뜻하는 손괘(巽卦☴)가 아래에 놓여서 된 괘가 화풍정괘(火風鼎卦)가 된다.

솥이 자기의 역할을 다 하려면, 우선 자세가 바로 잡혀 있어야 한다. 다리가 하나나 둘만 있으면 솥은 엎어지고 만다. 솥은 반드시 다리가 셋이 있어야 한다. 세 개의 다리가 삼각으로 배치되어 있으면 다리가 힘을 고르게 발휘하여 솥이 누르는 압력을 분산시킬 수 있다. 그렇게 함으로써 솥은 안정된 자세를 유지할 수 있다. 이러한 모습을 두고 '정족지세(鼎足之勢)'라 칭한다.

정족지세는 세상에서 가장 안정된 자세이다. 제갈공명(諸葛孔明)이 미력한 유비(劉備)의 존립을 도모하고자 세운 전략이 바로 천하를 삼분하여 이른 바, '정족지세'를 형성하는 것이었다. 제갈공명은 유비로 하여금 강성한 조조(曹操)와 손오(孫吳)의 세력 사이에서 살아남고, 또 힘을 쌓을 기회를 얻도록 하기 위해, 천하를 유씨(劉氏)·조씨(曹氏)·손씨(孫氏)의 세력으로 삼분하려 하였다.

세력이란 단둘이서 대립을 하면 피나는 싸움이 일어나 둘 중 하나는 사라지고 만다. 그러나 셋이 되면 상황이 달라진다. 서로 견제도 했다가 서로 협조도 했다가 하여, 어느 한 편이 일방적으로 독주하는 것이 불가능해진다. 현대의 모든 민주주의 국가에서는 모두 삼권분립(三權分立)이 이루어져 있다. 입법부와 사법부와 행정부가 서로 다른 기능을 가지고 협조와 견제를 통하여 국정을 이끌어가게 하는데, 이것이 바로 정족지세를 이룬 모습이라 할 수 있다.

솥이 먼저 안정된 자세를 이루어야만 비로소 음식을 삶을 수 있다. 지도자가 국정에 임할 때도 먼저 자신부터 솥이 정족지세를 이룬 것처럼 안정세를 유지하고 있어야 한다. 그래야만 합리적인 명령을 내릴 수 있고, 또 그 명령이 강력한 힘을 발휘할 수 있다. 자기중심이 서 있지 않은 상태에서는 바른 명령을 내리기도 어렵거니와 내려도 사람들이 따라 주지 않는다. 도리어 후폭풍을 맞을 수도 있다.

현명한 지도자는 솥이 정족지세를 이룬 것을 보고서 자신의 위치를 바르게 지키고, 또 그로써 명령에 무게가 실리도록 힘쓴다. 이렇게 하지 않으면, 결국 중심을 잃은 솥처럼 되고 만다.

중뢰진괘重雷震卦

51-1 변화의 소식이 들려오니 상황이 불안하다.

중뢰진괘(重雷震卦)는 상하에 모두 우레를 뜻하는 진괘(震卦☳)가 있어서 움직임이 왕성한 상태를 드러내는 괘가 된다. 우레는 꽹음을 동반하여 엄청난 기운을 일시에 폭발시킨다. 그래서 진괘는 '일어난다'는 의미를 가진다.

괘의 모양을 보면 위에는 두 개의 음효가 있고, 아래는 한 개의 양효가 자리 잡고 있다. 양은 적극적인 성질을 가졌고, 음은 소극적인 성질을 가졌다. 적극적인 성질을 가진 양이 소극적인 성질을 가진 음 아래에 있으면 본능적으로 치솟아 오르려 한다.

진괘는 땅 속의 씨앗이 처음 돋아나는 상태를 나타낸 괘이다. 처음 돋아난 생명체는 그 자리에서 머물지 않고 성장을 위해 모든 힘을 발휘한다. 그래서 진괘에는 '일어난다'는 의미를 가졌고, 또한 괘사(卦辭)에서도 "진(震)은 형통하다."라고 하였다. 진괘는 바로 생명이 최초로 용틀임하는 과정을 나타내는 괘라 할 수 있다.

매사는 시작하는 시점이 중요하다. 시작하는 시점에서 흔들림이 있으면 그 일은 성사되기 어렵다. 자궁 속의 아기도 아기의 형체가 막 이루어지려 할 시점에 더욱 주의를 기울여야 한다. 그렇지 않으면 아기가 자궁 속에서 안정적으로 자라날 수가 없게 된다. 그래서 진괘의 괘사에서는 "진동이 올 때에 두려워하면, 웃고 말함이 화락하다."라고 하였다. 즉 매사는 처음을 맞아 항상 두려움으로 임한다면, 결국 안정적인 시점으로 접어들게 된다는 말이다.

가족관계로 본다면 진괘는 어머니인 곤괘(坤卦☷)가 아버지인 건괘(乾卦☰)의 양효를 얻어 처음으로 배태한 아들이므로 장남(長男)이 된다. 장남은 여러 아들 중 가장 먼저 태어난 아들이다. 먼저 태어난 자식은 뒤에 태어날 자식의 거울이 된다. 뒤에 나온 자식들은 큰 아들의 잘한 점은 배우고, 잘 못한 것은 수정을 하면 인생을 고생 없이 살아갈 수 있다. 그러나 본보기가 없는 큰 아들은 불안 속에서 스스로의 길을 개척해야 한다. 그래서 장남에게는 흔들림이 많이 따른다. '두려움을 동반한 움직임'이 진괘의 참 뜻이다.

진괘는 솥을 뜻하는 화풍정괘(火風鼎卦☲)를 이어서 나온 괘이다. 솥은 예로부터 그 집안에서 가장 중요한 살림도구로써 가정을 이어갈 장남이 솥을 물려받게 된다. 주역에서 솥을 의미하는 정괘 다음에 장남을 뜻하는 진괘가 나오게 된 것은 바로 이러한 이유 때문이다.

천지조화도 인간사도 움직임이 쉼 없다. 움직임이 없으면 아무 것도 존재할 수 없다. 진괘는 바로 움직임의 원리를 담은 괘이다.

51-2 **거듭된 우레가 진(震)이니, 군자가 이것을 본받아 두려워함으로써 자신을 닦고 살피느니라.** 〈洊雷(천뢰) 震(진)이니 君子(군자) 以(이)하야 恐懼修省(공구수성)하나니라〉

우레를 뜻하는 진괘(震卦☳)가 상하로 포개져서 된 괘가 바로 중뢰진괘(重雷震卦)이다. 중뢰진괘는 우레가 두 개나 포개져 있는 괘로서 우레가 강력하다는 의미도 있는 한편, 우레가 연이어 터지는 것을 의미하기도 한다.

강력한 우레가 거듭해서 터지면 천지가 진동을 하고, 그로써 지상의 만물들은 모두가 두려움에 떤다. 연이어 폭탄처럼 터지는 우렛소리는 어린 아이들이나 심약한 사람들로 하여금 울음을 터뜨리게 할 만큼 큰 공포감을 유발시킨다. 비록 장성한 어른이라 해도 폭풍우 속에 터지는 우렛소리를 들으면 움찔하지 않을 수 없다. 이처럼 우레는 잠자는 천지를 일깨움으로써 생기를 순환시키는 역할도 하지만, 한편 우렛소리는 듣는 이로 하여금 두려운 마음을 일으키게 한다.

군자는 연이어 터지는 우렛소리를 듣고서 스스로를 긴장시켜 수양에 만전을 기한다. 공자도 우레가 터질 때면, 두려워하며 삼가는 자세를 취했다고 한다. 사람의 허물은 모두 정신이 해이해진 데서 찾아온다. 정신이 해이해지면 언행이 방자해져 말할 때마다 실수를 하고, 행동할 때마다 허물을 남긴다. 또한 정신이 해이해지면 상황에 민첩히 대처할 수 없다. 마치 적군을 앞에 두고 잠을 자는 꼴과 같다.

심신을 수양하고자 할 때, 가장 중요한 것은 바로 '두려워 함[恐懼]'이다. 두려워함은 바로 긴장감을 가짐으로써 자기를 단속하는 수단이다. 성리학(性理學)에서 가장 중시하는 수양법은 바로 거경(居敬)이다. 즉 '공경함에 거함'이란 뜻이다. 거경은 다름이 아니라, 마음을 공경히 가짐으로써 정신을 깨어있게 하는 법이다. 주자(朱子)는 거경을 '외(畏)'자로 해석을 했다. '외'자는 '두려워함'을 나타낸 글자이다. 두려워하는 마음을 가지면 거짓을 행할 수도 없고 또 경거망동 할 수도 없다. 그래서 언제나 상황에 맞게 처신할 수 있다.

사실 '두려워함'은 부정적인 감정이 아니다. 도리어 참된 기쁨을 가져다주는 감정이다. 두려워하는 마음을 가지면 마음이 단정해진다. 마음이 단정해지면 잡념이 사라진다. 잡념이 사라지면 고요와 평화가 찾아오고, 그 다음에는 기쁨의 감정이 찾아온다. 마치 쓴 약을 먹고 나면 질병이 제거되어 몸이 상쾌해지는 것과 같은 이치이다.

두려워함은 자기성찰을 가능케 해주는 신선한 에너지이며, 또한 참 기쁨의 뿌리이다.

☶

중산간괘重山艮卦

산을 뜻하는 간괘(艮卦☶)가 상하로 포개져서 된 괘가 바로 중산간괘
(重山艮卦)이다. 간괘는 산을 상징하는데, 산은 움직이지 않기에 산이
포개져서 된 중산간괘는 '지극히 그친다'는 뜻을 가진다.

세상에는 움직임도 있고 고요함도 있으며, 나아감도 있고 그침도
있다. 만약 움직이거나 나아가기만 한다면 만물은 숙성(熟成)의 기회를
얻지 못한다. 숙성은 스스로 수렴하여 고요함의 기회를 가질 때 이루어
진다. 그래서 고요하게 그침을 뜻하는 간괘는 만물을 내실 있게 한다
는 데서 큰 의미를 가진 괘라고 하겠다.

간괘는 그 괘상(卦象)이 아래의 두 음효를 한 개의 양효가 위에서
누르고 있는 형상을 하고 있다. 그래서 간괘는 '그친다'는 뜻을 가진다.
자연의 형상을 통해 설명해보면, 음으로 된 넓고 두터운 땅 위에 단단
하면서 우뚝 솟아있는 것이 바로 산이다. 그래서 두 개의 음효 위에 한
개의 양효가 올라가 있는 간괘는 산의 상을 가진다. 산은 움직이지 않
고 가만히 그쳐있다. 간괘가 '그친다'는 뜻을 가지는 것은 바로 이 때문
이다.

간괘는 수양론의 측면에서 볼 때는 중요한 가르침을 내포하고 있다.
즉 간괘가 가진 '그침'의 덕성은 군자가 성취해야 할 궁극적 목표이다.

만약 때와 장소에 맞게 그친다면, 이것이 중용(中庸)의 경지가 아닌가. 그리고 『대학(大學)』에서 큰 공부의 뼈대를 말한 삼강령(三綱領) 중에도 '지극한 착함에 그친다[止於至善]'는 말이 포함이 되어 있다. 올바른 그침을 얻으려면 먼저 심리적 고요함을 얻어야 한다. 고요하지 않으면 생각이 흩어져 바른 그침을 얻을 수가 없다. 그러므로 모든 그침이 바름을 얻으려면 먼저 고요함을 얻어야 한다. 그래서 일상의 일을 다 물리치고 내면을 수양할 때는 당연히 생각을 고요히 해야 하겠지만, 일상적인 활동을 할 때도 당연히 생각이 고요해져야만 한다. 고요함을 얻는다는 것은 '차분함을 얻는다'는 뜻이다. 차분해져야만 언제 어디서나 바른 그침을 얻을 수 있다.

중산간괘에는 그침을 뜻하는 괘가 중첩되어 있다. 하괘는 홀로 있어 고요할 때 알맞게 그치는 괘이고, 상괘는 밖에서 움직일 때 알맞게 그치는 괘이다. 그래서 괘사(卦辭)에서 "그 등에 그치면 그 몸을 보지 못하며, 그 뜰에 가더라도 그 사람을 보지 못하여 허물이 없다."라고 하였다. 즉 일이 없어 고요할 때는 자기 마음을 잘 다스려 망념(妄念)을 잊어버리고, 밖에서 활동할 때는 조화로움을 얻어 남과 마찰이 없는 상태에 있다는 말이다. 이는 동정(動靜) 간에 늘 중용의 도를 얻음을 뜻한다.

자연세계에서든 인간세계에서든 나아감 뿐 아니라, '그침'이란 것도 반드시 필요한 행위 요소이다. 간괘는 바로 그 점을 담아내는 괘이다.

52-2
김기현의 주역 대상전 풀이

산을 포갠 것이 간(艮)이니, 군자가 이것을 본받아 생각이 그 지위 밖을 벗어나지 않느니라. 〈兼山(겸산)이 艮(간)이니 君子(군자) 以(이)하야 思不出其位(사불출기위)하나니라〉

그쳐있는 산이 상하에 포개져 있는 괘인 중산간괘(重山艮卦)는 '지극한 그침'을 의미하는 괘이다. 여기서의 '그침'은 한 자리에 영원히 머물러 그치는 것을 의미함이 아니라, 상황에 알맞게 처신하여 머무름을 말한다.

현 상황에서 가장 알맞게 처신하는 것이 간괘에서 말하는 '그친다'의 의미이다. 『중용(中庸)』에 "군자는 자기 지위에 머물러 그 밖의 것을 바라지 않는다. 부귀에 머물러서는 부귀에 맞게 살고, 빈천에 머물러서는 빈천에 맞게 살며, 이(夷)의 땅에 머물러서는 이의 땅에 맞게 살고, 환란에 머물러서는 환란의 시국에 맞게 살아간다. 군자는 어디 가서든 스스로 마땅함을 얻지 않음이 없다."라고 했다. 즉 군자는 언제 어디서나 늘 그 상황에 맞게 처신하여 경우에 벗어나지 않게 행동을 한다는 말이다. 이것은 그쳐야 할 곳에 그침을 의미한다.

국가로 말하면, 각 기관은 고유한 업무가 분담되어 있다. 만약 사법 기관의 업무를 교육기관에서 맡아하려 하고, 교육기관의 업무를 경제 부처에서 처리하려 한다면 반드시 업무에 혼선이 일어난다. 그리고 각 기관 내에서도 각각의 직급에 따라 고유한 업무가 부여되어 있다. 이 것을 무시하면 당연히 그 기관은 정상적으로 돌아갈 수 없다. 타 기관 끼리, 그리고 서로 다른 직급끼리 상호 의견을 교환하는 것은 권장할 사항이지만, 자기 고유의 업무를 버리고 남의 일을 좌우하려 한다면 혼란을 면치 못한다. 그러므로 「대상전」에서는 '생각이 그 지위 밖을 벗어나지 않는다.'라고 하였다.

처신을 함에 상황에 맞게 그치기는 쉽지가 않다. 그러나 상황에 맞게 하지 않으면 손해가 따른다. 공자는 "더불어 말할 만함에도 말하지 않으면 사람을 잃을 것이요, 더불어 말하지 않아야 함에도 말하면 말을 잃게 된다. 지자(知者)는 사람을 잃지 않으며, 또한 말을 잃지 않는다."라고 했다. 즉 말할 때와 말하지 않아야 할 때를 살피어 그에 맞게 그치지 않으면 말을 낭비하는 상황을 만들 수도 있고, 또 사람을 잃는 상황을 만들 수도 있다는 말이다. 사실은 말뿐만 아니라, 매사가 다 그렇다. 상황에 맞게 그치지 않으면 손해가 따르는 법이다.

일찍이 화담(花潭) 서경덕(徐敬德)은 수양의 요체를 '그칠 지(止)'에서 찾은 바 있다. 그는 수양법의 핵심을 정확히 간파하고 있다고 하겠다. '그침의 도'를 알아 잘 그친다면, 마침내 허물없는 삶을 살아갈 수 있다.

풍산점괘風山漸卦

53-1 서서히 움직여 멀리 떠난다.

풍산점괘(風山漸卦)는 위에는 바람을 뜻하는 손괘(巽卦☴), 아래는 산을 뜻하는 간괘(艮卦☶)가 놓여서 된 괘로 '점차'의 뜻을 가진다.

천지자연계의 일이든, 인간계의 일이든, 무엇이든 단박에 이루어지는 것은 없다. 긴 세월을 두고 점차적인 발전을 이룸으로써 마침내 지금과 같은 천지자연계가 존재하게 되었고, 또 오늘날과 같은 인문을 개척할 수 있었다.

풍산점괘 앞에는 '그친다'는 의미의 간괘(艮卦☶)가 있었다. 만사만물은 영원히 머물러 그치는 것은 없다. 그침이 있으면 그 뒤에는 반드시 움직임이 뒤따른다. 그러나 움직임의 단계는 갑자기 찾아오는 것이 아니다. 고요했다가 다시 움직일 때는 반드시 점차적인 형태로 움직인다. 그래서 '그친다'는 의미를 가진 간괘 다음에 점괘가 나왔다.

괘의 성품에 근거하여 풀이를 해보면 위에는 순종의 성질을 가진 손괘가 있고, 아래는 그침의 성질을 가진 간괘가 있다. 즉, 위의 머릿속은 유순하기를 생각하고, 아래의 몸은 그쳐 있는 형상을 하고 있다는 말이다. 그래서 점괘는 조용히 움직인다는 의미를 가진다.

괘상(卦象)으로 보면 위에 있는 손괘는 나무를 상징하고, 아래에 있는 간괘는 산을 상징한다. 산 위의 나무는 갑자기 생긴 것이 아니다. 새싹의 단계에서부터 하루 이틀을 지나 오랜 시간동안 성장을 지속시킴으로써 비로소 산위에 우뚝 서게 되었다. 이처럼 산위의 나무가 점차로 자란다는 데서 손괘와 간괘가 결합되어 이루어진 풍산점괘는 '점차'라는 의미를 가지게 되었다.

하괘의 중심인 제2효는 음수(짝수) 자리에 음효가 앉아 있고, 상괘의 중심인 제5효는 양수(홀수) 자리에 양효가 앉아 있다. 그리고 서로 호응관계에 있는 제5효와 제2효는 음양이 달라서 서로 정합을 이루고 있다. 그러므로 풍산점괘는 안정성을 가진 괘가 되고, 그래서 길한 소식을 내포하고 있다. 단, 일이 이루어지는 속도는 빠르지 못하다.

풍산점괘는 여자가 시집을 가는 일을 담은 괘이다. 위에는 장녀(長女)를 뜻하는 손괘가 있고, 아래에는 소남(少男)을 뜻하는 간괘가 있다. 남자가 위에 있고, 여자가 아래에 있음이 남녀관계의 일반적인 모습이다. 그러나 정상적인 부부생활을 하려면 기운의 교류가 이루어져 남자의 기운은 내려오고, 여자의 기운은 올라가야 한다. 여자가 위에 있고, 남자가 아래에 있는 풍산점괘는 혼인의 뜻을 가진다. 그래서 풍산점괘의 괘사에 "점(漸)은 여자가 시집감이 길하다."라는 말이 나왔다. 한편, 뇌택귀매괘(雷澤歸妹卦䷵)도 시집가는 상황을 담은 괘이다. 이 괘는 장남(長男)인 진괘(震卦☳)가 위에 있고, 소녀(少女)인 태괘(兌卦☱)가 아래에 있어 기운의 교류가 멈추어진 상태에 있다. 그래서 괘사에서 "귀매는 가면 흉하니, 이로울 바 없다."라고 하였다.

점괘는 여자가 점차적으로 절차를 밟아 시집을 간다는 뜻을 가졌다. 그래서 점괘는 서서히 경사를 얻는 괘가 된다.

산 위에 나무가 있음이 점(漸)이니, 군자가 이것을 본받아 어진 덕에 머물러 풍속을 착하게 하느니라. 〈山上有木(산상유목)이 漸(점)이니 君子(군자) 以(이)하야 居賢德(거현덕)하야 善俗(선속)하나니라〉

산위에 나무가 있는 것이 풍산점괘(風山漸卦)이다. 산 위의 나무는 하루아침에 자라는 것이 아니라, 서서히 자라난다. 일년생 초목은 봄과 여름을 거쳐 성장을 이루고, 다년생 초목은 몇 해를 거치면서 성장을 이룬다. 그래서 간괘와 손괘가 결합되어 이루어진 풍산점괘는 '점차'의 의미를 가진다.

만사가 다 그렇다. 인과관계 없이 단숨에 이루어지는 일은 없다. 매사는 점차적으로 이루어진다. 만사는 모두 '시작→ 전개→ 성숙→ 결실'의 과정을 겪으면서 이루어진다. 어떤 일을 한꺼번에 몽땅 이루고자 한다면 이루어지지도 않을뿐더러, 설령 이루어졌다 해도 반드시 허점을 남긴다.

생명체가 탄생함에 있어서도 역시 그렇다. 천지자연 속의 생명체들은 장구한 세월을 겪음으로써 점차적으로 이루어졌다. 현대과학에 의하면, 지구상의 생명체는 약 35억 년 전에 무핵세포에서 시작되었다고 한다. 그 후 30억년이란 긴 세월을 지난 후에 유핵세포가 생겨났고, 이로부터 다시 5억년이 다시 흐른 이후에야 비로소 다양한 생명체들이 출현하게 되었다고 한다. 생명체의 출현을 이루기 위해 엄청난 세월을 보냈다. 이 상황은 "한 송이 국화꽃을 피우기 위해 봄부터 소쩍새는 그렇게 울었나 보다."라는 서정주(徐廷柱)의 시 구절을 연상시킨다.

세상을 교화하려면 지도자 자신이 먼저 어진 덕을 갖추고 있어야 한다. 자기에게 빛이 없으면 남에게 밝음을 줄 수 없는 법이다. 그러므로 올바른 지도자가 되려면 우선 자신이 모범이 될 만한 덕을 갖춘 이후에 국민을 인도해야 한다. 공자는 "지도자는 바람과 같고 백성은 풀과 같다. 풀에 바람이 불면 바람의 방향 따라 넘어진다."라고 했다. 지도자는 곧 국민들의 본보기이다. 그러므로 지도자가 먼저 자신을 바로 잡은 이후에 교화정책을 지속적으로 펼쳐야 한다. 그럴 때, 국민들도 감화를 받아 민심이 화순(和順)해진다. 교화는 사람의 마음을 바꿈으로써 이루어진다. 그러나 이미 악에 물든 마음은 정화하기가 쉽지 않다. 천을 검게 물들이기는 쉬워도 검게 물든 천을 다시 희게 만들기는 어려운 법이다. 그래서 교화사업은 본래 인내심을 가지고 서서히 지속적으로 펼쳐야만 성과를 거둘 수 있다.

사람은 기계가 아니므로 단번에 성질을 변화시킬 수 없다. 스스로의 자각과 사회적인 분위기가 형성될 때, 비로소 서서히 변화되기 시작한다. 세상을 걱정하는 지도자는 반드시 인내심을 가지고 끈질기게 교화정책을 펴나가야 한다.

뇌택귀매괘雷澤歸妹卦

뇌택귀매괘(雷澤歸妹卦)는 위에는 우레를 뜻하는 진괘(震卦☳)가, 아래는 못을 뜻하는 태괘(兌卦☱)가 배치되어 이루어진 괘로, 여자가 시집가는 일을 담고 있다. 그러나 뇌택귀매괘는 남녀의 결합이 조화롭지 못한 형상을 가지므로 흉조(凶兆)를 품고 있다.

정상적인 결혼을 하려면 두 가지 조건이 갖추어져야 한다. 첫째는 남과 여의 기운이 원활히 유통되어야 한다. 그래야만 정신과 몸이 모두 일체를 이룰 수 있기 때문이다. 그러나 귀매괘에서는 올라가는 성질을 가진 진괘는 위에 자리해 있고, 내려오는 성질을 가진 태괘는 아래에 처해 있다. 이는 부부가 서로 교류하지 않음을 의미한다. 남자는 바깥으로 나돌 뿐 아내의 일에 관심을 가지지 않고, 아내는 자기생활만 할 뿐 남편의 일에 관심을 보이지 않는다. 이렇게 되면 외형상으로는 부부간이지만, 내면적으로 '너는 너대로 나는 나대로'의 형국을 이룬다. 이렇게 되면 그 결혼은 당연히 흉함에 이른다.

둘째는 나이가 비슷하면서 짝을 이루어야 올바른 교합이 이루어진다. 어머니와 아버지, 장남(長男)과 장녀(長女), 중남(中男)과 중녀(中女), 소남(少男)과 소녀(少女)가 각기 짝을 이루어야 한다. 그래서 어머니의 곤괘(坤卦☷)가 위에 있고 아버지의 건괘(乾卦☰)가 아래에 있는 지천태괘(地天泰卦䷊), 장녀를 뜻하는 손괘(巽卦☴)가 위에 있고 장남을 뜻하는 진괘(震卦☳)가 아래에 있는 풍뢰익괘(風雷益卦䷩), 중남을 뜻하는 감괘(坎卦☵)가 위에 있고 중녀를 뜻하는 이괘(離卦☲)가 아래에 있는 수화기제괘(水火旣濟卦䷾), 소녀를 뜻하는 태괘(兌卦☱)가 위에 있고 소남을 뜻하는 간괘(艮卦☶)가 아래에 있는 택산함괘(澤山咸卦䷞)는 모두 길한 징조를 가진 괘가 된다. 이처럼 음양은 서로 격이 맞아야만 올바른 교합을 이룰 수 있다.

귀매괘는 위로 떨쳐 올라가려는 성질을 가진 진괘가 위에 머물러 있고, 아래로 내려가려는 성질을 가진 태괘가 아래에 그대로 틀어박혀 있는 형국을 한 괘이다. 이는 남녀의 기운이 유통되지 않음을 의미한다. 또한 귀매괘는 노총각과 어린 소녀의 결혼이라 나이상의 밸런스가 맞지 않다. 그래서 귀매괘는 흉한 징조를 머금은 괘가 된다. 그래서 괘사(卦辭)에서 "귀매는 나아가면 흉하니, 이로울 바가 없다."고 하였다.

귀매괘 앞에는 점차로 나아간다는 의미를 가진 풍산점괘(風山漸卦䷴)가 있었다. 풍산점괘도 역시 장녀와 소남의 만남이므로 귀매괘와 마찬가지로 세대차이가 난다. 그래서 바람직한 만남은 아니다. 그러나 기운은 상호 교류가 되고 있기에 작은 이익이 점차로 찾아온다.

귀매괘는 남녀가 결혼을 하는 괘이다. 그러나 부부간에 나이 차가 많을 뿐 아니라, 기운의 교감이 이루어지지 않는다. 그래서 흉한 소식을 가진 괘가 되었다.

못 위에 우레가 있는 것이 귀매(歸妹)이니, 군자가 이것을 보고서 남녀가 영원히 함께 해야 할 것이지만, 서로 떨어질 수도 있음을 미리 알아야 하느니라. 〈澤上有雷(택상유뢰) 歸妹(귀매)니 君子(군자) 以(이)하야 永終知敝(영종지폐)하나니라〉

우레의 양기는 아래로 내려오고, 못의 음기는 위로 올라가야만 음양의 화합이 이루어진다. 만약 우레가 '꽝'하고 하늘 위로 올라가 버리고, 못은 아래로 내려와 버리면 기운의 사귐은 끊어지고 만다. 이렇게 되면 더 이상의 발전을 기대할 수 없다. 뇌택귀매괘(雷澤歸妹卦)는 바로 이러한 상황을 상징하는 괘이다.

요즈음엔 '이혼'이란 단어가 낯설지 않게 되었다. 몇 집만 건너면 이혼남과 이혼녀가 있는 것이 오늘날 우리 사회의 현실이다. 물론 세상이 복잡해져 여러 가지 이유로 이혼을 하겠지만, 그 핵심적인 이유는 바로 귀매괘에서 찾을 수 있다. 귀매괘는 큰 남자와 어린 여자의 만남을 표현한 괘이다. 여기서 야기될 수 있는 부정적 측면은 소통의 부재이다. 그래서 귀매괘는 남자는 위에, 여자는 아래에 각각 있어 기운의 교류를 이루지 못하는 모습을 하고 있다. 물론 세대 차이를 극복하여 쌍방 간에 원활한 소통을 이룬다면, 나이 차이는 문제가 되지 않는다. 귀매괘가 가진 본질적 문제점은 쌍방이 소통을 원활히 하지 못하는 데 있다.

귀매괘는 위에는 소녀를 뜻하는 태괘, 아래는 소남(少男)을 뜻하는 간괘(艮卦☶)가 합해져서 된 택산함괘(澤山咸卦䷞)와는 상반된 의미를 가진 괘이다. 함괘는 소녀와 소남이 서로 결합함으로써 올바른 짝을 이루었고, 또 소녀의 음기는 위로 올라가고 소남의 양기는 아래로 내려와 서로 기운의 교환을 이루고 있다. 그래서 함괘는 길한 조짐을 머금은 괘가 된다. 그러나 귀매괘는 함괘와는 정반대의 형국을 하고 있다. 즉 장남과 소녀의 만남이라 서로 격도 맞지 않고, 또 서로 간에 기운도 통하지 않아 실제적으로는 관계가 단절된 상태에 놓여져 있다. 그러므로 귀매괘는 궁합이 나쁜 남녀의 만남을 표현한 괘라 할 수 있다.

나이 차이가 많이 나면 삶의 방식과 취향이 서로 다르다. 그래서 공유할 수 있는 정신적 공간이 협소해진다. 이렇게 되면 결혼생활을 원만히 지속시키기 어려워진다. 사람들이 이혼을 하는 사유는 대부분 상호 간의 몰이해와 무관심 때문이다. 원만한 결혼생활을 유지하려면 모든 면에서 상호 소통이 원만히 이루어져야 한다.

　서로 맞지 않는 사람끼리의 만남은 파경의 충격을 초래한다. 그래서 세대 차이도 크고 기운의 교류도 막힌 귀매괘의 「대상전」에서는 "서로 떨어질 수도 있음을 미리 알아야 한다."고 말했다.

뇌화풍괘雷火豐卦

위에는 우레를 뜻하는 진괘(震卦☳), 아래는 불을 뜻하는 이괘(離卦☲)가 배치되어 이루어진 뇌화풍괘(雷火豐卦)는 '풍성하다'는 의미를 가졌다.

괘덕(卦德)에 의거해 풀어보면 우레는 힘차게 움직이는 성질을 가졌고, 불은 세상을 밝히는 성질을 가졌다. 불이 환히 비치는 공간에서 움직이면 마음껏 움직여도 막힘이 없다. 마음껏 자유자재로 움직이게 되면 당연히 많은 것을 얻을 수 있다. 그래서 우레가 위에 있고, 불이 아래에 있는 풍괘는 '풍성하다'는 의미를 가진다.

풍괘의 괘사(卦辭)에 "풍(豐)은 형통하니 왕이라야 이르나니, 근심이 없게 할진댄 마땅히 해가 중천에 있듯이 해야 한다."라고 했다. 즉 지도자가 천하를 풍요케 하여 근심이 없게 하려면, 반드시 태양이 빛나는 대낮에 일을 해야 한다는 말이다. 다시 말하면 태양이 비치는 대낮처럼 투명하게 정책을 집행해야 한다는 뜻이다. 비밀스럽게 하는 밀실정치는 구성원 간에 불신을 낳고, 불신은 다시 혼란을 불러온다. 그래서 풍성히 이루고, 또 이것을 지키려면 반드시 태양이 하늘 위에서 세상을 비출 때처럼 투명하게 경영을 해야 한다.

풍성함을 이루는 길은 바로 활동력과 밝은 지혜를 가지는데 있다.

활동력만 있고 지혜가 없다면 모든 노력이 헛것이 되고, 지혜롭기만 하고 행동력이 없으면 지혜를 현실화시킬 수 없다. 그러므로 지혜를 속에 품고 밖으로 힘 있게 움직일 때, 좋은 성과를 거둘 수 있다. 그래서 '풍성함'을 의미하는 풍괘는 내부에는 '지혜'를 뜻하는 이괘가, 외부에는 '활동력'을 말하는 진괘가 놓여 있다.

풍성해졌을 때 주의할 점은 바로 자만이다. 모든 것은 변한다. 풍괘의 「단전(彖傳)」에 "해는 중천에 있으면 기울고, 달은 가득차면 기우나니, 천지의 차고 기욺도 때에 따라 소식(消息)한다. 하물며 사람에 있어서이며, 하물며 귀신에 있어서는 어떠하랴!"고 했다. 상황은 변한다. 그래서 지금 현재는 풍성해졌다고 해도 그것이 영원히 지속되는 법은 없다. 영원히 망할 것 같지 않던 대제국 로마도 결국은 멸망했다. 그러나 풍족함을 오래 지속시키는 비법이 있다. 그것은 바로 허심(虛心)이다. 마음을 비우면, 겉은 비록 풍성하다고 해도 속은 아직 가득 차지 않은 셈이 된다. 속이 아직 비었다면 앞으로도 계속 더 채울 수 있다. 영원히 멸망하지 않는 비법은 바로 허심이다.

크게 부상(浮上)했다가 갑자기 침몰하는 자들은 모두가 '풍성할수록 더욱 조심하라'는 풍괘의 교훈을 알지 못했기에 그렇게 된 것이다.

55-2
김기의 주역 대상전 풀이

우레와 번개가 함께 오는 것이 풍(豊)이니, 군자가 이것을 본받아 옥사(獄事)를 판단하고 형벌을 내리느니라. 〈雷電皆至(뇌전개지) 豊(풍)이니 君子(군자) 以(이)하야 折獄致刑(절옥치형)하나니라〉

뇌화풍괘(雷火豊卦)는 위에는 우레를 뜻하는 진괘(震卦☳), 아래는 번갯불을 뜻하는 이괘(離卦☲)가 합해져서 된 괘이다. 우레는 강력한 위엄으로 천지를 울리고, 번갯불은 어두운 하늘을 순식간에 밝힌다. 이렇게 할 때 천지만물은 활력을 가지어 무성히 번성한다. 지도자는 반드시 우레 같은 위엄과 불같은 지혜를 갖추어야 한다.

지도자가 세상을 이끌어가려면 반드시 위엄이 있어야 하는데, 그 위엄은 법(法)을 통해서 드러난다. 우리는 당연히 법이 필요 없는 이상적인 사회를 만들기 위해 노력을 해야 한다. 그러나 문명이 발달함과 동시에 생각기능이 활성화된 인간들은 때로는 힘으로, 때로는 술수로 자신의 욕망을 채우고자 발버둥을 쳤다. 그 결과로 세상은 이미 오래전부터 강제력을 가진 법이 아니고서는 질서를 잡기가 어려운 상황이 되어버렸다.

질서를 바로 잡기 위해 나온 장치가 바로 법이다. 그러나 법을 만들고 법을 집행하려면 반드시 불처럼 밝은 지혜를 가져야 한다. 지혜가 없는 법집행은 사람을 상하게 하는 흉기일 뿐이다. 그래서 법을 다루는 사람들은 밝은 지혜와 신중함을 겸해야 한다. 복잡하게 뒤얽힌 인간세계의 일을 판단하기란 결코 쉽지 않다. 물론, 편파적인 판결은 내리기가 아주 쉽다. 도와주고 싶은 쪽의 손을 들어줘버리면 되기 때문이다. 그러나 올바른 판결을 내리기는 결코 쉽지 않다.

법을 신중히 다루어야 하는 예를 대한불교 조계종 초대 종정을 역임한 효봉선사(曉峰禪師)의 행적에서 볼 수 있겠다. 효봉선사의 속명은 이찬형(李燦亨)이었는데, 출가하기 전에는 평양 복심법원의 판사였다. 판사 생활을 한지 10년쯤 되었을 때, 판결을 잘못 내려 무고한 사람을 죽게 한 일이 발생했다. 이 일로 효봉선사는 충격을 받고 고민하다가 법복을 벗어던졌다. 그리고 엿장수를 하면서 전국을 떠돌다가 마침내 세상을 등지고 불문(佛門)에 귀의했다. 효봉선사의 이 일화에서 법이란 절대 쉽게 다룰 수 없는 것임을 분명히 볼 수 있다.

풍괘는 법을 뜻하는 진괘가 위에 나타나 있고, 지혜를 뜻하는 이괘가 아래에 있다. 그래서 풍괘는 법을 실제로 쓰는 것을 말하는 괘가 된다. 이괘가 위에 진괘가 아래에 있는 화뢰서합괘(火雷噬嗑卦☲☳)에서도 법에 대한 말이 나온다. 서합괘는 법의 위엄을 나타내는 진괘가 아래에 있기에 아직 법을 현장에서 사용하는 단계는 아니다.

　법은 곧 위엄으로써 세상을 바로 잡는 도구이다. 그래서 꼭 필요한 것인데, 법을 쓸 때는 반드시 지혜를 갖추어야 한다. 풍괘의 「대상전」에서는 바로 이것을 일러주고 있다.

☲☶

화산여괘火山旅卦

화산여괘(火山旅卦)는 위에는 불을 뜻하는 이괘(離卦☲)가, 아래는 산을 뜻하는 간괘(艮卦☶)가 놓여서 된 괘로, '다닌다'는 뜻을 가진다. 산은 한 곳에 그쳐있는 물체이고, 불은 움직이는 물체이다. 산은 활동의 공간이 되고, 위에서 움직이는 불은 움직임의 주체가 된다.

여괘 앞에는 '풍성함'을 뜻하는 뇌화풍괘(雷火豊卦☳)가 있었다. 지금 풍성하면 반드시 풍성함이 다할 때가 있고, 다하여 궁핍하게 되면 다시 떠돌아다니게 된다. 그래서 풍괘 다음에 여괘가 나왔다. 인류는 서로 간의 문화적 교류를 통해 삶의 질을 향상시켜 왔다. 만약 서로 간에 왕래가 없다면 각 문화권은 자기 속에 갇혀 발전의 계기를 얻지 못했을 것이다. 국민들의 상호교류를 막아 폐쇄적인 체제를 유지하고 있는 국가들은 문화는 물론, 정치·경제 등의 모든 면에서 큰 발전을 기대할 수 없다. 옛 시대에 동서양이 큰 규모의 교역을 가능하게 한 것이 바로 실크로드이다. 실크로드는 한무제(漢武帝) 때, 장건(張騫)이 파미르 고원을 넘고부터 열리기 시작했다. 이때부터 동양과 서양의 교류는 지리적 장애물을 넘어 활발히 이루어졌다. 이 때문에 실크로드 주변의 각국들은 문화의 질이 크게 향상되었다. 상이한 문화권을 서로 구분하는 분리대, 즉 큰 산을 넘어 교류하는 모습을 담은 괘가 주역 속에 있다. 바로 문화를 의미하는 밝은 불이 산을 넘는 형상을 하고 있는 화산 여괘이다.

인체에 있어서도 교류활동은 중요한 의미를 가진다. 사람의 생명은 혈액·기운·한기·열기 등 인체를 유지하는데 필요한 갖가지 요소들이 신속히 유통되어야만 유지할 수 있다. 만약 인체를 이루는 여러 요소들이 상호유통 작용을 이루지 못한다면 인체는 곧 죽음을 맞이하고 만다. 그러므로 교류와 유통은 유기체를 존립 가능케 하는 필수의 수단이라 할 수 있다.

여행은 한 곳에 정체되지 않고 지속적으로 이동을 함으로써 이루어진다. 그래서 여행을 뜻하는 여괘는 상하의 두 괘 모두 유순한 덕을 가진 음효가 가운데에 자리하고 있다. 이는 사람으로 말하면, 속에 도사리고 있는 집착을 버렸음을 의미한다. 집착을 버렸기에 자유롭게 이동을 할 수 있다. 그래서 여괘는 여행의 괘가 된다. 마음을 텅 비워 집착을 버린 사람이 상괘와 하괘에서 각각 주인공의 노릇을 하므로, 여괘는 자연히 한 곳에 머물지 않고 계속 여행을 하는 의미를 갖는다. 괘사(卦辭)에 "여(旅)는 조금 형통하고 나그네가 곧게 하여 길하다."는 말이 있다. 여행을 하려면 한 곳에 집착을 해서는 안 된다. 집착을 버릴 때, 여행길이 순조로워 소기의 이익을 얻을 수 있다.

여행을 하면 견문이 넓어진다. 여행에서 돌아와 새로 얻은 견문을 수용하여 새롭게 일을 도모하면 비약적인 발전을 이룰 수 있다. 그러나 아직 여행 중에 있을 때는 정처가 없기에 아무것도 이룰 수 없다. 그래서 여괘는 여행 활동 이외의 일반적인 일에는 별다른 발전을 거둘 수 없다. 그래서 괘사에서 '조금 형통하다.'고 하였다.

산 위에 불이 있는 것이 여(旅)이니, 군자가 이것을 본받아 명철하고 신중히 형벌을 사용하며 죄수를 부질없이 옥에 가두어두지 않느니라.

〈山上有火(산상유화) 旅(여)니 君子(군자) 以(이)하야 明愼用刑(명신용형)하며 而不留獄(이불류옥)이니라〉

화산여괘(火山旅卦)는 위에는 밝은 불을 상징하는 이괘(離卦☲)가, 아래는 고요한 산을 상징하는 간괘(艮卦☶)가 놓여서 된 괘이다. 밝다고 하는 것은 통찰력을, 그친다는 것은 삼가는 것을 의미한다. 통찰력과 신중함을 동시에 가져야 하는 것이 바로 옥사(獄事)이다.

여괘의 「대상전」에서는 불의 '밝음'과 산의 '삼가함'의 덕에서 뜻을 취하여 형벌을 다스리는 일을 거론하고 있다. 사람에게는 선량한 마음씨도 있지만, 그보다 더 원초적이고 강력한 힘을 가진 것이 바로 개체의 생존 욕구이다. 개개인의 생존 욕구가 사회 속에서 서로 충돌하면 세상에는 살육과 속임수가 만연하게 된다. 그러므로 질서 있는 세상을 만들려면 전체를 위해 개개인의 욕구를 강제적으로라도 통제해야 할 필요성이 요청된다. 여기서 나온 것이 바로 법이다.

물론, 법이 잘못 만들어지고, 또 잘못 집행이 된다면 무서운 흉기로 돌변할 수도 있다. 법을 흉기로 사용한 통치자들은 동서고금을 막론하고 허다하게 있었다. 그러나 그때마다 통치자들은 국민들로부터 역풍을 맞아 몰락의 길을 걸었다. 그러므로 법을 만들고, 또 집행할 때에는 번갯불과 같은 지혜와 태산 같은 신중함을 가져야 한다. 그래야만 법의 통제를 받는 국민들은 물론, 법을 운용하는 입장에 있는 집권자들도 불행을 면할 수 있다.

예(禮)와 법은 지향하는 바가 같다. 모두가 인위적인 안배를 통해 질서를 유지할 목적으로 만들어진 정치적 도구이다. 단, 법은 예에 비해 강제성을 더 가진다. 사실 법은 질서 있는 세상을 만들기 위해 어쩔 수 없이 만든 것이다. 그러므로 조화로운 정치를 펴려면, 법으로만 모든 것을 해결하려 해서는 안 된다. 법은 정치를 펴는 여러 수단 중 하나이다. 법 이전에 인성교육을 통해 국민들 스스로가 질서를 유지할 수 있는 능력을 길러주는 것이 무엇보다 중요하다. 공자는 "질서를 형벌로써 잡으려 하면, 백성들이 면하려고만 할 뿐, 부끄러움을 느끼지 못한다."라고 했다. 즉 덕치로써 민심을 순화시키지 않고 법으로만 정치를 하려한다면, 백성들은 자기 잘못을 뉘우치지 않고 요리조리 법망을 피할 궁리만 한다는 말이다.

법은 부득이해서 마련한 정치 도구이다. 그러므로 법을 다루는 입법기관과 사법기관은 불처럼 밝고 산처럼 신중한 자세를 가져야 한다. 그래야만 법은 세상을 이롭게 하는 도구로 사용될 수 있다.

중풍손괘重風巽卦

중풍손괘(重風巽卦)는 상하에 모두 바람을 뜻하는 손괘(巽卦☴)가 놓여서 이루어진 괘로, 자기를 버리고 남을 순종하는 뜻을 내포하고 있다. 상하괘 모두 그러하므로 순종하는 뜻이 더 강하다.

　손괘 앞에는 여행을 의미하는 화산여괘(火山旅卦☶)가 있었다. 여행을 끝내면 떠다니려는 마음을 거두고 본래 자리로 되돌아온다. 되돌아옴은 형세에 순종한다는 의미를 내포하고 있다. 그래서 화산여괘 뒤에는 순종하여 되돌아옴을 의미하는 중풍손괘가 뒤이어 나왔다. 괘의 모양을 보면 손괘는 상하괘 모두 음이 양 아래로 들어가 있다. 즉 강한 힘을 가진 양효 아래에 부드러운 음효가 들어가 있으므로 유순한 마음으로 남의 뜻을 잘 수용한다는 것이다. 세상에서는 남의 위에 있거나 남에게 자기주장을 관철시키는 사람을 강자로 알지만, 그것은 그렇지 않다. 남의 밑에 들어가지 못하거나, 또는 남의 뜻을 수용하지 못한다는 것은 도리어 자신의 나약함을 내보이는 행위이다. 만약 자신감과 능력이 있다면 도리어 남의 입장을 헤아려 주고, 또 남의 의견을 따라주는 아량을 베푼다. 그러므로 손괘의 상괘와 하괘가 모두 남의 밑에 들어가는 모습을 보이고 있지만, 이것은 나약한 모습이 아니라 도리어 강하면서 여유 있는 자의 모습이라 할 수 있다.

손괘는 바람을 뜻한다. 바람은 형상을 가지지 않는 물체로서 위에서 불어와 아래로 파고드는 성질을 가지고 있다. 그래서 바람은 얼른 보기에는 유순하고 겸손한 것 같지만, 실은 엄청난 위력을 가지고 있다. 토네이도나 허리케인의 위력은 이미 익히 안다. 비록 형체도 색깔도 없지만, 세상을 초토화시켜버릴 만큼 무시무시한 힘을 가진 것이 바로 바람이다.

손괘는 유순하게 순종하는 것을 덕으로 삼는다. 그래서 손괘의 괘사(卦辭)에서도 "손(巽)은 조금 형통하니, 가는 바를 둠이 이로우며 대인을 봄이 이롭다."라고 했다. 즉 손괘의 주인공인 음이 양을 따라가니 이롭다고 했고, 또 따라가긴 하지만 반드시 대인을 보고 따라야 한다는 것이다. 그렇지 않으면 불어치는 바람에 휘말려 몸을 가누지 못하고 방황하는 신세에 처한다.

사회가 원만하게 유지되려면 반드시 서로 양보해주고, 수긍해주는 덕이 필요하다. 자연계에도 보면 물은 나무에게 자기의 것을 양보해주고, 나무는 불에게 자기의 것을 양보해주고 불은 땅에게 자기의 것을 양보해준다. 그렇게 함으로써 자연계는 조화로운 운영을 도모할 수 있게 된다. 인간세계에 있어서도 마찬가지다. 자기 것만 중히 여기다 보면 인간 세상은 결국 갈등의 도가니 속으로 빠져들고 만다.

57-2
집기의 주역 대상전 풀이

이어지는 바람이 손(巽)이니, 군자가 이것을 본받아 명령을 거듭하여 일을 행하느니라. 〈隨風(수풍)이 巽(손)이니 君子(군자) 以(이)하야 申命行事(신명행사)하나니라〉

중풍손괘(重風巽卦)에는 상괘와 하괘 모두에 바람을 뜻하는 손괘(巽卦 ☴)가 놓여 있다. 그래서 「대상전」에서는 '수풍(隨風)', 즉 '바람이 서로 이어진다'고 했다. 바람은 손순(巽順)의 덕을 가졌다. 그래서 중풍손괘는 지도자와 구성원이 모두 다 서로 따라주는 태도로 살아감의 뜻을 가진다.

바람은 찬 공기와 더운 공기 사이에서 생기는 기압의 차이 때문에 생긴다. 바람은 형체를 가지지 않기에 허공을 마음껏 내달리고, 또 사물 속에 자연스럽게 스며드는 성질을 가졌다. 바람은 인간 세상에서 중요한 역할을 한다. 그래서 예로부터 바람에 관련된 이야기들이 많다. 우리 고대사에도 환웅(桓雄)이 바람을 관장하는 풍백(風伯) 등의 여러 관리들을 이끌고 태백산에 강림했다는 이야기가 나온다.

손괘는 상하에 바람을 뜻하는 괘가 중첩되어 있으므로 바람이 서로 이어가는 의미를 가진다. 서로 거역하지 않고 계승하는 것은 아름다운 일이다. 거역을 당하지 않으려면 서로 사양하고, 또 서로 수긍해주는 자세를 가져야 한다. 바람은 절대 자기의 모양을 드러내어 자기의 존재를 부각시키려 하지 않는다. 바람은 세상 모든 것을 감싸 줄 수도 있고, 또 어루만져 줄 수도 있는 덕을 품고 있다.

지도자가 정치를 함에 있어서도 마찬가지이다. 지도자라 하여 일방적으로 국민을 좌지우지하려 해서는 안 된다. 지도자는 다스린다는 느낌을 주지 않도록 순리적으로 정치를 해야 한다. 그럴 때 국민이 즐겁게 호응하고 따라준다. 중풍손괘를 잘 보면, 이러한 이치를 알 수 있다. 즉, 상괘도 하괘도 모두 순종을 뜻하는 손괘가 놓여 있다. 위의 지도자도 순리적으로 정치를 하고, 또 아래의 구성원들도 순리적인 자세로 응하므로 국정을 무리 없이 운영할 수 있다.

국민을 복종시키겠다는 마음을 가진 지도자는 국민들의 반감은 살 수 있을지언정, 절대 국민을 복종시킬 수는 없다. 국민은 복종시킬 대상이 아니라, 받들어야 할 대상이다. 국민을 받드는 자세를 가질 때, 국민들은 비로소 따라 움직여준다. 『중용(中庸)』에서는 "높은 하늘의 일은 소리도 없고, 냄새도 없다고 해야 지극함이 된다."라고 했다. 진정한 힘은 지극한 덕에서 나온다. 지극한 덕은 소리도 냄새도 없다. 하물며 힘으로 국민을 다스리려 한다면 그 얼마나 어리석은 생각일까.

지도자가 국민의 뜻을 따라 줌으로써 국민도 지도자의 뜻을 따라 준다. 나라의 발전은 바로 여기서부터 시작된다.

중택태괘重澤兌卦

기쁜 마음은 행복을 불러온다.

중택태괘(重澤兌卦)는 상괘도 하괘도 모두 위에는 음효, 아래는 양효로
된 괘가 중첩되어 만들어진 괘이다. 태괘는 '기뻐한다'는 의미를 가진
괘인데, 만물은 모두 기쁨을 추구함으로 태괘는 만물의 본능을 드러낸
괘라 하겠다.

괘의 형상을 보면 상하괘 모두 공통적으로 아래의 두 양효는 제방
을, 위의 한 음효는 제방 위에서 움직이는 물을 말한다. 제방의 물은 제
방을 울타리로 삼아 바람이 없으면 작게 움직이고, 바람이 세면 크게
움직인다. 한들한들 움직이는 것이 바로 기쁨의 상이 된다. 사람도 기
쁨이 있으면 춤을 추며 움직인다. 한들한들 움직이는 물결은 못이 기
뻐함을 상징하고, 너울너울 추는 춤은 사람의 기쁨을 상징한다.

괘의 성정을 보면 태괘는 소녀(少女)가 된다. 소녀는 감수성이 예민
하고 아름다운 꿈을 안고 있다. 그래서 늘 두근거리고 설레는 기분으로
그 시절을 보낸다. 이때는 세포가 싱싱하고, 또 각종 호르몬의 분비 역
시 왕성하여 몸과 마음에 생기가 넘친다. 그래서 소녀는 '기쁨'의 의미
를 가지게 되고, 또한 '기쁨'은 태괘의 성정이 되는 것이다.

사람은 누구나 다 기쁨을 추구하면서 살아간다. 기쁨이 있는 곳에
바로 행복이 있다. 행복은 모든 생명체들의 공통적인 소망이다. 가장

현명한 사람은 바로 행복을 추구하며 사는 사람이다. 그 행복은 기쁨에서 나온다. 그래서 옛 성현들은 모두 기쁨 속에서 일생을 보내고자 했다. 군자란 바로 기쁨을 잘 누리는 사람을 말한다. 공자는 '진리를 배우고 또 익힘[學而時習之]'으로써 즐거움을 얻었고, 안회(顔回)는 도를 좋아한 나머지 '한 소쿠리의 밥과 한 바가지의 물[簞食瓢飮]'을 먹으면서도 즐겁게 살았다. 주역에서는 덕이 지극히 높으면 '하늘을 즐기고 명을 깨달음[樂天知命]'의 경지에 도달한다고 했다. 삶이 즐겁지 않으면 '군자'라고 말할 수 없다.

중택태괘는 상하괘 모두 강건한 성질을 가진 양효가 아래에 두 개씩 놓여 있고, 부드러운 덕을 가진 음효가 위에 한 개씩 놓여 있다. 이는 외유내강(外柔內剛)의 덕을 가졌음을 의미한다. 속으로는 강한 힘을 가졌지만, 겉으로는 경쾌한 모습을 가진다.

태괘는 '기뻐하다'는 뜻을 가졌지만 점을 쳐서 이 괘를 얻으면, 도리어 기쁨을 억눌러야 한다. 기뻐함이 지나치면 반드시 절제력을 잃어 문제를 야기하기 때문이다. 기쁨이 오면 반드시 강한 자제력을 발휘해야만 오래도록 진정한 기쁨을 누릴 수 있다.

이어진 못이 태(兌)이니, 군자가 이것을 본받아 벗과 함께 강론하고 익히느니라. 〈麗澤(이택)이 兌(태)니 君子(군자) 以(이)하야 朋友講習(붕우강습)하나니라〉

중택태괘(重澤兌卦)는 두 못이 포개져서 된 괘로, '기쁨'이라는 뜻을 가지고 있다. 진정한 기쁨은 뜻이 통하는 벗을 만나 학문을 연마하는데 있다. 그래서 '기쁨'의 뜻을 품은 태괘의 「대상전」에서는 벗의 도리에 대해 가르치고 있다.

중택태괘는 두 개의 태괘(兌卦☱)가 연이어 있으므로 '이택(麗澤)'

이라는 말을 썼다. '이택'은 두 개의 못이 연이어져 있음을 의미한다. 이는 뜻을 같이 하는 벗이 서로 어울려 있는 상태를 상징한다. 벗이란 먼 길을 함께 가는 동행자로서 소중하기 이를 데 없는 존재이다. 좋은 벗의 좋은 사귐은 부족한 부분이 있으면 서로 도와줌으로써 모두가 완전할 수 있게 해준다. 이것을 나타낸 것이 바로 중택태괘이다. 즉, 두 개의 못이 연이어 있으므로 한쪽 못이 고갈되려 하면, 다른 한쪽의 못 물이 흘러들어 고갈을 막아주는 형상을 하고 있다. 서로의 단점을 보충해주는 존재가 바로 친구이다. 그러므로 중택태괘는 바로 벗이 서로의 부족분을 보완해주는 모습을 나타낸 괘이기도 한다.

공자는 이익이 되는 친구를 세 종류로 나누어 말했다. 즉 '벗이 정직함[友直]'과 '벗이 믿음직함[友諒]'과 '벗이 들은 지식이 많음[友多聞]'이 그것이다. 벗의 마음이 곧고 참되어야만 나에게 직언을 해줄 마음을 갖게 되고, 또 학식이 있어야 나를 효과적으로 인도해줄 능력을 갖게 된다. 이러한 사람이라야 비로소 '선을 권하는 도리[責善之道]'를 다하는 진짜 벗이 될 수 있다.

벗은 착한 길로 서로를 인도해주는 존재이다. 그래서 「대상전」에서도 '벗과 함께 강론한다[朋友講習]'라고 말했다. 군자는 같은 괘가 서로 붙어있는 중택태괘의 괘상을 보고서 같은 길을 가는 친구 간에 서로 배움을 주고받음으로써 서로의 성장을 촉진시켜준다. 옛날에는 붕우 간의 인연을 아주 소중하게 여겼다. 함께 공부한 벗끼리는 잘못이 있으면 따끔히 질책을 하여 바로 잡아줌은 물론, 심지어는 생사를 함께 하기도 했었다. 옛사람들이 이렇게 한 것은 벗의 존재를 너무나 소중히 여겼기 때문이다.

공자는 "벗이 먼 곳으로부터 오면 또한 즐겁지 않겠는가."라고 했다. 벗이 오면 왜 즐거울까. 첫째는 자기를 알아주어서 즐겁고, 둘째는 서로 깨달은 바를 주고받음으로써 서로의 성장을 도모할 수 있기에 즐겁다. 중택태괘의 상괘와 하괘는 모두 '기쁘다'는 뜻을 가졌다. 이는 상하의 두 벗이 정신적 교감을 이룸으로써 두 영혼이 동시에 기뻐한다는 뜻을 암시한다.

중택태괘는 참다운 벗의 관계를 말해주는 괘이며, 또한 진정한 기쁨에 대해 말해주는 괘라고 말할 수 있다.

≡

풍수환괘風水渙卦

풍수환괘(風水渙卦)는 위에는 바람을 뜻하는 손괘(巽卦☴)가, 아래는 물을 뜻하는 감괘(坎卦☵)가 놓여서 된 괘로 '흩어짐'의 의미를 가진다. '흩어짐'은 바람이 불 때 일어나는 자연현상이다. 손에 잡히는 것이 없다.

바람의 신을 '비렴(飛廉)'이라고 한다. 비렴이 한 번 세상에 나타나면 산천초목이 모두 흔들거린다..비렴이 물위로 가면 큰 물결과 작은 물결이 동시에 일어나 수국(水國)이 혼란 속에 빠진다. 바람은 타 지역의 소식을 전해주고, 또 새로운 에너지를 몰아오기 때문에 좋은 역할을 하는 자연물이다. 그러나 이것이 물 위로 불어오면 상황이 달라진다. 잔잔하던 수면에 파문이 일어난다. 파문이 커지면 배들이 위험에 빠진다. 바람을 나타내는 손괘에는 나무의 의미도 있다. 물 위의 나무는 배이다. 그래서 풍수환괘는 배가 물 위에 떠있다는 의미를 가지기도 한다. 배를 탄 사람은 늘 긴장 속에 있어야 한다. 물결이 언제 변할지 모르기 때문이다. 환괘는 '기쁘다'는 의미의 중택태괘(重澤兌卦☱)를 뒤이어 나왔다. 그래서 환괘를 만난 경우에는 마음이 들떠 있을 수 있다. 이점을 특히 주의해야 한다. 기쁨에 도취되어 있으면 결국 파란이 일어나 모든 복을 거두어 간다.

우리나라는 과거에 가난 때문에 많은 고통과 설움을 겪었다. 그러나 이제는 의식주 문제가 해결되었고, 또 전자산업 분야에 있어서는 세계 제일의 나라가 되었다. 이제 한국은 세계의 부러움을 사는 나라가 되었다. 그러나 방종과 자만의 바람이 불어오면 공들여 쌓은 탑이 다 무너진다. 바람이 물결을 뒤흔들고 가면 수국은 혼란에 빠진다. 형편이 조금 풀렸다고 하여 마음까지 풀어버리면, 그 집단의 운명은 곧바로 내리막을 달리게 된다. 안타깝게도 지금의 우리나라에는 방종과 자만의 바람이 세차게 일고 있다. 물 위에 바람이 불면 위험이 뒤따른다. 정신이 타락한 나라는 반드시 망한다.

조직원들의 마음이 흐트러지면 지도자 자신은 물론, 조직원들의 마음을 다잡도록 조치해야 한다. 그렇게 하려면 이벤트가 필요하다. 괘사(卦辭)에 "환(渙)은 형통하다. 왕이 사당에 이르며 큰 내를 건넘이 이롭다."라고 했다. 괘사에서는 지도자는 물론, 모든 구성원들이 사당에 나아가 정성껏 제사를 지내라고 했다. 제사는 나태해진 정신을 긴장시킴과 함께 구성원들의 뜻을 하나로 모으는 역할을 한다. 만약 제사를 지내지 않겠다면, 이에 준하는 행사를 치를 필요성이 있다. 이렇게 하면 큰일을 이루는 데 필요한 에너지를 모을 수 있다.

환괘는 '흩어짐'을 뜻한다. 이는 인간사의 한 단면에 해당한다. 좋은 때가 왔다고 해서 해이한 태도로 살아서는 안된다. 그러면 모든 복이 다 흩어지고 만다.

바람이 물 위를 행하는 것이 환(渙)이니, 선왕이 이를 보고서 상제께 제향을 드리며 사당을 세우느니라. 〈風行水上(풍행수상)이 渙(환)이니 先王(선왕)이 以(이)하야 享于帝(향우제)하며 立廟(입묘)하나니라〉

59-2
김기의 주역 대상전 풀이

바람이 수면 위로 지나가면, 고요하던 물결이 파란을 일으키며 사방으로 흩어진다. 물 위에 바람이 부는 모양을 한 풍수환괘는 바로 '흩어짐'의 의미를 가진 괘이다. 인간세상의 일도 물결처럼 흩어질 수 있다. '흩어짐'의 때를 만나면 지도자는 우선 자신의 정신은 물론, 구성원들의 정신도 하나로 모아야 한다. 그래야만 일이 흩어지는 위태로운 상황을 극복해낼 수 있다.

동서양을 막론하고 예로부터 정신을 가다듬기 위해 종교의식을 활용했다. 예배를 하거나 기도를 하거나 제사를 지내는 것은 모두 종교적 행위로, 이것은 사람의 정신을 하나로 모으는데 아주 큰 효과를 발휘한다. 그래서 「대상전」에서도 "선왕이 이를 보고서 상제께 제향을 드리고 사당을 세우느니라."라고 한 것이다. 이 말에서 고대의 성스러운 임금이 혼란한 때를 만나면, 정신을 하나로 모으는 제사의식을 치렀음을 알 수 있을 것이다.

'공경한다'는 뜻의 '경(敬)'자는 본래 신(神)을 공경할 때 쓰는 글자이다. 신에게 예를 올릴 때는 공경심을 극진히 가진다. 공경심을 극진히 가지면 정신이 저절로 모아진다. 공경스럽게 제사를 드리는 것은 신을 섬긴다는 의미도 있지만, 그것과 별도로 사람의 정신을 하나로 집중시키는 효과도 가진다. 송대(宋代)의 성리학자인 정자(程子)는 공경을 마음 수양의 차원에서 활용하기도 하였다. 그는 공경의 의미를 '주일무적(主一無適)'으로 풀이했다. 즉 '정신을 하나로 모아 다른 데로 가지 않도록 한다'는 의미이다. 정신을 하나로 집중하는 것은 마음 수양의 시작이요 끝이다.

지도자는 물론 구성원들의 정신이 흐트러지면, 그 조직에서 하던 일도 자연히 흐지부지 되고 만다. 반대로 지도자가 정신을 공경히 모으고, 더 나아가서는 구성원들이 정신을 하나로 모으면, 흐지부지되던 일도 다시 정돈이 된다. 『중용』의 "공손을 돈독히 함에 천하가 평정된다."는 구절은 공경의 효과를 극적으로 드러낸 말이다.

공경히 제사를 지내면 각자의 정신이 각성되고, 또 구성원들 간에 한 마음을 이룰 수 있다. 다종교 시대인 지금은 특정 신에 대한 제사의식이 아니더라도, 결의대회나 단합대회를 통하여 각오를 다지고 정신을 가다듬는다. 조직원들끼리 결의대회나 단합대회를 여는 것은 바로 현대적 의미의 제사라고 말할 수 있다. 조직을 이끌어가는 형태는 시대에 따라 달라도 그 원리는 동일한 것이다.

일이 흩어지려 할 때는 비상수단을 강구해야 한다. 그것은 지도자 이하 모든 구성원들의 정신을 각성시키고, 또 단합시키는 의식을 행하는 것이다. 지혜로운 지도자는 이것을 적절히 활용할 줄 알아야 한다.

수택절괘水澤節卦

60-1 절제는 고통을 수반하지만 더 나은 미래를 보장한다.

경기의 주역 대상전 풀이

수택절괘(水澤節卦)는 위에는 물을 뜻하는 감괘(坎卦☵), 아래는 못을 뜻하는 태괘(兌卦☱)가 놓여서 된 괘이다. 수택절괘는 아래의 못이 위의 물을 가두는 형상을 하기에 '절제'의 뜻을 가진다.

절제는 중용에 이르게 하는 방편이다. 절제의 덕을 가질 때, 상황에 지나침도 모자람도 없게 처신할 수 있다. 그래서 『중용(中庸)』에서는 "희로애락이 발동하여 다 절도에 맞는 것을 '화(和)'라 한다."고 하였다. 사람이 상황에 따라 희로애락의 감정이 발동하게 되는데, 이때 감정을 적절히 절제하면 지나침도 모자람도 없는 경지에 이를 수 있다. 이 상태를 '조화[和]'라고 한다. 만약 조화의 상태를 이루었다면 노기를 발해도 노한 것이 아니다. 노해야 할 때 노하면, 아무도 노하였다고 나무라지 않는다. 절제의 미덕을 가지면 감정은 조화의 세계에 이른다.

절괘 앞에는 '흩어진다'는 의미의 풍수환괘(風水渙卦☴)가 있다. 사물이 풀리어 흩어지면 반드시 절제하여 다시 결속시켜야 한다. 그래야만 존속이 가능해진다. 그래서 환괘 다음에 절괘가 나오게 되었다. 괘가 가진 성품으로 보면 위에는 '지혜'를 상징하는 맑은 물이 있고, 아래는 '기쁨'을 상징하는 춤추는 연못이 있다. 즉 쾌락을 추구하는 것은 모든 동물의 본능이다. 그래서 쾌락을 원천봉쇄할 필요는 없다. 정신적

256

쾌락이건 육체적 쾌락이건, 지혜로써 상황을 살피어 상황에 맞게 절제하여 쾌락을 누린다면 이것은 허물이 아니다. 상황에 맞는 절제야 말로 중용에 맞는 진정한 절제이다.

괘상(卦象)으로 보면 위의 감괘는 물이 되고, 아래의 태괘는 못이 된다. 물이 못 속에 가두어져 있는 모습이 바로 '절제한다'는 의미를 가진 수택절괘의 괘상이다. 물이 범람하면 지상의 만물은 쓸려 가버린다. 그러므로 물의 범람을 막아주는 제방은 사람들에게 더없이 중요한 역할을 해준다. 제방은 '절제'를 상징한다. 인간 세상에서도 절제의 미덕은 중요한 역할을 한다. 이것이 없다면 세상은 금세 혼란에 빠져들고 만다. 그러나 절제가 너무 과도하면 삶이 힘들어진다. 그래서 괘사(卦辭)에서 "절(節)은 형통하니, 괴로움을 주는 절제는 곧게 해서는 아니 되니라."고 하였다. 즉 세상사는 절제를 함으로써 형통해지는데, 만약 절제가 중용에서 벗어나면 몸만 괴롭게 할 뿐, 아무 이익도 거둘 수 없다는 뜻이다.

절제는 사회는 물론, 개인의 행복을 위해서도 반드시 필요한 미덕이다. 적당한 강도로 자기를 절제하면 속이 꽉 찬 사람이 된다. 마치 배추의 둘레를 끈으로 적당히 묶어주면 속이 꽉 차는 것처럼.

60-2
정기의 주역 대상전 풀이

못 위에 물이 있는 것이 절(節)이니, 군자가 이것을 본받아, 수량과 법도를 제정하며 덕행을 의논하느니라. 〈澤上有水(택상유수) 節(절)이니 君子(군자) 以(이)하야 制數度(제수도)하며 議德行(의덕행)하나니라〉

수택절괘(水澤節卦)는 '절제한다'는 뜻을 가진다. 절제는 조화로운 사회를 이룸에 있어 꼭 필요한 덕목이다. 법과 제도로써 외적인 절제를 이루고, 내면의 덕행을 닦음으로써 내적인 절제를 이루어야 한다. 그러할 때, 인간사회는 안정을 누릴 수 있다.

법과 제도는 사회 구성원들의 행위를 절제시키는 역할을 한다. 이것이 없으면 사회는 혼란 속에 빠져들고 만다. 그러나 법과 제도가 상황에 맞지 않아도 또한 사회는 혼란 속에 빠져들고 만다. 법과 제도는 상황에 맞게 만들어져야만 본연의 가치를 다하게 된다. 그렇게 되면 누구도 법과 제도에 대해 반감을 가지지 않고, 도리어 고맙게 여길 것이다.

상황에 맞게 하는 정치가 바로 최고의 정치형태인 무위정치(無爲政治)이다. 우(禹)임금이 큰 홍수를 성공적으로 다스릴 수 있었던 것은 바로 '무위(無爲)의 덕을 행함[行其所無事也]' 때문이다. 우임금은 물길을 인위적으로가 아닌, 지리적 상황에 맞게 자연스럽게 인도한 덕에 홍수를 다스릴 수 있었다. 이렇게 되면 인위가 도리어 무위자연이 된다. 상황에 맞는 제도나 법률은 세상을 조화롭게 만든다.

훌륭한 정치를 펴려면 법과 제도를 갖추는 한편, 교육을 통하여 국민들로 하여금 내적인 절제를 이룰 수 있도록 인도해주어야 한다. 법과 제도로만 무질서를 막는 데에는 한계가 있다. 아무리 법과 제도를 치밀하게 만들었다고 해도, 그것이 가진 허점을 찾아 교묘하게 범법행위를 하려는 사람이 많아지면 법과 제도는 쓸모가 없어진다. 그러므로 국민들로 하여금 자신의 욕망을 절제하는 법, 즉 덕성을 함양할 수 있도록 여건을 만들어 주어야 한다. 이것이 바로 훌륭한 정치를 함에 있어 근본이 되는 처방이다.

지금 우리 국민의 관심은 돈과 외모, 그리고 쾌락을 누리는 데만 집중되어 있다. 반면, 절제의 미덕을 길러주는 덕성교육은 등한시한 지가 이미 오래되었다. 이제는 돈이 최고라는 생각과 요령껏 법망을 피하려는 습관이 견고해졌다. 그래서 요즈음의 뉴스에서는 전에 없던 파렴치한 범법자들에 대한 소식을 쉽게 접하게 된다. 우리나라를 행복한 세상으로 가꾸려면 이제라도 국민 모두가 자기 절제를 능숙히 할 수 있도록 가르쳐야 한다.

수택절괘가 가르치는 의미는 아주 크다. 제방이 없으면 물이 넘치듯이 국가든 개인이든 자기 절제를 이루지 못하면 결국 무너지고 만다.

61-1 신망을 얻으면 맨손으로도 살 수 있다.

풍택중부괘(風澤中孚卦)는 위에는 바람을 뜻하는 손괘(巽卦☴), 아래는 못을 뜻하는 태괘(兌卦☱)가 놓여서 된 괘이다. 바람이 못 위로 불어와 아는 척을 하자 못이 거기에 응하여 물결을 일으켜 화답을 해준다. 그래서 바람과 못이 합해져서 된 풍택중부괘는 '신뢰' 또는 '믿음'을 상징하는 괘가 되었다.

못물은 둑 없는 물과는 달라 물결이 끝없이 흩어지지는 않는다. 그래서 풍택중부괘는 둑 없는 물 위에 바람이 부는 괘인 풍수환괘(風水渙卦)와 그 뜻이 같지 않다. 중부괘 앞에는 '절제한다'는 의미의 수택절괘(水澤節卦☵)가 있었다. 절도가 있어야 모두가 믿게 되므로 중부괘가 절괘를 뒤이어 나왔다.

만약 신뢰가 없다면, 천지자연도 인간도 모두 일관성 있는 삶을 가꿀 수 없다. 인체의 경우 오장육부가 각자의 직분을 일관성 있게 수행하지 못하면, 생명을 지속시킬 수 없다. 그래서 오행(五行)에서도 '신뢰'의 덕을 가진 토(土)는 나머지 사행(四行)인 수(水)·화(火)·목(木)·금(金)의 토대가 된다. 만약 토가 없다면 수·화·목·금은 어디에다 몸을 둘 것인가. 또한 토가 없으면 만물이 존립할 수 없듯이 신의가 없으면 어떤 덕행도 실현할 수가 없다. 오행에서 수는 '지혜[知]', 목은

'어짊[仁]', 화는 '예의[禮]', 금은 '의리[義]'의 덕을 가지는데, 토의 '신의[信]'가 없다면 이러한 덕을 현실에서 실현시킬 수가 없다.

신뢰는 인간에게 가장 중요한 덕목이다. 공자는 군대와 양식과 신뢰 중 신뢰를 가장 중시했다. 군대가 없으면 적의 칼에 죽고, 양식이 없으면 굶어죽겠지만, 신뢰가 없으면 아귀다툼을 하다가 결국에는 추하게 공멸한다. 그래서 공자는 '신의가 없으면 설 수 없다[無信不立]'고 하는 유명한 말을 남겼다.

중부괘는 위에는 겸손을 뜻하는 손괘, 아래는 기쁨을 뜻하는 태괘가 결합하여 이루어진 괘이다. 양보하는 마음과 기쁨의 감정이 화합하면 상호간에 의기가 투합하여 신뢰가 축적된다. 그래서 손괘와 태괘가 합해진 중부괘는 신뢰를 의미하는 괘가 된다. 그리고 괘상을 보면 괘의 속은 텅 비어 있다. 속을 비워야 진실한 사귐을 이룰 수 있다. 만약 사람을 사귀면서 속을 비우지 않고 엉큼한 속셈을 가진다면, 결국 서로 의기투합하지 못한다. 그래서 속이 텅 빈 중부괘는 '신뢰'의 의미를 가진 괘가 되었다.

신뢰는 협동을 이루게 하고, 협동은 무슨 일이든 이루게 한다. 그래서 괘사(卦辭)에서는 "믿음이 돼지와 물고기에까지 하면 길하니, 큰 내를 건넘이 이롭다."라고 했다. 즉 신뢰가 천하에 가득차서 짐승에게까지 미칠 정도가 되면 무슨 일이든 이룰 수 있다는 의미이다. 만약 구성원들이 서로 믿지 못하면 협조는커녕 현상유지도 하기 어렵다.

중부괘는 신뢰가 쌓여야 큰일을 이룰 수 있음을 가르치는 괘이다.

못 위에 바람이 있는 것이 중부(中孚)니, 군자가 이것을 본받아 옥사 (獄事)를 의논하며 사형(死刑)을 느슨하게 하느니라. 〈澤上有風(택상 유풍)이 中孚(중부)니 君子(군자) 以(이)하야 議獄(의옥)하며 緩死(완 사)하나니라〉

바람과 못이 합해진 풍택중부괘(風澤中孚卦)는 '신뢰' 또는 '믿음'을 나 타내는 괘이다. 바람이 못물과 화합하여 서로 어울리는 것이 바로 '신 뢰'의 상징이 된다. 바람이 불어와 기운을 보내자 못물이 그것에 호응 하여 움직여주는 것은 상호신뢰를 바탕으로 하지 않으면 연출될 수 없 는 광경이다.

서로 신뢰가 쌓이면 서로를 배려해줌이 인지상정(人之常情)이다. 옥관(獄官)이 범법자를 다스림에 있어, 범법자가 옥관의 훈계를 듣고 자기 죄를 뉘우치면 양자 간에 신뢰가 싹튼다. 이렇게 되면 옥관은 정 상참작(情狀參酌)을 해야 한다. 법이 존재하는 궁극적인 목적은 질서 를 확보하는 데 있다. 결코 사람을 벌주는 데 있는 것이 아니다. "죄는 미워도 인간은 미워하지 말라."는 말이 있다. 만약 범법자가 자기 죄를 진정으로 반성한다면 상호신뢰를 담보로 하여 관대한 처분을 내려주 어야 한다. 이렇게 할 때 법은 사람을 잡는 그물이 아니라, 도리어 사람 을 살리는 도구로 거듭날 수 있다.

지금 우리나라에서는 죄의 질 또는 범법자의 태도에 따라 훈방, 감 형, 사면 등의 교도를 목적으로 하는 처분을 내리기도 한다. 물론, 이 는 극악한 범죄를 저지른 범법자들을 제외한 나머지의 범법자들 중에 반성하는 모습이 현저한 사람에게 주로 내려진다. 「대상전」에서 "옥사 (獄事)를 의논하며 사형(死刑)을 느슨하게 한다."고 한 말은 바로 이러 한 경우를 두고 한 말이다. '옥사를 의논한다'는 말은 여러 상황을 고려 하여 판결을 내림을 뜻한다. '사형을 느슨하게 한다'는 말은 함부로 사 형을 내리지 않음을 뜻한다. 이 말들에는 범법자가 반성을 하면 관대하게 처벌하라는 뜻이 담겨있다. 그러나 상호신뢰가 바탕이 되지 않으면 이 말은 시행될 수 없다.

만약 뉘우치지 않고 범법 행위를 계속 하는 경우에는 법의 권위가 추상같음을 보여주어야 한다. 법의 관용을 교묘히 이용하는 자에게는 진시황(秦始皇) 때보다 더 엄정하게 법을 적용시켜야 한다. 법이 너무 가혹하면 민심이 경직되지만, 법이 너무 관대하면 나라 전체가 범죄자의 소굴이 되고 만다. 법이 너무 가혹한 것도, 너무 관대한 것도 모두 중용을 잃은 처사이다. 그래서 법은 '엄정함'을 근본으로 하되, 오직 범법자가 감화를 받아 자기 허물을 깊이 반성한다면, 이때는 정상을 참작하여 관대한 처분을 내리도록 해야 한다.

풍택중부괘는 '신뢰'의 의미를 가진 괘이다. 반성하는 범법자에게는 신뢰를 바탕으로 하여 형벌을 가볍게 해주어야 한다. 이렇게 할 때, 법은 사람을 살리는 보검(寶劍)이 된다.

뇌산소과괘雷山小過卦

뇌산소과괘(雷山小過卦)는 '조금 지나치다'는 뜻을 가진 괘이다. 위에는 우레를 뜻하는 진괘(震卦☳), 아래는 산을 뜻하는 간괘(艮卦☶)가 포개져서 된 괘이다. 소과괘는 우레가 산 위에서 터지는 상으로, 우레가 산 위에 터지면 정적을 깨는 굉음이 울려 퍼진다. 그러나 그 소리가 하늘에서 울리는 것보다는 크고 넓지 못하므로 '조금 지나침'의 뜻을 가진다.

소과괘는 '신뢰'를 의미하는 풍택중부괘(風澤中孚卦)를 이어서 나왔다. 보통 사람들은 신뢰를 얻으면 세력을 믿고 함부로 행동함으로써 결국 작은 허물을 남긴다. 그래서 중부괘 다음에 '조금 지나침'을 뜻하는 소과괘가 나왔다.

괘가 가진 덕성에 근거해서 보면 위의 진괘는 떨쳐 올라가는 성질을 가졌고, 아래의 간괘는 멈추는 성질을 가졌다. 위의 진괘는 올라가려 하고, 아래의 간괘는 이에 응하지 않고 요지부동하고 있다. 그래서 화합과 발전이 아니라, 도리어 허물을 남기게 된다. 이 때문에 진괘와 간괘가 포개져서 된 괘는 '조금 지나침'을 뜻하는 소과괘가 된다.

괘상(卦象)을 보면 두 양효가 가운데 있고, 상하에 각각 두 개의 음효가 감싸고 있다. 이 모양은 살이 찬 새의 몸통과 유연한 양 날개를 닭았다. 그래서 소과괘는 새에 비유하여 괘를 해석했다. 즉 괘사(卦辭)에서는 "작은 일은 가능하고 큰일은 불가능하니, 나는 새가 소리를 남김에 마땅히 위로 가지 말고 마땅히 아래로 오면 크게 길하다."고 했다. 이 말은 소과는 작은 허물이 있기에 작은 일은 감당할 수 있지만, 큰일은 이루기가 어렵다는 뜻이다. 그러니 마치 하늘을 나는 새가 힘들다는 신호 소리를 보냄에 모두가 더 이상 위로 오르지 않고 하강함이 좋은 것처럼, 소과괘를 만나면 일을 더 이상 확장시키지 말아야 한다. 그래야만 큰 허물을 면할 수 있다.

택풍대과괘(澤風大過卦䷙)는 위에는 태괘(兌卦☱), 아래는 손괘(巽卦☴)가 더해져 된 괘이다. 대과괘는 최상과 최하의 효만 음효이고, 속의 네 효는 모두 양효이다. 약한 음효 두 개가 양쪽에서 네 개의 양효를 담고 있으니, 역량에 비해 상대해야 할 대상이 지나치게 크다. 그래서 이 괘는 '크게 지나치다'는 의미를 가진 대과괘(大過卦)가 되었다. 그러나 소과괘는 많은 음효들 속에 두 개의 양효가 담겨있어, 음에 비해 양의 역량이 적은 형상을 취하고 있다. 그래서 이 괘는 '소과'의 의미를 가진다.

소과괘는 적은 수의 양이 많은 수의 음 사이에 있으면서 조직을 관리하는 형국을 한 괘이다. 당연히 과실을 남길 수밖에 없다. 이럴 때는 매사에 조심성 있게 응하는 것이 가장 현명한 태도이다.

62-2
경기의 주역 대상전 풀이

산 위에 우레가 있는 것이 소과(小過)이니, 군자가 이것을 본받아 행동을 함에 공손함이 조금 지나치게 하며, 초상을 치름에 슬픔이 조금 지나치도록 하며, 사용함에 있어 검소함이 조금 지나치게 하느니라.
〈山上有雷(산상유뢰) 小過(소과)니 君子(군자) 以(이)하야 行過乎恭(행과호공)하며 喪過乎哀(상과호애)하며 用過乎儉(용과호검)하느니라〉

뇌산소과괘(雷山小過卦)는 산 위에 우레가 터지는 상을 가진 괘이다. 산 위에 우레가 터지면 소리가 울려 퍼진다. 그래서 소과괘는 평상시가 아니라, 약간의 소란이 있는 상황을 드러낸 괘가 된다.

세상사는 중용(中庸)에 맞게 하는 것이 최선의 길이다. 중용은 매사에 항상 과불급(過不及)이 없이 적당함을 얻는 것을 말한다. 그러나 중용을 얻기는 참으로 어렵다. 공자는 "천하국가도 평정할 수 있으며, 작록도 사양할 수 있으며, 흰 칼날도 밟을 수 있으나, 중용은 능히 할 수 없다."라고 했다. 이 구절은 중용이 진짜 불가능하다는 뜻이 아니라, 그만큼 행하기 어렵고, 또 중요하다는 사실을 알려주는 말이다.

소과괘는 산 위에 우레가 울리는 형상을 한 괘이다. 세상사로 말한다면 평상시의 상황이 아니다. 어지러운 시기는 변동이 많으므로 처신을 알맞게 하기가 평상시보다 쉽지 않다. 그래서 소과의 시기에는 평상시보다 좀 더 자기 내면을 단속하여야만, 과불급이 없는 삶을 살아갈 수 있다. 혼란한 소과의 시기에는 반드시 밖으로 나서기 보다는 내실을 다지는 삶을 살도록 힘써야 한다.

소과의 때를 만나 작은 허물을 면치 못할 상황이라면 위선과 무성의함에 기인하여 허물을 남기기보다는, 차라리 참되게 하려다가 허물을 남기는 쪽이 흠이 더 적다. 그래서 공자는 "선인(先人)들은 예악에 질박하나, 후인들은 예악에 화려하다. 만일 쓴다면 나는 선인을 따르리라."고 했다. 앞 시대에는 문식(文飾)이 갖추어지지 못해 겉은 비록 투박하지만 마음은 진실했다. 그러나 후세 사람은 한갓 형식만 화려하게 할 뿐, 속에 정성이 없다. 만약 내면의 정성과 표면의 형식을 함께 잘 갖추면 금상첨화이겠지만, 그렇지 못할 때는 표면보다는 속을 정성스럽게 하는 것이 더 가치 있는 일이다. 그래서 「대상전」에서도 '공손함이 부족하여 오만하기보다는 차라리 공손함이 넘치게 할 것이요, 장례

266

에 임하여 성의 없이 외형만 꾸미기보다는 차라리 애도의 정성이 넘치게 할 것이요, 소비를 함에 사치하여 낭비하기보다는 차라리 검소하게 하라'고 했다. 이는 모두 내면을 충실히 하는 삶을 살라는 뜻으로 한 말이다.

소과는 '조금 지나침'을 말한다. 이는 작은 불안이 있음을 뜻한다. 시국이 불안 할 때는 함부로 나서기 보다는 조심스럽게 자기를 단속하여야 한다. 그래서 소과의 시기를 맞이하면 반드시 평상시보다 좀 더 공손하고 참되고, 또 검소하게 행동해야 한다.

수화기제괘水火旣濟卦

63-1
김기의 주역 대상전 풀이 **소통이 원활하여 만사가 조화롭다.**

수화기제괘(水火旣濟卦)는 위에는 물을 뜻하는 감괘(坎卦☵)가, 아래는 불을 뜻하는 이괘(離卦☲)가 더해져서 된 괘이다. 불은 하강하고, 물은 상승하여 서로 사귐을 이루었으므로 '완성'의 뜻을 가진 괘가 된다.

수화기제괘는 모든 효들이 정위(正位)를 얻은 상태에 있다. 양효는 양수(홀수)자리에, 음효는 음수(짝수)자리에 놓여있다. 그리고 제1효와 제4효, 제2효와 제5효, 제3효와 제6효가 각각 음과 양이 정합(正合)을 이루고 있다. 즉 정응(正應)이 되어 있다는 말이다. 여섯 개의 효가 모두 정위를 차지하면서 정응을 이룬 괘는 오직 수화기제괘 뿐이다.

그리고 수화기제괘는 물과 불이 서로 자리바꿈을 하여 기운이 원활히 교류되고 있는 상태의 괘이다. 그래서 수화기제괘는 조화로움을 나타내는 괘가 되었다. 위에 있는 태양의 화기는 내려오고 아래 있는 강과 바다의 수기는 올라가면, 그 가운데 있는 만물은 조화로운 생육을 구가한다. 만약 화기는 위에, 수기는 아래에 각각 머문다면 어떻게 될까. 인체를 예로 들면, '머리는 뜨겁고 발은 차가움[頭熱足寒]'의 상태가 되어 심신의 부조화를 초래한다. 천지자연도 인간의 몸도 수기는 위로 올라가고, 화기는 내려와야만 생명활동을 조화롭게 영위할 수 있다.

수화기제괘는 여섯 효 모두 정위와 정응을 얻었고, 또 생명을 이루는 양대 요소인 물과 불이 서로 교류를 이루고 있다. 그래서 기제괘는 64괘 중에 특별한 의미, 즉 '존재의 가장 이상적인 상태'를 나타낸 괘라 할 수 있다.

주역에서는 중천건괘(重天乾卦☰)의 하늘과 중지곤괘(重地坤卦☷)의 땅이 먼저 나온 다음, 만사만물의 역사가 시작이 된다. 그리고 여러 과정을 지나 63번째의 기제괘에 이르러 마침내 모든 것이 완성된다. 기제괘 앞에는 '조금 지나치다'는 뜻의 뇌산소과괘(雷山小過卦☳)가 있었다. 허물이 있으면 반드시 바로 잡아야 한다. 그래서 소과괘 뒤에는 '바로 잡아 완성한다'는 의미를 가진 기제괘가 나왔다.

천지자연은 계속 변한다. 허물에서 완전함으로, 완전함에서 다시 불완전함으로 달려간다. 완성을 뜻하는 기제괘에는 '무너짐' 또는 '불완전'의 씨앗이 이미 숨겨져 있다. 행복 속에 불행의 씨앗이 싹트는 것처럼. 그래서 기제괘의 괘사(卦辭)에서 "형통함이 작으나 바르게 함이 이로우니, 처음에는 길하고 끝에는 어지러워진다."라고 한 것이다.

'호사다마(好事多魔)'란 말이 있다. 완성 뒤에는 반드시 무너짐이 있다. 기제괘가 주는 가르침은 완벽할 때 조심하라는 것이다. 점을 쳐서 이 괘를 얻으면 우선은 좋다. 그러나 방심하면 쇠퇴의 길로 접어든다.

63-2
김기의 주역 대상전 풀이
물이 불 위에 있음이 기제(旣濟)이니, 군자가 이것을 본받아 우환이 생길까 염려하여 미리 막느니라. 〈水在火上(수재화상)이 旣濟(기제)니 君子(군자) 以(이)하야 思患而豫防之(사환이예방지)하나니라〉

수화기제괘(水火旣濟卦)는 물이 위로 올라갔고, 불이 아래로 내려와 있는 형상을 한 괘이다. 아래의 물이 위로 올라가서 위의 열기를 식혀주고, 위의 불이 아래로 내려와서 아래의 냉기를 해소시켜주므로 기제괘는 물과 불이 가장 이상적인 관계를 형성하고 있는 괘이다.

상하가 기운을 교류하여 이미 이상적인 상태를 유지했다면 더 이상 바랄 것이 없다. 그러나 세상만사는 부단히 변한다. 세상은 항상 변화를 구사해 가고 있다. 그러면 변화를 이루어가는 그 원리는 무엇인가. 바로 우주의 구성원들 간에 서로 주고받는 힘에 의해서 이루어진다. 노자의 '만물은 상황에 따라 스스로 움직인다'는 무위자연설(無爲自然說)과 석가모니의 '모든 존재는 상호간의 관계성 속에서 이루어진다'는 연기설(緣起說)은 바로 이러한 이치를 나타내는 이론이다.

자연계든 인간계이든, 모든 것은 극에 도달하면 반드시 근본으로 되돌아간다. 그래서 노자는 "되돌아가는 것은 도의 운동양식이다."라고 말했다. 이 말은 자연의 움직임은 본래 극도의 지경에 도달하면 반드시 반대로 되돌아옴을 뜻하는 말이다. 오르막의 정점에 가면 더 오를 곳이 없기에 자연히 내리막으로 향한다. 또 내리막의 끝에 가면 더 내려갈 곳이 없기에 자연히 다시 오르막으로 향한다. 이것이 바로 자연의 이치요, 세상사의 이치이다.

기제괘는 인간사에서 보면 완벽한 행복에 이르렀음을 의미하는 괘이다. 대부분의 사람들은 이때 성취감에 젖어 자만에 빠진다. 이 순간이 바로 쇠망의 시작점이다. 쇠망의 싹은 최고의 번성기에 이르렀을 때, 곧바로 돋아난다. 그러므로 행복을 오래 지키려면 절대 자만심에 빠져서는 안 된다. 도리어 아직 이루지 못한 것 같은 태도를 취해야 한다. 만약 자신의 목표를 다 이루어 더 바랄 것이 없는 상태에 이르렀다고 하더라도, 자만에 빠지지 않는다면 설령 망하고자 해도 쉽게 망하지 않는다. 영원히 망하지 않는 길은 바로 자만심을 버리는 속에서 찾을 수 있다.

큰 성공을 거두어놓고 얼마 못 가서 무너지는 것은 모두 다 자만심

을 내어 안일 속에 빠져버렸기 때문이다. 그래서 '완성'을 뜻하는 기제
괘의 「대상전」에서는 장차 찾아올 우환을 미리 대비하라고 경계한 것
이다.

≣
화수미제괘火水未濟卦

완성을 위해 다시 노력해야 한다.

화수미제괘(火水未濟卦)는 '미완성'을 의미하는 괘로, 위에는 불을 뜻하는 이괘(離卦☲)가 있고, 아래는 물을 뜻하는 감괘(坎卦☵)가 있다. 불이 위에 있고, 물이 아래 있는 형상을 한 괘가 바로 화수미제괘이다.

음과 양은 서로 대비되는 성질을 가짐과 동시에 상호보완적인 성질을 가진다. 그래서 음양이 화합해야 사물을 이루는데, 이것을 「계사전」에서는 "남녀가 정기(精氣)를 합함에 만물이 화생(化生)한다."라고 표현했다. 물은 음기를 불은 양기를 각각 대표한다. 이 둘이 서로 섞여야만 새로운 것이 탄생된다. 태양의 화기가 아래로 내려오고, 땅의 수기가 위로 올라가서 화기와 수기가 지상에서 서로 만날 때 비로소 생명체가 탄생한다. 이것을 나타내는 괘가 바로 수화기제괘(水火旣濟卦☲)이다. 이와 반대로 물이 아래에 그대로 있고 불이 위에 그대로 있어, 상하가 서로 교감을 이루지 못하는 상태를 '미완의 상태'라고 하는데, 이 상태를 나타낸 괘가 바로 화수미제괘이다.

주역 64괘는 중천건괘(重天乾卦☰)와 중지곤괘(重地坤卦☷)에서 시작한다. 이 두 괘는 하늘과 땅을 의미하는데, 하늘과 땅은 만물에게 생육의 공간을 제공하는 한편, 생명의 기본 원소를 제공해주는 부모의 역할도 한다. 그래서 건괘와 곤괘가 주역의 첫머리에 나온 것이다. 그리고 60개의 괘를 지나면서 마침내는 수화기제괘를 거쳐 화수미제괘에 이르러 주역의 순환은 끝을 맺었다. 여기엔 중요한 의미가 담겨있다. 세상사는 시작이 있으면 그로부터 완전함을 향해 나아간다. 이윽고 완전함에 도달했다 싶으면, 다시 불완전함으로 나아간다. 불완전함은 다시 완전함을 얻기 위해 자기 변신을 구사하기 시작한다. 이처럼 불완전과 완전함은 끝없이 순환한다. 만약 완전한 상태에서 계속 머물러 있으면 세상은 더 이상 변화를 구사하지 않는다. 변화가 없다는 것은 바로 사멸을 뜻한다. 그래서 생명을 영원히 유지시키려면 완성을 뜻하는 수화기제괘에서 미완성의 화수미제괘로 다시 되돌아가야 한다.

미제괘는 '불완전함'을 뜻한다. 괘사(卦辭)에 "형통하니, 어린 여우가 용감히 건너서 그 꼬리를 적시니, 이로울 바 없다."라고 했다. 어린 여우는 함부로 움직인다. 그래서 문젯거리를 만들어낸다. 문제가 없으면 변화가 없다. 새로운 역사는 작은 문제를 해결하는 것에서부터 다시 시작되고, 또 발전해 나간다. 이것이 '완전함'의 의미를 가진 기제괘 뒤에 '불완전함'의 의미를 가진 미제괘가 뒤따르게 된 이유이다.

'불완전함'이 바로 변화의 출발점이요 원동력이다. 불완전하기에 변화의 소용돌이를 일으키며 완전함을 추구해간다. 이것이 바로 우주가 영원한 생명을 누릴 수 있도록 해주는 기본 원리이다.

64-2
감기의 주역 대상전 풀이

불이 물 위에 있는 것이 미제(未濟)이니, 군자가 이것을 본받아 사물을 삼가 분별하여 제자리에 있게 하느니라. 〈火在水上(화재수상)이 未濟(미제)니 君子(군자) 以(이)하야 愼辨物(신변물)하야 居方(거방)하나니라〉

만물은 있어야 할 자리에 있을 때 가장 아름답고, 또 그 가치를 다할 수 있다. 있어야 할 곳이 아닌 곳에 있으면 결국 버려진 짐의 신세가 되고 만다.

불의 근원인 태양은 위에 자리해 있고, 물의 근원은 땅 아래에 자리해 있다. 그러나 물과 불이 서로 힘을 합해 만물을 생성하고 운영하려면 물과 불이 서로 자리바꿈을 해야 한다. 만약 물이 솥 아래에 있고 불이 솥 위에 있으면 음식물은 절대 삶겨지지 않는다. 물이 아래에 있고 불이 위에 있으면 변화가 일어날 수 없다. 현명한 지도자는 자연계의 이러한 형상을 보고서 사물을 원활히 유통시켜 각각 있어야 할 자리에 있도록 조치한다. 그래서 「대상전」에서는 "사물을 삼가 분별하여 제 자리에 있게 하느니라."라고 하였다. 만물이 각각 있어야 할 자리에 있어야만, 조화로운 세상을 이룰 수 있다.

서로의 것을 바꾸는 것을 교역이라 한다. 교역이 이루어지는 장소가 바로 시장이다. 시장은 고대로부터 있어왔다. 「계사전」에 '상고시대의 임금인 신농씨(神農氏)는 낮에 시장을 만들어 천하의 백성들을 오게 하며, 천하의 재화(財貨)를 모아서 교역하고, 물러나 각자 살아갈 곳을 얻게 했다'는 말이 보인다. 오늘날의 시장은 국경의 벽이 사라졌고, 또 사람의 왕래 없이도 온라인상에서 물건을 사고파는 상황에까지 이르렀다. 오늘날의 정치행위에는 경제문제가 가장 큰 비중을 차지한다. 경제문제의 핵심은 바로 교역이다. 수출과 수입정책이 조화롭게 이루어질 때, 경제는 안정세를 누릴 수 있다.

교역은 만물이 각각 있어야 할 자리에 있도록 해준다. 즉 어촌의 해산물과 농촌의 곡물이 자리바꿈을 함으로써 해산물과 곡물 모두는 자기의 가치를 다할 수 있게 된다는 것이다. 만약 해산물이 어촌에만 있고, 곡물이 농촌지역에만 있다면 이것은 물건이 올바른 자리에 있지 못한 것이다. 물건이 있어야 할 자리에 있지 못하면 결국 쓰레기로 전락하고 만다. 물과 불도 마찬가지이다. 물과 불이 교역하지 않으면, 물과

274

불 모두가 무용지물이 되고 만다. 그렇게 되면 부조화의 상태에 이르게 되는데, 이러한 상황을 나타내어 주는 괘가 바로 화수미제괘이다.

서로의 것을 주고받아 조화를 이루도록 해주는 것이 바로 정치이다. 서로 주고받음이 없으면 세상은 결국 생명력을 잃고 만다.

제2부   주역점

들어가는 말

주역은 본래 점을 치기 위해 만들어진 책이다. 진시황이 분서(焚書)할 때, 유교경전 중 오직 주역은 화를 면했다. 그 이유는 주역이 점서였기 때문이다. 점은 정보가 부족한 환경에서 미래사를 예측하기 위해 고안된 고대인들의 정신문화적 산물이다. 주자(朱子) 또한 그의 『역학계몽(易學啓蒙)』에서 주역을 점서로 규정한 바 있다. 물론, 후대에 와서는 점의 원리를 응용하여 인간사를 철학적으로 규명하려는 이른바, '의리역(義理易)'이 탄생하기도 하였다. 이 또한 인간에게 삶의 길을 제시해주는 아주 유익한 학문체계이다. 그러나 주역이 만들어진 원초적인 이유는 바로 점으로써 미래를 예측하기 위해서라는 것은 분명한 사실이다.

점은 사실 누구나 매순간 치고 있다. 갈림길을 만나면 인간은 늘 어디로 갈까를 이성적 판단, 또는 직관적 선택을 통하여 결정한다. 어떤 방식으로든 미래를 예측하는 행위는 모두가 점이다. 인생길을 살아가다 보면 수시로 갈림길을 만난다. 그래서 인간은 점을 치지 않고는 살아갈 수가 없다. 동양의 옛 철인들은 이왕 점을 친다면 좀 더 정확한 방법이 없을까를 고민하던 끝에 주역을 지었다. 서양의 심리학자인 칼 융은 역점(易占)을 내면의 무의식을 밖으로 끄집어내는 과정 속에서 이루어지는 것으로 보았다. 점의 세계는 심리의 세계와 밀접한 관련성을 가진다. 그러므로 마음을 수양하는 것은 점의 세계로 나가는 출발점이 된다.

피상적으로 보면 역학은 신비의 학문이다. 역은 과거 · 현재 · 미래의 시간적 장벽을 뛰어넘고, 상하 · 사방의 공간적 장애를 초월한다. 역은 형체를 가지지 않지만, 시공간이 통일된 자리를 순식간에 넘나든다. 그래서 「계사전(繫辭傳)」에서 "신은 방위가 없고, 역은 형체가 없다.[神無方而易無體]"고 한 것이다. 역의 작용은 그 자취를 볼 수 없다. 그러나 역의 작용은 특정의 법칙을 근거로 한다. 그러나 역의 법칙은 법칙 밖에 존재한다. 세계는 카오스 상황 속에 있다. 그 속에 내재된 운동의 법칙을 역은 잘 담아낸다. 역은 카오스적 상황에 있는 미래사를 물음에 따라 어김없이 답을 제시해 준다. 여기서 본다면, 역을 두고 '법칙이 없다'고는 말하지 못하리라. 역은 그러한 것이다. 역은 카오스 상황 속에서 전개되는 질서를 순식간에 찾아낸다.

점의 적중 여부는 오직 점치는 자의 마음상태에 달려 있다. 첫째는 '텅 빈 마음', 둘째는 '결과를 확신하는 마음', 이것이 점치는 자의 기본적인 마음자세이다. 이러한 자세를 확실히 가질 때, 점은 물음에 대한 답을 정확히 제시해 준다. 점에 대한 내용을 담은 주역의 경문(經文)에는 매 괘와 매 효에 부착되어 있는 괘사(卦辭)와 효사(爻辭)만 있을 뿐이다. 그래서 이 책에서는 64괘의 길흉을 담은 괘사, 그리고 384효의 길흉을 담은 효사를 점의 측면에서 정리 요약해 놓았다. 또한 매 괘마다 괘의 요지를 담은 괘송(卦頌)을 문재(文才)가 부족하지만 필자가 직접 지어서 실어놓았다. 이 괘송에는 괘의 뜻을 괘상을 통해 설명한 후, 괘에 담겨있는 길흉도 겸하여 서술해 두었다. 그리고 이 책은 기존의 주역점 뿐 아니라, 더 나아가서는 주역타로카드 점법에서도 요긴하게 활용할 수 있도록 만들었다. 주역타로카드 점법과 관련된 부분을 서술함에 있어서는 홍준이 선생의 조언이 큰 보탬이 되었다. 필자는 긴 세월 동안 역리(易理)를 터득하고자 나름대로 노력을 기울이긴 했지만, 아직도 부족한 점이 많다. 강호제현들의 따가운 질책을 기다린다.

2017년 9월 계룡산 아래서 김기(金己) 씀

주역점의 기초

❖ 8괘 상관표

	☰乾	☱兌	☲離	☳震	☴巽	☵坎	☶艮	☷坤
수리	1	2	3	4	5	6	7	8
상징	天	澤	火	雷	風	水	山	地
괘덕	健	悅	麗,明	動	入	陷,險	止	順
가족	父	少女	中女	長男	長女	中男	少男	母
방위	西北	西	南	東	東南	北	東北	西南
천간	庚	辛	丙,丁	甲	乙	壬,癸	戊	己
지지	申	酉	巳,午	寅	卯	亥,子	辰,戌	丑,未
문왕지지	戌,亥	酉	午	卯	辰,巳	子	丑,寅	未,申

❖ 64괘 일람표

	1. 건天	2. 태澤	3. 리火	4. 진雷	5. 손風	6. 감水	7. 간山	8. 곤地
1. 건天	01 乾	43 夬	14 大有	34 大壯	09 小畜	05 需	26 大畜	11 兌
2. 태澤	10 履	58 兌	38 睽	54 歸妹	61 中孚	60 節	41 損	19 臨
3. 리火	13 同人	49 革	30 離	55 豊	37 家人	63 旣濟	22 賁	36 明夷
4. 진雷	25 无妄	17 隨	21 噬嗑	51 震	42 益	03 屯	27 頤	24 復
5. 손風	44 姤	28 大過	50 鼎	32 恒	57 巽	48 井	18 蠱	46 升
6. 감水	06 訟	47 困	64 未濟	40 解	59 渙	29 坎	04 蒙	07 師
7. 간山	33 遯	31 咸	56 旅	62 小過	53 漸	39 蹇	52 艮	15 謙
8. 곤地	12 否	45 萃	35 晉	16 豫	20 觀	08 比	23 剝	02 坤

점(占)의 의미는 바로 '지래(知來)'이다. 즉 '미래의 일을 미리 아는 것'을 말한다. 「설괘전(設卦傳)」에 "지나간 것을 헤아림은 순(順)이요 미래의 일을 아는 것은 역(逆)이다. 그렇기 때문에 '역(易)'이란 거슬러서 헤아리는 것이다.[數往者順 知來者逆 是故 易 逆數也]"라는 말이 있다. 지난 일을 헤아리는 것은 순리적인 행위이지만, 미래를 알려면 미래의 일을 미리 거슬러서 헤아려야 한다. 그래서 역을 '역수(逆數)'라고 말하는 것이다. 미래의 세계로 거슬러 올라가 다가올 일을 미리 아는 것이 바로 주역점의 본질이다.

주역점에 있어 가장 중요한 조건은 점치는 자의 심리상태이다. 점치는 자의 심리상태가 신령하지 않으면 바른 괘를 얻을 수 없다. 그래서 「계사전(繫辭傳)」에서는 '마음을 씻는다'는 '세심(洗心)', '마음을 가다듬는다'는 '재계(齋戒)', '잡념을 제거한다'는 '무사무위(無思無爲)' 등의 수양법을 제시한 것이다. 「계사전」의 '신령함으로써 올 것을 안다[神以知來]'고 한 말에서 보듯, 점치는 자는 반드시 그 마음을 신령스럽게 가져야만 한다. 여기서 '신령함'이란 마음이 무상무념의 상태에 도달하여 역의 세계와 감응을 원활히 이룰 수 있는 심리상태를 말한다.

점의 원리는 무엇일까. 「계사전」에 '신(神)은 방위가 없고, 역(易)은 형체를 가지지 않는다[神無方而易無體]'는 말이 있다. 이 말에서 본다면 정보를 얻기 위한 신령함의 작용력과 역의 운동은 매순간 어디서든 항상 이어진다는 것이다. 그래서 「계사전」에서는 "말로써 물으면 그 답을 하달 받음이 마치 메아리가 되돌아오는 것 같아, 멀고 가깝고 어둡고 깊음에 상관없이 오는 일을 안다.[問焉而以言 其受命也如嚮 无有遠近幽深 遂知來物]"라고 했다. 또 "오직 신령함 때문에 빨리 하려 하지 않아도 빠르고, 움직이지 않아도 이르게 된다.[唯神也故 不疾而速 不行而至]"라고 했다. 이 말들에서 보면 신령함이 가진 작용력과 역의 감응 형태는 공간뿐 아니라, 시간의 장애도 초월하여 신속히 자유자재로 움직여 미래에 대한 정보를 즉각 제시해 준다는 것을 알 수 있을 것이다.

그러면 주역점은 어떻게 치는가. 주역점은 시초(蓍草)를 매개체로 삼는다. 시초는 줄기가 단단한 풀이다. 점을 칠 때는 이 풀을 건조시켜 만든 막대 50개를 활용한다. 그런데 이 시초가 점치는 도구로 사용될 때는 단순한 풀이 아니라, 바로 점치는 자와 역의 세계를 유통시켜주는 매개체가 된다. 「계사전」에서는 시초의 덕을 '둥글면서 신비하다[圓而神]'고 했다. 즉 시초의 덕은 둥글어 걸림 없이 자유자재로 움직이며, 또한 신비한 능력을 가졌다는 말이다. 시초의 덕이 둥글면서 신비하다는 것은 바로 시초의 작용력이 시공간을 원만하게 드나드는 능력을 가졌음을 의미한다.

그러면 이 시초는 누가 만든 것인가. 「계사전」에서는 "하늘의 도에 밝으며, 백성의 일을 살피어 이에 신물(神物)을 만들어 백성들의 의문에 미리 대비한다.[明於天之道 而察於民之故 是興神物 以前民用]"라 했다. 여기서의 '신물'은 바로 점치는 도구인 시초와 거북을 말한다. 그리고 또 "성인(聖人)이 역을 지음에 신명을 그윽이 도와서 시초(蓍草)를 나오게 했다.[昔者 聖人之作易也 幽贊於神明而生蓍]"라고 했다. 시초는 내면의 신명과 우주의 변화를 연결시켜주는 매개체이다. 그러므로 신령한 물건일 수밖에 없다. 시초를 잘 활용하려면 점치는 자의 심리상태가 중요한 역할을 한다. 칼 융은 점의 원리는 점치는 자의 심리 세계와 밀접한 관련이 있음을 주장한 바 있다. 이에 대해서는 뒷부분에서 다시 말하겠다.

그렇다면 정보를 직접 일러주는 매체인 괘는 어떤 원리로 만들어졌으며, 또 어떤 의미를 가지는가. 「계사전」에 의하면 "괘상은 성인이 천하의 깊은 비밀을 꿰뚫어 보고 그것을 형상으로 드러낸 것이다.[夫象 聖人 有以見天下之賾 而擬諸其形容]"라고 하여 괘는 천지만물의 본질을 직관하여 드러낸 것이라 했고, 또 "옛날 복희씨가 천하의 왕이 되었을 때, 우러러 하늘에서 상을 보고 구부려 땅을 본받았으며, 조수(鳥獸)의 문양과 땅의 형세를 관찰했으며, 가까이로는 몸에서 취하고 멀리로는 사물에서 취하여 이에 비로소 팔괘(八卦)를 만들었다.[古者包犧氏之王 天下也 仰則觀象於天 俯則觀法於地 觀鳥獸之文 與地之宜 近取諸身 遠取諸物 於是 始作八卦]"라고 하여, 괘의 탄생에는 직관적인 깨달음과 함께 세계에 대한 면밀한 통찰과 분석 작업이 선행되었음을 말하고 있다.

성인이 만든 괘에는 무한의 상징이 들어있다. 정보란 원래 다양한 형태와 다양한 이미지를 가진다. 그러므로 말로써 그것을 다 표현할 수도 전할 수도 없기에 괘를 통해 상징적으로 드러낸다고 한 것이다. "글은 말을 다 드러내지 못하고, 말은 뜻을 다 드러내지 못한다.[書不盡言 言不盡意]", "성인이 상징을 세워 뜻을 다 드러내며, 괘를 만들어 참과 거짓을 가려낸다.[聖人 立象以盡意 設卦以盡情僞]"고 한 「계사전」의 말이 곧 이것을 뜻한다. 괘에는 다양한 정보가 저장되어 있으므로 다양한 각도로 해석할 수 있다. 그래서 도리어 괘를 해석하기 어려워진 감이 있다. 따라서 주역을 읽는 사람은 전체적이면서도 구체적으로 정보를 읽어내는 능력을 연마해야 한다.

괘의 특성은 '방이지(方以知)', 즉 '모서리로써 알게 한다'는 말에서 보듯, 괘는 그 모양이 사각형으로 이루어졌다. 이는 아직 길흉을 추출하기 위해 감응작용이 진행 중임을 뜻하는 원(圓)과는 달리, 변화를 거쳐 구체적인 결론이 나왔음을 의미한다. 즉 모서리처럼 분명히 자기를 들어냄을 말한다.

이상에서 본 바에 의하면, 점은 계산에 의해 얻어지는 것이 아니기에 사람이 그 원리를 알기가 어렵다. 그래서 점에 대해서는 '신묘(神妙)'라는 표현을 쓸 수밖에 없다. 점은 바로 점치는 자의 신령한 마음 상태에서 출발하여 최후에 괘라는 상징물을 통해 길흉을 판단하는 행위이다. 이에서 보면 주역의 점은 점치는 자의 심리가 역의 세계와 감응하여 괘로써 결과를 제시하는 체계를 가졌다고 하겠다.

❖ 괘를 얻는 법

주역은 여러 측면으로 활용된다. 그래서 「계사전(繫辭傳)」에 "역(易)에 성인(聖人)의 도가 네 가지가 있으니, 말로써 하는 자는 그 괘효사(卦爻辭)를 숭상하고, 변동을 하려는 자는 괘효의 변화를 숭상하고, 기구를 만들려는 자는 괘효상(卦爻象)을 숭상하고, 복서(卜筮)를 중시하는 자는 점을 숭상한다.[易有聖人之道四焉 以言者 尙其辭 以動者 尙其變 以制器者 尙其象 以卜筮者 尙其占]"라고 했다. 여기서는 주역이 가진 네 가지 용도에 대해 말하고 있다. 즉 말로써 이치를 구하는 자, 변동을 하려는 자, 물건을 발명하려는 자, 점을 치고자하는 자에게 각각 길잡이의 역할을 한다는 것이다. 주역은 이처럼 여러 용도를 가졌는데, 그러나 주역이 지어진 본래의 용도는 점을 치는 데 있다. 점을 쳐서 길흉의 소식을 알려면 먼저 괘를 얻어야 한다. 괘를 얻는 데는 여러 가지 방법이 있다. 크게 나누어 보면 대서법(大筮法)과 약서법(略筮法)이 있다.

1. 대서법(大筮法)

① 준비단계

대서법은 점치는 막대인 시초(蓍草) 50개를 가지고서 무심의 상태에서 시초를 격식에 따라 헤아려서 점을 치는 법이다. 이 법은 적중률이 높은 반면 시간이 많이 걸린다. 그 구체적 방법은 「서의(筮儀)」에 나타나 있는데, 그에 의거해 구체적인 방법을 말해보겠다.

• 우선 땅의 깨끗한 곳을 가리어 시초를 두는 집을 만들어 남쪽으로 문을 내고 점상(占床)을 방의 중앙에 둔다.

[참고] 점상의 크기는 대략 길이를 5척, 넓이를 3척이 되게 하되 너

무 벽에 가깝게 두지 말아야 한다.

- 시초 50매를 붉은 비단으로 싸서 검은 주머니에 넣어 함 가운데 넣어서 점상의 북쪽에 둔다.

[참고] 함은 대나무 통이나 혹은 단단한 나무, 혹은 옻칠한 삼베로 만든다. 원의 둘레는 지름이 3치로 하고 길이는 시초의 길이에 맞게 한다. 두 쪽으로 나누어 반은 밑을 삼고 반은 뚜껑을 삼는데, 아래에는 별도로 받침대를 만들어 쓰러지지 않도록 한다.

- 목격(木格: 나무시렁)을 함의 남쪽에 설치하되 점상을 2등분하여 점상의 북쪽에 있게 한다.

[참고] 목격은 가로로 된 나무판으로 만드는데, 높이는 1자가 되게 하고 길이는 점상의 끝에 까지 가게 한다. 가운데에 두 개의 대각(大刻: 큰 홈)을 만들되 간격을 1자쯤 되게 하고, 대각의 서쪽에 세 소각(小刻: 작은 홈)을 만들되 거리가 각각 5치가 되게 하여 밑에다 가로댄 발을 달아서 점상 위에 비스듬히 세워놓는다.

② 마음자세

- 향로 한 개를 목격의 남쪽에 놓고, 향합 한 개를 향로의 남쪽에 놓고서 날마다 향을 피우고 공경심을 극진히 한다. 장차 점을 치고자 할 때는 물을 뿌리고 쓸고 먼지를 털고 벼루를 닦은 후, 연적 하나와 붓 하나와 먹 하나와 황칠판 하나를 향로의 동쪽 위에 놓되 동쪽을 위로 가게 한다. 점 치는 자는 목욕재계하고 의관을 깨끗이 한 후, 북쪽을 향해 손을 씻고 향을 피우고서 공경심을 극진히 한다.

[참고] 점치는 자가 북쪽으로 향함은 『의례(儀禮)』에 나타나 있다.

만약 남을 시켜 점을 치게 되면 주인이 분향을 한 후 조금 뒤로 물러나 북쪽을 향하여 서고, 점을 치는 자가 점상 앞으로 나가 약간 서남쪽을 향하여 서서 명령을 받는다. 주인이 점칠 일을 바로 고하되 점치는 자가 허락을 하면, 주인은 오른쪽으로 돌아 서쪽을 향하여 서고, 점치는 자는 오른쪽으로 돌아 북쪽을 향해 선다.

③ 괘 얻기

• 두 손으로 함의 뚜껑을 받들어 목격의 남쪽과 향로의 북쪽 사이에 둔다. 시초를 함에서 꺼내어 주머니를 벗기고 싼 것을 풀어 함의 동쪽에 놓고서 50개의 시초를 합하여 두 손으로 잡고 향로 위에 올려서 향 연기를 쐰다.

[참고] 이 뒤에 쓰는 시초의 수는 그 설명이 모두 『역학계몽(易學啓蒙)』에 나타났다.

• 그리고 고하기를, "떳떳함이 있는 큰 점은 이르시고, 떳떳함이 있는 큰 점은 이르소서. 모 관직에 있는 모가 이제 어떤 일의 가부(可否)를 알지 못하여 이에 의심나는 바를 신령(神靈)께 묻자오니, 길함과 흉함과 얻음과 잃음과 후회함과 인색함과 근심함과 염려함을 신령함을 가지신 분께서는 밝게 고하여 주소서."라 하고는 이에 오른손으로 시초 하나를 취하여 함 가운데에 넣고 왼손과 오른손으로 49개의 시초를 반으로 나누어서 목격의 좌우 양 대각에 놓는다.

[참고] 이것이 제1영(營)이니, 이른바 "나누어 둘을 하여 양의(兩儀)를 상징한다."라고 함이다.

• 다음은 왼손으로 왼쪽 대각의 시초를 취하여 잡고, 오른손으로 오른

쪽 대각의 한 개의 시초를 취하여 왼손의 새끼손가락 사이에 건다.

[참고] 이것이 제2영이니, 이른바 "하나를 걸어서 삼재(三才)를 상징한다."라고 함이다.

- 다음 오른손으로 왼손의 시초를 넷씩 세고

[참고] 이것이 제3영의 반이니, 이른바 "넷씩 세어 사시(四時)를 상징한다."라고 함이다.

- 다음은 세고 남은 시초를 되돌리되, 혹 1개, 혹 2개, 혹 3개, 혹 4개를 왼손의 무명지(無名指) 사이에 되돌려 끼우고

[참고] 이것이 제4영의 반이니, 이른바 "남는 것을 늑(扐: 손가락 사이)에 돌려 윤달을 상징한다."라고 함이다.

- 다음은 오른손으로 세고 난 시초를 왼쪽 대각에 반환시켜 놓고, 마침내 오른쪽 대각의 시초를 취하여 잡고서 왼손으로 네 개씩 세어서

[참고] 이것이 제3영의 반이다.

- 다음은 남는 시초를 되돌리되, 앞에서와 같이 왼손의 가운데 손가락 사이에 되돌려 끼운다.

[참고] 이것이 제4영의 반이니, 이른바 "윤달이 두 번이므로 두 번 늑한 뒤에 건다."라고 함이다. 1변(變)하고 남은 시초는 왼쪽이 1개면 오른쪽은 반드시 3개고, 왼쪽이 2개면 오른쪽도 2개며, 왼쪽이 3개면 오른쪽은 반드시 1개이고, 왼쪽이 4개면 오른쪽도 4개니, 걸어놓은 1개의 시초까지 합하면 5개가 아니면 9개이다. 5개는 4가 한 번 들어감으로써 홀수가 되고, 9개는 4가 두 번 들어감으로써 짝수가 되니, 홀수

290

(5)가 나오는 경우의 수는 3가지가 되고 짝수(9)가 나오는 경우의 수는 1가지가 된다.

- 다음은 오른손으로 세고 난 시초를 오른쪽 대각에게 반환시켜, 왼손에 한 번 걸고 두 번 끼운 시초를 합하여 목격 위의 첫 번째 소각에 둔다.

[참고] 동쪽을 위로 삼으니, 뒤에도 이와 같이 한다.

- 이것이 1변이다. 다시 두 손으로 좌우 대각의 시초를 취합하여

[참고] 혹 44개의 시초이거나, 혹 40개의 시초이다.

- 다시 4영을 하기를 1변의 방식과 같이 하고, 걸고 낀 시초를 목격 위의 두 번째 소각에 두니, 이것이 2변이다.

[참고] 2변하고 남은 시초는 왼쪽이 1이면 오른쪽은 반드시 2개이고, 왼쪽이 2이면 오른쪽은 반드시 1개이며, 왼쪽이 3개면 오른쪽은 반드시 4개이고, 왼쪽이 4개면 오른쪽은 반드시 3개이니, 걸어놓은 1개의 시초까지 합하면 4개 아니면 8개이다. 4개는 4가 한 번 들어감으로써 홀수가 되고, 8개는 4가 두 번 들어감으로써 짝수가 되니, 홀수와 짝수가 나올 경우의 수는 각각 반반씩이다.

- 또다시 좌우 대각의 시초를 취해 합하여

[참고] 혹 40개의 시초, 36개의 시초, 혹 32개의 시초이다.

- 다시 4영하기를 2변의 방식과 같이 하고, 걸고 낀 시초를 목격 위의 세 번째 소각에 두니, 이것이 3변이다.

[참고] 3변하고 남은 시초는 2변 때와 같다.

- 3변을 이미 마치면 이에 3변하여 얻은 바의 걸고 낀 시초와 넷씩 시초를 보고서 그 효(爻)를 황칠판에 긋는다.

[참고] 걸고 낀 수가 5와 4는 홀수가 되고 9와 8은 짝수가 된다. 걸고 낀 것이 세 무더기 모두 홀수여서 합하여 13개이면, 세고 남은 시초가 36개로 노양(老陽)이 되는 바, 그 획은 口이니 이른바 '중(重)'이란 것이다. 걸고 낀 것이 두 무더기는 홀수이고 한 무더기는 짝수여서 합하여 17개이면, 세고 남은 시초가 32개로 소음(少陰)이 되는 바, 그 획은 --이 되니 이른바 '탁(拆)'이란 것이다. 걸고 낀 것이 짝수가 두 무더기이고 홀수가 한 무더기여서 합하여 21개가 되면, 세고 남은 시초가 28개여서 소양(少陽)이 되는 바, 그 획은 一이니 이른바 '단(單)'이란 것이다. 걸고 낀 것이 짝수만 세 무더기여서 25개가 되면, 세고 남은 시초가 24개여서 노음(老陰)이 되는 바, 그 획이 ✕이니 이른바 '교(爻)'란 것이다.

[정리]
손가락에 걸고 낀 총수가 5·4·4면 노양(태양) : 口[음으로 변함]
손가락에 걸고 낀 총수가 9·8·8이면 노음(태음) : ✕[양으로 변함]
손가락에 걸고 낀 총수가 9·4·4, 5·8·4, 5·4·8이면 소음 : --[변하지 않음]
손가락에 걸고 낀 총수가 5·8·8, 9·8·4, 9·4·8이면 소양 : 一[변하지 않음]

- 이와 같이 매양 세 번씩 변하여 효를 이루어서

[참고] 1변·4변·7변·10변·13변·16변 등의 여섯 가지의 변이 모두 같다. 다만 3변 이후는 주문을 하지 않고, 다만 49개의 시초를 사용할 뿐이다. 2변·5변·8변·11변·14변·17변 등의 여섯 가지의 변도 또한 같고, 3변·6변·9변·12변·15변·18변 등의 여섯 가지 변

도 같다.

• 무릇 열여덟 번 변하여 괘(卦)를 이루면 그 괘(卦)의 변함을 상고하고 일의 길·흉을 점친다.

[참고] 괘변은 별도로 도설(圖說)이 있으니,『역학계몽』에 보인다.

• 예를 마치면 시초를 싸서 주머니에 넣어서 함에 넣고 뚜껑을 덮으며, 붓과 벼루와 먹과 칠판을 거두어 다시 분향(焚香)하고 공경을 지극히 하고 물러간다.

[참고] 만약 남을 시켜 점을 쳤으면 주인이 분향(焚香)을 하고 점친 자에게 읍하고 물러난다.

④ 길흉 판단법

가) 6개의 효가 모두 불변한 경우: 본래 얻은 괘, 즉 본괘(本卦)의 괘사로 판단함.

나) 1개의 효가 변한 경우: 본괘의 변효로 판단함.

다) 2개의 효가 변한 경우: 본괘의 변효 중에 상위의 효로 판단함.

라) 3개의 효가 변한 경우: 본괘를 체(體)로 보고, 변하여 얻은 괘, 즉 지괘(之卦)를 용(用)으로 보아 모두 참조함.

단, 지괘가 비괘(否卦)·점괘(漸卦)·여괘(旅卦)·함괘(咸卦)·환괘(渙卦)·미제괘(未濟卦)·곤괘(困卦)·고괘(蠱卦)·정괘(井卦)·항괘(恒卦)의 전10괘는 본괘의 괘사를 중심으로 판단하면서 지괘의 괘사도 참조하여 본다. 그리고 익괘(益卦)·서합괘(噬嗑卦)·수괘(隨卦)·비괘(賁卦)·풍괘(豐卦)·기제괘(既濟卦)·손괘(損卦)·절괘(節卦)·귀매괘(歸妹卦)·태괘(泰卦)의 후10괘는 지괘의 괘사를 중심으로 판단하면서 본괘의 괘사도 참조하여 본다.

마) 4개의 효가 변한 경우: 지괘의 불변효(不變爻) 중에 하위의 효로 판단함.

바) 5개의 효가 변한 경우 : 지괘의 불변효로 판단함.

사) 6개의 효가 모두 변한 경우 : 건괘(乾卦)는 용구(用九), 곤괘(坤卦)는 용육(用六)으로 판단하고, 그 외 62괘는 지괘의 괘사로 판단함.

2. 약서법(略筮法)

약서법에는 여러 가지 방식이 있다. 여기서는 그 중, 동전 던지기 법과 숫자 헤아리기 법 두 가지만 소개하겠다.

1) 동전 던지기 점법

① 준비물

동전 세 개를 준비한다. 숫자가 있는 면을 음, 얼굴이 있는 면을 양으로 삼는다.

② 마음자세

역(易)에 대한 확신이 전제되어야 한다. 조금의 의심도 있어서는 역이 감응하지 않는다.

③ 괘 얻기

잠시 동안 잡념을 비우고 정신을 집중한다. 그리고 마음속으로 알고 싶은 일에 대해 역에게 간단명료하게 묻는다. 이때 잡념이 들어가면 역과의 감응을 완벽히 이룰 수 없다.

④ 괘 만들기

동전 세 개를 양손 또는 한손으로 감싸고 흔들다가 책상에 살짝 놓는다. 세 개가 다 얼굴면이 나오면 노양(老陽)인데 口로 표시하고, 세 개가 다 숫자면이 나오면 노음(老陰)인데 ×로 표시하고, 얼굴면이 한 개만 나오면 소양(少陽)인데 ─로 표시하고, 숫자면이 1개만 나오면 소음(少陰)인데 --로 표시한다.

⑤ 변효(變爻) 찾기

노양은 소음으로, 노음은 소양으로 각각 변한다. 극에 가면 반대로 변하는 것이 자연의 이치이기 때문이다. 소음과 소양은 아직 기운이 왕성하기에 반대로 변하지 않는다. 그래서 소음은 그대로 소음, 소양은 그대로 소양이 된다.

예) 초효부터 차례대로 --, ×, ×, ─, --, 口가 나왔다면, 이 괘는 화지진괘(火地晉卦䷢)가 된다. 화지진괘가 본괘이다. 여기서는 변화하는 효는 2개의 ×와 1개의 口로 도합 셋이다. 이 세 개의 효를 변화시켜 괘를 만들면 뇌풍항괘(雷風恒卦䷟)가 된다. 뇌풍항괘가 지괘이다.

⑥ 길흉 판단하기

여기서의 길흉 판단법은 위의 대서법의 경우와 농일하다.

가) 6개의 효가 모두 불변한 경우: 본래 얻은 괘, 즉 본괘(本卦)의 괘사로 판단함.

나) 1개의 효가 변한 경우: 본괘의 변효로 판단함.

다) 2개의 효가 변한 경우: 본괘의 변효 중에 상위의 효로 판단함.

라) 3개의 효가 변한 경우: 본괘를 체(體)로 보고, 변하여 얻은 괘, 즉 지괘(之卦)를 용(用)으로 보아 모두 참조함.

단, 지괘가 비괘(否卦)·점괘(漸卦)·여괘(旅卦)·함괘(咸卦)·환괘(渙卦)·미제괘(未濟卦)·곤괘(困卦)·고괘(蠱卦)·정괘(井卦)·항괘(恒卦)의 전10괘는 본괘의 괘사를 중심으로 판단하면서 지괘의 괘사도 참조하여 본다. 그리고 익괘(益卦)·서합괘(噬嗑卦)·수괘(隨卦)·비괘(賁卦)·풍괘(豐卦)·기제괘(旣濟卦)·손괘(損卦)·절괘(節卦)·귀매괘(歸妹卦)·태괘(泰卦)의 후10괘는 지괘의 괘사를 중심으로 판단하면서 본괘의 괘사도 참조하여 본다.

마) 4개의 효가 변한 경우: 지괘의 불변효(不變爻) 중에 하위의 효로 판단함.

바) 5개의 효가 변한 경우: 지괘의 불변효로 판단함.

사) 6개의 효가 모두 변한 경우: 건괘(乾卦)는 용구(用九), 곤괘(坤卦)는 용육(用六)으로 판단하고, 그 외 62괘는 지괘의 괘사로 판단함.

이 조항을 근거로 하여 위의 예에서 얻은 괘를 풀어보면 다음과 같다. 즉 본괘는 화지진괘이다. 세 개의 효가 변하여 지괘는 뇌풍항괘가 되었다. 세 개의 효가 변했을 때의 길흉 판단법은 라)조항에서 이미 제시했다. 항괘는 전10괘이므로 본괘의 괘사를 중심으로 길흉을 판단한다. 항괘의 괘사에서는 "형통하여 허물이 없도다. 정(貞)함이 이로우니, 가는 바를 둠이 이롭다."라고 했다. 이는 일이 이루어짐을 암시한 말이다. 또 지괘인 화지진괘의 괘사에서는 "진(晉)은 나라를 편하게 한 제후에게 말을 많이 하사하고, 하루에 세 번 접견하도다."라고 했다. 이는 임금으로부터 파격적인 대우를 받고 있음을 나타낸 괘이므로 좋은 일이 계속 이어질 것임을 알 수 있을 것이다. 종합해 보면, 좋은 결과를 기대할 수 있다는 결론이 나온다.

2) 동전으로 점치는 법

① 6개의 동전 준비하기

6개의 동전 중 1개는 앞면과 뒷면에 색칠을 한다.

② 괘 얻기

잠시 동안 잡념을 비우고 정신을 집중한다. 그리고 마음속으로 알고 싶은 일에 대해 간단명료하게 묻는다. 이때 잡념이 들어가면 역과의 감응을 완벽하게 이룰 수 없다.

③ 괘 얻기

6개의 동전을 두 손에 담아 흔들다가 오른손에 모아 쥔다. 그런 후 아래로부터 위로 올라가면서 동전을 하나씩 내려놓는다. 이때 숫자가 보이는 부분은 양효[—]로 표시하고, 사람 그림이 있는 부분은 음효[--]로 표시한다. 색칠을 한 부분은 변효(變爻)를 뜻한다.

④ 길흉 판단하기

괘로 점을 칠 때는 얻은 괘의 괘사를 보고 길흉을 판단한다. 효로 점칠 때는 변효의 효사를 보고 판단한다.

예)

*얻은 괘: 제1효가 그림[--], 제2효가 숫자[—], 제3효가 그림[--], 제4효가 숫자[—], 제5효가 그림[--], 제6효가 그림[--]

*변효: 제5효

*결론: 괘로 점칠 때는 뇌수해괘(雷水解卦)의 괘사를 읽고 질문에 대한 답을 제시한다. 효로 점칠 때는 뇌수해괘의 괘사를 읽고 전체 상황

을 파악한 후, 변효의 효사를 읽고 질문에 대한 답을 제시한다.

「계사전」에서 말하기를, "역(易)은 생각함도 없고 행위함도 없어, 적연부동(寂然不動)하다가 문득 천하의 일을 느끼어 통한다.[易 无思也 无爲也 寂然不動 感而遂通天下之故]"라고 했다. 점을 치는 과정은 시종일관 무심으로 임해야 한다. 그렇지 않으면, 정확한 괘를 얻을 수 없다. 그리고 점의 결과가 나쁘다고 해서 그 일에 대해 두 번 세 번 점을 치면 역시 정확한 괘를 얻을 수 없다. 그래서 산수몽괘(山水蒙卦)의 괘사(卦辭)에서 "처음 물으면 고해주고 두 번 세 번 물으면 이는 모독하는 짓이다. 모독하면 알려주지 않으니, 곧게 함이 이롭다.[初筮 告 再三 瀆 瀆則不告 利貞]"라고 했다. 점은 심리상태와 밀접한 관계를 가진다. 점 칠 때의 바람직한 자세는 경건함을 통해 무심에 이르도록 해야 한다. 그래야만 정확한 괘를 얻을 수 있다.

3. 주역타로카드 점법

1) 준비자세

① 질문을 구체적으로 정리한다.

② 무심히 질문을 떠올리며 카드를 배열한다.

③ 카드를 부채꼴로 편다.

2) 원카드 배열법

용도: 하루 운세, 한 달 운세, 한 해 운세, 특정사물의 길흉, 가부, 선택 등

3) 투카드 배열법

용도 1: 비교선택

· 1과 2는 양자 비교 선택

· 1과 2로 선택 못할 경우 1+와 2+로 다시 비교 판단

용도 2: 상대의 마음 파악하기

· 1은 자기의 현재 상황, 2는 상대의 현재 상황, 1+는 내가 상대를 보는 시각, 2+는 상대가 나를 보는 시각

4) 쓰리카드 배열법

용도 1: 상황해결

· 과거(제1카드) – 현재(제2카드) – 미래(제3카드)

· 현재(제1카드) – 과정(제2카드) – 결론(제3카드)

· 현재(제1카드) – 문제(제2카드) – 조언(제3카드)

용도 2: 대상의 우열선택

· 대상이 3가지일 경우 3개의 카드 중 제일 좋은 카드를 선택

· 대상이 3가지 이상일 경우 대상의 수만큼 카드를 배열하여 제일
좋은 카드를 선택

· 만약 첫 번째 배열로 판단이 어려우면 이미 배열한 카드 아래 다
시 한 번 추가배열을 한 후 우열을 선택

5) 크로스 카드 배열법

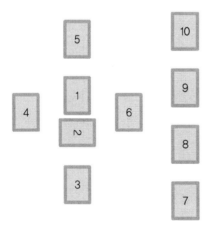

300

용도: 인생의 제반 문제를 카드 전체의 흐름을 보고 파악한다. 이 방법은 해독하기가 어렵지만 상황의 흐름을 상세히 파악할 수 있고 적중률 또한 높다.

카드의 의미

1: 현재 상황

2: 방해 요소

3: 심층의식(나의 의식에 잠재된 영향력)

4: 현재 운세

5: 가까운 미래 운세

6: 먼 미래 운세

7: 내가 보는 나(나의 현재 마음)

8: 남이 보는 나

9: 조언

10: 결론

주역타로카드점은 64괘를 서구의 타로카드 점법에 준하여 배열·해석함으로써 미래를 예측하는 점법이다. 마음자세는 전통적인 주역점에서와 동일하며, 한 번 얻은 답의 유효기간은 6개월 가량이다. 주역타로카드점은 무의식의 세계를 카드를 통하여 외부로 드러냄으로써 이루어진다. 이 점법은 전통적인 주역점보다 활용의 폭이 더 넓다. 이 점법을 자유롭게 활용할 수 있다면, 주역의 세계를 더욱 광대하고 심원하게 이해할 수 있다.

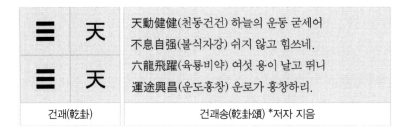

주역점

1. 중천건괘(重天乾卦)

건괘(乾卦)	건괘송(乾卦頌) *저자 지음
☰ 天 ☰ 天	天動健健(천동건건) 하늘의 운동 굳세어 不息自强(불식자강) 쉬지 않고 힘쓰네. 六龍飛躍(육룡비약) 여섯 용이 날고 뛰니 運途興昌(운도흥창) 운로가 흥창하리.

乾은 元코 亨코 利코 貞하니라.

건(乾)은 원(元)하고 형(亨)하고 이(利)하고 정(貞)하니라.

중천건괘 점해

1) **일**: 운세가 왕성하다. 하늘을 비행할 것 같은 기백이 생긴다. 자신감을 가지고 일에 적극 임하니, 비약적인 상승과 힘찬 전진이 있다. 일의 주인공이 되어 성공적인 결과를 거둔다. 여자도 강성해져 남성적인 성향을 보인다.

2) **심리**: 우두머리 기질이 있다. 자존심이 강하고 에너지가 넘친다. 자신감이 있고 격동적이다. 기대감이 강하고 개척정신이 가득하다. 무모한 행동을 하지 않도록 조심해야 한다.

初九는 潛龍이니 勿用이니라

초구는 잠긴 용(龍)이니, 쓰지 말라.

【점해】때가 아니다. 준비하면서 기회를 기다려라.

九二는 見龍在田이니 利見大人이니라

구이는 나타난 용이 밭에 있으니, 대인을 봄이 이로우니라.

【점해】귀인의 도움을 받아 뜻을 이룬다.

九三은 君子 終日乾乾하야 夕惕若하면 厲하나 无咎리라 *惕: 두려워할 척,
厲: 위태로울 려

구삼은 군자가 종일토록 건건[乾乾: 굳세고 굳셈]하여 저녁까지도 두려
위하면, 위태로우나 허물이 없으리라.

【점해】위태한 상황이지만, 신중히 처신하면 허물을 면한다.

九四는 或躍在淵하면 无咎리라 *躍: 뛸 약, 淵: 못 연

구사는 혹 뛰어 연못에 있으면 허물이 없으리라.

【점해】득실을 잘 헤아리면 허물을 면한다.

九五는 飛龍在天이니 利見大人이니라

구오는 나는 용이 하늘에 있으니, 대인을 봄이 이로우니라.

【점해】용이 하늘에 오르는 격이다. 귀인의 도움으로 성공한다.

上九는 亢龍이니 有悔리라 *亢: 다할 항

상구는 끝까지 올라간 용이니, 후회가 있으리라.

【점해】분수를 지키고 나서지 말라. 후회가 따르리라.

用九는 見群龍호대 无首하면 吉하리라

용구는 여러 용을 보되 머리가 없으면 길하리라.

【점해】앞에 나서지 말라. 그리하면 이득이 있으리라.

2. 중지곤괘(重地坤卦)

곤괘(坤卦)	곤괘송(坤卦頌)
地 地	地厚載物(지후재물) 두터운 땅 만물 싣고서 順德承天(순덕승천) 순한 덕으로 하늘 받드네. 勿先處後(물선처후) 앞서지 말고 뒤에 처해야 勢可保全(세가보전) 세력을 보전할 수 있으리.

坤은 元코 亨코 利코 牝馬之貞이니 君子의 有攸往이니라 先하면 迷하고 後하면 得하리니 主利하니라 西南은 得朋이오 東北은 喪朋이니 安貞하야 吉하니라 *攸: 바 유

곤(坤)은 원(元)하고 형(亨)하고 이(利)하고 암말의 정(貞)이니 군자의 갈 바를 둠이니라. 먼저 하면 미혹되고 뒤에 하면 얻으리니, 이로움을 주관하느니라. 음이 시작되는 서쪽과 남쪽은 벗을 얻고, 양이 시작되는 동쪽과 북쪽은 벗을 잃으니, 안정하여 길하니라.

중지곤괘 점해

1) **일**: 시세에 순응해야 한다. 운이 따라주지 않아 답답하다. 새롭게 일을 만들면 큰 발전을 기대할 수 없다. 내부의 일에 더욱 치중해야 할 시점이다. 수동적이고 정적인 자세로 일함이 좋다. 사람을 포용적으로 대해야 한다. 남자의 경우는 여성적인 모습을 보인다.
2) **심리**: 모성애가 발동하여 사랑과 용서의 마음이 생긴다. 유연하고 겸손한 덕으로 남을 따라준다. 마음이 약해져 일을 우유부단하게 처리할 수 있다. 좀 더 강하고 엄한 자세를 가져야 한다.

初六은 履霜하면 堅氷이 至하나니라 *履: 밟을 리
초육은 서리를 밟으면 단단한 얼음이 이르느니라.
【점해】흉조가 밀려온다. 여자는 생식기에 탈이 있다.

六二는 直方大라 不習이라도 无不利하니라
육이는 곧고 방정하고 크도다. 익히지 않아도 이롭지 않음이 없느니라.
【점해】광명이 넓게 비친다. 어려움 없이 큰 공을 이룬다.

六三은 含章可貞이니 或從王事하야 无成有終이니라
육삼은 빛을 머금음이 정(貞)하니, 혹 왕의 일에 종사하여 이룸이 없어
야만 잘 마칠 수 있느니라.
【점해】위태하다. 자만과 과욕을 버려야 겨우 일을 이룬다.

六四는 括囊이면 无咎며 无譽리라 *括: 묶을 괄, 囊: 주머니 낭, 譽: 기릴 예
육사는 주머니의 주둥이를 묶듯이 하면 허물도 없으며 칭찬도 없으리라.
【점해】언행을 조심하면 겨우 흉은 면할 것이다. 이득은 기대를 말라.

六五는 黃裳이면 元吉이리라 *裳: 치마 상
육오는 노란치마같이 하면 크게 길하리라.
【점해】차근히 순리적으로 일을 처리하면 크게 길할 것이다.

上六은 龍戰于野하니 其血이 玄黃이로다
상육은 용(龍)이 들판에서 싸우니, 그 피가 검고 누렇도다.
【점해】다툼이 따른다. 어찌 잘 되기를 바랄 것인가.

用六은 利永貞하니라
용육은 영원히 정(貞)함이 이로우니라.
【점해】바르게 하면 이로움이 있으리라.

3. 수뢰둔괘(水雷屯卦)

둔괘(屯卦)	둔괘송(屯卦頌)
水 雷	雷留雲中(뇌유운중) 우레가 구름[水] 속에 머무니 只鳴未發(지명미발) 소리만 낼 뿐 터지질 않네. 積勞待時(적로대시) 노력 쌓으면서 때 기다리면 夜徑見月(야경견월) 밤 오솔길에서 달을 보리라.

屯은 元亨코 利貞하니 勿用有攸往이오 利建侯하니라 *建: 세울 건, 侯: 제
후 후

둔(屯)은 크게 형(亨)하고 정(貞)함이 이로우니, 갈 바를 두지 말고 제
후를 세움이 이로우니라.

수뢰둔괘 점해

1) **일**: 아직 때가 오지 않았으니 더 기다려야 한다. 당장에는 곤란이 따
른다. 처음에는 미약하지만 차분히 노력하면 소기의 성과를 낸다. 장
애물이 계속 등장하므로 전문가에게 자문을 구하면 수고를 덜 수 있
다. 지속적으로 노력을 기울이면 결국에는 성공을 거둔다.
2) **심리**: 의지가 꺾이지는 않지만 좌절과 우울의 고통을 맛본다. 암담
한 현실 앞에 의기소침해진다. 그렇지만 포기는 하지 않는다.

初九는 磐桓이니 利居貞하며 利建侯하니라 *磐: 머뭇거릴 반, 桓: 머뭇거릴 환
초구는 머뭇거리니, 정(貞)에 거함이 이로우며 제후를 세움이 이로우니
라.
【점해】 어려움이 따라도 사람을 잘 쓰면 큰 공을 세운다.

六二는 屯如邅如하며 乘馬班如하니 匪寇면 婚媾리니 女子 貞하야 不字
라가 十年에야 乃字로다 *邅: 머뭇거릴 전, 班: 돌이킬 반, 匪: 아닐 비, 寇: 도적
구, 婚: 혼인 혼, 媾: 화친할 구, 字: 시집갈 자

육이는 어려워하고 머뭇거리며 말을 탔다가 내리니[班], 도적이 아니면
혼구[婚媾: 혼인]로다. 여자가 정(貞)하여 시집가지 않다가 10년 만에야
마침내 시집을 가도다.

【점해】일이 지체된다. 여자의 혼사는 바르게 처신하면 길하다.

六三은 卽鹿无虞라 惟入于林中이니 君子 幾하야 不如舍니 往하면 吝하
리라 *虞: 몰이꾼 우, 幾: 기미 기

육삼은 사슴을 쫓으나 몰이꾼이 없도다. 오직 숲속으로 들어갈 뿐이니,
군자가 기미를 알아차려서 그치는 것만 못하니, 가면 인색하리라.

【점해】함정에 빠진다. 나아가면 곤란을 당한다.

六四는 乘馬班如니 求婚媾하야 往하면 吉하야 无不利하리라

육사는 말을 탔다가 내려옴[班]이니, 혼인을 구하여 가면 길하여 이롭지
않음이 없으리라.

【점해】벗을 구하여 나아가면 이득을 얻는다. 여자의 결혼은 길하다.

九五는 屯其膏니 小貞이면 吉코 大貞이면 凶하리라 *膏: 기름 고

육오는 그 은택을 베풀기가 어려우니, 작게 정(貞)하면 길하고 크게 정
하면 흉하리라.

【점해】작은 일은 길하고 큰일은 흉하다.

上六은 乘馬班如하야 泣血漣如로다 *乘: 탈 승, 漣: 이어질 련

상육은 말을 탔다가 내려와서 피눈물을 줄줄 흘리도다.

【점해】진퇴양난의 형국에 처했다. 희망의 빛이 사라진다.

4. 산수몽괘(山水蒙卦)

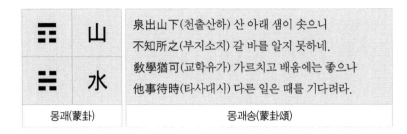

山	泉出山下(천출산하) 산 아래 샘이 솟으니
水	不知所之(부지소지) 갈 바를 알지 못하네. 教學猶可(교학유가) 가르치고 배움에는 좋으나 他事待時(타사대시) 다른 일은 때를 기다려라.
몽괘(蒙卦)	몽괘송(蒙卦頌)

蒙은 亨하니 匪我 求童蒙이라 童蒙이 求我니 初筮어든 告하고 再三이면 瀆이라 瀆則不告이니 利貞하니라 *筮: 점 서, 瀆: 모독할 독

몽(蒙)은 형통하니, 내가 아이에게 구하는 것이 아니라 아이가 나에게 구함이니, 처음 물으면 고해 주고 두 번 세 번 물으면 모독함이라. 모독하면 고해주지 않으니, 정(貞)함이 이로우니라.

산수몽괘 점해

1) **일**: 아직 몽몽한 상태에 있다. 어린아이처럼 갈피를 잡지 못한다. 그래서 희망은 있지만 아직 준비를 더하면서 기다려야 한다. 좌절하지 말고 차분히 노력해 나가면 나중에 기회가 온다. 단 학업과 관련된 일에는 지금 당장 길하다.

2) **심리**: 사고력이 떨어지고 판단력이 흐려진다. 어린아이 같은 천진한 마음을 가지며 호기심이 많다. 정서적 상태와 지적 상황이 안정적이지 못하다. 이성을 되찾고 심사숙고하여 행동하도록 해야 한다.

初六은 發蒙호대 利用刑人하야 用說(脫)桎梏이니 以往이면 吝하리라
*脫: 벗을 탈, 桎: 족쇄 질, 梏: 수갑 곡

초육은 몽매함을 열어주되 사람을 형벌하여 질곡을 벗겨줌이 이로우

니, 이로써 가면 인색하리라.

【점해】 대비를 철저히 해야 흉을 피한다. 그렇지 않으면 재앙을 만난다.

九二는 包蒙이면 吉하고 納婦면 吉하리니 子 克家로다

구이는 몽매함을 포용해주면 길하고 부인의 뜻을 받아들이면 길하리니,
자식이 가사를 잘 다스리도다.

【점해】 추종자를 만나거나 아내를 맞이한다. 승진하는 운이 따른다.

六三은 勿用取女니 見金夫하고 不有躬하니 无攸利하니라 *躬: 몸 궁

육삼은 여자를 취하지 말지니, 금부[金夫: 부자 남자]를 보고 몸을 두지
못하니, 이로울 것이 없느니라.

【점해】 새로운 인연을 맺지 말라. 지조가 없다. 일은 허점이 많으니 그
쳐야 한다.

六四는 困蒙이니 吝하도다 *困: 곤할 곤

육사는 몽매함에 곤(困)함이니, 인색하도다.

【점해】 곤궁한 지경에 빠져 괴로움을 당하리라.

六五는 童蒙이니 吉하니라

육오는 구이효에게 가르침을 받는 동몽[童蒙: 어린 학생]이니, 길하니라.

【점해】 희망의 불빛이 비친다. 노력하면 그 결과가 아주 좋다.

上九는 擊蒙이니 不利爲寇오 利禦寇하니라 *擊: 칠 격, 寇: 도적 구, 禦: 막을 어

상구는 몽매함을 쳐야하니, 도적질함은 이롭지 않고, 도적을 막음이 이
로우니라.

【점해】 상황이 나쁘다. 공격자세보다는 수비 자세가 유리하다.

5. 수천수괘(水天需卦)

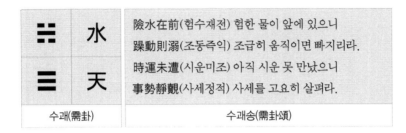

수괘(需卦)	수괘송(需卦頌)
水 天	險水在前(험수재전) 험한 물이 앞에 있으니 躁動則溺(조동즉익) 조급히 움직이면 빠지리라. 時運未遭(시운미조) 아직 시운 못 만났으니 事勢靜覬(사세정적) 사세를 고요히 살펴라.

需는 有孚하야 光亨코 貞吉하니 利涉大川하니라 *孚: 믿을 부, 涉: 건널 섭
수(需)는 믿음을 두어 광명하며 형통하고 정(貞)하여 길하니, 큰 내를
건넘이 이로우니라.

수천수괘 점해

1) **일**: 아직 기초를 더 닦을 때이다. 일을 시작할 때가 아니다. 정신적
인 자산과 육체적 역량을 더 비축하여 때를 기다려야 한다. 실력을 기
르면서 좋은 환경이 오기를 기다려야 한다. 답답한 기분이 들어도 참
고 기다려야 한다.
2) **심리**: 생각은 많고 행동은 주저한다. 능동적으로 일에 임하기보다는
상황에 순응하는 태도를 가진다. 용기와 결단력을 갖추도록 노력해야
한다.

初九는 需于郊라 利用恒이니 无咎리라 *郊: 교외 교
초구는 교외에서 기다림이라. 항상한 덕을 가짐이 이로우니, 허물이 없
으리라.
【점해】 아직 때가 아니다. 신중히 처신하면 허물은 면한다.

九二는 需于沙라 小有言하나 終吉하리라
구이는 모래에서 기다림이라. 조금의 말이 있으나 끝내 길하리라.
【점해】언행을 신중히 하면 끝내는 길하리라.

九三은 需于泥니 致寇至리라 *泥: 진흙 니
구삼은 진흙에서 기다림이니, 도적이 옴을 부르리라.
【점해】내 것을 도둑맞는다. 단단히 방비하여야 한다.

六四는 需于血이니 出自穴이로다
육사는 피에서 기다림이니, 편안한 굴로부터 나오도다.
【점해】곤경에 빠진다. 조심하면 겨우 벗어난다.

九五는 需于酒食이니 貞하고 吉하니라
구오는 술과 음식으로 기다림이니, 정(貞)하고 길하니라.
【점해】술과 음식을 먹으면서 기다리면 일이 이루어진다.

上六은 入于穴이니 有不速之客三人이 來하리니 敬之면 終吉이리라
*速: 부를 속
상육은 편안한 굴에 들어감이니, 부르지 않은 손님 세 사람이 오리니,
공경하면 마침내 길하리라.
【섬해】빈객을 잘 내섭하면 희소식이 있다.

6. 천수송괘(天水訟卦)

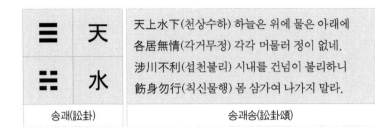

☰	天	天上水下(천상수하) 하늘은 위에 물은 아래에
☵	水	各居無情(각거무정) 각각 머물러 정이 없네.
		涉川不利(섭천불리) 시내를 건넘이 불리하니
		飭身勿行(칙신물행) 몸 삼가여 나가지 말라.
송괘(訟卦)		송괘송(訟卦頌)

訟은 有孚나 窒하야 惕하니 中은 吉코 終은 凶하니 利見大人이오 不
利涉大川하니라 *孚: 믿을 부, 窒: 막을 질, 惕: 두려울 척

송(訟)은 믿음을 두지만 막혀서 두려우니, 중간에 멈추면 길하고 끝까
지 하면 흉하니, 대인을 봄이 이롭고 큰 내를 건넘은 이롭지 아니하니
라.

천수송괘 점해

1) **일**: 하려고 한 일이 어그러져 말썽이 생긴다. 시비나 구설수가 생겨
정신이 피곤해지고, 급기야는 사법기관에 심판을 의뢰하는 상황에까
지 이른다. 그러므로 하던 일을 정리하고 손을 떼는 것이 좋다. 미련
을 깨끗이 버려라.
2) **심리**: 자기 입장에서 시비를 따지려 한다. 마음속에 미움과 분노가
쌓인다. 남을 의심하는 모습을 보인다. 마음의 중화를 되찾고 현명한
태도로 일에 임하도록 노력해야 한다.

初六은 不永所事면 小有言하나 終吉이리라
초육은 다투는 일을 오래하지 않으면 조금 말이 있으나 끝내는 길하리라.
【점해】 시비를 빨리 정리하면 약간의 말썽이 있지만 원만히 해결된다.

九二는 不克訟이니 歸而逋하야 其邑人이 三百戶면 无眚하리라 *克: 이길
극, 逋: 달아날 포

구이는 송사를 이기지 못하니, 돌아가 도망하여 읍인(邑人)이 겨우 3백
호인 것처럼 유순히 하면 허물이 없으리라.

【점해】몸을 낮추고 물러섬이 상책이다. 더 나서면 흉하다.

六三은 食舊德하야 貞하면 厲하나 終吉이리니 或從王事하야 无成이로
다 *舊: 옛 구, 厲: 위태로울 려

육삼은 옛 덕을 간직하여 정(貞)하면 위태로우나 끝내 길하리니, 혹 왕
사(王事)에 종사하여 이룸이 없도다.

【점해】현상유지를 하라. 자기주장을 버리고 윗사람을 따르면 허물이
없으리라.

九四는 不克訟이라 復卽命하야 渝하야 安貞하면 吉하리라
*渝: 변할 투(유)

구사는 능히 송사를 할 수 없다. 돌아와 천명에 나아가 마음을 변화시
켜 편안하고 정(貞)하게 하면 길하리라.

【점해】송사를 그치고 마음을 추스르면 복이 찾아온다.

九五는 訟에 元吉이라

구오는 송사에 크게 길하니라.

【점해】시비나 경쟁에 좋은 결과를 거둔다.

상구는 或錫之鞶帶라도 終朝三褫之리라 *錫: 하사할 석, 鞶: 큰띠 반, 褫: 빼앗
을 치(췌)

상구는 혹 큰 띠를 하사받더라도 아침이 끝나는 사이에 세 번 빼앗기리
라.

【점해】과거의 잘못 때문에 손해가 따른다. 안심할 수 없다.

7. 지수사괘(地水師卦)

地 水	사괘(師卦)	獨陽居水(독양거수) 하나의 양이 물에 머물러 能統群陰(능통군음) 능히 여러 음을 통솔하네. 丈人得志(장인득지) 장부는 뜻을 얻지만 凡夫見侵(범부견침) 범부는 침범을 당하리라. 사괘송(師卦頌)

師는 貞이니 丈人이라야 吉코 无咎하리라

사(師)는 정(貞)하니, 장부라야 길하고 허물이 없으리라.

지수사괘 점해

1) **일**: 주위가 소란스럽다. 타협보다는 경쟁을 추구하므로 순탄한 생활을 유지할 수 없다. 분란만 생기고 실리는 거두기 어려우므로 다음 기회를 기다림이 현명하다. 리더의 경우는 민심을 얻고, 또 통솔력을 잘 발휘하여 일을 무사히 처리한다.

2) **심리**: 영웅심이 충만하여 파란을 일으킨다. 세상을 바라보는 눈이 비판적이며, 내면에는 호전성이 강화된다. 그래서 합리적인 판단을 내리기 어렵다. 포용력과 긍정적인 태도를 갖도록 노력해야 한다.

初六은 師出以律이니 否면 臧이라도 凶하니라 *臧: 착할 장

초육은 군대를 출동시키되 군율에 맞게 할 것이니, 그렇지 않으면 잘 도모해도 흉하니라.

【점해】 법규를 따르면 허물을 면한다. 그렇지 않으면 흉하리라.

九二는 在師하야 中할새 吉하고 无咎하니 王三錫命이로다 *錫: 하사할 석

구이는 사(師)에 있어서 중도(中道)에 맞으므로 길하고 허물이 없으니, 왕이 은명[恩命: 포상]을 세 번이나 내리도다.

【점해】영광이 찾아온다.

六三은 師或輿尸면 凶하리라 *輿: 무리 여, 尸: 주장할 시

육삼은 군대를 만약 여러 사람이 주장하면 흉하리라.

【점해】혼란에 빠져 흉을 만나리라.

六四는 師左次니 无咎로다

육사는 군대가 후퇴하여 머무니, 허물이 없도다.

【점해】하던 일을 멈추고 돌아가면 허물을 면한다.

六五는 田有禽이어든 利執言하니 无咎리라 長子 帥師니 弟子 輿尸하면 貞이라도 凶하리라 *禽: 새 금, 帥: 거느릴 솔

육오는 밭에 새가 있으면 의견을 받들어 나아감이 이로우니, 허물이 없으리라. 장자(長子)가 군사를 거느렸으니, 차자(次子)들이 무리를 주장하면 정(貞)하더라도 흉하리라.

【점해】정해진 주도자가 일을 집행해야 허물이 없다. 여러 사람이 나서면 흉하다.

上六은 大君이 有命이니 開國承家에 小人勿用이니라

상육은 대군(大君)이 상벌의 명을 두니, 나라를 열고 가문을 이음에 소인은 쓰지 말아야 하느니라.

【점해】터전을 일군다. 다만 간사한 사람을 멀리하라.

8. 수지비괘(水地比卦)

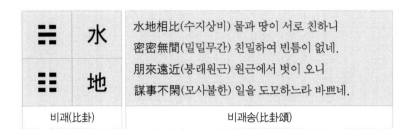

水 地	水地相比(수지상비) 물과 땅이 서로 친하니 密密無間(밀밀무간) 친밀하여 빈틈이 없네. 朋來遠近(붕래원근) 원근에서 벗이 오니 謀事不閑(모사불한) 일을 도모하느라 바쁘네.
비괘(比卦)	비괘송(比卦頌)

比는 吉하니 原筮호대 元永貞이면 无咎리라 不寧이어야 方來니 後면
夫라도 凶이리라

비(比)는 길하니 근원하여 점치되 원(元)하고 영(永)하고 정(貞)하면
허물이 없으리라. 안주하지 말아야 빨리 구원자가 올 것이니, 늦어지
면 장부라도 흉하리라.

수지비괘 점해

1) **일**: 친화력을 발휘하여 사람들을 모은다. 사람이 모이면 일을 이루
기가 쉽다. 공동사업에 인연이 있다. 앞장서서 포용력을 발휘하여 일
을 추진하면 길하다. 남자의 경우 여성들에게 인기가 있고, 여자의 경
우 한 남자를 두고 경쟁하는 꼴을 본다.

2) **심리**: 긍정적이면 친화적이다. 안정적인 심리상태를 유지하여 평화
적인 태도로 일에 임한다. 차분하게 점차적으로 일을 처리하려 한다.
그러나 자신의 주관을 잃지 않도록 노력하고, 또 상황에 맞게 움직이
는 결단력을 갖추도록 해야 한다.

初六은 有孚比之라야 无咎리니 有孚 盈缶면 終에 來有他吉하리라
*缶: 질그릇 부
초육은 믿음을 두고 친해야 허물이 없으리니, 믿음을 둠이 동이에 가득
차듯이 하면 마침내 의외의 길함이 오리라.
【점해】 믿음으로 친하면 길함이 따를 것이다.

六二는 比之自內니 貞하야 吉하도다
육이는 친하기를 안으로부터 하니, 정(貞)하여 길하도다.
【점해】 외부보다는 집안이나 조직 안에서 일하면 길하다.

六三은 比之匪人이라
육삼은 그릇된 사람과 친함이라.
【점해】 흉인을 조심하라. 손해를 입는다.

六四는 外比之하니 貞하야 吉토다
육사는 밖으로 구오효와 친하니, 정(貞)하여 길하도다.
【점해】 내부 보다는 외부에서 활동적으로 일해야 공을 이룬다.

九五는 顯比니 王用三驅에 失前禽하며 邑人不誡니 吉토다 *顯: 나타날 현,
驅: 몰 구, 禽: 새 금, 誡: 경계할 계
구오는 친함을 나타냄이니, 왕이 삼번(三面)에서 몰아감에 전면의 새를
놓아주며 읍인(邑人)에게 경계하지 않으니, 길하도다.
【점해】 넉넉한 마음으로 살아도 길함을 얻는다.

上六은 比之无首니 凶하니라
상육은 친함에 시작이 없으니, 끝도 없어 흉하니라.
【점해】 결과가 없다. 번민과 허탈감이 따른다.

9. 풍천소축괘(風天小畜卦)

	風起天上(풍기천상) 천상에서 바람 일어나
	謾過如何(만과여하) 부질없이 지나가니 어찌하랴.
	密雲不雨(밀운불우) 진한 구름 비 되지 않으니
	所畜何多(소축하다) 어찌 쌓음이 많으랴.
소축괘(小畜卦)	소축괘송(小畜卦頌)

小畜은 亨하니 密雲不雨는 自我西郊일새니라.

소축(小畜)은 형통하니 구름이 빽빽하게 끼었으나 비가 내리지 않음은 나의 서교[西郊: 陰方]로부터 하기 때문이라.

풍천소축괘 점해

1) **일:** 구름은 가득 끼었지만 비가 되어 내려오지 않는 형국이다. 분위기는 무르익어가지만 아직은 때가 아니다. 일이 지체되니 속이 답답하다. 이미 시작한 일이라면 작은 이익만 얻는다. 일을 시작하지 않았다면 아직 때를 더 기다려야 한다.
2) **심리:** 마음이 상쾌하지 못하다. 답답한 기분이 쉽게 풀리지 않는다. 매사에 적극성이 떨어지고 웃음이 잘 나오지 않는다. 용기를 가지고 쾌활한 자세로 삶에 임해야 한다.

初九는 復이 自道어니 何其咎리오 吉하니라

초구는 돌아옴이 도로부터 하니, 어찌 허물이 있으리오. 길하니라.

【점해】다시 바르게 나아가면 길할 것이다.

九二는 牽復이니 吉하니라 *牽: 끌 견

구이는 연대하여 회복함이니, 길하니라.
【점해】벗과 친해 함께 일하면 길하다.

九三은 輿說(脫)輻이며 夫妻反目이로다 *輻: 바퀴통 복
구삼은 수레에 바퀴통이 빠지며 부부가 반목하도다.
【점해】남녀 간에는 불화가 있고 일에는 시비가 따른다.

六四는 有孚면 血去하고 惕出하야 无咎리라 *惕: 두려워할 척
육사는 믿음을 두면 피가 제거되고, 두려움에서 벗어나 허물이 없으리라.
【점해】윗사람에게 공손하면 위험에서 빠져나온다.

九五는 有孚라 攣如하야 富以其隣이로다 *攣: 당길 련, 隣: 이웃 린
구오는 믿음이 있도다. 이끌고 와서 부를 그 이웃과 함께 하도다.
【점해】주위 사람에게 보시하라. 장차 복을 얻는다.

上九는 旣雨旣處는 尙德하야 載니 婦 貞이면 厲하리라 月幾望이니 君子 征이면 凶하리라 *尙: 숭상할 상, 載: 실을 재, 厲: 위태로울 려, 幾: 거의 기, 望: 보름 망
상구는 이미 비가 오고 이미 그침은 덕을 숭상하여 가득함이니, 부인이 성(貞)하면 위태도우리라. 달이 기망[幾望: 거의 참. 음기가 극에 왔다]이니 군자가 나아가면 흉하리라.
【점해】힘이 다했다. 나아가면 흉하다.

10. 천택리괘(天澤履卦)

이괘(履卦)	이괘송(履卦頌)
天 澤	天澤相接(천택상접) 하늘과 못이 서로 접하니 柔者履剛(유자리강) 유약자가 강자를 밟도다. 察機移步(찰기이보) 기미를 살펴 걸어야만 乃免危亡(내면위망) 위태함을 면하리라.

履虎尾라도 不咥人이라 亨하니라 *咥: 깨물 질
범의 꼬리를 밟아도 사람을 물지 않으니, 형통하니라.

천택리괘 점해

1) **일:** 위태로운 기운이 감돈다. 마음에 내키지 않는 상황을 만난다. 그러나 문제를 피하기보다는 순리적인 태도로 처리해나가야 한다. 피한다고 해서 문제가 해결되지 않는다. 윗사람의 조언을 받으면서 대처해 나가면 흉을 피한다.
2) **심리:** 예민해지고 변덕이 심해진다. 그래서 위태한 상황을 맞을 수도 있다. 공손하고 예의 바르게 처신하도록 노력해야 한다.

初九는 素履로 往하면 无咎리라 *素: 본래 소
초구는 본래의 밟고 가는대로 가면 허물이 없으리라.
【점해】 참된 마음으로 나아가면 허물이 없다.

九二는 履道坦坦하니 幽人이라야 貞코 吉하리라 *坦: 평탄할 탄
구이는 밟고 가는 도가 탄탄하니, 은둔자라야 정(貞)하고 길하리라.
【점해】 신중히 나아가면 길하다.

六三은 眇能視며 跛能履라 履虎尾하야 咥人이니 凶하고 武人이 爲于大君이로다 *眇: 애꾸눈 묘, 跛: 절름발이 파

육삼은 애꾸눈이 보며 절름발이가 걷는 것이다. 범의 꼬리를 밟아 사람을 무니 흉하고, 포악한 무인이 대군(大君)이 되었도다.

【점해】꿈은 크지만 힘은 부족하다. 나아가면 범의 꼬리를 밟는 꼴.

九四는 履虎尾니 愬愬이면 終吉이리라 *愬: 두려워할 색(삭)

구사는 범의 꼬리를 밟으니, 조심조심하면 마침내 길하리라.

【점해】위험에 처했더라도 조심하면 끝내 길하다.

九五는 夬履니 貞이라도 厲하리라 *厲: 위태로울 려

구오는 쾌(夬)하게 밟고 감이니, 정(貞)하더라도 위태로우리라.

【점해】경솔한 짓을 했다. 근심이 따른다.

上九는 視履하야 考祥호대 其旋이면 元吉이리라 *祥: 상스러울 상, 旋: 돌 선

상구는 밟고 감을 보아 상서로움을 상고하되 두루 한다면 크게 길하리라.

【점해】노력 덕분에 큰 복을 받는다.

11. 지천태괘(地天泰卦)

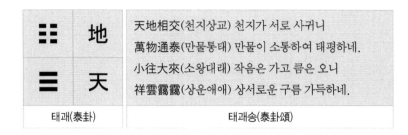

태괘(泰卦)	태괘송(泰卦頌)
地 天	天地相交(천지상교) 천지가 서로 사귀니 萬物通泰(만물통태) 만물이 소통하여 태평하네. 小往大來(소왕대래) 작음은 가고 큼은 오니 祥雲靄靄(상운애애) 상서로운 구름 가득하네.

泰는 小 往코 大 來하니 吉하야 亨하니라

태(泰)는 작은 것이 가고 큰 것이 오니, 길하여 형통하니라.

지천태괘 점해

1) **일**: 막혔던 기운이 소통되니 태평시절이 도래한다. 기운이 조화로워지고 사람이 찾아오니 만사가 뜻대로 이루어진다. 적극적인 자세로 일에 임하면 뜻을 이룬다. 서로가 서로의 입장을 헤아려주므로 평화롭고 조화로운 기운이 천지에 감돈다.

2) **심리**: 남과 소통을 잘 이루니 마음이 평화롭다. 긍정적인 마음을 가져 매사를 수용적으로 대한다. 자신감을 가지고 적극적으로 삶에 임하며, 내면은 늘 조화로워 행복을 맛본다. 그러나 자만심을 가지면 재앙이 곧바로 발밑에 이를 것이다.

初九는 拔茅茹라 以其彙로 征이니 吉하니라 *拔: 뽑을 발, 茅: 띠풀 모, 彙: 무리 휘

초구는 띠풀의 잇닿은 뿌리를 뽑음이라. 그 무리로써 나아감이니, 길하니라.

【점해】 벗들과 함께 나아가면 길하리라. 활동하라.

322

九二는 包荒하며 用馮河하며 不遐遺하며 朋亡하면 得尙于中行하리라
*馮: 건널 빙, 遐: 멀 하

구이는 거친 것을 포용하며 황하수를 걸어서 건너도다. 멀리 있는 사람을 버리지 않으며 붕당이 없어지면 중용에 합함을 얻으리라.

【점해】넓은 도량과 높은 안목을 가지면 뜻을 이룰 것이다.

九三은 无平不陂며 无往不復이니 艱貞이면 无咎하야 勿恤이라도 其孚라 于食에 有福하리라 *陂: 기울 파, 艱: 어려울 간, 恤: 근심할 휼, 孚: 믿을 부

구삼은 평평한 것은 기울지 않음이 없으며 간 것은 돌아오지 않음이 없으니, 어려워하고 정(貞)하게 하면 허물이 없어 근심하지 않더라도 미더운지라 먹음에 복이 있으리라.

【점해】운이 물러가니 일을 만들지 말라. 믿음성이 있어야만 현상유지를 한다.

六四는 翩翩히 不富以其隣하야 不戒以孚로다 *翩: 날 편, 戒: 경계할 계

육사는 빨리 날아 그 이웃들[육오효와 상육효]을 부(富)로써 하지 않아 경계하지 않아도 서로 믿도다.

【점해】음기가 모여드니 장차 흥하리라.

六五는 帝乙歸妹니 以祉며 元吉이리라 *祉: 복 지, 妹: 누이 매

육오는 제을(帝乙)이 누이를 시집보냄이니, 복이 있으며 크게 길하리라.

【점해】결혼을 앞 둔 여자는 좋은 짝을 만난다. 다른 일도 길하다.

上六은 城復于隍이라 勿用師오 自邑告命이니 貞이라도 吝하니라
*隍: 해자 황

상육은 태평시절이 끝나니 성곽이 무너져 구덩이로 돌아가리라. 무리를 부리지 말 것이요 나의 읍(邑)부터 따르라고 명령을 고하니, 정(貞)하더라도 인색하니라.

【점해】인심도 운세도 흩어진다. 기대할 바가 없다.

12. 천지비괘(天地否卦)

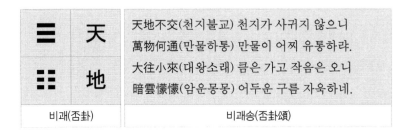

비괘(否卦)	비괘송(否卦頌)
☰ 天 ☷ 地	天地不交(천지불교) 천지가 사귀지 않으니 萬物何通(만물하통) 만물이 어찌 유통하랴. 大往小來(대왕소래) 큰은 가고 작음은 오니 暗雲懞懞(암운몽몽) 어두운 구름 자욱하네.

否之匪人이니 不利君子貞하니 大往小來니라

비(否)는 사람이 아니니, 군자의 정(貞)함이 이롭지 않으니, 큰 것이 가고 작은 것이 옴이라.

천지비괘 점해

1) **일:** 일이 점차 막힌다. 기운의 교류가 끊어져 일이 조화롭게 이루어지지 않는다. 이 괘를 만나면 하던 일을 멈추고 즉시 퇴각하여야 한다. 그렇지 않으면 피해가 속출한다. 인간관계 역시 단절의 아픔을 맛본다.

2) **심리:** 융통성이 떨어져 큰 꾀를 도모하기 어렵다. 가슴이 답답해지고 우울감이 찾아온다. 자기 것을 지키려고만 하고 상대의 입장을 헤아려 주지 않는다. 상황을 개선시키려면 반드시 먼저 마음을 열도록 노력해야 한다.

初六은 拔茅茹라 以其彙로 貞이니 吉하야 亨하니라 *拔: 뺄 발, 茅: 띠풀 모, 茹: 잇닿을 여, 彙: 무리 휘

초육은 띠풀의 이어진 뿌리를 뽑는지라. 그 무리로써 정(貞)함이니, 길하여 형통하니라.

【점해】 때를 기다려야 하니, 귀인을 만나면 일이 형통하리라.

六二는 包承이니 小人은 吉코 大人은 否니 亨이라
육이는 음유(陰柔)한 소인이 받드는 것이니, 소인은 길하고 대인은 비색하니, 결국 형통하니라.
【점해】 도를 지키며 현재의 고난을 견뎌야 한다. 당분간은 어렵다.

六三은 包 羞로다 *羞: 부끄러울 수
육삼은 정위(正位)를 얻지 못하고서 포용함이 부끄럽도다.
【점해】 부끄러움을 당한다. 흉하다.

九四는 有命이면 无咎하야 疇 離祉리라 *疇: 무리 주, 離: 걸릴 리, 祉: 복 지
구사는 군명(君命)에 마음을 두면 허물이 없어 무리가 복을 얻으리라.
【점해】 윗사람의 말을 존중하면 모두에게 좋다.

九五는 休否라 大人의 吉이니 其亡其亡이라야 繫于苞桑이리라 *休: 쉴 휴, 繫: 맬 계, 苞: 뿌리 포, 桑: 뽕나무 상
구오는 비색함이 그치는지라. 대인의 길함이니, 망할까 조심해야 뽕나무더미에 매단 것처럼 단단하리라.
【점해】 어둡던 세상에 빛이 온다. 조심조심하면 오래도록 길하다.

上九는 傾否니 先否코 後喜로다 *傾: 기울 경
상구는 비색함이 끝나가니 먼저는 비색하고 뒤에는 기쁘도다.
【점해】 처음에는 흉했다가 나중에 빛이 찾아든다.

13. 천화동인괘(天火同人卦)

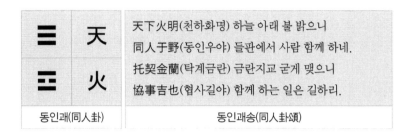

동인괘(同人卦)	동인괘송(同人卦頌)
☰ 天 ☲ 火	天下火明(천하화명) 하늘 아래 불 밝으니 同人于野(동인우야) 들판에서 사람 함께 하네. 托契金蘭(탁계금란) 금란지교 굳게 맺으니 協事吉也(협사길야) 함께 하는 일은 길하리.

同人于野면 亨하리니 利涉大川이며 利君子의 貞하니라 *于: 어조사 우

들판에서 사람과 함께 하면 형통하리니, 큰 내를 건넘이 이로우며 군자의 정(貞)함이 이로우니라.

천화동인괘 점해

1) **일:** 벗이 모이고 고객이 모인다. 화해의 분위기가 형성된다. 개인적인 일을 하기보다는 동지들과 함께 공적인 일을 하도록 노력해야 한다. 이 괘는 공명정대함을 기본정신으로 삼는다. 그래서 사욕을 채우려 하면 도리어 흉한 결과를 초래한다.
2) **심리:** 낙천적이고 적극적인 자세를 가졌다. 그리고 사람들에게 솔직하고 친밀감 있게 대한다. 여자의 경우 남성 앞에서는 감정을 절제하는 자세를 가져야 한다.

初九는 同人于門이니 无咎리라

초구는 문에서 사람과 함께 하니, 허물이 없으리라.

【점해】벗이 나를 찾아오니 손해는 없으리라.

六二는 同人于宗이니 吝하도다

육이는 종족과만 함께 하니, 인색하도다.

【점해】사정에 치우쳐 일을 하면 막힘이 있도다.

九三은 伏戎于莽하고 升其高陵하야 三歲不興이로다 *戎: 군사 융, 陵: 언덕
릉

구삼은 병사를 숲에 매복시켜 놓고 그 높은 언덕에 올라가서 3년을 일
어나지 못함이로다.

【점해】하던 일을 멈추어라. 후회가 따르리라.

九四는 乘其墉호대 弗克攻이니 吉하니라 *墉: 담장 용, 克: 능히 극

구사는 그 담장[구삼효]에 올라가나 육이효를 능히 공격하지 않으니, 멈
추면 길하니라.

【점해】지금 나아감이 의롭지 못하다. 다음을 기다리면 길하리라.

九五는 同人이 先號咷而後笑니 大師克이라야 相遇로다 *號: 부르짖을 호,
咷: 울 도, 克: 이길 극

구오는 동인(同人)이 먼저 울부짖다가 뒤에 웃나니, 큰 군사로 구삼효
와 구사효를 이겨야 서로 만나도다.

【점해】처음에는 어렵지만 전력투구하면 뜻을 이룬다.

上九는 同人于郊니 无悔니라

상구는 교외에서 사람과 함께 하니, 후회가 없느니라.

【점해】물러서면 후회가 없다.

火	金烏昇天(금오승천) 하늘 위로 태양 솟아 遍照萬物(편조만물) 만물 두루 비추네.
天	運路大亨(운로대형) 운로가 크게 형통하니 受福神佛(수복신불) 신과 부처에게 복을 받네.
대유괘(大有卦)	대유괘송(大有卦頌)

大有는 元亨하니라

대유(大有)는 크게 형통하니라.

화천대유괘 점해

1) **일**: 행운의 문이 활짝 열렸다. 추진하는 일이 이루어져 큰 이익을 가져다준다. 재물을 구하면 재물을 얻고, 관직을 구하면 관직을 얻고, 명성을 구하면 명성을 얻는다. 여자의 경우 남자들을 좌지우지하여 일의 주도권을 잡는다. 제사나 기도를 행할 일이 있다.

2) **심리**: 정신이 화창하고 이상이 높다. 세상에 자신을 나타내려 한다. 소유욕이 있어 세상사에 애착심을 보인다. 과욕에 빠지지 않도록 자기절제의 노력을 보여야 한다.

初九는 无交害니 匪咎나 艱則无咎리라 *艱: 어려울 간

초구는 해로움과 사귐이 없으니, 허물이 아니나 어렵게 여겨 삼가면 허물이 없으리라.

【점해】 함부로 나서지 마라. 삼가면 조금의 이익은 있다.

九二는 大車以載니 有攸往하야 无咎리라

구이는 큰 수레로써 싣는 것이니, 갈 바를 두어 허물이 없으리라.

【점해】 큰마음으로 임하면 큰일을 맡는다.

九三은 公用亨于天子니 小人은 弗克이니라 *克: 이길 극

구삼은 공[公: 구삼효]이 천자에게 형통하게 함이니, 소인은 감당하지 못하니라.

【점해】 공적인 일에는 이롭다. 그러나 사심을 가지면 해로움이 있다.

九四는 匪其彭이면 无咎리라 *彭: 성할 방

구사는 너무 성대하게 하지 않으면 허물이 없으리라.

【점해】 일을 크게 만들면 허물이 따른다. 현상유지가 최선의 길이다.

六五는 厥孚 交如니 威如면 吉하리라 *厥: 그 궐

육오는 그 믿음이 서로 사귀니, 위엄이 있으면 길하리라.

【점해】 바르고 위엄 있게 대처하면 길하리라.

上九는 自天祐之라. 吉无不利로다 *祐: 도울 우

상구는 하늘이 돕는지라. 길하여 이롭지 않음이 없도다.

【점해】 무형의 힘이 돕는다. 큰 이익이 있으리라.

15. 지산겸괘(地山謙卦)

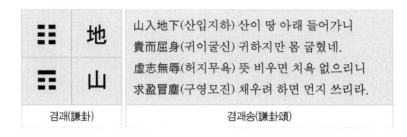

☷	地	山入地下(산입지하) 산이 땅 아래 들어가니
☶	山	貴而屈身(귀이굴신) 귀하지만 몸 굽혔네.
		虛志無辱(허지무욕) 뜻 비우면 치욕 없으리니
		求盈冒塵(구영모진) 채우려 하면 먼지 쓰리라.
겸괘(謙卦)		겸괘송(謙卦頌)

謙은 亨하니 君子 有終이니라

겸(謙)은 형통하니, 군자가 마침이 있느니라.

지산겸괘 점해

1) **일**: 적극적으로 나설 상황이 아니다. 나서면 손해를 본다. 겸손한 자세를 가질 때, 사람들의 호감을 산다. 수비적이고 관망적인 자세를 가지면, 약간의 이득을 얻을 수 있다. 만약 욕심을 내어 경거망동하면 반드시 손해가 뒤따른다.

2) **심리**: 겸손의 미덕을 가졌다. 남을 존중해주는 여유를 가졌다. 그러나 자신을 너무 낮추면 도리어 치욕을 당한다. 자신을 낮추지만 반드시 절도가 있어야 한다.

初六은 謙謙君子니 用涉大川이라도 吉하니라

초육은 겸손하고 겸손한 군자이니, 큰 내를 건너더라도 길하니라.

【점해】 겸손으로 임하라. 일을 이룬다.

六二는 鳴謙이니 貞코 吉하니라 *鳴: 울 명

육이는 겸손의 덕을 울림이니, 정(貞)하고 길하니라.

330

【점해】크게 겸손하면 만사형통하리라.

九三은 勞謙이니 君子 有終이니 吉하니라
구삼은 공이 있어도 겸손하니, 군자가 마침을 두니, 길하니라.
【점해】군자의 덕이 있으면, 유종의 미를 거둘 수 있다.

六四는 无不利撝謙이니라 *撝: 뿌릴 휘
육사는 겸손을 폄에 이롭지 않음이 없느니라.
【점해】겸손으로 처하니 이롭지 않음이 없으리라.

六五는 不富以其隣이니 利用侵伐이니 无不利하리라
육오는 부유하지 않으면서도 그 이웃을 얻으니, 침벌함이 이로우니, 이롭지 않음이 없으리라.
【점해】베풀면서 이끌어 가면 길하다.

上六은 鳴謙이니 利用行師하야 征邑國이니라 *征: 칠 정
상육은 우는 겸손이니, 군대를 출동하여 자기 구역을 침이 이로우니라.
【점해】상황이 어렵다. 단념하고 자기 단속에 힘을 써라.

16. 뇌지예괘(雷地豫卦)

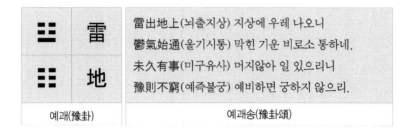

예괘(豫卦)	예괘송(豫卦頌)
雷 地	雷出地上(뇌출지상) 지상에 우레 나오니 鬱氣始通(울기시통) 막힌 기운 비로소 통하네. 未久有事(미구유사) 머지않아 일 있으리니 豫則不窮(예즉불궁) 예비하면 궁하지 않으리.

豫는 利建侯行師하니라
예(豫)는 제후를 세우고 군대를 움직임이 이로우니라.

뇌지예괘 점해

1) **일**: 새로운 변화가 장차 올 것이다. 미리 철저히 준비를 한다면, 파탄 없이 순리적으로 일을 이룰 수 있다. 사전에 미리 준비를 하면 정신적 여유를 가질 수 있고, 또 그래서 즐거움을 누릴 수 있다. 희망 속에 새로운 상황을 만들어간다.

2) **심리**: 봄 동산의 꽃처럼 희망에 들떴다. 순수하고 호기심이 많으며 낙천적인 기질의 소유자이다. 절제하는 덕을 갖추도록 노력해야 한다. 그렇지 않으면 부패에 빠져들 수 있다.

初六은 鳴豫니 凶하니라 *鳴: 울 명
초육은 우는 예(豫)이니, 흉하니라.
【점해】 미비한 상황에서 일을 하니, 무얼 바랄 것인가.

六二는 介于石이라 不終日이니 貞코 吉하니라 *介: 굳을 개
육이는 절개가 돌인지라. 즐김을 종일하지 않으니, 정(貞)하고 길하니라.

【점해】마음을 곧게 가져야 길하다.

六三은 盱豫라 悔며 遲하야도 有悔리라 *盱: 쳐다볼 우, 遲: 더딜 지

육삼은 구사효를 보고 즐거워하는지라. 뉘우치며 머뭇거려도 후회가
있으리라.

【점해】과분한 꿈을 꾸니 후회가 따르리라.

九四는 由豫라 大有得이니 勿疑면 朋이 盍簪하리라

*盍: 합할 합, 簪: 비녀 잠

구사는 예괘의 뿌리이니 말미암아 즐거워하는지라. 크게 얻음이 있으
니, 의심하지 않으면 합잠[盍簪: 벗들이 모임]하리라.

【점해】대중에게 인기를 얻는다. 즐겁고 길하다.

六五는 貞호대 疾하나 恒不死로다

육오는 정(貞)하되 아픔이 있으나 항상 죽지 않도다.

【점해】형세가 불리하나 중용을 지키면 겨우 회생한다.

上六은 冥豫니 成하나 有渝면 无咎리라 *冥: 어두울 명, 渝: 변할 투(유)

상육은 즐거움에 취해 어두움이니, 허물이 생겼으나 변함이 있으면 허
물이 없으리라.

【점해】자기생각에 빠져 흉으로 간다. 만약 회개하면 흉은 면한다.

17. 택뢰수괘(澤雷隨卦)

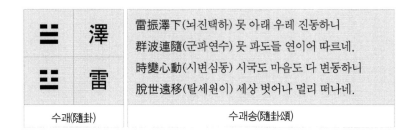

수괘(隨卦)	수괘송(隨卦頌)
☱ 澤 ☳ 雷	雷振澤下(뇌진택하) 못 아래 우레 진동하니 群波連隨(군파연수) 뭇 파도들 연이어 따르네. 時變心動(시변심동) 시국도 마음도 다 변동하니 脫世遠移(탈세원이) 세상 벗어나 멀리 떠나네.

隨는 元亨하니 利貞이라 无咎리라

수(隨)는 크게 형통하니 정(貞)함이 이로운지라 허물이 없으리라.

택뢰수괘 점해

1) **일**: 상황이 변했다. 이동수가 눈앞에 발동했다. 생각이 바뀌고 감정이 흔들린다. 고집을 부리기 어려운 상황에 있다. 현재 상황에서 빨리 벗어나려 한다. 무리에서도 벗어나고자 한다. 그러나 무리들이 기꺼이 나를 따른다. 변화를 추구해야 할 상황에 처해있다.

2) **심리**: 현실에서 벗어나고 싶어 한다. 상황의 변화에 따르고자 한다. 자기 고집을 버리고 사람들과 함께 하려 한다. 포용성과 유연성을 가진 평화주의자이다.

初九는 官有渝니 貞이면 吉하니 出門交면 有功하리라 *渝: 변할 투(유)

초구는 주장함이 변함이 있으니, 정(貞)하면 길하니 문을 나가서 사귀면 공이 있으리라.

【점해】바르게 변하면 길하다. 나아가 외부인과 사귀면 공을 이루리라.

六二는 係小子면 失丈夫하리라 *係: 걸릴 계

육이는 소자[小子: 초구효]에게 얽매이면 장부[丈夫: 구오효]를 잃으리라.

【점해】대의를 따라야 한다. 작은 일에 관심을 두면 큰일을 이루지 못한다.

六三은 係丈夫하고 失小子하니 隨에 有求를 得하나 利居貞하니라

*隨: 따를 수

육삼은 장부[丈夫: 구사효]에게 얽매이고 소자[小子: 초구효]를 잃으니, 따름에 구함을 얻으나 정(貞)함에 있음이 이로우니라.

【점해】바르게 지켜나가면 길함이 따른다.

九四는 隨에 有獲이면 貞이라도 凶하니 有孚하고 在道코 以明이면 何咎리오

구사는 따름에 얻음이 있으면 바르게 해도 구오효의 질투를 받아 흉하니, 믿음을 두고 도에 머물고 밝음을 쓰면 무슨 허물이 있으리오.

【점해】분수를 지켜라. 바르게 하면 허물을 면하지만 부정을 저지르면 형벌을 받는다.

九五는 孚于嘉니 吉하니라

구오는 착함에 믿음이 있게 하니, 길하니라.

【점해】신의를 지키니 아름다운 결과가 있으리라.

上六은 拘係之오 乃從維之니 王用亨于西山이로다 *拘: 잡을 구

상육은 얽어매고 이에 또 따라가 동여매니, 왕이 서산[西山: 태왕이 왕업을 닦은 기산]에서 제사를 지내도다.

【점해】얽히고설킨다. 일은 경색되고 몸은 아파온다. 신불(神佛)에게 빌어야 한다.

18. 산풍고괘(山風蠱卦)

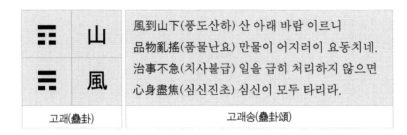

고괘(蠱卦)	고괘송(蠱卦頌)
䷑ 山 風	風到山下(풍도산하) 산 아래 바람 이르니 品物亂搖(품물난요) 만물이 어지러이 요동치네. 治事不急(치사불급) 일을 급히 처리하지 않으면 心身盡焦(심신진초) 심신이 모두 타리라.

蠱는 元亨하니 利涉大川이니 先甲三日하며 後甲三日이니라
고(蠱)는 크게 형통하니, 큰 내를 건넘이 이로우니, 갑[甲: 시작]으로부터 앞으로 3일을 돌아보며, 갑으로부터 뒤로 3일을 돌아보니라.

산풍고괘 점해

1) **일:** 문젯거리가 생겼다. 음식이 부패하여 벌레들이 모였다. 빨리 상황을 진단하여 과감하게 처리해야 한다. 방치하면 일이 커진다. 경영혁신과 의식개혁이 따라야 한다. 기존의 일은 적극적으로 처리해야 하고, 새로운 일은 상황이 변할 때까지 중단하여야 한다.
2) **심리:** 민감해지고 자괴감이 든다. 그리고 고민으로 답답하다. 뜻밖의 일 때문에 스트레스를 받는다. 대범함과 화평함을 유지하도록 노력해야 한다.

初六은 幹父之蠱니 有子면 考 无咎하리니 厲하여야 終吉이리라 *幹: 줄기 간, 考: 죽은 아비 고, 厲: 위태로울 려

초육은 아버지의 일을 주관함이니, 아들이 있으면 아버지가 허물이 없으리니, 위태롭게 여겨야 마침내 길하리라.

【점해】맡은 일을 조심스럽게 밀고 나가면 끝내 길하리라.

九二는 幹母之蠱니 不可貞이니라

구이는 어머니의 일을 주관함이니, 굳세게[貞] 할 수 없느니라.

【점해】유연하게 임하면 성과를 내지만 강경하게 하면 실패한다.

九三은 幹父之蠱니 小有悔나 无大咎리라

구삼은 아버지의 일을 주관함이니, 조금 후회함이 있으나 큰 허물은 없으리라.

【점해】과감하게 처리하면 흉은 면한다.

六四는 裕父之蠱니 往하면 見吝하리라

육사는 아버지의 일을 너그러이 함이니, 적극적으로 가면 인색함을 보리라.

【점해】우유부단하니 답답한 상황을 만나리라.

六五는 幹父之蠱니 用譽리라

육오는 아버지의 일을 주관함이니, 명예를 얻으리라.

【점해】큰일을 잘 처리해낸다. 당연히 명예가 있으리라.

上九는 不事王侯하고 高尙其事로다

상구는 왕후(王侯)를 섬기지 않고 그 일을 고상하게 하도다.

【점해】운이 다했다. 물러나라.

19. 지택림괘(地澤臨卦)

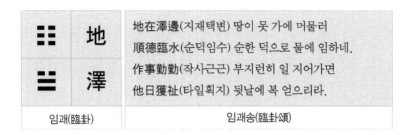

임괘(臨卦)	임괘송(臨卦頌)
地 澤	地在澤邊(지재택변) 땅이 못 가에 머물러 順德臨水(순덕임수) 순한 덕으로 물에 임하네. 作事勤勤(작사근근) 부지런히 일 지어가면 他日獲祉(타일획지) 뒷날에 복 얻으리라.

臨은 元亨코 利貞하니 至于八月하야는 有凶하리라

임(臨)은 크게 형통하고 정(貞)함이 이로우니, 8월에 이르러서는 흉함이 있으리라.

지택림괘 점해

1) **일**: 현실을 타개하기 위해 적극적으로 노력해야 한다. 그러면 당장은 아니지만 장차는 좋은 결과를 낼 수 있다. 무리를 모아 앞장서서 일에 임하면 장차 길이 열린다. 나의 일을 남의 일처럼 방관하면 복을 차는 행위요, 차일피일 미루면 때를 놓치는 짓이다.

2) **심리**: 어둠에서 밝음으로 나아가는 시점에 있다. 성품이 적극적이고 희망적이다. 용기가 넘치고 기대감이 가득하다. 돌파하는 용기가 있고 도전 정신이 강하다. 다만 무모한 도전은 만용이 됨을 명심하고 있어야 한다.

初九는 咸臨이니 貞하야 吉하니라

초구는 느끼어 임함이니, 정(貞)하여 길하니라.

【점해】화합을 이루면 길하리라.

九二는 咸臨이니 吉하야 无不利하리라

구이는 느끼어 임함이니, 길하여 이롭지 않음이 없으리라.

【점해】소통을 중시하라. 일이 쉽게 이루어진다.

六三은 甘臨이라 无攸利하니 旣憂之라 无咎리라

육삼은 달게 임하는지라. 이로울 바가 없으니, 이미 근심하는지라 허물이 없으리라.

【점해】유혹에 빠질 수 있다. 조심하면 겨우 허물을 면한다.

六四는 至臨이니 无咎하니라

육사는 지극하게 임함이니, 허물이 없느니라.

【점해】지극정성으로 임하면 작은 성공은 거둔다.

六五는 知臨이니 大君之宜니 吉하니라

육오는 지혜로 임함이니, 대군(大君)의 마땅함이니 길하니라.

【점해】치우침 없이 처신하면 길하리라.

上六은 敦臨이니 吉하야 无咎하니라

상육은 돈독히 임함이니, 길하여 허물이 없느니라.

【점해】돈독한 자세로 아랫사람을 대하라. 좋은 일이 생긴다.

20. 풍지관괘(風地觀卦)

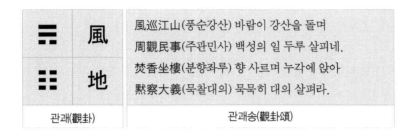

☴	風	風巡江山(풍순강산) 바람이 강산을 돌며
		周觀民事(주관민사) 백성의 일 두루 살피네.
☷	地	焚香坐樓(분향좌루) 향 사르며 누각에 앉아
		黙察大義(묵찰대의) 묵묵히 대의 살펴라.
관괘(觀卦)		관괘송(觀卦頌)

觀은 盥而不薦이면 有孚하야 顒若하리라 *盥: 손 씻을 관, 顒: 우러러 볼 옹
관(觀)은 손만 씻고 제수(祭需)를 올리지 않았을 때처럼 공경히 하면,
믿음을 두어 우러러 보리라.

풍지관괘 점해

1) **일**: 섣불리 움직이지 말고 상황을 잘 관찰해야 한다. 나도 상대를 관
찰하지만 상대도 나를 관찰한다. 그래서 나도 상대도 즉답을 내지 않
는다. 종교나 철학 등의 일로 고민하기도 한다. 신불(神佛)에게 기도
하여 일을 처리하는 모습이 보인다.
2) **심리**: 자주 사색에 젖는다. 과단성과 행동력이 약하다. 직관능력이
발달하고 감응능력이 뛰어나다. 종교나 철학 등 비현실적 세계에 관
심이 많다. 행동이 느려 기회를 잘 놓친다.

初六은 童觀이니 小人은 无咎오 君子는 吝이리라

초육은 아이의 관찰이니, 소인은 허물이 없고 군자는 인색하리라.

【점해】아직 능력이 부족하니 바랄 것이 없다

六二는 闚觀이니 利女貞하니라 *闚: 엿볼 규

육이는 엿보는 관찰이니, 여자의 정(貞)함이 이로우니라.

【점해】나를 엿보는 자가 있다. 소소한 일은 이루나, 큰일은 실패한다.

六三은 觀我生하야 進退로다

육삼은 나의 삶을 관찰하여 진퇴하도다.

【점해】자신을 잘 살피면 겨우 허물을 면한다.

六四는 觀國之光이니 利用賓于王하니라

육사는 나라의 빛남을 관찰함이니, 왕에게 빈객이 됨이 이로우니라.

【점해】명예를 얻는 데는 이롭다.

九五는 觀我生호대 君子면 无咎리라

구오는 나의 삶을 관찰하되 군자이면 허물이 없으리라.

【점해】자신을 반성하여 상황대처를 잘하면 공을 이루리라.

上九는 觀其生호대 君子면 无咎리라

상구는 나[其]의 삶을 관찰하되 군자이면 허물이 없으리라.

【점해】극단에 이르렀다. 군자라야 허물을 면한다. 소인은 흉하다.

21. 화뢰서합괘(火雷噬嗑卦)

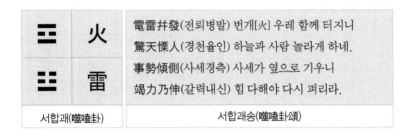

서합괘(噬嗑卦)	서합괘송(噬嗑卦頌)
☲ 火 ☳ 雷	電雷幷發(전뢰병발) 번개[火] 우레 함께 터지니 驚天慄人(경천율인) 하늘과 사람 놀라게 하네. 事勢傾側(사세경측) 사세가 옆으로 기우니 竭力乃伸(갈력내신) 힘 다해야 다시 펴리라.

噬嗑은 亨하니 利用獄하니라

서합(噬嗑)은 형통하니, 옥(獄)을 씀이 이로우니라.

화뢰서합괘 점해

1) **일**: 아직 때가 아니다. 일을 벌이지 말라. 소란이 따른다. 문제꺼리는 적극적으로 처리해야 한다. 지혜를 발휘하는 한편, 용감한 덕을 가지도록 해야 한다. 경색된 관계는 간절한 노력에 의해 풀린다. 단 중개인을 통하지 말고 직접 해결해야 한다.

2) **심리**: 신경 쓰이게 하는 일이 자주 생긴다. 번뇌와 갈등이 수시로 따른다. 그러나 강인한 정신력과 도전정신을 가졌다. 자신을 다스리며 중화의 덕을 가지도록 노력해야 한다.

初九는 屢校하야 滅趾니 无咎하니라 *屢: 신길 구, 校: 형틀 교
초구는 형틀을 채워 발꿈치를 멸함이니, 허물이 없느니라.
【점해】조금 손해를 보지만 허물이 없다.

六二는 噬膚호대 滅鼻니 无咎하니라
육이는 살을 깨물되 코를 멸함이니, 허물이 없느니라.
【점해】공격을 받아도 참으면 문제가 사라진다.

六三은 噬腊肉하다가 遇毒이니 小吝이나 无咎리라 *腊: 포 석
육삼은 포의 육질을 씹다가 독을 만났으니, 조금 인색하나 허물은 없으
리라.
【점해】공격을 받아 고초를 겪는다.

九四는 噬乾胏하야 得金矢나 利艱貞하니 吉하리라 *胏: 뼈붙은 마른고기 치
구사는 간치[乾胏: 뼈 섞인 말린 포]를 씹어 금(金)과 화살을 얻으나 어
렵게 여기고 정(貞)함이 이로우니, 길하리라.
【점해】곤란을 당하나 굳세고 신중히 나가면 소원을 이룬다.

六五는 噬乾肉하야 得黃金이니 貞厲면 无咎리라
육오는 마른 고기를 깨물어 황금을 얻었으니, 정(貞)히 하고 위태롭게
여기면 허눌이 없으리라.
【점해】고생 끝에 이익을 얻는다.

上九는 何校하야 滅耳니 凶토다 *何: 어찌 하(짊어질 하)
상구는 형틀을 채워 귀를 멸했으니, 흉하도다.
【점해】형벌이 내리니 흉함을 알 것이다.

22. 산화비괘(山火賁卦)

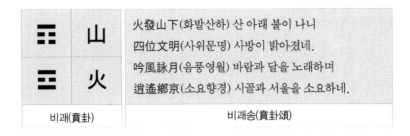

비괘(賁卦)	비괘송(賁卦頌)
山 火	火發山下(화발산하) 산 아래 불이 나니 四位文明(사위문명) 사방이 밝아졌네. 吟風詠月(음풍영월) 바람과 달을 노래하며 逍遙鄕京(소요향경) 시골과 서울을 소요하네.

賁는 亨하니 小利有攸往하니라
비(賁)는 형통하니, 가는 바를 둠이 조금 이로우니라.

산화비괘 점해

1) **일**: 예술적인 성향의 인물이다. 악착같이 살기보다는 멋을 추구하며 살아간다. 화려하고 여유로워 보이나 무책임한 사람일 수 있다. 낭만 기가 발동하여 어디론가 떠나려 한다. 신중한 태도로 삶에 임해야한 다. 내실이 없어 아직 대사를 이루기 어렵다.

2) **심리**: 낭만기가 가득하다. 아름다움과 멋을 추구하는 예술가의 감각 을 갖추었다. 세상에 얽매이지 않는 자유로운 영혼의 소유자이다. 자 신을 단속하는 노력을 기울여야 한다. 그렇지 않으면 일생 뜬구름 같 은 삶을 살아야 한다.

初九는 賁其趾니 舍車而徒로다 *趾: 발꿈치 지
초구는 발을 꾸밈이니, 수레를 버리고 걸어서 가도다.
【점해】내 발로 가야하니 힘이 든다. 일이 지체된다.

六二는 賁其須(鬚)로다 *鬚: 수염 수
육이는 수염을 꾸미도다.
【점해】윗사람을 따르면 숨통이 조금 열린다. 혼자서는 어쩔 수 없다.

九三은 賁如 濡如하니 永貞하면 吉하리라 *濡: 젖을 유
구삼은 꾸밈이 윤택함이니, 오래하고 정(貞)하게 하면 길하리라.
【점해】봄 동산처럼 빛난다. 한결같이 하면 길함이 있으리라.

六四는 賁如 皤如하며 白馬 翰如하니 匪寇면 婚媾리라 *皤: 흴 파, 翰: 날개 한, 媾: 화친할 구
육사는 꾸밈이 희며 백마가 초구효에게 날듯이 감이니, 도적이 아니면 혼인이리라.
【점해】의심스런 일이 생기니, 겨우 허물을 면하리라.

六五는 賁于丘園이니 束帛이 戔戔이면 吝하나 終吉이리라 *束: 묶을 속, 戔: 해칠 잔
육오는 언덕과 동산을 꾸밈이니, 묶어놓은 비단이 잔잔[戔戔: 재단된 모양]하면 인색하나 끝내 길하리라.
【점해】나의 영역을 만든다. 처음에는 막히나 끝에는 길하다.

上九는 白賁면 无咎리라
상구는 극단에 있으므로 소박하게 꾸미면 허물이 없으리라.
【점해】검소하게 처리하면 일이 이루어진다.

23. 산지박괘(山地剝卦)

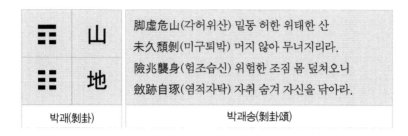

박괘(剝卦)	박괘송(剝卦頌)
山 地	脚虛危山(각허위산) 밑동 허한 위태한 산 未久頹剝(미구퇴박) 머지 않아 무너지리라. 險兆襲身(험조습신) 위험한 조짐 몸 덮쳐오니 斂跡自琢(염적자탁) 자취 숨겨 자신을 닦아라.

剝은 不利有攸往하니라

박(剝)은 가는 바를 둠이 이롭지 않느니라.

산지박괘 점해

1) **일**: 종말의 순간이 왔다. 인생무상을 느낄 시점이 왔다. 하려던 일을 빨리 수습하여 더 이상의 피해가 없도록 해야 한다. 한동안은 운이 오지 않는다. 때를 기다려야 한다. 우물쭈물하면 호미로 막을 일을 가래로 막아야 한다.

2) **심리**: 불안증과 조급증이 동시에 생긴다. 희망이 점차 사라져 세상을 부정적으로 바라본다. 느긋하고 대범하게 기다리는 자세를 가지도록 노력해야 한다.

初六은 剝牀以足이니 蔑貞이라 凶하도다 *蔑: 없앨 멸
초육은 상(牀)의 다리를 깎음이니, 바른 것을 멸함이라 흉하도다.
【점해】가까운데서 재앙이 생긴다. 바랄 것이 없다.

六二는 剝牀以辨이니 蔑貞이라 凶토다 *辨: 분별할 변
육이는 상(牀)의 변[辨: 상다리와 상판의 분기점]을 깎음이니, 바름을 멸
함이라 흉하도다.
【점해】밥상을 부수는 형국이니 흉하다.

六三은 剝之无咎니라
육삼은 상구효와 정응(正應)을 하니 깎는 일에 허물이 없느니라.
【점해】문제점을 찾아 제거하면 명맥은 유지한다.

六四는 剝牀以膚니 凶하니라
육사는 상(牀)을 깎되 살갗에까지 미침이니, 흉하니라.
【점해】어둠의 기운이 날로 상승하니 무얼 기대하랴.

六五는 貫魚하야 以宮人寵이면 无不利리라
육오는 여러 음을 물고기를 꿰듯이 하여 궁인이 상구효에게 총애를 받
듯이 하면 이뤄지 않음이 없으리라.
【점해】몸을 굽혀 베푸는 자세를 가지면 길하리라.

上九는 碩果不食이니 君子는 得輿하고 小人은 剝廬리라 *廬: 오두막 려
상구는 큰 열매는 먹지 않으니, 군자는 수레를 얻고 소인은 집을 깎으리
라.
【점해】큰일을 성공적으로 수행한다. 만약 소인의 덕을 가지면 흉하다.

24. 지뢰복괘(地雷復卦)

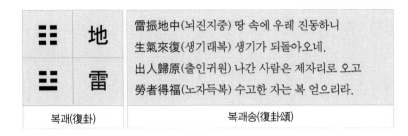

복괘(復卦)	복괘송(復卦頌)
地 雷	雷振地中(뢰진지중) 땅 속에 우레 진동하니 生氣來復(생기래복) 생기가 되돌아오네. 出人歸原(출인귀원) 나간 사람은 제자리로 오고 勞者得福(노자득복) 수고한 자는 복 얻으리라.

復은 亨하야 出入에 无疾하야 朋來라야 无咎리라 反復其道하야 七日
에 來復하니 利有攸往이니라

복(復)은 형통하여 출입에 병통이 없어 벗이 와야 허물이 없으리라.
(천풍구괘에서) 그 도를 돌이켜 7일 만에 와서 회복하니, 갈 바를 둠이
이로우니라.

지뢰복괘 점해

1) **일**: 빛이 찾아오고 있다. 답답한 순간이 지나고 점차 밝은 기운이 찾
아온다. 일을 시작하여야 한다. 지금 당장은 아니지만 점차점차 성과
를 낼 것이다. 뿐만 아니라 떠났던 인연도 다시 찾아온다.
2) **심리**: 자신감이 차있고 미래를 희망적으로 바라본다. 긍정적 사고방
식으로 활기를 불러온다. 다만 경솔할까 두렵다. 매사에 신중히 임하
여 차분히 준비하는 자세를 취해야 한다.

初九는 不遠復이라 无祗悔니 元吉하니라

초구는 멀리가지 않아서 돌아오는지라 후회에 이름이 없으니, 크게 길하니라.

【점해】 원위치로 돌아온다. 되돌아오면 크게 길하다.

六二는 休復이니 吉하니라

육이는 아름다운 돌아옴이니, 길하니라.

【점해】 일이 제자리로 돌아가 길함을 이룰 것이다.

六三은 頻復이니 厲하나 无咎리라 *頻: 자주 빈

육삼은 빈번히 돌아옴이니, 위태로우나 허물이 없으리라.

【점해】 혼란이 엿보인다. 조심하면 흉은 면하리라.

六四는 中行호대 獨復이로다

육사는 음(陰)의 가운데를 행하나 홀로 돌아오도다.

【점해】 어려운 지경에서 홀로 벗어나리라.

六五는 敦復이니 无悔하니라

육오는 돈독히 돌아옴이니, 후회가 없느니라.

【점해】 반성하여 살길을 찾아보라. 길이 열린다.

上六은 迷復이라 凶하니 有災眚하야 用行師면 終有大敗하고 以其國이면 君이 凶하야 至于十年히 不克征하리라

상육은 돌아옴에 아득함이라. 흉하니 재앙이 있어 군대를 움직이면 마침내 대패함이 있고, 그 나라를 다스림으로써 하면 군왕이 흉하여 10년에 이르도록 능히 가지 못하리라.

【점해】 나아가면 지체되어 흉함을 보리라.

25. 천뢰무망괘(天雷无妄卦)

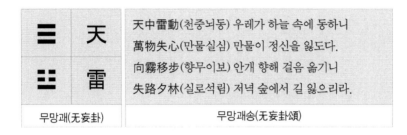

무망괘(无妄卦)	무망괘송(无妄卦頌)
☰ 天 ☳ 雷	天中雷動(천중뇌동) 우레가 하늘 속에 동하니 萬物失心(만물실심) 만물이 정신을 잃도다. 向霧移步(향무이보) 안개 향해 걸음 옮기니 失路夕林(실로석림) 저녁 숲에서 길 잃으리라.

无妄은 元亨하고 利貞하니 其匪正이면 有眚하릴새 不利有攸往하니라

*匪: 아닐 비, 眚: 재앙 생

무망(无妄)은 크게 형통하고 정(貞)함이 이로우니, 그 바르지 않으면 재앙이 있을 것이므로 가는 바를 둠이 이롭지 않느니라.

천뢰무망괘 점해

1) **일**: 판단이 서지 않는 상황에 있다. 나서봐야 이익이 없다. 불확실성이 있을 뿐이다. 아무것도 생각하지 말아야 한다. 어떤 결정도 내리지 말아야 한다. 오직 운세의 흐름에 자신을 맡길 뿐이다. 잔꾀를 쓰면 수렁에 빠진다.

2) **심리**: 순수하고 단순하다. 아무 생각도 떠오르지 않는다. 어리석게 보일 수도 있다. 결단력이 부족하고 판단력이 약하므로 손해를 볼 때가 많다.

初九는 无妄이니 往에 吉하리라

초구는 망령됨이 없음이니, 감에 길하리라.

【점해】마음을 비우고 기다리면 좋은 일이 있을 것이다.

六二는 不耕하야 穫하며 不菑하야 畬니 則利有攸往하니라 *穫: 거둘 확,
菑: 개간한지 1년된 밭 치, 畬: 개간한지 3년된 밭 여

육이는 경작하지 않고서도 수확하며, 밭을 일군지 1년도 안 되어 비옥
하여 3년 된 밭이 되니, 갈 바를 둠이 이로우니라.

【점해】노력에 비해 이익이 크다. 횡재수가 있다.

六三은 无妄之災니 或繫之牛하나 行人之得이 邑人之災로다

육삼은 망령됨이 없음에도 일어나는 재앙이니, 혹 행인이 소를 끌고 가
지만 행인이 소를 얻음이 읍인(邑人)의 재앙이로다.

【점해】재앙의 기운이 비친다. 남 좋은 일만 시킨다.

九四는 可貞이니 无咎리라

구사는 아래에 응이 없어 정(貞)히 지킬 수 있으니, 허물이 없으리라.

【점해】이도 아니고 저도 아니다. 그쳐라.

九五는 无妄之疾은 勿藥이면 有喜리라

구오는 망령됨이 없음에도 생겨난 병에는 약을 쓰시 않으면 기쁜 일이
있으리라.

【점해】인위적인 수단을 쓰지 말라. 그냥 두면 기쁜 일이 생긴다.

上九는 无妄에 行이면 有眚하야 无攸利하니라

상구는 이미 망령됨이 없지만 나아가면 재앙이 있어 이로울 바가 없느
니라.

【점해】나아가면 재앙이 따른다.

26. 산천대축괘(山天大畜卦)

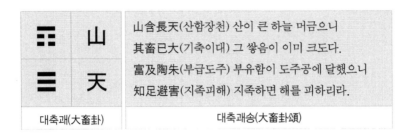

대축괘(大畜卦)	대축괘송(大畜卦頌)
山 天	山含長天(산함장천) 산이 큰 하늘 머금으니 其畜已大(기축이대) 그 쌓음이 이미 크도다. 富及陶朱(부급도주) 부유함이 도주공에 달했으니 知足避害(지족피해) 지족하면 해를 피하리라.

大畜은 利貞하니 不家食하면 吉하니 利涉大川하니라

대축(大畜)은 정(貞)함이 이로우니 집에서 밥을 먹지 아니하면 길하니, 큰 내를 건넘이 이로우니라.

산천대축괘 점해

1) **일**: 일에 대한 의욕이 강하다. 좋은 시점이 찾아왔다. 도모하는 일이 성공적으로 진행되어 만족스러운 결과를 얻는다. 투자를 하면 큰 수확을 낼 수 있다. 그러나 너무 채우려하면 체할 수가 있다. 주위를 돌아보면서 일에 임하면 풍요한 삶을 누릴 수 있다.

2) **심리**: 삶의 욕구가 강하며 소유욕이 가득하다. 남의 눈을 의식하지 않고 세상사에 적극적으로 임하려 한다. 그러나 욕심이 과하면 해로움을 부를 수 있음을 명심해야 한다.

初九는 有厲리니 利已니라 *厲: 위태로울 려

초구는 위태로움이 있으리니, 그침이 이로우니라.

【점해】근심이 따라온다. 그만 두어라.

九二는 輿脫輹이로다 *輹: 바퀴통 복

구이는 육오효의 그침을 받아 수레의 바퀴통이 벗어났도다.

【점해】우선은 전진하지 못한다. 기다리면 기회가 온다.

九三은 良馬逐이니 利艱貞하니 日閑輿衛면 利有攸往하리라 *逐: 쫓을 축,
艱: 어려울 간, 閑: 익힐 한, 衛: 지킬 위

구삼은 좋은 말로 쫓으니, 어렵게 여기고 정(貞)함이 이로우니, 날마다
수레 모는 법과 호위하는 법을 익히면[閑] 갈 바를 둠이 이로우리라.

【점해】자만하지 않으면 이득을 얻는다.

六四는 童牛之牿이니 元吉하니라 *童: 아이 동, 牿: 쇠뿔에 가로댄 나무 곡

육사는 초구효인 송아지에게 빗장을 더한 것이니, 크게 길하니라.

【점해】여건이 갖추어져 일이 이루어진다.

六五는 豶豕之牙니 吉하니라 *豶: 불깐 돼지 분, 豕: 돼지 시

육오는 불깐 돼지의 어금니이니, 길하니라.

【점해】분투를 해야 할 상황을 만난다. 그러나 마침내 성공이 따른다.

上九는 (何: 衍文)天之衢니 亨하니라 *衢: 네거리 구

상구는 하늘의 거리이니, 형통하니라.

【점해】일도 형통하고 정신도 형통하다.

27. 산뢰이괘(山雷頤卦)

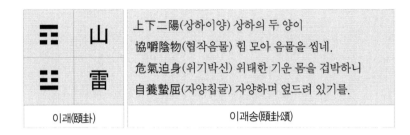

이괘(頤卦)	이괘송(頤卦頌)
山 雷	上下二陽(상하이양) 상하의 두 양이 協嚼陰物(협작음물) 힘 모아 음물을 씹네. 危氣迫身(위기박신) 위태한 기운 몸을 겁박하니 自養蟄屈(자양칩굴) 자양하며 엎드려 있기를.

頤는 貞하면 吉하니 觀頤하며 自求口實이니라

이(頤)는 정(貞)하면 길하니, 길러짐을 보며 스스로 입의 음식을 구함을 보느니라.

산뢰이괘 점해

1) **일**: 일을 시작할 때가 아니다. 자숙하면서 심신을 양육해야 한다. 자존심이 강하여 남과 겨루기를 좋아한다. 입이 문제를 야기할 수 있다. 말을 조심하고 입 주변과 입속의 병을 주의해야 한다. 모나게 행동하면 분쟁을 일으키니 심리적 유연성을 길러야 한다.

2) **심리**: 마음속에 갈등이 일어나 깊은 사려를 하지 못한다. 자존감과 자신감을 앞세워 불합리한 행동을 한다. 오기를 부릴 때가 많다. 안정감을 되찾도록 노력해야 한다.

初九는 舍爾靈龜하고 觀我하야 朶頤니 凶하니라 *舍: 버릴 사, 爾: 너 이, 靈: 신령 령, 龜: 거북 구, 朶: 늘어뜨릴 타

초구는 이[爾: 초구효 자신]의 신령한 거북을 버리고 나[육사효]를 보고 턱을 늘어뜨리니, 흉하니라.

【점해】자기 것을 방치하고 남의 것에 신경 쓴다. 결과는 흉하리라.

六二는 顚頤라 拂經이니 于丘에 頤하야 征하면 凶하리라 *顚: 거꾸러질 전,
拂: 거스를 불

육이는 거꾸로 길러줌이라. 법도를 거스름이니, 상구효의 언덕에서 기
르려고 가면 흉하리라.

【점해】나아가면 허물을 만나리라.

六三은 拂頤貞이라 凶하야 十年勿用이라 无攸利하니라

육삼은 기름의 정(貞)을 거역함이라. 흉하여 10년을 쓰지 못하는지라
이로울 바가 없느니라.

【점해】일을 일으키지 마라. 흉조가 보인다.

六四는 顚頤나 吉하니 虎視耽耽하며 其欲逐逐하면 无咎리라 *耽: 노려볼
탐, 逐: 쫓을 축

육사는 초구효가 거꾸로 길러주나 길하니, 범이 노려봄이 탐탐[耽耽: 깊
고 깊음]하며 그 하고자함이 축축[逐逐: 쫓고 쫓음]하면 허물이 없으리
라.

【점해】조심조심 일에 임하면 좋은 일이 생긴다.

六五는 拂經이나 居貞하면 吉하려니와 不可涉大川이니라

육오는 법도를 거스르나 정(貞)에 거하면 길하려니와 큰 내를 건넘은
불가하니라.

【점해】바른 길로 나가면 성과가 있으리라.

上九는 由頤니 厲하면 吉하니 利涉大川하니라 *厲: 위태로울 려

상구는 전체가 지도자인 자기로 말미암아 길러짐이로다. 위태롭게 여
기면 길하니, 큰 내를 건넘이 이로우니라.

【점해】조심하면 얻음이 있으리라.

28. 택풍대과괘(澤風大過卦)

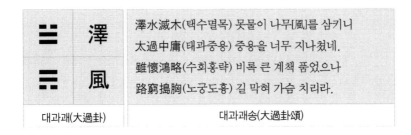

		澤水滅木(택수멸목) 못물이 나무[風]를 삼키니 太過中庸(태과중용) 중용을 너무 지나쳤네. 雖懷鴻略(수회홍략) 비록 큰 계책 품었으나 路窮搗胸(노궁도흉) 길 막혀 가슴 치리라.
澤 風		
대과괘(大過卦)		대과괘송(大過卦頌)

大過는 棟이 橈니 利有攸往하야 亨하니라 *棟: 용마룻대 동. 橈: 굽을 요
대과(大過)는 용마룻대가 휘어짐이니, 가는 바를 둠이 이로워 형통하니라.

택풍대과괘 점해

1) **일**: 생각과 행동이 적절함을 잃었다. 너무 크게 계획을 잡고 너무 과감하게 추진한 탓에 중과부적의 상황을 만난다. 표면적으로는 풍요해 보이지만 곧 쓰러질 운명에 처해있다. 그만 두고 자제함이 좋으리라.

2) **심리**: 판단력과 절제력이 저하되어 극단적인 행동을 한다. 그칠 줄 모르고 앞으로 나아가나 감당할 힘이 부족하다. 슬기로움을 되찾도록 노력해야 한다.

初六은 藉用白茅니 无咎하니라 *藉: 깔 자, 茅: 띠풀 모

초육은 깔되 흰 띠풀을 쓰니, 허물이 없느니라.

【점해】제사를 지내는 마음으로 정성을 다하면 허물이 없으리.

九二는 枯楊이 生稊하며 老夫 得其女妻니 无不利하니라 *稊: 돌피 제

구이는 마른 버들에 제[稊: 뿌리]가 생기며 늙은 남자가 젊은 아내를 얻었으니, 이롭지 않음이 없느니라.

【점해】황무지에 새싹이 돋기 시작한다. 장차 길함이 이른다.

九三은 棟이 橈니 凶하니라

구삼은 용마룻대가 휘어짐이니, 흉하니라.

【점해】중심이 무너진다. 장차 흉해짐을 알 것이다.

九四는 棟隆이니 吉하거니와 有它면 吝하리라 *它: 다를 타

구사는 용마룻대가 높으니 길하지만 다른 데 마음을 두면 인색하리라.

【점해】이왕이면 윗사람과 호흡을 맞추어라. 흔들리지 않으면 길하리.

九五는 枯楊이 生華하며 老婦 得其士夫니 无咎나 无譽리라

구오는 마른 버들에 꽃이 피며 상육효의 늙은 부인이 구오효의 젊은 남편을 얻음이니, 허물이 없으나 명예도 없으리라.

【점해】잠시는 이익을 거두지만 오래는 못 간다.

上六은 過涉滅頂이라 凶하니 无咎하니라 *滅: 멸할 멸, 頂: 이마 정

상육은 지나치게 건너다가 이마를 멸함이라 흉하니 허물할 데가 없느니라.

【점해】지나치면 넘어진다. 반드시 흉하리라.

29. 중수감괘(重水坎卦)

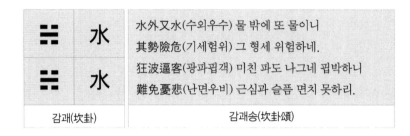

감괘(坎卦)	감괘송(坎卦頌)
䷜ 水 水	水外又水(수외우수) 물 밖에 또 물이니 其勢險危(기세험위) 그 형세 위험하네. 狂波逼客(광파핍객) 미친 파도 나그네 핍박하니 難免憂悲(난면우비) 근심과 슬픔 면치 못하리.

習坎은 有孚하야 維心亨이니 行하면 有尙이리라 *孚: 믿을 부, 維: 오직 유, 尙: 더할 상

습감(習坎)은 믿음을 두어 오직 마음이 형통하니, 가면 더함이 있으리라.

중수감괘 점해

1) **일**: 깊은 함정에 빠진 형국이다. 주위 환경이 안정적이지 못하여 위태로운 기운이 풍긴다. 조심조심 또 조심해야 한다. 나아가지도 물러서지도 못할 상황에 처하여 깊은 근심에 빠져든다. 빙의가 잘 되고 몸이 잘 붓는다.

2) **심리**: 고립감과 좌절, 우울함을 느낀다. 공포증이 있거나 남에게 공포를 준다. 자기 속을 드러내지 않으려 한다. 안정적이고 경쾌한 정서를 갖도록 노력해야 한다.

初六은 習坎에 入于坎窞이니 凶하니라 *窞: 구덩이 담

초육은 습감(習坎)에 감담[坎窞: 깊은 구덩이]으로 들어감이니, 흉하니라.

【점해】 위험한 수렁에 빠져든다. 흉하다.

九二는 坎에 有險하나 求를 小得하리라
구이는 감(坎)에 험함이 있으나 구함을 조금 얻으리라.
【점해】수렁에 빠졌으나 중용의 도를 지켜 겨우 벗어난다.

六三은 來之에 坎坎하며 險에 且枕하야 入于坎窞이니 勿用이니라
육삼은 오고감에 구덩이가 이어지며 험함에 또 의지하여 깊은 구덩이
에 들어가니, 쓰지 말아야 하느니라.
【점해】노력해도 공이 없으리라.

六四는 樽酒와 簋貳를 用缶하고 納約自牖면 終无咎하리라 *樽: 술단지 준,
簋: 대로 만든 제기 궤, 貳: 두 이, 牖: 들창 유
육사는 진실하게 사귀기를 동이의 술과 대그릇 두 개를 질그릇으로 사
용하고, 맺음을 들이되 유[牖: 밝은 창문]로부터 하면 마침내 허물이 없
으리라.
【점해】일과 사람에게 정성을 다하면 작은 이익은 얻는다.

九五는 坎不盈하니 祗旣平하면 无咎리라 *祗: 이를 지
구오는 아직 구덩이가 메워지지 못했으니, 이미 메워져 평평함에 이르
면 허물이 없으리라.
【점해】아직 때가 아니다. 오랜 시간 동안 노력해야 약간의 이익을 얻으
리.

上六은 係用徽纆하야 寘于叢棘하야 三歲라도 不得이니 凶하니라 *徽: 노
끈 휘, 纆: 노끈 묵, 寘: 둘 치, 叢: 모일 총
상육은 음유하니 노끈으로 묶어 가시나무 숲속에 가두어 3년이 되어도
얻지 못하니, 흉하니라.
【점해】만사불성이라. 공연히 허송세월만 한다.

30. 중화이괘(重火離卦)

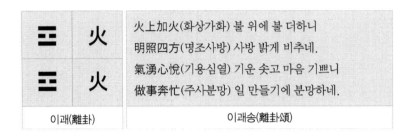

이괘(離卦)	이괘송(離卦頌)
火 火	火上加火(화상가화) 불 위에 불 더하니 明照四方(명조사방) 사방 밝게 비추네. 氣湧心悅(기용심열) 기운 솟고 마음 기쁘니 做事奔忙(주사분망) 일 만들기에 분망하네.

離는 利貞하니 亨하니 畜牝牛하면 吉하리라 *畜: 기를 휵

이(離)는 정(貞)함이 이로우니, 형통하니, 암소를 기르듯이 하면 길하리라.

중화이괘 점해

1) **일**: 희망이 넘쳐 보인다. 활기가 돈다. 사람들과 다양한 관계를 맺으면서 적극적으로 움직인다. 공개적인 방식으로 하는 일은 성공한다. 화려함을 좋아하므로 남의 이목을 끈다. 심혈관기 계통에 병이 따를 수 있다.

2) **심리**: 정열적이고 솔직하여 때로는 손해를 본다. 자기를 드러내려는 욕구가 강하며 성급하여 깊은 생각을 하지 못한다. 차분하고 안정적인 태도를 가지도록 노력해야 한다.

初九는 履 錯然하니 敬之면 无咎리라 *錯: 섞일 착

초구는 밟음이 교착됨이니, 공경하면 허물이 없으리라.

【점해】 갈팡질팡하지 말고 차분히 기다려서 판단하라. 아직은 때가 아니니다.

六二는 黃離니 元吉하니라

육이는 황색의 걸림이니, 크게 길하니라.

【점해】중도를 지키면서 일과 사람을 대하면 큰 복이 온다.

九三은 日昃之離니 不鼓缶而歌면 則大耋之嗟라 凶하리라 *耋: 늙은이 질

구삼은 하괘의 끝이라 해가 기울어가는 걸림이니, 항아리를 두드려 노래하지 않으면 크게 쇠함을 탄식하는지라 흉하리라.

【점해】이래도 저래도 흉하다. 박자 맞춰 노래나 부르자.

九四는 突如其來如라 焚如니 死如며 棄如니라

구사는 돌연히 오는지라 불이 타니 죽이며 버리느니라.

【점해】뜻밖의 재앙이 온다. 화재가 나거나 사고가 나거나 버림을 당한다.

六五는 出涕沱若하며 戚嗟若이니 吉하리라

*涕: 눈물 흘릴 체, 沱: 눈물 흘릴 타

육오는 자비의 눈물을 흘림이 물 흐름과 같으며 슬퍼서 탄식함이니, 길하리라.

【점해】감동적으로 임하면 좋은 일이 생긴다.

上九는 王用出征이면 有嘉니 折首코 獲匪其醜(酋)면 无咎리라

*酋: 두목 추

상구는 왕이 나아가 밝음과 강함으로써 악을 살펴 정벌하면 아름다움이 있으리니, 두목만 꺾고 그 졸개들은 잡지 않으면 너그러워 허물이 없으리라.

【점해】나아가면 공을 세운다.

31. 택산함괘(澤山咸卦)

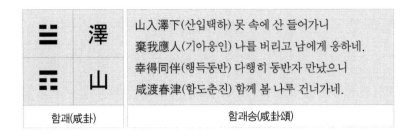

함괘(咸卦)	함괘송(咸卦頌)
澤 山	山入澤下(산입택하) 못 속에 산 들어가니 棄我應人(기아응인) 나를 버리고 남에게 응하네. 幸得同伴(행득동반) 다행히 동반자 만났으니 咸渡春津(함도춘진) 함께 봄 나루 건너가네.

咸은 亨하니 利貞하니 取女면 吉하리라

함(咸)은 형통하니 정(貞)함이 이로우니, 여자를 취하면 길하리라.

택산함괘 점해

1) **일:** 연예나 결혼은 이루어진다. 동업도 가능하다. 열린 마음에 활기찬 자세로 사교 관계를 넓힌다. 남들과 소통을 원활히 이루어 서로 손잡고 행진한다. 그러나 너무 문란한 사귐이 되지 않도록 항상 절제하는 자세를 견지하도록 해야 한다.

2) **심리:** 깊은 사려보다는 느낌을 중시한다. 늘 즉흥적으로 생각하고 움직인다. 청소년처럼 단순하고 활기차다. 화합을 추구하며 특히 이성과의 화합을 그리워한다. 성숙한 자세를 갖도록 노력해야 한다.

初六은 咸其拇라 *拇: 엄지손가락(발가락) 무

초육은 그 엄지발가락에 감동함이라.

【점해】 때가 아직 이르다. 남녀의 경우 겉만 아는 상황이다. 더 알아봐야 한다.

六二는 咸其腓면 凶하니 居하면 吉하리라 *腓: 장딴지 비

육이는 그 장딴지에 감동하면 흉하니, 머물면 길하리라.

【점해】 망동하면 흉하고 고요하면 길하다.

九三은 咸其股라 執其隨니 往하면 吝하리라 *股: 넓적다리 고

구삼은 그 다리에 감동함이라. 그 상육을 따름에만 집착하니, 나아가면 인색하리라.

【점해】 때가 온 것처럼 생각하지만 오판이다. 나아가면 막히리라.

九四는 貞이면 吉하야 悔亡하리니 憧憧往來면 朋從爾思리라 *憧: 계속 왕래할 동

구사는 정(貞)하면 길하여 후회가 사라지리니, 빈번히[憧憧] 왕래하면 벗만 네 생각을 따르리라.

【점해】 많은 사람을 적극적으로 만나야만 작은 소득이 있다.

九五는 咸其脢니 无悔리라 *脢: 등심 매

구오는 그 등살에 감동함이니, 후회가 없으리라.

【점해】 마음을 비우고 이해심을 가지면 흉은 면하리라.

上六은 咸其輔頰舌이라 *輔: 광대뼈 보, 頰: 뺨 협

상육은 광대뼈와 뺨과 혀에 감동함이라.

【점해】 뜻밖의 구설수를 조심하라.

32. 뇌풍항괘(雷風恒卦)

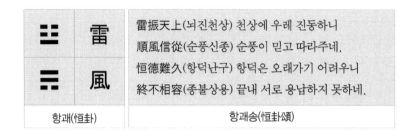

항괘(恒卦)	항괘송(恒卦頌)
雷 風	雷振天上(뇌진천상) 천상에 우레 진동하니 順風信從(순풍신종) 순풍이 믿고 따라주네. 恒德難久(항덕난구) 항덕은 오래가기 어려우니 終不相容(종불상용) 끝내 서로 용납하지 못하네.

恒은 亨하야 无咎하니 利貞하니 利有攸往하니라

항(恒)은 형통하여 허물이 없으니, 정(貞)함이 이로우니, 가는 바를 둠
이 이로우니라.

뇌풍항괘 점해

1) **일**: 현재 상태를 유지한다. 그러나 시간이 오래되면 문제가 발생한
다. 일이 잘 이루어지는 것 같지만 내면적으로 반대 기류가 있다. 겉
보기와는 달리 내면에는 부조화가 있어 세력이 점차 쇠퇴할 수 있다.
긴장하는 태도로 살아가야 한다.

2) **심리**: 마음이 담담하여 큰 변화를 추구하지 않는다. 권태롭고 무기
력하다. 보수적인 태도로 삶에 임한다. 생기를 가지도록 노력해야 한
다.

初六은 浚恒이라 貞하야 凶하니 无攸利하니라 *浚: 깊을 준

초육은 맨 아래에 있기에 깊게 항상함이라 정(貞)하여 흉하니, 이로운 바가 없느니라.

【점해】너무 믿으면 배신을 당한다. 실망이 그대를 따른다.

九二는 悔亡하리라

구이는 후회가 사라지리라.

【점해】변함없는 자세로 나아가면 허물이 사라진다.

九三은 不恒其德이라 或承之羞니 貞이면 吝하리라

구삼은 그 덕을 항상하지 않게 하는지라 부끄러움을 혹 이을 것이니, 정(貞)하면 인색하리라.

【점해】발전이 어렵다. 특히 변덕을 부리면 더욱 곤란해질 것이다.

九四는 田(佃)无禽이니라 *佃: 사냥 전

구사는 사냥에서 짐승을 잡지 못하리라.

【점해】분수에 맞지 않은 일을 했다. 소득이 없으리라.

六五는 恒其德이면 貞하니 婦人은 吉코 夫子는 凶하니라

육오는 덕을 항구히 하면 정(貞)하니, 부인은 길하고 남자는 흉하니라.

【점해】변덕을 부리지 말라. 남자는 흉하고 여자는 길하다.

上六은 振恒이니 凶하니라

상육은 항상함을 떨쳐버리니, 흉하니라.

【점해】변화가 많아 흉함이 따른다.

33. 천산돈괘(天山遯卦)

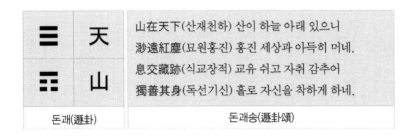

돈괘(遯卦)	돈괘송(遯卦頌)
天 山	山在天下(산재천하) 산이 하늘 아래 있으니 渺遠紅塵(묘원홍진) 홍진 세상과 아득히 머네. 息交藏跡(식교장적) 교유 쉬고 자취 감추어 獨善其身(독선기신) 홀로 자신을 착하게 하네.

遯은 亨하니 小利貞하니라
돈(遯)은 형통하니, 조금 정(貞)함이 이로우니라.

천산돈괘 점해

1) 일: 산으로 돌아간다. 은둔자의 길을 간다. 새로운 일을 벌이지도 말고 남과 다투지도 말아야 한다. 자취를 감추고 자숙하여야 한다. 세상에 나타나본들 이미 쇠해버린 운은 다시 돌아오지 않는다. 남이 보지 않는 곳에서 일하면서 실력을 쌓아야 한다.

2) 심리: 사고방식이 폐쇄적이고 소극적으로 변한다. 일의 의욕이 떨어져 현실에서 벗어나고파 한다. 고독감이 수시로 몰려온다. 지금은 나서지 말고 실력을 길러야 한다.

初六은 遯尾라 厲하니 勿用有攸往이니라 *尾: 꼬리 미
초육은 은둔의 꼬리라 위태로우니, 가는 바를 두지 말아야 하느니라.
【점해】 위태함이 따른다. 움직이지 말아야 흉을 면하리라.

六二는 執之用黃牛之革이라 莫之勝說이니라
육이는 황소 가죽으로 잡아매었으니, 그 견고함을 말로 다 할 수 없느니라.

【점해】현재 상황을 견뎌내어야 한다. 서서히 서광이 비치리라.

九三은 係遯이라 有疾하야 厲하니 畜臣妾에는 吉하니라 *係: 걸릴 계, 畜: 기를 휵

구삼은 매어 있는 은둔이라 병이 있어 위태로우니, 신첩(臣妾)을 기름에는 길하니라.

【점해】위태한 상황에 있으니 자기단속에 힘써라. 작은 일이나 여자의 일은 길하다.

九四는 好遯이니 君子는 吉코 小人은 否하니라

구사는 초육효가 정응(正應)이기에 좋아하지만 은둔함이니, 군자는 길하고 소인은 비색하니라.

【점해】감정을 절제하라. 참는 군자는 무난하고, 그렇지 못한 소인은 흉하다

九五는 嘉遯이니 貞하야 吉하니라

구오는 아름다운 은둔이니, 정(貞)하여 길하니라.

【점해】은둔하여 자기관리를 잘 하면 행복이 따른다.

上九는 肥遯이니 无不利하니라

상구는 넉넉한 은둔이니, 이롭지 않음이 없느니라.

【점해】세상사를 멀리하여 여유롭게 쉬니 이익이 따른다.

34. 뇌천대장괘(雷天大壯卦)

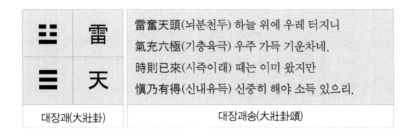

대장괘(大壯卦)	대장괘송(大壯卦頌)
	雷奮天頭(뇌분천두) 하늘 위에 우레 터지니 氣充六極(기충육극) 우주 가득 기운차네. 時則已來(시즉이래) 때는 이미 왔지만 愼乃有得(신내유득) 신중히 해야 소득 있으리.

大壯은 利貞하니라
대장(大壯)은 정(貞)함이 이로우니라.

뇌천대장괘 점해

1) **일:** 에너지가 넘쳐난다. 천둥소리가 하늘을 울린다. 일을 새롭게 일으키려 한다. 자신감이 차오르고 움직임이 활발해진다. 그러나 지나친 자신감은 스스로를 위험하게 만든다. 한 순간 나락으로 떨어질 수도 있다. 차분한 태도로 일에 임해야 한다.

2) **심리:** 자신감이 있고 활동적이다. 자부심과 도전정신이 가득하여 적토마를 타고 적진을 누빌 기세이다. 만용은 금물이다. 자제력을 발휘하여 계획에 맞추어 행동하여야 한다.

初九는 壯于趾니 征하면 凶이 有孚리라
초구는 발꿈치에 장성함이니, 가면 흉함이 믿을 수 있으리라.
【점해】 때가 아니다. 움직이면 흉하다.

九二는 貞하야 吉하니라
구이는 정(貞)하여 길하니라.

【점해】추진하라. 좋은 일이 온다.

九三은 小人은 用壯이오 君子는 用罔이니 貞이면 厲하니 羝羊이 觸藩하야 羸其角이로다 *厲: 위태로울 려, 羝: 숫양 저, 觸: 들이받을 촉, 藩: 울타리 번, 羸: 파리할 리

구삼은 소인은 장성함을 쓰고 군자는 무시함을 쓰니, 정(貞)하면 위태로우니 숫양이 울타리를 받아 그 뿔이 손상되도다.

【점해】자만하여 나아가면 손해를 입으리라.

九四는 貞이면 吉하야 悔亡하리니 藩決不羸하며 壯于大輿之輹이로다 *輹: 바퀴통 복

구사는 정(貞)하면 길하여 후회가 사라지리니, 울타리가 열리어 손상이 되지 않으며, 큰 수레의 바퀴살보다 장성하도다.

【점해】일이 잘 풀려나간다. 무슨 근심 있으랴.

六五는 喪羊于易면 无悔리라

육오는 양을 소홀히 함에서 잃으면 후회가 없으리라.

【점해】조심하면 겨우 허물은 면할 것이다.

上六은 羝羊이 觸藩하야 不能退하며 不能遂하야 无攸利하니 艱則吉하리라 *艱: 어려울 간

상육은 숫양이 울타리를 떠받아 물러가지도 못하며 나아가지도 못하여 이로운 바가 없으니, 어렵게 여기면 길하리라.

【점해】돌진하면 흉을 만나고, 자숙하면 흉이 감소한다.

35. 화지진괘(火地晉卦)

진괘(晉卦)	진괘송(晉卦頌)
☲ 火 ☷ 地	日出地上(일출지상) 땅 위로 해 솟으니 天下滿光(천하만광) 천하에 빛 가득하네. 勇進臨事(용진임사) 용감히 나가 일에 임하면 福畜我場(복축아장) 나의 마당에 복이 쌓이리.

晉은 康侯를 用錫馬蕃庶하고 晝日三接이로다

*蕃: 번성할 번, 錫: 하사할 석

진(晉)은 나라를 편하게 한 제후에게 말을 많이 하사하고 하루에 세 번 접견하도다.

화지진괘 점해

1) **일**: 운세가 상승하니 일이 움직여진다. 장애물이 사라지고 자신감이 생긴다. 해가 지평선 위로 솟듯이 일의 성과가 높아진다. 성공하기 좋은 여건이 왔으니 용감히 전진하라. 도전적으로 나가야 한다.
2) **심리**: 삶을 보는 눈이 긍정적이고 희망적이다. 그래서 자신감이 넘치고 진취적으로 행동한다. 좋은 아이디어가 반짝반짝 떠오른다. 대인관계도 적극적으로 이끌어간다.

初六은 晉如摧如에 貞이면 吉하고 罔孚라도 裕면 无咎리라 *摧: 꺾을 최, 罔: 없을 망, 裕: 넉넉할 유

초육은 나아감과 꺾임에 있어 정(貞)히 하면 길하고 믿어주지 않아도 너그럽게 하면 허물이 없으리라.

【점해】절도 있는 자세로 때를 기다려라. 지금은 이룰 수 없다.

六二는 晉如 愁如나 貞이면 吉하리니 受玆介福于其王母리라 *愁: 근심 수,
介: 굳을 개

육이는 나아감이 근심스러우나 정(貞)하면 길하리니, 큰[介] 복을 그 왕
모[王母: 조모]에게 받으리라.

【점해】 조심스럽게 임하면 복을 얻으리라.

六三은 衆允이라 悔亡하니라 *衆: 무리 중, 允: 믿을 윤

육삼은 무리가 믿어주는지라 후회가 사라지느니라.

【점해】 신뢰를 바탕으로 어둠에서 벗어나니 전도가 밝다.

九四는 晉如가 鼫鼠니 貞이면 厲하리라 *鼫: 다람쥐 석, 厲: 위태로울 려

구사는 나아감이 다람쥐이니 정(貞)하면 위태로우리라.

【점해】 다람쥐처럼 의심한다. 사람을 피곤하게 하니 무슨 일인들 이룰
까.

六五는 悔 亡하란대 失得을 勿恤이니 往에 吉하야 无不利리라 *恤: 근
심 휼

육오는 후회가 사라지면 득실을 근심하지 말 것이니, 나아감에 길하여
이롭지 않음이 없으리라.

【점해】 어둠이 사라지니 탄탄대로가 열린다.

上九는 晉其角이니 維用伐邑이면 厲하나 吉코 无咎어니와 貞엔 吝하니
라

상구는 그 뿔에 나아감이니, 오직 자기 읍을 정벌함에 쓰면 위태하나 길
하고 허물이 없거니와 정(貞)엔 인색하니라.

【점해】 자기 단속에 힘써야 한다. 마음 놓을 상황이 아니다.

36. 지화명이괘(地火明夷卦)

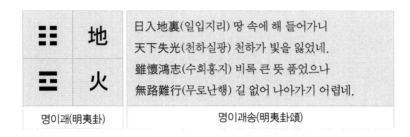

䷗ 地 ☲ 火	日入地裏(일입지리) 땅 속에 해 들어가니 天下失光(천하실광) 천하가 빛을 잃었네. 雖懷鴻志(수회홍지) 비록 큰 뜻 품었으나 無路難行(무로난행) 길 없어 나아가기 어렵네.
명이괘(明夷卦)	명이괘송(明夷卦頌)

明夷는 利艱貞하니라

명이(明夷)는 어려움에 정(貞)함이 이로우니라.

지화명이괘 점해

1) **일**: 빛이 사라졌다. 땅 속에 파묻힌 태양이다. 얼마나 답답할까. 앞이 보이지 않는다. 일단 가던 걸음을 멈추고 지혜를 발휘하여 무리를 모아야 한다. 우군을 모아 세력을 키워라. 그리고 때를 기다려라. 움직이지 말고 조용히 상황을 관망하라.

2) **심리**: 생각이 막히고 속이 답답하여 앞으로 나아갈 수 없다. 좌절감과 우울감, 분노가 교차하여 일어난다. 용기와 지혜를 길러야 한다.

初九는 明夷于飛에 垂其翼이니 君子于行에 三日不食하야 有攸往에 主人이 有言이로다 *垂: 드리울 수, 翼: 날개 익

초구는 비상하는 순간 밝음이 손상되어 그 날개를 늘어뜨리니, 군자가 떠나감에 3일 동안 먹지 못하여 가는 바를 둠에 주인이 뒷말을 하도다. 【점해】앞길이 막막하다. 움직이지 말기를.

六二는 明夷에 夷于左股니 用拯馬壯하면 吉하리라

*股: 다리 고, 拯: 건질 증

육이는 밝음이 상함에 왼쪽 다리를 상(傷)함이니, 구원하는 말이 건장하면 길하리라.

【점해】 한쪽이 손상당해도 힘을 모으면 길함이 있으리라.

九三은 明夷于南狩하야 得其大首니 不可疾貞이니라

*狩: 사냥 수, 疾: 빠를 질

구삼은 밝음이 남쪽 사냥에서 상하여 우두머리를 잡으니, 빨리 정(貞)하려해선 아니 되니라.

【점해】 이름이 천하에 가득하다. 일이 이루어진다.

六四는 入于左腹하야 獲明夷之心하야 于出門庭이로다

육사는 왼쪽 배로 들어가 밝음을 상할 마음을 얻어서 문정(門庭)으로 나옴이로다.

【점해】 유유자적하라. 움직이면 후회가 있으리라.

六五는 箕子之明夷니 利貞하니라 *箕: 키 기

육오는 기자[箕子: 은나라 성인]가 밝음을 상함이니 정(貞)함이 이로우니라.

【점해】 지금은 길이 없다. 기다리면 때가 온다.

上六은 不明하야 晦니 初登于天하고 後入于地로다

상육은 밝지 못하여 어두우니, 처음에는 하늘로 오르고 뒤에는 땅속으로 들어가도다.

【점해】 판단력이 흐려졌다. 상승하다가 추락한다.

37. 풍화가인괘(風火家人卦)

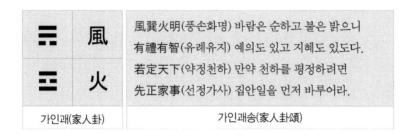

風	風巽火明(풍손화명) 바람은 순하고 불은 밝으니
火	有禮有智(유례유지) 예의도 있고 지혜도 있도다.
	若定天下(약정천하) 만약 천하를 평정하려면
	先正家事(선정가사) 집안일을 먼저 바루어라.
가인괘(家人卦)	가인괘송(家人卦頌)

家人은 利女貞하니라

가인(家人)은 여자의 정(貞)함이 이로우니라.

풍화가인괘 점해

1) **일**: 가정사에 집중할 때이다. 집안 단속을 잘해야 한다. 결혼문제는 가능한 방향으로 흐른다. 대외적인 일에는 갈등이 일어나 불리하다. 여성이면 현모양처의 그릇이요, 남성이면 여성적인 사람이 된다. 일을 풀어내는 실마리를 주위사람에게서 찾아야 한다.

2) **심리**: 소심하고 자상하며 평화적이다. 외부의 큰일보다는 가깝고 작은 일에 관심을 가진다. 자칫 옹졸함에 빠져 주위의 비난을 살 수 있으므로 늘 대국적으로 처신해야 한다.

初九는 閑有家면 悔亡하리라
초구는 집에서 막고서[閑] 법도를 익히면 후회가 사라지리라.
【점해】준비를 잘 하였으니 성공적인 결과를 얻는다.

六二는 无攸遂오 在中饋면 貞吉하리라 *饋: 먹일 궤
육이는 앞장서서 이루는 바가 없고 집안에서 음식을 대접하면 정(貞)하
여 길하리라.
【점해】겸손으로 처신하면 길함을 얻을 것이다.

九三은 家人이 嗃嗃하니 悔厲나 吉하니 婦子嘻嘻면 終吝하리라 *嗃: 엄할
학, 厲: 위태로울 려, 嘻: 웃을 희
구삼은 가인(家人)이 엄혹하니 후회하고 위태롭게 여기나 길하니, 부인
과 자식이 희희낙락하면 끝내 인색하리라.
【점해】집안에 불화가 있다. 무슨 일을 이룰 수 있으랴.

六四는 富家니 大吉하니라
육사는 집을 부유하게 함이니, 크게 길하니라.
【점해】큰 이득을 얻을 징조가 보인다. 무얼 근심할 것인가.

九五는 王假有家니 勿恤하야 吉하리라 *假: 이를 격(程子는 '지극함'으로 해석)
구오는 왕이 집에 이르니, 근심하지 않아 길하리라.
【점해】자신의 임무를 잘 수행한다. 좋은 결과가 따른다.

上九는 有孚코 威如면 終吉하리라
상구는 믿음을 두고 위엄이 있으면, 마침내 길하리라.
【점해】당당하고 위엄 있게 처신하면 좋은 결과를 낸다.

38. 화택규괘(火澤暌卦)

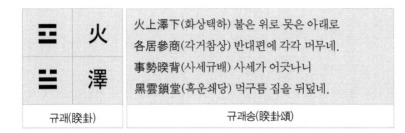

火	火上澤下(화상택하) 불은 위로 못은 아래로
澤	各居參商(각거참상) 반대편에 각각 머무네. 事勢暌背(사세규배) 사세가 어긋나니 黑雲鎖堂(흑운쇄당) 먹구름 집을 뒤덮네.
규괘(暌卦)	규괘송(暌卦頌)

暌는 小事는 吉하리라
규(暌)는 작은 일은 길하리라.

화택규괘 점해

1) **일:** 일이 어긋나고 인간관계가 파탄난다. 나의 뜻과는 다른 방향으로 상황이 전개된다. 지금으로서는 어려움을 피할 길이 없다. 상황진단을 면밀히 하여 문제점을 해결해야 한다. 그런 다음에 기회를 보아 다시 도전해야 한다. 현재 상태에서는 얻을 게 없다.

2) **심리:** 의심이 많고 반발심이 있다. 부정적이고 비판적인 사고의 소유자이다. 남을 이해해주고 상황을 긍정적으로 보는 습관을 가져야 한다.

初九는 悔亡하니 喪馬하고 勿逐하야도 自復이니 見惡人하면 无咎리라
초구는 후회가 사라지니 말을 잃고 쫓지 않아도 스스로 돌아오리니, 악인을 만나 설득하면 허물이 없으리라.
【점해】잃어버린 것이 저절로 돌아온다. 새 사업은 아직 기대할 수 없다.

九二는 遇主于巷하면 无咎리라

구이는 군왕을 골목에서 만나면 허물이 없으리라.

【점해】몰래 지도자를 만나니 허물을 면하리라.

六三은 見輿曳코 其牛 掣하며 其人이 天且劓니 无初코 有終이리라

*掣: 들이받을 체, 天: 머리 깎는 형벌 천

육삼은 구이효와 구사효에 막혀 수레를 당기고 그 소가 들이받으며, 그 사람이 머리를 깎이고 코가 베임을 보리니, 처음에는 없고 끝에는 있으리라.

【점해】천신만고 끝에 겨우 명맥을 유지한다.

九四는 睽孤하야 遇元夫하야 交孚니 厲하나 无咎리라

구사는 초효와 어긋남에 외로워 선량한 남편을 만나 서로 믿으니, 위태로우나 허물이 없으리라.

【점해】소통이 필요하다. 소통이 이루어지면 흉을 피한다.

六五는 悔亡하니 厥宗이 噬膚면 往에 何咎리오

육오는 후회가 사라지니, 그 종족[구이효]이 살을 씹듯이 하면 나아감에 무슨 허물이 있으리오.

【점해】소통이 이루어져 마침내 경사를 얻는다.

上九는 睽孤하야 見豕負塗와 載鬼一車라 先張之弧라가 後說(脫)之弧하야 匪寇라 婚媾니 往遇雨하면 則吉하리라 *媾: 화친할 구

상구는 육삼효가 구이효와 구사효에 막혀 어긋나서 외로워 돼지가 진흙을 진 것과 헛것[鬼]을 한 수레에 실음을 봄이라. 먼저는 활줄을 당기다가 뒤에는 활줄을 풀어놓아[脫] 육삼효가 도적이 아니라 혼인을 하려 함이니, 가서 비를 만나면 길하리라.

【점해】처음에는 막히나 결국에는 통하여 작은 성과를 거둔다.

39. 수산건괘(水山蹇卦)

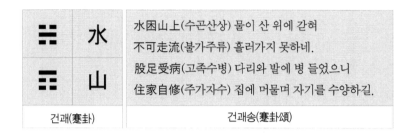

水	水困山上(수곤산상) 물이 산 위에 갇혀
山	不可走流(불가주류) 흘러가지 못하네.
	股足受病(고족수병) 다리와 발에 병 들었으니
	住家自修(주가자수) 집에 머물며 자기를 수양하길.
건괘(蹇卦)	건괘송(蹇卦頌)

蹇은 利西南하고 不利東北하며 利見大人하니 貞이면 吉하리라
건(蹇)은 서남쪽은 이롭고 동북쪽은 이롭지 않으며 대인을 봄이 이로
우니, 정(貞)하면 길하리라.

수산건괘 점해

1) **일**: 다리를 절룩거리니 나아가기 어렵다. 일이 될 듯 하다가 중도에
어그러진다. 빨리 나갈 수가 없다. 멀쩡히 가다가 병이 생겨 중도에 주
저앉는다. 하려던 일은 그만 둠이 좋겠다. 동북은 길하고 서남은 흉하
다.
2) **심리**: 좌절감이 차오르고 부정적인 시각이 앞을 가린다. 마음은 가
고자 하나 몸은 잘 움직여지지 않는다. 수양을 쌓아 긍정적인 마인드
를 갖도록 함이 좋겠다.

初六은 往하면 蹇코 來하면 譽리라

초육은 가면 어렵고 오면 명예가 있으리라.

【점해】 가면 흉하고 그치면 이롭다.

六二는 王臣蹇蹇이 匪躬之故라

육이는 왕의 신하[육이효]가 어려움은 자기 탓이 아니니라.

【점해】 전체가 어려워지니 협력해야 한다. 새로 일을 시작하면 불리하다.

九三은 往하면 蹇코 來하면 反이리라

구삼은 올라가면 어렵고 내려오면 회복되리라.

【점해】 일을 중지하라. 본전만 건져도 다행이다.

六四는 往하면 蹇코 來하면 連이리라

육사는 올라가면 어렵고 내려오면 연합하리라.

【점해】 전진하면 해롭다. 그만두면 흉이 사라진다.

九五는 大蹇에 朋來로다

구오는 크게 어려움에 벗이 오도다.

【점해】 어려움을 만나지만 벗의 도움으로 회생한다.

上六은 往하면 蹇코 來하면 碩이라 吉하리니 利見大人하니라

상육은 오르면 어렵고 내려오면 큰지라 길하리니, 대인을 봄이 이로우니라.

【점해】 추진하면 어려움이 따른다. 되돌려 수습하면 좋은 일이 생긴다.

40. 뇌수해괘(雷水解卦)

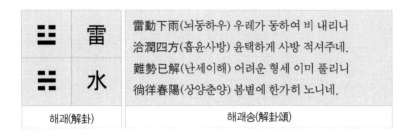

	雷	雷動下雨(뇌동하우) 우레가 동하여 비 내리니 洽潤四方(흡윤사방) 윤택하게 사방 적셔주네. 難勢已解(난세이해) 어려운 형세 이미 풀리니 徜徉春陽(상양춘양) 봄볕에 한가히 노니네.
	水	
해괘(解卦)		해괘송(解卦頌)

解는 利西南하니 无所往이라 其來復이 吉하니 有攸往이어든 夙하면
吉하리라 *夙: 일찍 숙

해(解)는 서남쪽이 이로우니 갈 바가 없는지라 와서 돌아옴이 길하니,
갈 바가 있거든 일찍 하면 길하리라.

뇌수해괘 점해

1) 일: 봄바람에 얼음이 녹듯, 막혔던 일이 술술 풀려나간다. 사업도 풀
리고 사건도 풀리고 인간관계도 풀린다. 기회가 왔을 때, 신속히 일을
해결해야 한다. 나태하면 기회를 잃고 만다. 서남쪽이 길한 방향이다.

2) 심리: 개방적이고 활달한 자세로 삶을 이끌어간다. 기대와 희망을
가지고 세상에 도전장을 내민다. 생각을 속에 담지 못하여 밖으로 드
러낸다. 그래도 해이함에 빠지지 않도록 주의해야 한다.

初六은 无咎하니라
초육은 허물이 없느니라.
【점해】큰 이득도 큰 손해도 없다.

九二는 田獲三狐하야 得黃矢니 貞하야 吉하도다

구이는 사냥하여 여우같은 세 소인[초육효, 육삼효, 상구효]을 잡아 황시[黃矢: 중도(中道)의 화살]를 얻었으니, 정(貞)하여 길하도다.
【점해】노심초사하지 않아도 큰 수확을 얻는다.

六三은 負且乘이라 致寇至니 貞이라도 吝이리라
육삼은 지고 있어야 함에도 또 타고 있는지라 도적이 옴을 불렀으니, 정(貞)하더라도 인색하리라.
【점해】나의 것을 노리는 도적이 있다. 불측의 재앙을 방비하라.

九四는 解而拇면 朋至하야 斯孚리라 *拇: 엄지발가락 무, 而: 너 이
구사는 너의 엄지발가락(초육효)을 놓아두면, 도리어 양강(陽剛)한 벗이 와서 믿으리라.
【점해】소인을 멀리해야 귀인이 와서 도우리라.

六五는 君子 維有解면 吉하니 有孚于小人이리라
육오는 군자가 오직 놓아둠이 있으면 길하니, 소인에게서 믿음을 얻으리라.
【점해】소인을 포용하면 어려움이 해소되어 발전한다.

上六은 公用射隼于高墉之上하야 獲之니 无不利로다
*隼: 새매 준, 墉: 담장 용
상육은 공(公)이 높은 담장 위에서 새매를 쏘아 잡으니, 이롭지 않음이 없도다.
【점해】능력을 발휘하여 큰 소득을 얻으리라.

41. 산택손괘(山澤損卦)

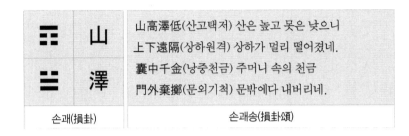

손괘(損卦)	손괘송(損卦頌)
☷ 山 ☱ 澤	山高澤低(산고택저) 산은 높고 못은 낮으니 上下遠隔(상하원격) 상하가 멀리 떨어졌네. 囊中千金(낭중천금) 주머니 속의 천금 門外棄擲(문외기척) 문밖에다 내버리네.

損은 有孚면 元吉코 无咎하야 可貞이라 利有攸往하니 曷之用이리오
二簋 可用享이니라 *孚: 믿을 부, 簋: 대로 만든 제기 궤, 曷: 어찌 갈

손(損)은 믿음을 두면 크게 길하고 허물이 없어 정(貞)할 수 있는지라
가는 바를 둠이 이로우니, 어디에 쓰리오. 두 개의 대그릇으로도 제사
를 드릴 수 있느니라.

산택손괘 점해

1) **일**: 생각처럼 일이 이루어지지 않아 근심이 깊어진다. 재물이 새어
나간다. 차라리 손해를 볼 처지라면 투자를 하라. 그러면 우선에는 재
물이 나가지만 나중에는 이익을 얻는다. 또한 의미 있는 일에 성금을
내고 봉사를 하도록 노력하라. 뒷날에 행운이 되어 돌아온다.
2) **심리**: 비관적인 시각으로 세상을 본다. 그래서 박탈감, 허무감을 잘
느낀다. 욕심에 눈이 가려져 분별력이 저하된다. 대범한 마음을 가질
것이며 주위 사람에게 자문을 구하라.

初九는 已事어든 遄往이라야 无咎리니 酌損之니라 *已: 마칠 이, 遄: 빠를
천, 酌: 잔 따를 작

초구는 일을 마쳤거든 빨리 떠나가야 허물이 없으리니, 참작하여 덜어

내어야 하느니라.

【점해】 명쾌하게 정리하면 겨우 허물은 면하리라.

九二는 利貞코 征이면 凶하니 弗損이라야 益之리라 *征: 갈 정

구이는 정(貞)함이 이롭고 가면 흉하니, 바름을 덜지 않아야 더하게 되
리라.

【점해】 현상유지가 최선이다. 전진하면 흉을 만난다.

六三은 三人行엔 則損一人코 一人行엔 則得其友로다

육삼은 세 사람이 가면 한 사람을 덜고, 한 사람이 가면 그 벗을 얻도다.

【점해】 우선에는 손해를 보지만 나중에는 득을 본다.

六四는 損其疾호대 使遄이면 有喜하야 无咎리라

육사는 그 질병을 덜어내되 빨리 하면 기쁨이 있어 허물이 없으리라.

【점해】 빨리 혁신을 하면 허물이 없다.

六五는 或益之면 十朋之라 龜도 弗克違하리니 元吉하니라

육오는 혹 더해준다면 열 명의 많은 벗이 그렇게 하는지라. 거북점도 능
히 어기지 못하리니 크게 길하니라.

【점해】 큰 이득이 있을 것이다.

上九는 弗損코 益之면 无咎코 貞吉하니 利有攸往이니 得臣이 无家리라

상구는 아래의 것을 덜지 말고 더해주면 허물이 없고 정(貞)하고 길하
도다. 가는 바를 둠이 이로우니, 신하를 얻음이 집안에만 한정되지 않
느니라.

【점해】 약자를 도운 덕분에 인심이 모이고 복이 따른다.

42. 풍뢰익괘(風雷益卦)

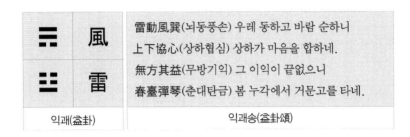

익괘(益卦)	익괘송(益卦頌)
	雷動風巽(뇌동풍손) 우레 동하고 바람 순하니 上下協心(상하협심) 상하가 마음을 합하네. 無方其益(무방기익) 그 이익이 끝없으니 春臺彈琴(춘대탄금) 봄 누각에서 거문고를 타네.

益은 利有攸往하며 利涉大川하니라

익(益)은 가는 바를 둠이 이로우며 큰 내를 건넘이 이로우니라.

풍뢰익괘 점해

1) **일:** 일에 의욕이 넘치고 많은 기대감을 가진다. 사업이 발전하여 재물을 가득 얻는다. 특히 공익적인 일에는 더욱 길하다. 상부상조하는 정신으로 일에 임하면 큰 복이 찾아온다. 제사를 지내고 적선을 함으로써 하늘로부터 축복을 받는 형국이다.

2) **심리:** 겸손하지만 자신감은 가득하다. 생기가 흐르고 희망이 가득하다. 남에게 봉사하려는 정신이 있으며, 소통을 중시하므로 따르는 사람이 많다.

初九는 利用爲大作이니 元吉이라야 无咎리라

초구는 크게 지음이 이로우니, 크게 길해야 허물이 없으리라.

【점해】 윗사람의 배려로 기회를 얻지만, 최선을 다해야 허물이 없다.

六二는 或益之면 十朋之라 龜도 弗克違나 永貞이면 吉하니 王用享于帝라도 吉하리라

육이는 혹 더해준다면 열 명의 많은 벗이 그렇게 하는지라. 거북점도 능히 이기지 못하나 길이 정(貞)하면 길하니, 왕이 상제에게 제사를 드리더라도 길하리라.

【점해】 성실히 일에 임하면 주위의 도움으로 복을 받는다.

六三은 益之用凶事엔 无咎어니와 有孚中行이라야 告公用圭리라

*圭: 홀 규

육삼은 더함을 흉사에 씀엔 허물이 없거니와 믿음을 두고 중도(中道)로 행해야 공(公)에게 고함에 신표[圭]로써 하리라

【점해】 정당하게 일을 처리해야만 신뢰를 유지한다.

六四는 中行이면 告公從하리니 利用爲依며 遷國이니라

육사는 중도(中道)로 행한다면 공(公)에게 고하고 쫓으리니, 힘써 의지하며 천도(遷都)를 도움이 이로우니라.

【점해】 이동이 많다. 나의 일보다는 공적인 일에 길하다. 무리에서 중심 인물이 된다.

九五는 有孚惠心이라 勿問하야도 元吉하니 有孚하야 惠我德하리라

구오는 은혜로운 마음에 믿음을 둔지라. 묻지 않아도 크게 길하니, 믿음을 두어 나의 덕을 은혜롭게 여기리라.

【점해】 상하에 베풀어라. 그리하면 경사가 있을 것이다.

上九는 莫益之라 或擊之리니 立心勿恒이니 凶하니라 *擊: 칠 격

상구는 더해주는 이가 없는지라 혹 공격을 하리니, 마음을 세움이 한결같지 않으니, 흉하니라.

【점해】 쟁탈전이 벌어진다. 결국 재앙을 만난다.

43. 택천쾌괘(澤天夬卦)

		澤決天頭(택결천두) 못이 하늘 위에서 터지니 水盡散落(수진산락) 물이 모두 흩어져 떨어지네. 正道破邪(정도파사) 정도가 사특함 격파하니 淸風掃壑(청풍소학) 청풍이 골짝 쓸고 지나가네.
	澤 天	
쾌괘(夬卦)		쾌괘송(夬卦頌)

夬는 揚于王庭이니 孚號有厲니라 告自邑이오 不利卽戎이며 利有攸往
하니라 *揚: 드날릴 양, 厲: 위태로울 려, 卽: 나아갈 즉

쾌(夬)는 왕의 뜰에서 떨침이니, 신뢰감 있게 호령해서 위기의식을 가
지도록 해야 하느니라. 자기의 읍(邑)에만 고할 것이요, 적에게 나아
감이 이롭지 않으며 순리적으로 갈 바를 둠이 이로우니라.

택천쾌괘 점해

1) **일:** 긴박감이 도는 순간이다. 일전을 벌일 상황에 있다. 군자의 정도
로 소인의 세력을 몰아낸다. 법적인 문제는 물론 일반적인 일도 시원
히 해결된다. 감정을 잘 다스려 돌출적인 행동을 자제하고 관용을 베
풀어 인심을 얻도록 하라. 그렇게 하면 일이 더 잘 풀린다.
2) **심리:** 스릴을 즐기며 강한 힘으로 돌격하고 전진한다. 성급하게 판
단하고 행동한다. 경솔한 모습을 보인다. 심사숙고하게 처신해야 한
다.

初九는 壯于前趾니 往하야 不勝이면 爲咎리라 *壯: 싹싹할 장, 趾: 발꿈치 지
초구는 발꿈치를 나아가게 함에 씩씩함이니, 가서 이기지 못하면 허물
이 되리라.

【점해】잘못된 시작이다. 나아가면 흉하다.

九二는 惕號니 莫夜에 有戎이라도 勿恤이로다 *惕: 두려울 척, 恤: 근심할 휼
구이는 두려워하면서 호령함이니, 늦은 밤에 적이 있더라도 근심할 것
이 없도다.
【점해】유비무환이다. 철저히 준비하면 큰 흉은 없다.

九三은 壯于頄하야 有凶코 獨行遇雨니 君子는 夬夬라 若濡有慍이면 无
咎리라 *頄: 광대뼈 규, 遇: 만날 우, 濡: 젖을 유
구삼은 광대뼈에 씩씩하여 흉함이 있고 홀로 행하다가 비를 만나니 군
자는 결단을 상쾌히 하는지라 젖듯이 성냄이 있으면 허물이 없으리라.
【점해】흉하다. 고통이 따르지만 결단하여야 한다.

九四는 臀无膚며 其行次且니 牽羊하면 悔亡하련마는 聞言하야도 不信
하리로다 *臀: 볼기 둔, 膚: 살갗 부, 牽: 끌 견
구사는 불안하여 볼기에 살이 없으며 그 감이 머뭇거리니, 양(羊)을 끌
면 후회가 없으련만 말을 듣고도 믿지 않으리라.
【점해】일이 뜻대로 진행되기 어렵다. 복잡해진다.

九五는 莧陸夬夬면 中行에 无咎니라 *莧: 비름나물 현, 陸: 땅 륙
구오는 현륙[莧陸: 쇠비름나물]을 결단하기를 상쾌히 하면, 중행(中行)
에 허물이 없느니라.
【점해】조심조심해야 본전을 건진다.

上六은 无號니 終有凶하니라
상육은 호령할 곳이 없으니, 끝내 흉함이 있느니라.
【점해】난진난퇴. 어찌 벗어날 것인가.

44. 천풍구괘(天風姤卦)

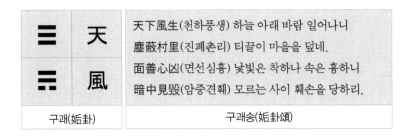

天 風	天下風生(천하풍생) 하늘 아래 바람 일어나니 塵蔽村里(진폐촌리) 티끌이 마을을 덮네. 面善心凶(면선심흉) 낯빛은 착하나 속은 흉하니 暗中見毁(암중견훼) 모르는 사이 훼손을 당하리.
구괘(姤卦)	구괘송(姤卦頌)

姤는 女壯이니 勿用取女니라
구(姤)는 여자가 씩씩함이니, 여자를 취하지 말아야 하느니라.

천풍구괘 점해

1) **일:** 새로운 인연을 만날 수 있다. 이 만남은 불미스러운 일을 초래한다. 상대가 좋은 뜻을 가졌든, 나쁜 뜻을 가졌든 종말은 흉한 쪽으로 흐른다. 나쁜 기운이 암암리 몰려오니, 나도 모르는 사이 손해를 당한다. 조심하여야 한다.

2) **심리:** 실속이 없다. 남의 흉계에 잘 걸리기도 하지만, 자신도 흉계를 잘 꾸민다. 겉으로는 당당해보이지만 속에는 어두운 기운이 서려있다. 바른 길을 찾아가도록 해야 한다.

初六은 繫于金柅면 貞이 吉코 有攸往이면 見凶하리니 羸豕孚蹢躅하니라 *繫: 맬 계, 柅: 말뚝 니, 豕: 돼지 시, 蹢: 뛸 척, 躅: 뛸 촉
초육은 금니[金柅: 쇠말뚝]에 매어 놓으면 정(貞)함이 길하고, 가는 바가 있으면 흉함을 당하리니, 쇠약한 돼지가 마음껏 뛰고 뜀에 진실하니라.
【점해】움직이지 말라. 나가면 함정에 빠진다.

388

九二는 包有魚면 无咎하리니 不利賓하니라

구이는 꾸러미 안에 고기가 있는 것같이 간수하면 허물이 없으리니, 빈객에게는 이롭지 않느니라.

【점해】 자기 것을 잘 간수하면 이롭다. 새 친구를 돕거나 들이면 혼란에 빠진다.

九三은 臀无膚나 其行은 次且니 厲하면 无大咎리라 *臀: 엉덩이 둔

구삼은 불안하여 엉덩이에 살이 없으나 그 행함이 머뭇거리니, 위태롭게 여기면 큰 허물이 없으리라.

【점해】 위험에 빠진다. 미리 조심하면 화는 겨우 면한다.

九四는 包无魚니 起凶하리라

구사는 꾸러미 안에 고기가 없으니, 흉을 일으키리라.

【점해】 기대를 가져 봐도 막상 열어보면 빈 그릇.

九五는 以杞包瓜니 含章이면 有隕自天이리라 *杞: 박달나무 기, 瓜: 외 과, 隕: 떨어질 운

구오는 박달나무 잎으로 오이[賢士]를 싸는 것이니, 문채를 머금으면 하늘로부터 떨어짐이 있으리라.

【점해】 포용의 덕으로 우군을 얻어 천복을 받는다.

上九는 姤其角이라 吝하니 无咎니라

상구는 그 뿔에서 만남이라. 인색하니 허물할 데가 없느니라.

【점해】 될 듯 말 듯 속만 태운다.

45. 택지췌괘(澤地萃卦)

		地上有澤(지상유택) 땅 위에 못이 있으니 淸水集盈(청수집영) 맑은 물 가득 모였네. 多士向我(다사향아) 많은 선비들 나를 향하니 大事可成(대사가성) 대사를 이루리라.
☱	澤	
☷	地	
췌괘(萃卦)		췌괘송(萃卦頌)

萃는 (亨: 衍文)王假有廟니 利見大人하니 亨하니 利貞하니라 用大牲이 吉하니 利有攸往하니라 *假: 이를 격, 廟: 사당 묘

췌(萃)는 왕이 정신을 수습하려 사당에 이르니, 대인을 봄이 이로우니 형통하니, 정(貞)함이 이로우니라. 큰 희생을 씀이 길하니, 가는 바를 둠이 이로우니라.

택지췌괘 점해

1) **일:** 포용력을 발휘하면 사람이 모인다. 사람이 모이면 도움을 얻고 도움을 얻으면 재물이 모인다. 재물이 모이면 큰일을 도모할 수 있다. 제사를 드리면서 기운을 모으면 만인이 환호하고 만사가 형통한다. 만약 방심하면 사람들이 모두 떠나간다.

2) **심리:** 명랑하고 긍정적이며 평화적이고 안정적인 심리구조를 가졌다. 사람들에게 호감을 살 마음씨를 가졌다. 일에도 적극적인 자세로 임한다.

初六은 有孚나 不終이면 乃亂乃萃하릴새 若號하면 一握爲笑하리니 勿恤코 往하면 无咎리라 *孚: 믿을 부, 號: 부를 호, 握: 쥘 악, 恤: 근심할 휼

초육은 믿음을 두나 마치지 못하면 이에 심란하여 음기가 모여들 것이

라. 만일 부르짖으면 일악[一握: 전체]이 비웃으리니, 근심하지 말고 가면 허물이 없으리라.

【점해】혼란이 있으나 조용히 자기 길을 가면 겨우 허물은 면한다.

六二는 引하면 吉하야 无咎하리니 孚乃利用禴이리라

육이는 당기면 길하여 허물이 없을 것이니, 믿음직하게 해야만 이에 약[禴: 종묘의 간소한 제사]을 씀이 이로우리라.

【점해】기도하면서 일하면 이익이 있다.

六三은 萃如嗟如라 无攸利하니 往하면 无咎어니와 小吝하니라 *嗟: 탄식할 차

육삼은 모이고 탄식하는지라 이로울 바가 없으리니, 가면 허물은 없거니와 조금 인색하니라.

【점해】어딜 가도 고립을 당한다. 막힘이 많으리라.

九四는 大吉이라야 无咎리라

구사는 正位가 아니어 아주 길해야만 허물이 없으리라.

【점해】아무리 잘 해도 본전이다. 분수에 넘치면 불이익을 부른다.

九五는 萃有位코 无咎하나 匪孚어든 元永貞이면 悔 亡하리라

구오는 모임에 지위가 있고 허물이 없으나, 믿지 않거든 크고 오래하고 정(貞)히 하면 후회가 사라지리라.

【점해】지위를 얻는다. 따르지 않으면 진심으로 대하라. 발전한다.

上六은 齎咨涕洟니 无咎니라 *齎: 탄식할 자, 涕: 울 체, 洟: 눈물 이

상육은 탄식하고 눈물을 흘리니, 허물할 데가 없느니라.

【점해】옳지 못한 삶의 태도가 재앙을 부른다.

46. 지풍승괘(地風升卦)

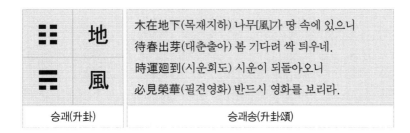

地 風	木在地下(목재지하) 나무[風]가 땅 속에 있으니 待春出芽(대춘출아) 봄 기다려 싹 틔우네. 時運廻到(시운회도) 시운이 되돌아오니 必見榮華(필견영화) 반드시 영화를 보리라.
승괘(升卦)	승괘송(升卦頌)

升은 元亨하니 用見大人호대 勿恤코 南征하면 吉하리라

승(升)은 크게 형통하니, 대인을 만나보되 근심하지 말고 남쪽으로 간
다면 길하리라.

지풍승괘 점해

1) **일**: 새싹이 돋는다. 승승장구한다. 모든 장애가 사라지고 희망의 씨
앗이 꽃을 피운다. 만사가 여의하니 구름을 타고 하늘을 오르는 기세
이다. 설령 난관을 만나더라도 좌절하지 말고 적극적으로 도전하면
성공의 열매를 맺는다. 방향을 묻는다면 남쪽이 좋다.

2) **심리**: 자신감이 넘치고 밝은 기분이 가득하다. 진취적이고 적극적이
며 포용적인 자세로 사람과 일을 대한다. 순리적인 태도와 희망적인
자세로 삶에 임한다.

初六은 允升이니 大吉하니라 *允: 믿을 윤
초육은 구이효를 믿고 따라 오르니, 크게 길하니라.
【점해】동천에 치솟는 태양처럼 찬란히 빛을 내리라.

九二는 孚乃利用禴이니 无咎리라
구이는 믿음직하게 해야만 이에 약[禴: 간소한 제사]을 씀이 이로우니,
허물이 없으리라.
【점해】제사를 지내면서 정성을 다하면 이익이 있다.

九三은 升虛邑이로다
구삼은 빈 고을에 올라감이로다.
【점해】주인 없는 성을 정복하듯 막힘없이 전진하리라.

六四는 王用亨于岐山이면 吉코 无咎하리라
육사는 문왕(文王)이 기산(岐山)에서 형통하게 하듯이 하면 길하고 허
물이 없으리라.
【점해】정성을 드리면 일이 수월히 이루어진다.

六五는 貞이라야 吉하리니 升階로다 *階: 섬돌 계
육오는 정(貞)해야만 길하리니, 계단을 오르듯 하리로다.
【점해】만사형통하리니, 높은 계단도 나는 듯이 오르리라.

上六은 冥升이니 利于不息之貞하니라 *冥: 어두울 명
상육은 올라감에 어두움이니, 쉬지 않는 정(貞)에 이로우니라.
【점해】어둠의 그림자 드리워졌다.

47. 택수곤괘(澤水困卦)

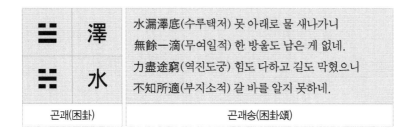

澤 水	水漏澤底(수루택저) 못 아래로 물 새나가니 無餘一滴(무여일적) 한 방울도 남은 게 없네. 力盡途窮(역진도궁) 힘도 다하고 길도 막혔으니 不知所適(부지소적) 갈 바를 알지 못하네.
곤괘(困卦)	곤괘송(困卦頌)

困은 亨코 貞하니 大人이라 吉코 无咎하니 有言이면 不信하리라
곤(困)은 형통하고 정(貞)하니, 대인이라. 길하고 허물이 없으니, 말을
두면 믿지 않으리라.

택수곤괘 점해

1) **일**: 곤경에 처한다. 더 이상 일을 진행시키지 말아야 한다. 계속 전
진하면 더 많은 손실을 부른다. 자본이 바닥나고 체력이 고갈된다. 게
다가 방해꾼까지 등장한다. 그래서 고립무원의 상태에 빠진다. 때를
기다리면서 미래를 대비해야 한다.
2) **심리**: 답답하고 우울하다. 희망이 사라져 좌절감을 느낀다. 고립감
속에서 불안해한다. 자신감이 떨어지는 한편, 남을 원망하는 마음이
언뜻언뜻 일어난다. 활기찬 마음을 가지도록 노력해야 한다.

初六은 臀困于株木이라 入于幽谷하야 三歲라도 不覿이로다 *覿: 볼 적
초육은 볼기가 주목[株木: 그루터기]에 곤하니라. 깊은 골짜기로 들어가
서 3년이 지나도 만나보지 못하도다.
【점해】안개 속으로 들어가니 길을 잃으리라.

九二는 困于酒食이나 朱紱이 方來하리니 利用亨祀니 征이면 凶하니 无咎니라 *紱: 인끈 불

구이는 술과 음식에 곤하나 주불[朱紱: 무릎을 가리는 왕의 예복]이 곧 오리니, 제사를 드림이 이로우니, 가서 싸우면 흉하니 허물이 없느니라.

【점해】 제사를 지내고 가만히 근신하라. 문서를 얻어 길하다.

六三은 困于石하며 據于蒺藜라 入于其宮이라도 不見其妻니 凶토다 *蒺: 납가시 질, 藜: 가시 려

육삼은 돌에 곤하며 가시나무[蒺藜]에 앉아 있는지라 집에 들어가더라도 아내를 만나보지 못하니 흉하도다.

【점해】 이미 가시밭에 들었거늘 앞에는 절벽이네. 흉하리라.

九四는 來徐徐는 困于金車일새니 吝하나 有終이리라

구사는 오기를 느리게 함은 쇠수레에 곤하기 때문이니, 인색하나 마침이 있으리라.

【점해】 장애물이 있어 일도 사람도 늦어진다. 노력에 비해 소득이 적다.

九五는 劓刖이니 困于赤紱하나 乃徐有說하리니 利用祭祀니라 *劓: 코 벨 의, 刖: 발 벨 월

구오는 코를 베고 발을 베이니 적불[赤紱: 무릎을 가리는 신하의 예복]에 곤하나 늦게는 기쁨이 있을 것이니, 제사를 드림이 이로우니라.

【점해】 정성을 드려야 일의 실마리가 보일 것이다.

上六은 困于葛藟와 于臲卼이니 曰動悔라하야 有悔면 征하야 吉하리라 *藟: 넝쿨 류, 臲: 위태할 얼, 卼: 위태할 올

상육은 칡넝쿨과 위태한 상황에 곤함이니, 움직이면 후회가 있다고 말하며 진정으로 뉘우침이 있으면 가서 길하리라.

【점해】 함정에 빠졌다. 잘못을 반성하면서 간절히 노력하면 겨우 흉을 면한다.

48. 수풍정괘(水風井卦)

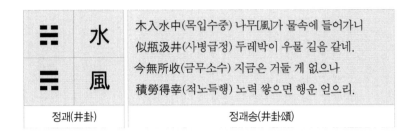

정괘(井卦)	정괘송(井卦頌)
水 風	木入水中(목입수중) 나무[風]가 물속에 들어가니 似瓶汲井(사병급정) 두레박이 우물 길음 같네. 今無所收(금무소수) 지금은 거둘 게 없으나 積勞得幸(적노득행) 노력 쌓으면 행운 얻으리.

井은 改邑호대 不改井이니 无喪无得하며 往來 井井하나니 汔至 亦未
繘井이니 贏其甁이면 凶하니라 *繘: 두레박 줄 굴, 甁: 두레박 병

정(井)은 고을을 바꿀 수는 있어도 우물을 바꿀 수는 없으니, 잃음도
없고 얻음도 없으며 오고가는 이가 우물을 우물로 여기나니, 거의 이
르렀으나 또한 우물에 줄이 닿지 못함이니, 두레박을 깨면 흉하니라.

수풍정괘 점해

1) **일**: 지금 당장은 일이 이루어지지 않는다. 두레박으로 우물 속의 물
을 퍼 올리려면 두레박을 내린 후 줄을 걷어 올리는 수고를 계속 기울
여야 한다. 시간과 노력을 필요로 하는 상황에 있다. 하던 일에만 계속
집중하고 새 일은 시작하지 마라. 아직 때가 이르다.

2) **심리**: 근면과 성실이 몸에 젖어 있다. 행동력이 느리며 보수적이면서
강한 인내심을 가졌다. 진취성은 부족하지만, 그 대신 흔들림 없는 일
관성은 가졌다.

初六은 井泥不食이라 舊井에 无禽이로다

초육은 우물에 진흙이 있어 먹지 못하는지라 오랜 우물에 새가 없도다.

【점해】세상으로부터 호응을 얻지 못한다. 일을 이루기가 어렵다.

九二는 井谷이라 射鮒오 甕敝漏로다 *鮒: 붕어 부, 甕: 옹기 옹, 敝: 해질 폐, 漏: 샐 루

구이는 우물이 골짜기로다. 미물인 붕어에게만 쏟을 뿐이요, 옹기가 깨져서 새어나도다.

【점해】가진 것도 지키지 못할까 염려된다. 현상유지도 어렵다.

九三은 井渫不食하야 爲我心惻하야 可用汲이니 王明하면 並受其福하리라 *渫: 칠 설

구삼은 우물이 준설되었지만 먹지 못해 내 마음을 슬프게 하지만, 길어 쓸 수 있으니 왕이 밝으면 그 복을 함께 받으리라.

【점해】사람의 감동을 일으키면 일을 이루다.

六四는 井甃면 无咎리라 *甃: 벽돌담 추

육사는 우물을 벽돌로 쌓으면 허물이 없으리라.

【점해】자기혁신을 이루면 손해를 면한다.

九五는 井洌寒泉食이로다 *洌: 맑을 렬

구오는 우물이 깨끗해져 시원한 샘물을 먹도다.

【점해】노력의 열매를 맺는다. 기쁨이 있다.

上六은 井收勿幕코 有孚라 元吉이니라 *幕: 장막 막

상육은 우물이 길러졌으나 덮지 않고 믿음을 두는지라 크게 길하니라.

【점해】여유롭다. 길함을 얻는다.

49. 택화혁괘(澤火革卦)

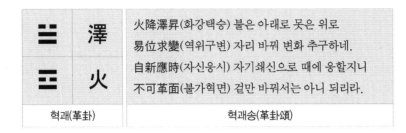

澤 火	火降澤昇(화강택승) 불은 아래로 못은 위로 易位求變(역위구변) 자리 바꿔 변화 추구하네. 自新應時(자신응시) 자기쇄신으로 때에 응할지니 不可革面(불가혁면) 겉만 바꿔서는 아니 되리라.
혁괘(革卦)	혁괘송(革卦頌)

革은 已日이라야 乃孚하리니 元亨코 利貞하야 悔亡하나라

혁(革)은 하루를 마쳐야 이에 믿으리니, 크게 형통하고 정(貞)함이 이로워 후회가 사라지느니라.

택화혁괘 점해

1) **일**: 변화의 시기에 당도하였다. 기존의 형태를 버리고 새로운 방식으로 앞길을 열어 간다. 변화를 구사해야 할 시점이다. 여기에 부응하지 않으면 추락의 아픔을 맛본다. 적극적인 자세로 삶에 임해야 한다. 그러나 신중한 태도는 늘 견지하도록 해야 한다.

2) **심리**: 활동적이고 적극적인 심리구조를 가졌다. 모험심이 강하여 새로운 세계를 추구한다. 과감성이 있는 반면 섬세함이 부족하다. 차분히 생각한 후 행동하는 습관을 길러라.

初九는 鞏用黃牛之革이니라 *鞏: 묶을 공

초구는 묶음에 황소 가죽을 쓰느니라.

【점해】현 상태를 고수하라. 움직이면 흉하다.

六二는 已日이어야 乃革之니 征이면 吉하야 无咎하리라 *征: 나아갈 정육이는 하루를 마쳐야 개혁할 수 있으니, 그대로 가면 길하여 허물이 없으리라.

【점해】그날이 왔다. 새롭게 단장하여 나가면 성공이 따른다.

九三은 征이면 凶하니 貞厲할지니 革言이 三就면 有孚리라

구삼은 가면 흉하니 정(貞)히 하고 위태하게 여겨야 하리니, 개혁해야 한다는 말이 세 번이나 합치되면 믿음이 있으리라.

【점해】자신을 되돌아봐야 할 시점이다. 움직이면 흉하다.

九四는 悔亡하니 有孚면 改命하야 吉하리라

구사는 후회가 사라지니 믿음을 두면 명(命)을 고쳐 길하리라.

【점해】신의를 지키고 나아가면 새로운 성공이 있다.

九五는 大人이 虎變이니 未占에 有孚니라

구오는 대인이 호변[虎變: 대인의 성대한 변화]하듯 하니, 점치지 않아도 믿음이 있느니라.

【점해】변화의 때가 왔다. 일을 일으키면 성공한다.

上六은 君子는 豹變이오 小人은 革面이니 征이면 凶코 居貞이면 吉하리라

상육은 군자는 표변[豹變: 군자의 성대한 변화]하듯 하고 소인은 혁면[革面: 겉만 변함]만 하니, 가면 흉하고 정(貞)함에 거하면 길하리라.

【점해】군자처럼 진심으로 응하면 호기를 살린다. 소인처럼 행동하면 흉하다.

50. 화풍정괘(火風鼎卦)

정괘(鼎卦)	정괘송(鼎卦頌)
☲ 火 ☴ 風	木入火中(목입화중) 나무[風]가 불에 들어가니 鼎烹黍肉(정팽서육) 솥이 기장과 고기 찌도다. 治財大亨(치재대형) 재물 관리에 크게 형통하니 寶貝滿屋(보패만옥) 보화가 집에 가득하리라.

鼎은 元(吉: 衍文)亨하니라

정(鼎)은 크게 형통하니라.

화풍정괘 점해

1) **일**: 상황이 안정적으로 진행된다. 심신이 여유로워지고 목표했던 일이 충분히 이루어진다. 새로운 인물을 만나 새로운 일을 시작한다. 모든 일에 주도자의 위상을 가지며 희망적인 삶을 누린다. 재물이 모이고 만사가 태평해진다.

2) **심리**: 삶의 욕구가 충만하고 소유욕이 강하다. 안정적인 심리상태로 만사에 여유롭게 대응한다. 긍정적이고 적극적인 자세로 삶에 임한다. 탐욕에 빠지지 않도록 주의해야 한다.

初六은 鼎이 顚趾나 利出否하니 得妾하면 以其子无咎리라
초육은 솥이 발이 넘어졌으나 더러운 것을 버림이 이로우니, 첩을 얻으면 그 남자를 도와서 허물이 없게 하리라.
【점해】전화위복의 기회가 온다. 장차 밝아진다.

九二는 鼎有實이나 我仇有疾하니 不我能卽이면 吉하리라
구이는 솥에 음식이 있으나 내 원수[초육효]가 병이 있으니, 나에게 오지 못하게 하면 길하리라.
【점해】정당하게 살아라. 소인의 유혹을 물리치면 뒤탈이 없다.

九三은 鼎耳 革하야 其行이 塞하야 雉膏를 不食하나 方雨하야 虧悔終吉이리라 *雉: 꿩 치, 膏: 기름 고, 虧: 이지러질 휴
구삼은 솥귀가 변하여 그 행함이 막혀서 꿩 고기를 먹지 못하나, 장차 비가 내려서 이지러진 뉘우침이 마침내 길하게 되리라.
【점해】이동수가 있다. 당장에는 어렵지만 차츰 나아질 것이다.

九四는 鼎이 折足하야 覆公餗하니 其形이 渥이라 凶토다 *覆: 뒤집힐 복, 餗: 솥 안의 음식 속
구사는 솥이 발이 부러져 공의 음식을 엎어버렸으니, 그 얼굴이 무안한지라 흉하도다.
【점해】다 쑨 죽에 코 빠뜨린다. 조심하라.

六五는 鼎黃耳金鉉이니 利貞하니라 *鉉: 솥귀 현
육오는 솥이 누런 귀에 금 고리이니, 정(貞)함이 이로우니라.
【점해】실속을 얻으리라.

上九는 鼎玉鉉이니 大吉하야 无不利니라
상구는 솥이 옥으로 만든 귀이니, 크게 길하여 이롭지 않음이 없느니라.
【점해】외유내강의 자세를 가지면 길하리라.

51. 중뢰진괘(重雷震卦)

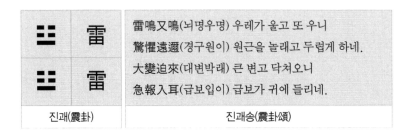

진괘(震卦)	진괘송(震卦頌)
	雷鳴又鳴(뇌명우명) 우레가 울고 또 우니 驚懼遠邇(경구원이) 원근을 놀래고 두렵게 하네. 大變迫來(대변박래) 큰 변고 닥쳐오니 急報入耳(급보입이) 급보가 귀에 들리네.

震은 亨하니 震來에 虩虩이면 笑言이 啞啞이리니 震驚百里에 不喪匕
鬯하나니라 *虩: 두려울 혁, 啞: 화락할 액, 鬯: 울창주 창

진(震)은 형통하니, 진동이 올 때에 혁혁[虩虩: 두려워하는 모양]하면
웃고 말함이 액액[啞啞: 화락한 모양]하리니, 진동이 백리를 놀라게 함
에 숟가락과 울창주[鬱鬯酒: 제사술]를 잃지 않느니라.

중뢰진괘 점해

1) **일**: 북소리가 천지를 진동한다. 놀랄 일이 생긴다. 급변의 소식이 들
려온다. 변화의 순간이 닥쳐왔다. 적극적이고 능동적인 자세로 변화
에 응해야 한다. 구태의연한 모습을 보이면 앞길이 어두워진다. 결국
에는 갈등과 파란을 초래한다.

2) **심리**: 마음이 불안하고 생각이 혼란스럽다. 즉흥적으로 움직여 후회
하는 경우가 잦으며 분노를 때에 맞지 않게 폭발시킨다. 안정적인 자
세를 갖도록 노력해야 한다.

初九는 震來虩虩이라야 後에 笑言啞啞이리니 吉하니라

초구는 진동이 올 때 혁혁[虩虩: 두려워하는 모양]해야만 뒤에 웃고 말함이 액액[啞啞: 화락한 모양]하리니, 길하니라.

【점해】외유내강하면 길하다.

六二는 震來厲라 億喪貝하야 躋于九陵이니 勿逐하면 七日得하리라

*厲: 위태로울 려, 億: 헤아릴 억, 躋: 오를 제, 陵: 언덕 릉, 逐: 쫓을 축

육이는 진동의 옴이 위태한지라 재물을 잃을까 생각하여[億] 구릉에 오르니, 쫓지 않으면 7일에 얻으리라.

【점해】근심이 생기지만 적극 대응하면 해결된다. 손해만 면할 뿐 이득은 없다.

六三은 震蘇蘇니 震行하면 无眚하리라 *蘇: 소생할 소(朱子: 自失을 뜻함), 眚: 재앙 생

육삼은 진동에 망연자실함이니, 떨쳐 행하면 재앙이 없으리라.

【점해】놀랄 일이 생긴다. 용감히 나가면 허물은 면하리라.

九四는 震이 遂泥라 *遂: 드디어 수, 泥: 진흙 니

구사는 진동함이 마침내 빠지느니라.

【점해】기운이 빠지니 연유이 없다

六五는 震이 往來厲하니 億하야 无喪有事니라

육오는 진동이 왕래함이 위태로우니, 헤아려서 있는 일을 잃음이 없으리라.

【점해】다사다난하다. 큰 도량으로 임하니 무사히 수습한다.

上六은 震이 索索하야 視 矍矍이니 征이면 凶하니 震不于其躬이오 于其
隣이면 无咎리니 婚媾는 有言이리라 *索: 흩어질 삭, 矍: 두리번거릴 확, 媾:
화친할 구

상육은 진동이 삭삭[索索: 흩어짐]하여 보기를 확확[矍矍: 두리번거림]함
이니, 가면 흉하니, 진동이 몸에 이르렀을 때에 하지 않고 그 이웃에 왔
을 때에 미리하면 허물이 없으리니, 혼인에는 원망하는 말이 있으리라.
【점해】 일을 멈추고 재앙에 대비하면 허물이 없다. 결혼에 있어서는 흉
하다.

52. 중산간괘(重山艮卦)

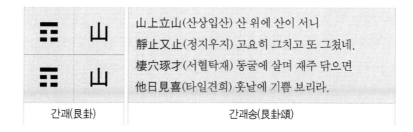

간괘(艮卦)	간괘송(艮卦頌)
☶ 山 ☶ 山	山上立山(산상입산) 산 위에 산이 서니 靜止又止(정지우지) 고요히 그치고 또 그쳤네. 棲穴琢才(서혈탁재) 동굴에 살며 재주 닦으면 他日見喜(타일견희) 훗날에 기쁨 보리라.

艮其背면 不獲其身하며 行其庭하야도 不見其人하야 无咎리라

*獲: 얻을 획

그 등에 그치면 그 몸을 보지 못하며 그 뜰에 가더라도 그 사람을 보지 못하여 허물이 없으리라.

중산간괘 점해

1) **일**: 일이 속히 이루어지지 않는다. 욕심을 버리고 자신을 닦으면서 때를 기다려야 한다. 첩첩산중에서 도를 닦는 모습이다. 현실에 적극 뛰어들지 말고 자신을 되돌아보아야 한다. 벗과 함께 하면 활로를 열기 쉽다. 지금의 상황은 어렵지만 장차에는 성공을 거둔다.

2) **심리**: 높은 뜻을 가졌지만, 상황이 여의치 않아 가슴이 답답하다. 좌절감이 자주 일어나 세상을 멀리하고 싶다. 현실 속에 뛰어들면 도리어 심란해진다. 희망과 용기를 가지도록 노력해야 한다.

初六은 艮其趾라 无咎하니 利永貞하니라 *趾: 발꿈치 지

초육은 그 발꿈치에 그침이라. 허물이 없으니, 길게 정(貞)함이 이로우니라.

【점해】아직 분위기가 익지 못하였다. 신중히 그치면 허물을 면하리라.

六二는 艮其腓니 不拯其隨라 其心不快로다 *腓: 장딴지 비, 拯: 건질 증

육이는 그 장딴지에 그치니 구원하지 못하고 따름이라. 그 마음이 불쾌하도다.

【점해】윗사람의 무시를 받는다. 불만이 생긴다.

九三은 艮其限이라 列其夤이니 厲 薰心이로다 *夤: 등뼈 인, 厲: 위태로울 려, 薰: 태울 훈

구삼은 그 허리에 그침이라. 등뼈를 벌림이니, 위태로움이 마음을 태우도다.

【점해】조직이 두 토막 나니 속을 태운다.

六四는 艮其身이니 无咎니라

육사는 그 몸에 그침이니, 허물이 없느니라.

【점해】일에 임하여 분수를 지키면 허물은 면한다.

六五는 艮其輔라 言有序니 悔亡하리라 *輔: 광대뼈 보

육오는 그 광대뼈에 그침이라. 말이 질서가 있으니 후회가 사라지리라.

【점해】차근차근 처리해나가면 근심이 풀린다.

上九는 敦艮이니 吉하니라 *敦: 돈독할 돈

상구는 돈독하게 그침이니, 길하니라.

【점해】알맞은 처신에 귀인이 도우니 길하다.

53. 풍산점괘(風山漸卦)

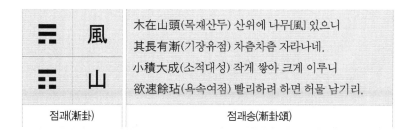

점괘(漸卦)	점괘송(漸卦頌)
風 山	木在山頭(목재산두) 산위에 나무[風] 있으니 其長有漸(기장유점) 차츰차츰 자라나네. 小積大成(소적대성) 작게 쌓아 크게 이루니 欲速餘玷(욕속여점) 빨리하려 하면 허물 남기리.

漸은 女歸吉하니 利貞이니라

점(漸)은 여자가 시집감이 길하니, 정(貞)함이 이로우니라.

풍산점괘 점해

1) **일:** 일이 점차적으로 추진된다. 이로써 자잘한 이득은 얻을 수 있다. 열심히 쉼 없이 일하면 미래에는 큰 이익을 거둘 수 있다. 빨리 대성할 수는 없다. 먼 곳으로 이동하는 조짐이 있다. 여행이나 이사를 한다. 여자는 남자를 따라 간다.

2) **심리:** 온건하고 순리적인 태도로 삶에 임한다. 미래를 희망적으로 바라보지만 세상사에 집착이 없다. 산 위에 부는 바람처럼 여기저기 떠다니기를 좋아한다.

初六은 鴻漸于干이니 小子厲하야 有言이나 无咎니라
초육은 기러기가 물가에 점점 나아감이니, 소자는 위태하여 말이 있으나 허물이 없느니라.

【점해】순리적으로 나가면 말썽이 사라진다. 그러나 자제해야 한다.

六二는 鴻漸于磐이라 飮食이 衎衎하니 吉하니라 *磐: 바위 반, 衎: 화할 간
육이는 기러기가 반석(磐石)에 점점 나아가도다. 마시고 먹음이 간간[衎衎: 즐거운 모양]하니, 길하니라.

【점해】재물이나 지위를 얻으니 즐겁다.

九三은 鴻漸于陸이니 夫征이면 不復하고 婦孕이라도 不育하야 凶하니 利禦寇하니라 *禦: 막을 어
구삼은 기러기가 육지로 점점 나아감이니, 남자는 가면 돌아오지 못하고 부인은 잉태하더라도 기르지 못해 흉하니, 도적을 막음이 이로우니라.

【점해】밖에서도 흉하고 안에서도 흉하리라.

六四는 鴻漸于木이니 或得其桷이면 无咎리라 *桷: 가지 각, 서까래 각
육사는 기러기가 나무로 점점 나아감이니, 혹 그 평평한 가지를 얻으면 허물이 없으리라.

【점해】모험을 멀리하고 안전한 평지로 나가야 한다. 그러나 허물만 면할 뿐이다.

九五는 鴻漸于陵이니 婦三歲를 不孕하나 終莫之勝이라 吉하리라
구오는 기러기가 높은 구릉으로 점점 나아감이니, 부인이 삼년동안 잉태를 하지 못하나 육이효와의 응함을 막는 구삼효와 육사효가 끝내는 이기지 못하는지라 길하리라.

【점해】결국 길함을 얻는다. 자식을 구하는 자는 소원을 이룬다.

上九는 鴻漸于陸니 其羽可用爲儀니 吉하니라
상구는 기러기가 공중에 점점 나아감이니, 그 깃이 본보기가 될 만하니 길하니라.
【점해】남의 모범이 될 만하니 복을 얻으리라.

54. 뇌택귀매괘(雷澤歸妹卦)

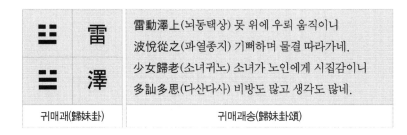

		雷動澤上(뇌동택상) 못 위에 우뢰 움직이니 波悅從之(파열종지) 기뻐하며 물결 따라가네. 少女歸老(소녀귀노) 소녀가 노인에게 시집감이니 多訕多思(다산다사) 비방도 많고 생각도 많네.
귀매괘(歸妹卦)		귀매괘송(歸妹卦頌)

歸妹는 征하면 凶하니 无攸利하니라 *征: 갈 정
귀매(歸妹)는 나아가면 흉하니, 이로운 바가 없느니라.

뇌택귀매괘 점해

1) **일**: 일이 뜻대로 되지 않는다. 빙의로 고통을 당할 수 있다. 불안하여 갈피를 잡지 못한다. 여자의 결혼은 나이 많은 어른과 이루어지거나, 아니면 첩이나 후처로 들어간다. 가출한 여자는 치욕을 당할 수 있다. 구설도 많고 모함도 많으니 언행을 삼가야 한다.
2) **심리**: 빙의가 잘 된다. 감수성이 예민하고 마음의 굴곡이 심하다. 또한 의심과 불평이 많다. 시비구설을 일으켜 이웃과 갈등한다. 차분하고 신중하게 행동하여야 한다.

初九는 歸妹以娣니 跛能履라 征이면 吉하리라 *娣: 잉첩 제, 跛: 절름발이 파
초구는 누이를 시집보내되 잉첩(滕妾)으로 보냄이니, 절름발이가 걸어가는 격이라 가면 길하리라.
【점해】현재 상황은 추하나 본래는 귀하다. 결과는 행복하리라.

九二는 眇能視니 利幽人之貞하니라 *眇: 애꾸눈 묘

구이는 애꾸눈이 능히 보는 것이니, 은둔자[幽人]의 정(貞)이 이로우니라.

【점해】본래는 귀한 사람이지만 문제가 있다. 나서지 말아야 한다.

六三은 歸妹以須니 反歸以娣니라

육삼은 누이를 시집보냄에 상육효와 정응(正應)이 안 되어 기다림이니, 생각을 돌이켜[反] 잉첩으로 시집보냄이니라.

【점해】상황이 조화롭지 못하여 좋은 선택을 못한다. 그만 둠이 좋겠다.

九四는 歸妹愆期니 遲歸有時니라 *愆: 허물 건, 遲: 더딜 지

구사는 누이를 시집보냄에 혼기를 지남이니, 늦게 시집감이 때가 있느니라.

【점해】때를 기다려야 한다.

六五는 帝乙歸妹니 其君之袂 不如其娣之袂良하니 月幾望이면 吉하리라 *袂: 소매 몌, 幾: 거의 기, 望: 보름 망

육오는 제을(帝乙)이 누이를 시집보냄이니, 그 소군[小君: 누이]의 검소한 소매가 그 잉첩의 소매의 아름다움만 못하니, 달이 기망[幾望: 달이 조금 덜 참. 부족해보임]한 듯이 하면 길하리라.

【점해】겸손하게 임하면 길함을 얻는다.

上六은 女 承筐无實이라 士 刲羊无血이니 无攸利하니라 *筐: 광주리 광, 刲: 찌를 규

상육은 여자가 광주리를 받드나 속이 없는지라 남자가 양을 찌르나 피가 없으니, 이로울 바가 없느니라.

【점해】헛수고 하지 말라. 여자의 경우 결혼이 파탄난다.

55. 뇌화풍괘(雷火豐卦)

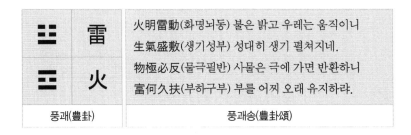

雷 火	火明雷動(화명뇌동) 불은 밝고 우레는 움직이니 生氣盛敷(생기성부) 성대히 생기 펼쳐지네. 物極必反(물극필반) 사물은 극에 가면 반환하니 富何久扶(부하구부) 부를 어찌 오래 유지하랴.
풍괘(豐卦)	풍괘송(豐卦頌)

豊은 亨하니 王이아 假之하나니 勿憂홀던 宜日中이니라 *假: 이를 격
풍(豊)은 형통하니 왕이라야 이르나니, 근심이 없게 하려면 마땅히 해
가 중천에서 비추듯 해야 하느니라.

뇌화풍괘 점해

1) **일**: 밝고 강한 기운이 천지를 채운다. 달도 차면 기우는 법이다. 전
성기가 서서히 지나가고 있다. 더 이상 욕심을 내지 말고 내실을 다지
며 수비하라. 재물이 나갈까 근심된다. 기울어지는 운은 붙들기란 쉽
지 않다. 자제하여 더 이상 일을 꾸미지 말라.
2) **심리**: 에너지가 넘치고 행동력이 왕성해진다. 풍만감과 행복감이 가
득하여 언제 어디서나 즐겁다. 그러나 가득 차면 기운다는 점을 명심
해서 늘 겸허한 자세로 살아가야 한다.

初九는 遇其配主호대 雖旬이나 无咎하니 往하면 有尙이리라 *旬: 열흘 순
(程子와 朱子는 '고르다'로 해석)
초구는 배필이 되는 주인인 구사효를 만나되 비록 모두 양이라 동등
[旬]하나 허물이 없으니, 그대로 가면 가상(嘉尙)한 일이 있으리라.
【점해】상대를 대등한 입장에서 대하면 이익이 생긴다.

六二는 豊其蔀라 日中見斗니 往하면 得疑疾하리니 有孚發若하면 吉하리라 *蔀: 덮개 부
육이는 그 포장을 두터이 치도다. 한낮에도 육오효의 음유한 북두성을 보니, 가면 의심과 미움을 얻으리니, 믿음을 두어 실천한다면 길하리라.
【점해】먼저 요구하면 무시당한다. 여건이 불리하니 성의를 다해야 뜻을 이룬다.

九三은 豊其沛라 日中見沫오 折其右肱이니 无咎니라 *沛: 가려져 어두워질 패, 沫: 작은별 매, 肱: 팔뚝 굉
구삼은 그 가림을 두텁게 하니라. 한낮에도 작은 별을 보고 오른팔이 부러졌으니, 허물할 데가 없느니라.
【점해】기이한 상황을 만나 뜻밖의 재앙을 당한다.

九四는 豊其蔀라 日中見斗니 遇其夷主하면 吉하리라 *夷: 평평할 이
구사는 그 포장을 두터이 치도다. 한낮에도 북두성을 보니, 이주[夷主: 동일한 양인 초효]를 만나면 길하리라.
【점해】황당한 상황에서 유능한 조력자를 만나 벗어난다.

六五는 來章이면 有慶譽하야 吉하리라
육오는 빛나는 자를 오게 하면 경사와 명예가 있어 길하리라.
【점해】훌륭한 사람을 수용하면 광영이 온다.

上六은 豊其屋하고 蔀其家라 闚其戶하니 闃其无人하야 三歲라도 不覿이로소니 凶하니라 *闃: 고요할 격, 覿: 볼 적
상육은 그 집을 풍요히 하고 그 집을 포장으로 가린지라 그 문을 엿보니 격연[闃然: 고요한 모양]하여 그 사람이 없어서 3년이 지나도록 보지 못하니, 흉하니라.
【점해】노력해도 이득이 없다.

56. 화산여괘(火山旅卦)

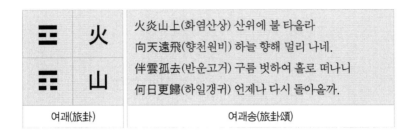

여괘(旅卦)	여괘송(旅卦頌)
☲ 火 / ☶ 山	火炎山上(화염산상) 산위에 불 타올라 向天遠飛(향천원비) 하늘 향해 멀리 나네. 伴雲孤去(반운고거) 구름 벗하여 홀로 떠나니 何日更歸(하일갱귀) 언제나 다시 돌아올까.

旅는 小亨코 旅貞하야 吉하니라

여(旅)는 조금 형통하고 나그네가 정(貞)하여 길하니라.

화산여괘 점해

1) **일**: 나그네와 같은 신세에 처해 있다. 마음이 한 곳에 집중되지 않는다. 자연히 몸도 저 멀리 구름을 따라 떠나간다. 일을 시작하기에는 아직 때가 이르고 각오 또한 여물지 못한 상태에 있다. 새롭게 일을 꾸밀 시점이 아니다. 마음을 다잡는 것이 시급하다.

2) **심리**: 자유를 원한다. 그러나 마음은 고독하고 허전하다. 위안을 얻고자 새로운 곳으로 가려한다. 정신이 산만하고 행동이 즉흥적이다. 반드시 마음을 다잡아야 한다.

初六은 旅瑣瑣니 斯其所取災니라 *瑣: 좀스러울 쇄

초육은 나그네가 쇄쇄[瑣瑣: 좀스러움]하니, 이 때문에 재앙을 취하니라.

【점해】 뜻이 통하지 않으니 흉을 만나리라.

六二는 旅卽次하야 懷其資하고 得童僕貞이로다

육이는 나그네가 거처에 나아가 노잣돈을 품고 어린 종의 정(貞)을 얻도다.

【점해】힘든 상황에서 보필자를 만나니 어려움이 사라진다.

九三은 旅焚其次하고 喪其童僕貞이니 厲하니라

구삼은 나그네가 그 거처를 불태우고 어린 종의 정(貞)을 잃었으니, 위태로우니라.

【점해】위태한 상황을 만나니 근심이 따른다.

九四는 旅于處하고 得其資斧하나 我心은 不快로다 *斧: 도끼 부

구사는 나그네가 머물고 그 노잣돈과 도끼를 얻었으나, 내 마음은 불쾌하도다.

【점해】기분 상할 일이 생긴다.

六五는 射雉一矢亡이라 終以譽命이리라

육오는 꿩을 쏘아 한 대의 화살로 죽이는지라 마침내 명예와 복록으로써 하리라.

【점해】길운을 만나 목표를 달성한다.

上九는 鳥焚其巢니 旅人이 先笑後號咷라 喪牛于易니 凶하니라

*焚: 불사를 분, 巢: 둥지 소, 咷: 울 도

상十는 새가 그 둥지를 불태우니, 나그네가 먼저는 웃고 뒤에는 울부짖는지라 소를 소홀히 하여 잃으니, 흉하니라.

【점해】집이 손상되고 재물이 나가니 흉을 면하지 못한다.

57. 중풍손괘(重風巽卦)

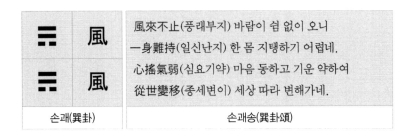

손괘(巽卦)	손괘송(巽卦頌)
	風來不止(풍래부지) 바람이 쉼 없이 오니 一身難持(일신난지) 한 몸 지탱하기 어렵네. 心搖氣弱(심요기약) 마음 동하고 기운 약하여 從世變移(종세변이) 세상 따라 변해가네.

巽은 小亨하니 利有攸往하며 利見大人하니라

손(巽)은 조금 형통하니, 가는 바를 둠이 이로우며 대인을 봄이 이로우니라.

중풍손괘 점해

1) **일**: 바람이 불어오니 분위기가 스산하다. 귀신이 발동하므로 올바른 판단을 하기가 어렵다. 순리적이고 수동적으로 살아야 한다. 주도적으로 일을 도모하면 흔들림이 있고 남에게 순응하면 손해가 없다. 바람이 나서 이성을 새로 만날 수 있다.

2) **심리**: 정신이 산만하여 불안감 속에 휩싸인다. 주체성이 약해져서 분위기에 휩쓸리기 쉽다. 한결같고 신중한 자세를 가지도록 노력해야 한다.

初六은 進退니 利武人之貞이니라

초육은 진퇴함이니, 무인의 정(貞)함이 이로우니라.

【점해】오락가락 불안하다. 용감해도 실리가 없다.

九二는 巽在牀下니 用史巫紛若하면 吉코 无咎리라

*紛: 어지러울 분, 牀: 평상 상

구이는 공손이 지나쳐 상 아래에 있으니, 일관[史]과 무당을 적극 활용하면 길하고 허물이 없으리라.

【점해】신불(神佛)에 정성을 드리면 허물이 사라진다.

九三은 頻巽이니 吝하니라 *頻: 자주 빈

구삼은 빈번히 공손하니 인색하니라.

【점해】일이 진척되지 않아 궁색해진다.

六四는 悔亡하니 田獲三品이로다 *獲: 얻을 획

육사는 후회가 사라지니, 사냥하여 삼품[三品: 제사용-, 접대 및 푸줏간용, 몰이꾼용]의 짐승을 얻도다.

【점해】공을 세우니 후회가 사라진다.

九五는 貞이면 吉하야 悔亡하야 无不利니 无初有終이라 先庚三日하며 後庚三日이면 吉하리라 *庚: 천간 경

구오는 정(貞)하면 길하여 후회가 사라져 이롭지 않음이 없으니, 처음은 없으나 끝은 있는지라 경[庚: 가을로 변하는 시작점]으로부터 앞으로 3일을 돌아보며, 경으로부터 뒤로 3일을 돌아보면 길하리라.

【점해】처음에는 곤경에 처하나 결국에는 소원을 이룬다.

上九는 巽在牀下하야 喪其資斧니 貞에 凶하니라 *斧: 도끼 부

구오는 공손이 지나쳐 상 아래에 있어 물자와 도끼를 잃으니, 정(貞)에 흉하니라.

【점해】밑천이 사라진다. 흉하다.

58. 중택태괘(重澤兌卦)

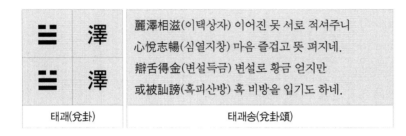

태괘(兌卦)	태괘송(兌卦頌)
☱ 澤 ☱ 澤	麗澤相滋(이택상자) 이어진 못 서로 적셔주니 心悅志暢(심열지창) 마음 즐겁고 뜻 펴지네. 辯舌得金(변설득금) 변설로 황금 얻지만 或被訕謗(혹피산방) 혹 비방을 입기도 하네.

兌는 亨하니 利貞하니라

태(兌)는 형통하니, 정(貞)함이 이로우니라.

풍택태괘 점해

1) **일**: 기대감을 가지고 일에 임한다. 그러나 나태에 빠지면 만사가 수포로 돌아간다. 여자라면 주도권을 잡을 수 있고, 남자라면 남에게 끌려 다닌다. 남을 기쁘게 하는 일과 말하는 일이 잘 어울린다. 도도함과 말실수 때문에 구설수가 따르니 신중히 처신해야 한다.

2) **심리**: 기쁨이 따르고 희망이 가득하다. 활동하기를 좋아하고 웃음이 가득하다. 말로써 남을 즐겁게 해준다. 그러나 속에 도도함이 도사리고 있다. 경솔함에 빠지지 않도록 하라.

初九는 和兌니 吉하니라
초구는 조화로워 기뻐함이니, 길하니라.
【점해】분위기가 좋으니 복이 온다.

九二는 孚兌니 吉코 悔亡하니라
구이는 미더워 기뻐함이니, 길하고 후회가 사라지니라.
【점해】모두가 단결하니 만사가 형통한다.

六三은 來兌니 凶하니라
육삼은 와서 기뻐함이니, 흉하니라.
【점해】간사하고 경박하니 흉을 어찌 피하리.

九四는 商兌未寧이니 介疾이면 有喜리라 *商: 헤아릴 상, 寧: 편안할 영, 介: 굳을 개, 喜: 기쁠 희
구사는 헤아려 육삼효를 기뻐하나 부정하므로 편치 못하니, 굳게 악을 미워하면 희열이 있으리라.
【점해】미혹에 빠졌다. 새로 판을 짜면 이익이 온다.

九五는 孚于剝이면 有厲리라 *孚: 믿을 부, 剝: 깎을 박
구오는 상육효가 해침에도 미더워하면 위태로움이 있으리라.
【점해】가까운 사람이 놀래 해를 끼진다. 상황파악이 급한데 무슨 일을 도모하랴.

上六은 引兌라 *引: 끌 인
상육은 정응(正應)이 아닌 육오효를 이끌어와 기뻐함이라.
【점해】환락을 그칠 줄 모르니 미혹에 빠진다. 절제하라.

59. 풍수환괘(風水渙卦)

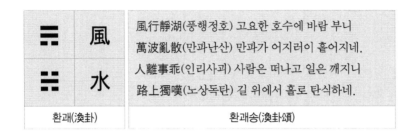

風 水	風行靜湖(풍행정호) 고요한 호수에 바람 부니 萬波亂散(만파난산) 만파가 어지러이 흩어지네. 人離事乖(인리사괴) 사람은 떠나고 일은 깨지니 路上獨嘆(노상독탄) 길 위에서 홀로 탄식하네.
환괘(渙卦)	환괘송(渙卦頌)

渙은 亨하니 王假有廟며 利涉大川하니 利貞하니라

*假: 이를 격, 廟: 사당 묘

환(渙)은 형통하니 왕이 정신을 수습하려고 사당에 이르며 큰 내를 건너이 이로우니, 정(貞)함이 이로우니라.

풍수환괘 점해

1) **일**: 만사가 바람 앞의 물결처럼 흩어진다. 마음이 불안하여 여기저기로 이동한다. 변화가 많아 점차 불안한 상황으로 빠져 든다. 자칫 만사가 수포로 돌아갈 수 있다. 상황을 점검하고 일을 정돈해야 한다. 새롭게 일을 꾸밀 시점은 아니다.

2) **심리**: 불안감과 공허감이 엄습해온다. 올바른 판단이 서지 않아 갈팡질팡한다. 주변 환경에 민감히 반응한다. 마음을 굳게 가지도록 노력해야 한다.

初六은 用拯호대 馬壯하니 吉하니라 *拯: 건질 증
초육은 구원을 하되 말이 건장하니, 길하니라.
【점해】앞길이 열린다. 유능한 사람에게 도움을 청하라.

九二는 渙에 奔其机면 悔亡하리라 *奔: 달릴 분, 机: 책상 궤
구이는 흩어짐에 안석으로 달려가면 후회가 사라지리라.
【점해】바삐 움직이면 소원을 이루리라.

六三은 渙에 其躬이 无悔니라
육삼은 흩어짐에 자기를 잘 돌보면 그 몸이 후회가 없느니라.
【점해】새로운 일은 삼가고 현재를 잘 지키면 후회를 면한다.

六四는 渙에 其群이라 元吉이니 渙에 有丘는 匪夷所思리라 *匪: 아닐 비,
夷: 평평할 이
육사는 흩어짐에 무리를 이루는지라 크게 길함이니, 흩어짐에 언덕처
럼 많이 모임은 평범한 사람이 생각할 바가 아니리라.
【점해】세력을 모아 혁신하면 길하다.

九五는 渙에 汗其大號면 渙에 王居니 无咎리라
구오는 흩어짐에 크게 부르짖되 땀이 나듯 하면, 흩어짐에 왕이 거처하
니 허물이 없으리라.
【점해】분발하면 유력자의 도움이 있어 성공한다.

上九는 渙에 其血이 去하며 逖에 出하면 无咎리라 *逖: 두려울 척
상구는 흩어짐에 그 위험[血]이 제거되며, 두려움에서 벗어나면 허물이
없으리라.
【점해】흔들린다. 빨리 손을 떼면 손해는 면한다.

60. 수택절괘(水澤節卦)

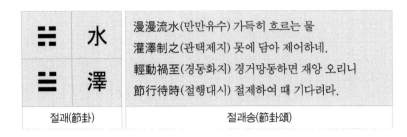

절괘(節卦)	절괘송(節卦頌)
水 澤	漫漫流水(만만유수) 가득히 흐르는 물 灌澤制之(관택제지) 못에 담아 제어하네. 輕動禍至(경동화지) 경거망동하면 재앙 오리니 節行待時(절행대시) 절제하여 때 기다려라.

節은 亨하니 苦節은 不可貞이니라

절(節)은 형통하니, 괴로움을 주는 절제는 곧게 해서는 아니 되니라.

수택절괘 점해

1) **일**: 더 나은 미래를 위해 스스로를 절제해야 한다. 아직은 때가 아니다. 고요히 머물면서 실력을 쌓아야 한다. 기다림의 세월이 지나가고 나면 뜻을 펼 기회가 온다. 외부에서 일하기보다는 내직이 더 잘 어울린다.

2) **심리**: 수동적인 자세로 사태를 관망하고 조심조심하여 자기를 돌아보아야 한다. 그래서 답답함을 느낄 수도 있다. 인내와 자제를 미덕으로 삼아야한다.

初九는 不出戶庭이면 无咎리라

초구는 집의 뜰을 나가지 않으면 허물이 없으리라.

【점해】일을 벌이지 말고 집에서 쉬어라.

九二는 不出門庭이라 凶하니라

구이는 문밖의 뜰을 나가지 않는지라 흉하니라.

【점해】일찍 나갔어야 했다. 이미 실기를 하여 흉하다.

六三은 不節若이면 則嗟若하리니 无咎니라 *嗟: 탄식할 차

육삼은 절제하지 않으면 탄식할 것이니, 허물할 곳이 없느니라.

【점해】처신에 절도가 없어 흉하다.

六四는 安節이니 亨하니라

육사는 편안한 절제이니, 형통하니라.

【점해】절도를 지키니 일이 풀린다.

九五는 甘節이라 吉하니 往하면 有尙하리라

구오는 달콤한 절제라. 길하니, 가면 가상(嘉尙)한 일이 있으리라.

【점해】적절한 처신으로 공을 이루니 칭송이 자자하다.

上六은 苦節이니 貞이면 凶코 悔면 亡하리라

상육은 극단에 있어 괴로운 절제이니, 정(貞)하면 흉하고, 후회하면 흉함이 사라지리라.

【점해】흉하다.

61. 풍택중부괘(風澤中孚卦)

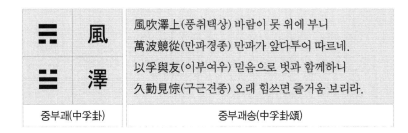

중부괘(中孚卦)	중부괘송(中孚卦頌)

風吹澤上(풍취택상) 바람이 못 위에 부니
萬波競從(만파경종) 만파가 앞다투어 따르네.
以孚與友(이부여우) 믿음으로 벗과 함께하니
久勤見惊(구근견종) 오래 힘쓰면 즐거움 보리라.

中孚는 豚魚면 吉하니 利涉大川하고 利貞하니라 *豚: 돼지 돈

중부(中孚)는 돼지와 물고기에까지 하면 길하니, 큰 내를 건넘이 이롭고 정(貞)함이 이로우니라.

풍택중부괘 점해

1) **일**: 마음을 터놓을 수 있는 벗을 만난다. 상호 신뢰를 바탕으로 사귀어야 한다. 일을 시작할 여건은 아직 성숙되지 않았다. 실력 배양을 더해야 한다. 주위사람들과 좋은 관계를 맺고 준비를 착실히 쌓아가야 한다. 그렇게 하면 장차 성공을 거둔다.

2) **심리**: 신뢰를 중시한다. 속마음을 잘 터놓고 의기투합하면 관계를 지속시킨다. 의젓하고 한결같아 남에게 믿음을 준다. 늘 자신을 더 연마하도록 노력해야 한다.

初九는 虞하면 吉하니 有他면 不燕하리라 *虞: 헤아릴 우

초구는 헤아리면 길하니, 다른 데 마음이 있으면 편치 못하리라.

【점해】신의를 지켜라. 일관성을 가지면 복이 온다.

九二는 鳴鶴이 在陰이어늘 其子和之로다 我有好爵하야 吾與爾靡之하
노라 *爾: 너 이, 靡: 얽을 미

구이는 우는 학(鶴)이 그늘에 있거늘 그 새끼가 화답하도다. 내 좋은 벼
슬을 두어 내 너와 더불어 함께하려 하노라.

【점해】서로 화합이 된다. 이익이 있다.

六三은 得敵하야 或鼓 或罷 或泣 或歌로다 *敵: 원수 적, 鼓: 두드릴 고, 罷: 그
칠 파

육삼은 적(敵)을 만나서 혹 두드리고 혹 그치며, 혹 울고 혹 노래하도다.

【점해】신뢰를 잃고 또 적을 만난다. 흉하다.

六四는 月幾望이니 馬匹이 亡하면 无咎리라 *幾: 거의 기, 望: 보름 망

육사는 달이 거의 보름에 이르렀으니, 이미 구오효의 신임을 받기에 말
의 배필[초구효]이 사라지면 허물이 없으리라.

【점해】겸손히 윗사람을 따르면 복이 온다. 또래 친구와는 거리를 두어
라.

九五는 有孚攣如면 无咎리라 *孚: 믿을 부, 攣: 당길 련

구오는 믿음을 두어 당기면 허물이 없으리라.

【점해】믿음으로 사람을 모으면 뜻을 이룬다.

上九는 翰音이 登于天이니 貞하야 凶하도다 *翰: 날개 한

상구는 나는 소리가 하늘로 올라감이니, 정(貞)하여 흉하도다.

【점해】메아리만 허공에 가득하다. 기대할 바가 없다.

62. 뇌산소과괘(雷山小過卦)

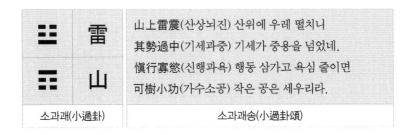

☳	雷	山上雷震(산상뇌진) 산위에 우레 떨치니 其勢過中(기세과중) 기세가 중용을 넘었네. 愼行寡慾(신행과욕) 행동 삼가고 욕심 줄이면 可樹小功(가수소공) 작은 공은 세우리라.
☶	山	
소과괘(小過卦)		소과괘송(小過卦頌)

小過는 亨하니 利貞하니 可小事오 不可大事니 飛鳥遺之音에 不宜上이오 宜下면 大吉하리라 *遺: 남길 유, 宜: 마땅 의

소과(小過)는 형통하니, 정(貞)함이 이로우니, 작은 일은 가능하고 큰일은 불가능하니, 나는 새가 소리를 남김에 마땅히 위로 가지 말고 마땅히 아래로 오면 크게 길하리라.

뇌산소과괘 점해

1) **일**: 중용에서 조금 벗어나 조화롭지 못한 점이 보인다. 그래서 나의 역량과 노력에 비해 수확량이 많지 않다. 신중한 자세를 취해야 한다. 조마조마하게 한발 한발 나가지 않으면 나락으로 떨어진다. 인간관계를 보면 구성원들과 갈등을 일으켜 서로 갈라선다.

2) **심리**: 침착성을 잃어 착각에 자주 빠진다. 합리적인 판단력이 떨어져 변덕이 심하다. 지나친 행동을 한 탓에 남에게 비난을 산다. 침착하고 합리적인 태도로 살아가야 한다.

初六은 飛鳥라 以凶이니라

초육은 나는 새라. 이로써 흉하니라.

【점해】아직 역부족한 상황이니 움직이면 흉하다.

六二는 過其祖하야 遇其妣니 不及其君이오 遇其臣이면 无咎리라 *祖: 할
아버지 조, 遇: 만날 우, 妣: 죽은 어머니(할머니) 비

육이는 그 할아버지를 지나가 그 할머니를 만남이니, 그 군왕에게 미치
지 않고 그 신하에게 맞게 하면 허물이 없으리라.

【점해】절차를 밟으면서 사람을 만나고 일을 대하면 길하다. 그렇지 않
으면 흉하다.

九三은 弗過防之면 從或戕之라 凶하리라 *戕: 상할 장

구삼은 지나칠 만큼 방비하지 않으면 따라와서 혹 해칠 자라 흉하리라.

【점해】나를 해칠 자가 나타난다. 나서지 말라.

九四는 无咎하니 弗過하야 遇之니 往이면 厲라 必戒며 勿用永貞이니라
*厲: 위태로울 려

구사는 허물이 없으니 지나치지 않도록 절제된 만남이니, 가면 지나치
므로 위태롭도다. 반드시 경계하며 오래 정(貞)함을 쓰지 말지니라.

【점해】절제하여 현 상태를 유지하면 약간의 성과는 있다.

六五는 密雲不雨는 自我西郊니 公이 弋取彼在穴이로다 *弋: 주살 익

육오는 구름이 빽빽하되 비가 오지 않음은 음기가 강한 우리 서쪽 교외
로부터 함이니, 공(公)이 저 굴속에 있는 육이효와 응하고자 쏘아서 잡
도다.

【점해】조력자도 약하고 여건도 미비하여 성사될듯하다가 결국 실패한다.

上六은 弗遇하야 過之니 飛鳥離之라 凶하니 是謂災眚이니라 *災: 재앙 재,
眚: 재앙 생

상육은 만나지 않아서 지나치니, 나는 새가 떠나감이라 흉하니, 이를 재
앙이라 하니라.

【점해】파랑새는 떠났다. 재앙이 따르리라.

63. 수화기제괘(水火旣濟卦)

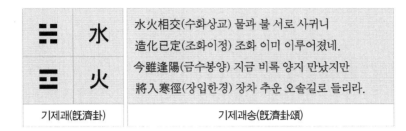

기제괘(旣濟卦)	기제괘송(旣濟卦頌)
䷾ 水 火	水火相交(수화상교) 물과 불 서로 사귀니 造化已定(조화이정) 조화 이미 이루어졌네. 今雖逢陽(금수봉양) 지금 비록 양지 만났지만 將入寒徑(장입한경) 장차 추운 오솔길로 들리라.

旣濟는 亨이 小니 利貞하니 初吉코 終亂하니라

기제(旣濟)는 형통함이 작으니 정(貞)함이 이로우니, 처음에는 길하고 끝에는 어지러우니라.

수화기제괘 점해

1) **일**: 만사형통하니 운이 최고조에 이르렀다. 하던 일이 순조롭게 이루어지고 인간관계도 조화로워진다. 그러나 투자는 더 이상 하지 말고 수비에 집중하여야 한다. 최고점에 도달하면 내리막이 기다리고 있기 때문이다. 경거망동하면 쇠퇴의 길로 접어든다.

2) **심리**: 남의 입장을 잘 헤아려 준다. 적극적인 태도로 남들과 교류하려 한다. 완벽을 추구하면서 만족감을 느낀다. 자신감을 믿고 욕심을 부리면 반드시 재앙이 따른다.

初九는 曳其輪하며 濡其尾면 无咎리라 *曳: 끌 예

초구는 그 바퀴를 끌며 꼬리를 적시면, 허물이 없으리라.

【점해】움직이면 흉하다. 힘을 비축하라.

六二는 婦喪其茀이니 勿逐하면 七日에 得하리라 *茀: 가리개 불

육이는 부인이 그 가리개를 잃었으니, 쫓지 않으면 7일에 얻으리라.

【점해】지금은 휴식할 시점이다. 손해는 저절로 해소된다.

九三은 高宗이 伐鬼方하야 三年克之니 小人勿用이니라

구삼은 고종[高宗: 은나라 무정]이 귀방[鬼方: 북방]을 정벌하여 3년 만에 이겼으니, 소인을 쓰지 말지니라.

【점해】긴 고생 끝에 겨우 성취한다. 연하의 인물과 무능력자를 멀리하라.

六四는 繻에 有衣袽코 終日戒니라 *繻: 젖을 유, 袽: 헤진옷 녀

육사는 젖음에 의녀[衣袽: 걸레]를 장만해두고 종일토록 경계함이니라.

【점해】살피고 또 조심하라. 수비에 집중하면 명맥을 유지한다.

九五는 東隣殺牛 不如西隣之禴祭 實受其福이니라 *隣: 이웃 린, 殺: 죽일 살

구오는 동쪽 이웃집 구오효의 소를 잡는 성대한 제사가 서쪽 이웃집 육이효의 약제[禴祭: 간소한 제사]가 실제로 그 복을 받음만 못하니라.

【점해】운이 다했다. 물러나야 한다.

上六은 濡其首라 厲하니라 *濡: 젖을 유

상육은 그 머리를 적시는지라 위태로우니라.

【점해】돌파할 수 없다. 나가면 실패한다.

64. 화수미제괘(火水未濟卦)

☲	火	火上水下(화상수하) 불은 오르고 물은 내려오니 相交不成(상교불성) 서로 사귐 이루지 못하네. 今雖濡尾(금수유미) 지금은 비록 꼬리 적시나 來運必明(내운필명) 오는 운 반드시 밝으리라.
☵	水	
미제괘(未濟卦)		미제괘송(未濟卦頌)

未濟는 亨하니 小狐 汔濟하야 濡其尾니 无攸利하니라 *狐: 여우 호, 汔: 용감할 흘, 濡: 젖을 유, 尾: 꼬리 미

미제(未濟)는 형통하니, 어린 여우가 용감히 건너서 그 꼬리를 적시니, 이로울 바가 없느니라.

화수미제괘 점해

1) **일:** 당장에 이익을 보기는 어렵다. 차분히 준비를 하면서 때를 기다려야 한다. 작은 일은 이룰 수 있지만, 큰일은 지금 시점에서는 이루기가 어렵다. 과거를 생각하지 말고 희망찬 미래를 생각하면서 열심히 정진해야 한다. 그리하면 머지않아 여명이 밝아올 것이다.

2) **심리:** 가슴 속에 불만이 있고 찜찜함이 있다. 답답하고 아쉬워함이 있다. 그러나 절망은 하지 않는다. 자신감을 가지면 점차 안정을 누릴 수 있다.

初六은 濡其尾니 吝하니라
초육은 그 꼬리를 적시니, 인색하니라.
【점해】준비가 부족하다. 나가면 흉하다.

九二는 曳其輪이면 貞하야 吉하리라 *曳: 끌 예, 輪: 바퀴 륜

구이는 자신의 강한 에너지[其輪]를 누르면 육오효에 순응[貞]하여 길하리라.

【점해】 우선 힘을 비축하면서 주위를 배려하라. 장차 점차 발전한다.

六三은 未濟에 征이면 凶하나 利涉大川하니라

육삼은 미제(未濟)에 가면 정위(正位)가 아니어 흉하나 큰 내를 건넘은 이로우니라.

【점해】 때가 아니다. 나가도 이루지 못한다.

九四는 貞이면 吉하야 悔亡하리니 震用伐鬼方하야 三年에야 有賞于大國이로다 *震: 떨칠 진, 伐: 칠 벌, 鬼: 귀신 귀

구사는 정(貞)하면 길하여 후회가 사라지리니, 떨치어 귀방[鬼方: 장애물]을 쳐서 3년에야 대국(大國)에 상을 내리도다.

【점해】 초반 고생이 심하다. 인내하면 기쁨이 찾아온다.

六五는 貞이라 吉하야 无悔니 君子之光이 有孚라 吉하니라 *孚: 믿을 부

육오는 정(貞)한지라 길하여 후회가 없으니, 군자의 빛이 믿을 것이 있도다. 길하니라.

【점해】 광명이 있으리라.

上九는 有孚于飮酒면 无咎어니와 濡其首면 有孚에 失是하리라
*是: 옳을 시

상구는 술을 마심에 믿음을 두면 허물이 없겠지만, 너무 취하여 그 머리를 적시면 믿음을 두어도 옳음을 잃으리라.

【점해】 자기 관리를 잘 해야 한다. 지금은 어렵지만 장차 새로운 운이 온다.

부록::주역이야기

❖ 주역의 저자

지금 우리가 접하는 주역은 「역경(易經)」과 「역전(易傳)」으로 나눈다. 「역경」은 주역의 본문 부분에 해당하고, 「역전」은 '십익(十翼)'이라고도 하는데, 이는 「역경」의 해설서 또는 총론에 해당한다. 그러면 「역경」과 「역전」의 저자는 누구인가. 저자에 대한 의문은 주역에 대한 관심이 높으면 높을수록 더더욱 커진다. 주역의 저자에 대해서는 크게 두 가지의 견해가 있는데, 간단히 살펴보면 다음과 같다.

전통적으로 「역경」은 네 명의 성인(聖人)에 의해 지어진 것으로 이해되고 있다. 8괘는 복희씨(伏羲氏)가 하도(河圖)를 보고서 창안했고, 8괘를 중첩하여 64개의 괘를 만들고 매 괘마다에 괘를 해석한 글인 괘사(卦辭)는 주(周)나라의 문왕(文王)이 짓고, 64괘를 총 384개의 효로 나누고 그 효를 해석한 글인 효사(爻辭)는 문왕의 아들인 주공(周公)이 지었다고 한다. 그리고 「역전」은 공자가 지은 것으로 되어 있다.

이러한 학설은 한(漢)나라의 반고(班固)가 주역이 지어진 단계를 첫째로 복희씨가 8괘를 그린 단계, 둘째로 문왕이 64괘의 384효에 괘사와 효사를 지은 단계, 셋째로 공자가 「역전」을 지은 단계로 나눈 데서부터 비롯되었다. 그 뒤 후한(後漢)의 경학자들은 주공이 효사를 창작

했다는 설을 내놓았는데, 주자(朱子)가 이 설을 수용함으로써 주역은 복희씨·문왕·주공·공자에 의해 지어진 것으로 확정이 되었다. 주역이 네 명의 성인(聖人)에 의해 지어졌다는 주장은 주역의 위상을 높이는데 큰 보탬을 주었다.

그러나 근래에 와서는 주역의 저자에 대한 전통적인 학설을 부정하는 학자들이 많이 나왔다. 방극(方克)·주백곤(朱伯崑) 등의 중국학자는 「역경」의 괘사와 효사는 서주(西周) 초기에 지어진 것이라 주장한다. 즉 문왕과 주공보다 뒷시대인 성왕(成王)과 강왕(康王)의 재위 기간에 복관(卜官)들이 은(殷)나라 때부터 전해져 오던 모든 점사(占辭)들을 수집하여 편찬했다는 것이다. 그리고 「역전」의 저자에 대해서도 공자가 지었다는 기존의 학설을 부정하는 주장이 있다. 송(宋)의 구양수(歐陽修)가 「역전」은 공자의 작품이 아니라는 주장을 제기함으로부터 「역전」의 저자에 대한 논란은 지금까지 지속되고 있다. 「역전」의 저자가 공자라는 설을 부인한 근현대의 학자로는 풍우란(馮友蘭)·주백곤(朱伯崑)·고형(高亨)·진고응(陳鼓應) 등이 있다.

이상에서 주역의 저자에 대해 두 종류의 주장이 있음을 보았다. 현재로서는 주역의 저자가 누구인지 정확히 판정할 수가 없다. 주역의 저자와 관련된 고대의 유물이 지금도 계속 출토되고 있는 상황이다. 그래서 지금 시점에서는 주역의 저자를 단정적으로 말하기가 어려운 점이 있다. 중요한 것은 주역의 저자가 누구이든 주역 그 자체가 가진 가치는 변함이 없다는 점이다.

❖ 태극과 음양

태극과 음양은 동북아의 철학 · 종교 · 문화 등의 여러 분야에서 중대한 비중을 차지하고 있는 개념들이다. 그런데 이 개념들은 주역과 밀접한 관련성을 가진다.

성리학에서는 태극을 '도(道)', 또는 '리(理)'로 표현한다. 성리학의 집대성자인 주자(朱子)는 태극을 "조화의 추뉴(樞紐)요 만물의 근저(根柢)이다."라고 했다. 즉 태극은 모든 것의 중심이요 뿌리라는 말이다. 이러한 위상을 가진 '태극'이란 단어는 주역의 「계사전」에서 볼 수 있다. 「계사전」에 "역(易)에 태극이 있으니, 이것이 양의(兩儀)를 낳고, 양의가 사상(四象)을 낳고, 사상이 팔괘를 낳는다.[易有太極 是生兩儀 兩儀生四象 四象生八卦]"라는 구절이 있다. 여기서 보면 팔괘는 사상에서, 사상은 양의에서, 양의는 태극에서 나옴으로써 태극은 모든 것의 근원으로서의 위상을 가진다. 그래서 후세의 성리학에서는 태극을 우주만물의 근원으로 삼은 것이다. 그러나 정약용(丁若鏞)은 『주역사전(周易四箋)』에서 주역에서의 '태극'이란 말은 서법(筮法)에서 사용되는 용어일 뿐이지, 결코 성리학에서 말하는 것처럼 우주만물의 존재원리를 밝혀주는 개념으로 사용된 것이 아니라고 했다. 즉 태극은 서법에서 양의가 나누어지기 이전의 상태를 설명하는 용어일 뿐, 거기에 심대한 철학적 의미가 함유되어 있는 것이 아니라는 말이다.

태극은 도가(道家)의 경전에서도 보인다. 『장자(莊子)』, 「대종사(大宗師)」에 "태극보다 위에 있으나 높지 않고, 육극(六極)보다 아래에 있으나 깊지 않다.[在太極之上而不爲高 在六極之下而不爲深]"란 구절이 있다. 여기서의 태극은 도가 어디에든 존재하지 않음이 없음을 설명하는 과정 중에 사용된 개념이다. 진고응(陳鼓應)과 같은 학자는 『주역, 유가

사상인가 도가사상인가』에서 태극이 도가경전인 『장자』에 나오는 것에 근거하여, 「계사전」의 태극은 도가에서 나온 것이라는 주장을 펴기도 한다.

다음은 '음양'이란 개념에 대해 살펴보자. 음양의 의미는 본래부터 철학적 의미를 가진 개념이 아니었다. 양계초(梁啓超)는 유가의 삼경(三經)에서 보이는 음양의 의미를 분석한 결과, 우주의 원리를 설명할 수 있을 만큼의 의미를 담고 있지 않다고 했다. 주역에서만 본다면, 풍택중부괘(風澤中孚卦) 구이(九二)의 효사에 '우는 학이 음에 있다.[鳴鶴在陰]'라는 구절에서만 유일하게 '음(陰)'자를 볼 수 있다 그러나 여기서의 '음'은 해가 가려서 생기는 '그늘'을 말하는 것일 뿐, 우주의 존재원리를 설명하는 용어가 아니다.

음양은 원래 자연현상에서 추출한 개념이었다. 즉 구름이 해를 가림을 '음'이라 하고, 햇살이 비치는 것을 '양'이라 한 것이다. 서복관(徐復觀)은 「음양오행설과 관련문헌의 연구」에서 음양의 개념을 다음과 같이 말했다.

『설문해자(說文解字)』 제11편 운부(雲部)에 의하면, 음(陰)의 원형은 '음(霒)'자, 즉 '운(雲)' + '금(今)'으로 되었는데, '雲'자는 '구름이 해를 가림'을 뜻하고, '今'자는 소리를 표시한다. 그리고 『설문해자』 제9편 물부(勿部)에 의하면, '양(陽)'의 원형은 '양(昜)'자로 '열다'의 의미를 가지며, '昜'자는 일(日) + 일(一) + 물(勿)로 되어, '날다', '길다', '굳센 것이 많다'는 뜻도 가진다. 또한 '昜'자에서의 '日'은 태양, '一'은 지면, '勿'은 햇살이 아래로 비치는 모습을 나타낸다는 설도 있다. 햇살과 그늘은 모두 산언덕에서 나타나고 사라진다. 그래서 햇살을 뜻하는 '昜'자와 그늘을 뜻하는 '霒'자는 산언덕과 관련이 깊다. 정리해보면, '陽'자는 '昜'자에다 언덕을 뜻하는 '부(阝)'자를 더함으로써 이루어졌다.

'陰'자는 '黔'에 '雨'자를 생략하고, 거기에다 '今'자를 더한 후 좌측에 'ß'자를 더함으로써 만들어졌다.

이상에서 보면, '음'과 '양'이란 글자는 본래 자연현상을 표현하기 위해 만들었다. 그러나 음양은 철학적 윤색이 더해짐으로써 「역전」에 서는 우주의 존재 원리를 밝히는 개념으로 발전을 했다. 주역 「경문」에는 철학적 의미를 가진 '음'과 '양'이란 글자가 존재하지 않는다. 「역전」에 와서 비로소 음양이 철학적 의미를 가지게 되고, 또 음양이론에 입각하여 주역을 해석하기 시작한 것이다. 즉 본래부터 주역이 음양이론에 근거해서 나온 것이 아니고, 도리어 「역전」이 음양이론을 수용한 이후부터 주역은 음양설에 의거하여 해석되기 시작한 것이다.

❖ 4상과 8괘

4상과 8괘는 태극이나 음양과 함께 동양의 옛 문화를 설명할 때면 자주 등장하는 단어들이다. 8괘는 4상에서 분화되어 나와 주역을 구성하는 핵심 요소이다.

4상은 네 가지의 상(象)으로서 태극을 근원으로 삼는다. 즉 태극이 양분하면 음양이 되고, 음양이 양분하면 4상이 된다. 4상은 태양(太陽) · 소음(少陰) · 소양(少陽) · 태음(太陰)으로 나누어지는데, 이것은 주역에서 점을 치고자 괘를 뽑는 과정 속에 나오는 개념이다. 즉 태양은 순전히 양의 기운만 있는 것을 말하고, 소음은 양 속에 음의 기운이 섞여 있는 것을 말하고, 소양은 음 속에 양의 기운이 섞여있는 것을 말하고, 태음은 순전히 음의 기운만 있는 것을 말한다.

4상은 철학사에서 볼 때, 그 비중이 태극이나 음양에는 미치지 못한다. 단 한국의 경우에는 이제마(李濟馬)가 사상의학(四象醫學)을 창안함으로써 '4상'이란 단어는 크게 부각이 되었다. 4상은 사상의학에서 중추역할을 하는 개념이다. 사상의학에서는 인체의 체질을 나눌 때, 폐가 강한 체질을 태양인(太陽人)이라 하고, 신장이 강한 체질을 소음인(少陰人)이라 하고, 비장이 강한 체질을 소양인(少陽人)이라 하고, 간이 강한 체질을 태음인(太陰人)이라 한다. 이제마는 『맹자』의 사단설(四端說)에서 영감을 받아 사원적(四元的) 인간관을 구성한 후, 주역의 4상 개념을 빌려와 자신의 사상의학을 전개하였다.

8패는 태극 → 음양 → 4상을 거쳐서 나온 개념이다. 즉 태극이 양분됨으로써 음양이 생겨나고, 음양이 또 양분됨으로써 4상이 나오고, 4상이 또 양분됨으로써 8패가 나오게 된다. 4상의 태양이 양분되어 건패(乾卦☰)와 태패(兌卦☱)가 나오고, 소음이 양분되어 이패(離卦☲)와 진패(震卦☳)가 나오고, 소양이 양분되어 손패(巽卦☴)과 감패(坎卦☵)가 나오고, 태음이 양분되어 간패(艮卦☶)와 곤패(坤卦☷)가 나왔다. 이처럼 역철학은 이분법의 체계를 통하여 구성되었다.

건패는 하늘, 태패는 못, 이패는 불, 진패는 우레, 손패는 바람, 간패는 산, 곤패는 땅을 각각 상징한다. 자연물을 8패에다 배분하면 이처럼 되는데, 사실은 만물만사 모두를 각각 8패에다 배속을 시킬 수 있다. 그러므로 패 속에는 무한의 의미가 함유되어 있다.

「계사전」에 "팔패가 길흉을 정하고, 길흉이 대업(大業)을 낳는다.[八卦 定吉凶 吉凶 生大業]"는 말이 있다. 8패는 만사만물에 대한 정보를 저장하고 있는 정보체(情報體)이다. 그러므로 8패는 자기를 읽어주는 사람에게 다양한 정보를 제공해줌으로써 천하를 경영하는데 도움을 주는 물건이라 할 수 있겠다.

438

8괘는 만사만물에 대한 정보를 함유하고 있는 정보체(情報體)이다. 그러나 8괘가 홀로 있을 때는 정보를 함유하고만 있을 뿐, 아무 작용도 일어나지 않는다. 8괘가 서로 결합을 하면 그때 비로소 작용이 일어나, 다양하고 정확한 정보를 제공해준다. 기계의 부품이 단독으로 있을 때는 무의미하고, 이것이 결합이 되어야만 비로소 작용이 일어나는 것과 같다.

「계사전」에 "팔괘(八卦)가 나열되니 상징이 그 속에 있고, 인하여 팔괘를 중첩시키니 6개의 효가 그 속에 생긴다. 음양이 서로 작용을 하니 효의 변화가 그 속에서 일어나고, 괘사(卦辭)를 통하여 결과를 일러주니 효가 움직이는 소식이 괘사 속에 모두 들어 있다.[八卦成列 象在其中矣 因而重之 爻在其中矣 剛柔相推 變在其中矣 繫辭焉而命之 動在其中矣]" 라고 했다. 이 말을 잘 살펴보면, 64괘 및 384효의 의미와 기능을 쉽게 이해할 수 있을 것이다.

하나의 괘는 3개의 막대, 즉 3개의 효를 가진다. 이때는 아직 작용이 일어나지 않는다. 두 개의 괘가 서로 만나면 6개의 효가 생겨난다. 6개의 효가 갖추어지면, 비로소 각 효들은 정보 수집 및 분석 작업을 활발히 수행한다. 이렇게 한 결과물을 컴퓨터가 정보처리 과정을 마친 후 모니터를 통해 결과물을 보여주듯이 주역에서도 주역 본문 속에 있는 괘사와 효사를 통하여 보여준다. 괘사나 효사에는 점치는 자가 질문한 것에 대한 길흉의 정보가 정확히 담겨 있다.

8개의 낱개 괘를 '소성괘(小成卦)'라 하고, 소성괘를 중첩시킨 괘를 '대성괘(大成卦)'라 한다. 대성괘가 되어야만 비로소 작용을 일으킨다. 8개의 소성괘를 중첩시키면 64개의 대성괘가 만들어진다. 즉 8×8=64

개의 대성괘가 탄생된다는 말이다. 그리고 하나의 대성괘에는 6개의 효가 있으므로 64×6=384개의 효가 나온다. 괘는 큰 흐름을 말해주고, 효는 구체적인 정보를 제공해준다. 그래서 점을 칠 때는 괘사로써 윤곽을 파악하고, 효사로써 구체적인 답을 구해야 한다.

1개의 대성괘는 1대의 컴퓨터에 비교할 수 있다. 그래서 주역은 64대의 컴퓨터가 모여서 된 하나의 슈퍼컴퓨터라 할 수 있다. 그 용량은 무한대인데, 쓰는 사람의 능력에 의해 활용도가 달라진다.

❖ **양효와 음효의 성격**

효(爻)의 의미는 무엇인가.「계사전」에 "효(爻)는 이것을 본받는 것이다.[爻也者 效此者也]"라는 말이 있다. 즉 효는 만사만물의 이치를 함축하고 있다는 뜻이다. 효는 다양한 의미를 함축하고 있다. 그것을 모두 열거할 수는 없지만, 대략 말해보면 이렇다. 양효는 태양·하늘·크다·밝다·남성·강하다·나아가다 등의 적극적인 의미를 담고 있고, 음효는 달·땅·작다·어둡다·여성·부드럽다·물러나다 등의 소극적인 의미를 담고 있다.

효는 양효와 음효로 나누는데 양효는 ─로, 음효는 ⎯⎯ 로 표시한다. 기호를 이렇게 만든 이유는 다양한데, 세 가지만 말해 보겠다. 첫째는 하늘과 땅의 모양을 본떴다는 설이다. 하늘은 평평하기에 ─로, 땅은 이어졌다가 끊어졌다가 하기에 ⎯⎯ 로 표시했다는 것이다. 둘째는 남성과 여성의 생식기를 본떴다는 설이다. 남녀의 생식기 모양을 본떠 ─와 ⎯⎯ 로 표시했다는 것이다. 셋째로는 숫자를 표시하는 상징물이라는 설이다. 즉 홀수는 양수이므로 한 획의 ─을 양으로 표시하고, 짝수는 음수이므로 두 획의 -- 를 음으로 표시했다는 것이다.

주역에서는 상(象)을 통하여 뜻을 담고, 또 묻는 이에게는 그 뜻을 드러내는데, 상 속에는 또한 수(數)가 내포되어 있다. 수는 상을 헤아리는 도구인데, 양효는 9로 표시하고, 음효는 6으로 표시한다. 그 이유는 1~5까지는 생수(生數)인데, 여기서 1과 3과 5의 세 양수(홀수)를 더하면 9가 되고, 2와 4의 두 음수(짝수)를 더하면 6이 되기 때문이다.

또한 음효와 양효는 서로 변하는 성질을 가졌다. 양이 극도에 이르면 노양(老陽)이 되어 음으로 변하고, 음이 극도에 가면 노음(老陰)이 되어 양으로 변한다. 그러므로 양 속에는 항상 음의 씨앗이 있는데, 양이 노쇠해지면 음이 주도권을 차지한다. 이 현상은 음에 있어서도 마찬가지로 나타난다. 인간세계에서도 보면, 남자는 늙을수록 여성적으로 변하고, 여자는 늙을수록 남성적으로 변한다. 이 세상에는 고정불변함도 완벽함도 없다. 모든 것에는 상반된 기질이 뒤섞여 있고, 또 그래서 끝없는 변화가 이어진다. 이것이 음양변화의 실상이다.

❖ 역학의 역사

역학(易學)은 시대의 여러 가지 여건에 따라 다양한 형태로 발전해왔다. 그 흐름을 편의상 송대(宋代) 이전, 송대 이후, 근현대의 3단계로 나누어 살펴보겠다.

1. 송대 이전의 역학

전통적으로 주역은 크게 두 갈래의 입장에서 연구되었는데, 상수역학(象數易學)과 의리역학(義理易學)이 바로 그것이다. 상수역학은 음양의 수와 괘효의 상 및 괘가 가진 물상(物象)을 응용하여 주역을 해석하는 역학이다. 의리역학은 괘의 의미와 괘 속의 이치를 중심으로 주역을 해석하는 역학이다.

한대(漢代)에 이르러 주역이 본격적으로 연구되기 시작했다. 이때는 상수역학이 주류를 이루었다. 전한(前漢)의 맹희(孟喜)와 경방(京房)에 의해 상수역학이 창시되었고, 후한(後漢)의 우번(虞翻)에 의해 절정에 이르렀다. 이 시기의 상수학은 괘기설(卦氣說)로 주역을 해석한 것이 그 특징이 된다.

괘기설은 맹희에 의해 시작되었는데, 8괘와 64괘를 1년, 4계절, 12달, 24절기, 365일에 배치하여 이것으로 절기의 변화를 해석한다. 맹희의 뒤를 이은 경방은 괘기설을 더 발전시켰다. 그는 괘기설을 효과적으로 설명하기 위해 납갑법(納甲法)을 고안했다. 납갑법은 64괘를 10간과 12지로 나누어 배열하여, 사시(四時)의 기후와 인간사의 길흉을 예측하는 이론이다. 후한의 우번은 괘기설을 괘변설(卦變說)로 변화시켰다. 괘변설은 하나의 괘를 여러 가지 괘로 변화시키고, 또 괘를 여러 각도에서 해석하는 이론이다. 이 이론은 너무 복잡하여 상수역학의 쇠퇴를 초래했다. 이를 대신하여 나타난 학파가 바로 왕필(王弼)의 의리역학파이다.

위(魏)의 왕필은 노장철학(老莊哲學)을 토대로 하여 주역을 해석했다. 그는 괘와 괘상에만 얽매여 역을 해석하는 한대의 상수역학을 배격했다. 그의 의리역학은 진(晉)의 한강백(韓康伯)이 계승하였다. 왕필과 한강백에 의해 정립된 의리역학은 괘상보다는 그 속에 함축되어 있는 무형의 이치를 중점적으로 탐구하는 특색을 가진다. 이것은 그들이 무(無)를 만물의 본원으로 삼고 있는 것과 밀접한 연관성이 있다고 하겠다.

한대에는 상수역학이, 그 뒤를 이은 위진시대에는 의리역학이 성행하였다. 당대(唐代)에 와서는『주역정의(周易正義)』의 저자인 공영달(孔穎達)이 의리역학을,『주역집해(周易集解)』의 저자인 이정조(李鼎祚)가 상수역학을 각각 계승하였다. 이 두 학파는 송대(宋代)에 이르러 더욱 화려한 발전을 보았다.

2. 송대 이후의 역학

역학은 송명(宋明)에 와서 더욱 다양한 각도로 연구되었다. 송명시대의 역학 연구가들도 역시 크게 상수역학파와 의리역학파로 나누어 볼 수 있다.

송대(宋代)의 상수역학은 북송(北宋) 초기 도식(圖式)을 활용하여 주역을 해석한 진단(陳摶)으로부터 시작되었다. 그 뒤로 상수역학은 발전을 거듭하여, 마침내 수학파(數學派)와 상학파(象學派)로 나누어지고, 명대(明代)에 와서는 역도학파(易圖學派)가 생겨났다.

수학파의 대표자는 소강절(邵康節)이다. 그는 수(數)를 주역 해석의 근거로 삼았다. 그는 '수가 상(象)을 낳는다'는 입장을 견지하여 수로써 괘효상의 변화를 설명했다. 그리고 그는 복희의「선천도(先天圖)」를 중시하여, 이것으로 우주와 인간의 운명을 추산하였다. 상학파의 대표자는 남송(南宋)의 주진(朱震)이다. 그는 물상(物象)을 활용하여 주역을 해설하는 이론인 취상설(取象說)을 중시했다. 역도학파는 명대의 내지덕(來知德)이 대표자이다. 그는 북송 초기에 도식으로 주역을 해설하는 전통을 계승·발전시켰다.

송대의 의리역학은 왕필(王弼)이 노장철학(老莊哲學)의 관점으로 주역을 해석했던 것과는 달리, 유가철학(儒家哲學)의 관점에서 주역을 해석하는 의리역학을 탄생시켰다. 의리역학은 주역을 철학적 관점에서 해석하는 역학체계로, 이들은 다시 리학파(理學派)와 기학파(氣學派), 그리고 심학파(心學派)로 나누어진다.

리학파의 대표자는 북송의 정이천(程伊川)이다. 정이천은 괘상(卦象)보다는 그 속의 리(理)를 본질적 요소로 삼아, 이치에 순응하고 있는가의 여부에 의해 길흉을 해석했다. 주자는 리학파의 입장을 지지하는 가운데, 수학파와 상학파와 기학파의 장점을 모두 수용하여 역학을 총합했다. 기학파의 대표자는 북송의 장횡거(張橫渠)이다. 그는 음양의 기운이 변화하는 법칙을 근거로 괘효사의 의리를 해석했고, 그의 학풍은 명청(明淸) 교체기의 왕부지(王夫之)에 의해 총결되었다. 심학파의 대표자는 남송의 양간(楊簡)이다. 그는 육구연(陸九淵)의 역설을 계승하여 괘효상과 천지만물의 변화는 모두 마음에서 나왔다고 했다. 이 전통을 이어 명대의 왕기(王畿)는 인심의 양지(良知)가 곧 주역을 형성하는 근원이라는 이론을 폈다.

역학은 다양한 각도로 연구되어 청대(淸代)까지 이르렀다. 그러나 청대의 역학자들은 송명의 상수·의리 양학파의 역학을 비판했다. 그 대신 한대의 상수역학을 문헌학적으로 연구하는 방향으로 학문노선을 전환시켰다.

3. 근현대의 역학

근현대, 즉 1900년대에도 의리(義理)와 상수(象數)의 양대 역학파는 여전히 그 맥을 이어왔고, 이와는 별도로 고거역학파(考據易學派)가 새로 탄생했다. 고거역학파는 주역을 문헌학 및 고고학적으로 연구하는 학파로 이경지(李鏡池)·고형(高亨)·이학근(李學勤) 등이 있다.

근현대의 의리학파 역학자들은 유물변증법 등 서구의 신사상을 발판으로 주역의 이치를 탐구했는데, 그 대표자로는 김경방(金景芳)·곽

말약(郭末若)·장입문(張立文)·주백곤(朱伯崑) 등이다. 상수학파의 역학자들로는 상병화(尙秉和)와 항신재(杭辛齋)가 그 대표자이다. 상병화는 상(象)을 가지고 주역을 해석하는 정통 상수역학자이다. 항신재는 정통 상수학에다, 유교·불교·도교·기독교 및 신지식을 결합하여 주역을 해석함으로써 과학역학(科學易學)의 출현을 예비했다.

과학역학은 주역의 원리로 자연과학의 세계를 설명하는 역학체계이다. 천문·지리·산술 등의 옛 과학이 이미 역학을 응용함으로써 과학과 역학을 관련시키는 전통은 오래 전부터 존재했었다. 과학역학파들은 상수역의 기초 위에 연구를 전개하고, 또 상수학파의 전유물이라 할 수 있는 괘상(卦象)과 수리(數理) 및 도서(圖書)를 바탕으로 논리를 펴기에, 과학역학은 상수역학의 일종으로 본다.

현대 과학역학의 대표자는 설학잠(薛學潛)이다. 그는 최신의 과학지식을 이용하여 주역을 해석하고, 또 주역의 이치로써 현대의 자연과학 이론들을 해석했다. 그는 『역여물질파양자역학(易與物質派量子力學)』과 『초상대론(超相對論)』을 남겼다. 그의 이 두 저서는 주역이 시공간의 4차원 세계 위에 전(電)과 질(質)인 5차원의 세계를 담고 있음을 전제로 하여 이론을 펴고 있다. 그리고 그는 주역을 연구하려면 물리학에서 그 이치를 구하고, 물리학을 연구하려면 8괘에서 그 원리를 구하라고 할 만큼 주역과 과학을 밀착시켰다.

설학잠에 버금가는 과학역학자로는 심중도(沈仲濤)가 있다. 그는 영문으로 『역경지부호(易經之符號)』를 지었다. 이 책에서 그는 괘가 물리학·천문학·논리학 속에서 어떤 의미를 가지는가를 논했다. 이외에도 많은 역학자들이 물리학·생물학·천문학·수학·생물학·화학·전자 등의 과학을 주역과 관련시켜 연구를 했다.

이상 1900년대 이후의 주역연구 현황을 살펴보았다. 이 시대의 역학연구는 서구의 과학적 성과물을 습득한 후, 이것을 근거로 하여 새로운 역학체계를 세우는 방향으로 흘렀다.

❖ **주역의 세계관**

주역은 시시각각으로 변화하는 상황을 일러주는 책이다. 원래 우주만물은 한 순간도 쉼 없이 변한다. 모두 꿈틀거리며 자기를 변화시켜가고, 또 전체의 변화에 참여한다. 개체도 전체도 모두 변화라는 물결 위에 서 있다. 그래서 변화의 물결은 인간에게 끝없이 선택을 요구한다. 이때 잘못된 선택을 하면, 인간은 불행에 빠진다. 주역은 변화막측한 인생길을 허물없이 살아갈 수 있도록 지혜를 제공해준다. 그래서 「계사전」에서는 주역의 용도를 '덕을 높이고 사업을 넓힌다[崇德而廣業]'고 평한 것이다.

역철학에서의 세계관은 몇 가지로 나누어 말해볼 수 있다.

첫째, 주역에서는 모든 것은 변화 속에 있다는 입장을 가진다. 「계사전」의 "한 번 음이 되고, 한 번 양이 되는 것을 도(道)라 한다.[一陰一陽之謂道]", "하늘에서는 상징을, 땅에서는 모양을 이루니, 변화가 나타난다.[在天成象 在地成形 變化見矣]"는 말에서 보듯이 주역에서는 모든 현상이나 사물을 고정된 게 아니라, 변화의 과정 속에 있다는 입장을 견지한다.

둘째, 양극단은 상보적인 관계를 가진다고 본다. 즉 음양이 서로 대대(待對)의 관계에 있다. 그러나 「계사전」의 "강함과 부드러움이 서로 작용해서 변화를 이룬다.[剛柔相推 而生變化]"는 말에서 보듯이 음과 양의 성격이 서로 상반되지만, 상호 보완적으로 작용을 함으로써 함께 변화를 구사해 간다. 주역에서는 절대적인 대립관계는 존재하지 않는다고 본다.

셋째, 주역에서는 천·지·인이 하나의 근본 속에 통합되었다는 세계관을 가진다.「설괘전」의 "하늘의 도를 세워 음양이라 하고, 땅의 도를 세워 강유(剛柔)라 하고, 사람의 도를 세워 인의(仁義)라 하니, 천·지·인의 삼재(三才)를 겸하되 음양으로 나눈다.[立天之道曰陰與陽 立地之道曰柔與剛 立人之道曰仁與義 兼三才而兩之]"라는 말처럼, 천·지·인은 하나의 틀 위에 통합되어 있다고 본다.

넷째,「계사전」의 "신묘한 기능은 장소를 가리지 않고, 역은 몸체가 없다.[神无方而易无體]"는 말에서 보듯이 변화의 원리 및 우주만물은 모두 고정된 실체를 가지지 않는다고 본다. 고정된 실체를 가지지 않기에 끝없는 변화, 그리고 만사만물의 교류가 가능해진다. 이것은 불교에서 모든 존재는 '자기'라고 할 만한 실체가 없다고 하는 무아설(無我說), 또 무아이기에 끝없이 변화를 이룬다는 연기설(緣起說)과도 의미상 상통하는 점이 있다.

❖ **주역의 인식법**

김종직(金宗直)의 시에 "눈 속의 차가운 매화 비 온 뒤 개인 산, 볼 때는 쉽지만 그릴 때는 어려워라.[雪裏寒梅雨後山 看時容易畵時難]"라는 구절이 있다. 눈 속에 핀 고결한 매화와 비 온 뒤의 청초한 산을 모두가 아름답게 여길 줄은 알지만, 누구도 그것을 정확히 표현해 낼 수 없다. 그래서「계사전」에서는 "글은 말을 다 전하지 못하고, 말은 뜻을 다 전하지 못한다.[書不盡言 言不盡意]"라는 말로 언어 문자의 불완전성을 지적했다. 그리고 "상징(象徵)을 세워 뜻을 다 드러내며, 괘를 만들어 참과 거짓을 가려낸다.[立象以盡意 設卦以盡情僞]"라는 말에서 보듯, 언어문자의 한계성을 괘상(卦象)을 통하여 극복하고자 했다. 주역에서는 변화의 소식을 괘상을 통해 드러낸다. 그 이유는 괘상 속에는 무한의 뜻이 담겨있기 때문이다.

그러면 점을 쳐서 얻은 괘는 어떻게 해석할 것인가. 물론 괘를 해석한 괘사(卦辭)가 있지만, 이것 또한 부분적인 해석일 수밖에 없다. 주역에는 64괘가 있는데, 세상에 어찌 64가지의 일만 있겠는가. 그래서 하나의 괘를 하나의 일로만 풀려하면, 역(易)의 도를 알 수 없다. 그렇다면 어떻게 괘 속의 정보를 다 읽어낼 것인가. 그래서 주역에서는 직접 보는 '직관(直觀)'의 법을 제시했다. 이는 「계사전」의 "성인이 괘를 만들어 괘상을 보고, 해설을 붙여서 길흉을 밝혔다.[聖人設卦 觀象繫辭焉 而明吉凶]"는 말에서 볼 수 있다. 주역에서는 직관능력을 활성화시키는 방법으로 마음을 씻는 '세심(洗心)', 마음을 단정히 하는 '재계(齋戒)', 또는 생각을 비워내는 '무위무사(無爲無思)' 등을 제시했다. 이것은 인간의 직관능력을 극대화시키는 데 활용되는 수양법이다. 직관은 생각이나 기타의 감각기관을 말미암지 않고 존재의 실상을 직접적이면서 총체적으로 깨닫는 인식법이다. 물론 이것은 합리성을 근간으로 하는 근현대과학에서의 인식법과는 다른 유형의 인식법이다. 그래서 여기서는 직관을 비과학적인 인식법으로 보는 경향이 있다. 그러나 칼 융은 주역의 세계관은 이성을 숭상하는 서양의 근현대적 시각에서 말하는 것과는 다른 체계의 과학이라고 말한 바 있다.

한편, 주역에서는 직관 외에도 형상적(形象的) · 논리적(論理的) · 변증법적(辨證法的) · 상수적(象數的) 인식법도 활용함으로써 판단의 기능을 극대화시키고 있다.

448

형상적 인식법은 상징을 통하여 뜻을 주고받는 특징을 가진다. 즉 내면의 뜻을 전달함에 있어 언어문자의 한계성을 간파하여 뜻을 괘상 속에 함축시켜 상을 통하여 뜻을 읽게 하는 방식의 인식법을 말한다. 「계사전」에 "상징을 세워서 뜻을 다 드러내며, 괘를 만들어 참과 거짓을 가려낸다.[立象以盡意 設卦以盡情僞]"라는 글이 바로 이것을 드러내는 말이다. 상징을 통하여 뜻을 담고, 또 뜻을 읽는 형상적 인식법은 주역이 존재할 수 있게 하는 주춧돌이다.

상수적 인식법은 상(象)과 수(數)를 연관시켜 동시에 활용하여 메시지를 드러내는 특징을 가진다. 주역에서 점의 원리나 괘효상(卦爻象)의 실체를 설명할 때는, 모두 숫자로써 표현하고 있다. 이는 상 속에 수가 내포되어 있다고 보기 때문이다. 그러므로 변화의 소식을 파악하려면 수를 연구해야 한다. "수를 헤아려 미래를 아는 것을 '점(占)'이라 한다.[極數知來之謂占]"는 말에서 보듯이 주역에서는 수를 통해 소식을 주고받는다고 본다. 이러한 상수적 사고유형의 특징을 잘 계승한 학자가 바로 북송(北宋)의 소강절(邵康節)이다.

논리적 인식법은 논리적 체계를 가지고 상황을 인식하는 특징을 가진다. 여기에는 분류(分類)와 유추(類推)와 사유(思惟)로 구분할 수 있겠다. 분류는 모호한 것을 가려내는 것이고, 유추는 사물의 공통적 특성을 발판으로 미지의 것을 추론하는 것이고, 사유는 괘상을 폭넓게 활용하기 위한 인식활동이다. 논리적 인식법은 이성을 기반으로 하는 사고유형이다.

변증법적 인식법은 대립적인 요소를 상호 통합·보완의 관계로 승화시켜 보는 특징을 가진다. 즉 음과 양이 상호 대립적인 관계이지만, 이것들이 상호화합을 함으로써 새로운 상황을 연출해낸다. 변증적 사유 역시 이성적 인식법의 범주 속에 포함되는 사고유형이다.

이상에서 본 것처럼 주역에서는 다양한 형식의 인식 방식을 구사하였다. 이는 보다 완벽하게 변화의 원리를 파악하고, 또 설명하기 위한 과정 속에서 나온 결과이다.

❖ **주역의 천인관**

주역에서 천인의 관계를 이해하는 데는 「역전」이 중요한 역할을 한다. 그러나 「역전」에 나타난 천인관을 논하기 전에 먼저 유가와 도가 양 학파의 천인관에 대해 고찰해 볼 필요성이 있다.

유가는 천과 인간을 수직적인 관계로 파악한다. 유가에서의 천은 인격적인 주재자의 의미를 가지고 있다. 은대(殷代)에는 인간의 화복을 주장하는 유일의 절대자를 '상제(上帝)'라 칭했고, 주대(周代)에 와서는 그것을 '천(天)'이라 칭했다. 주나라의 천은 유일의 절대자이기도 하지만, 또한 도덕의 근원자로서의 의미도 동시에 함유하고 있었다.

이러한 주나라의 천관(天觀)은 춘추시대의 인물인 공자에 이르기까지 이어져 왔다. 전국시대의 인물인 맹자에 와서는 천을 도덕의 근원으로 보는 측면이 더욱 강화되었다. 그래서 맹자는 "그 마음을 보존하며, 그 성품을 기르는 것이 천을 섬기는 길이다.[存其心 養其性 所以事天也]"라고 말했다. 유가에서는 인간과 천은 수직적 관계 하에 있다고 본다. 여기서 인간은 천을 예배하고, 또 천의 법칙을 따라야 하는 수동적 위상을 가진 자로 상정하고 있음을 볼 수 있을 것이다.

도가의 천인관에서는 인간을 천지와 연관시켜 이해한다. 도가에서의 인간은 인격신으로서의 천이 아니라, 자연으로서의 천지와 직접적인 연관성을 가진다. 도가의 시조인 노자는 천지를 '도의 아래에 있으면서 만물을 낳는 자'로 본다. 즉 '도→ 천지→ 만물'의 우주생성도식을 가진다는 말이다. 『노자』 제6장에 "현빈(玄牝)의 문이 천지의 뿌리이다.[玄牝之門 天地根]"라고 한 말이 보인다. 여기서의 '현빈'은 '그윽한 암컷'으로 '도'를 지칭하는데, 천지는 도를 뿌리로 하여 나왔다는 것이다. 즉 '도→ 천지'의 도식이 성립된다는 말이다. 제5장에는 "천지는 어질지 않아 만물을 풀로 만든 강아지쯤으로 여긴다.[天地不仁 以萬物爲芻狗]"라고 한 말이 보인다. 이는 만물(인간)을 낳고 기르는 주체가 천지임을 지적한 말이다. 즉 '천지→ 인 만물'의 도식이 성립된다는 말이다. 여기서 더 파악할 점은 '풀로 만든 강아지쯤으로 여긴다'는 말에서 보듯, 만물은 천지의 의도에 의해 나온 것이 아니므로 유가의 천과는 달리 천지는 의지를 가지지 않는다는 것이다. 일부에서는 천지가 만물을 낳는다는 데서 이것을 '도'의 별칭으로 보기도 한다. 정리해보면, 천지는 '인간과 만물을 낳는 자'로 유가의 천이 하는 역할을 담당하지만, 다른 점은 천지는 인격이 아닌 자연으로서의 의미를 가지며, 또한 의도나 목적을 가지지 않는다는 것이다. 그래서 도가의 천인관에서는 낳는 자와 태어난 자는 상호간 의무를 가지지 않으며, 수직적 주종관계를 형성하지 않는다고 말할 수 있다.

그런데 「역전」의 천인관에는 유가적 관점과 도가적 관점이 뒤섞여 있다. 유가에서는 천과 인간을 종교적인 관점에서 바라본다. 즉 천과 인간은 수직적인 관계에 있다고 여김으로써, 인간은 천을 섬겨야 할 의무가 있다고 본다. 한편, 도가에서는 도에서 자연으로서의 천지가 나오고, 다시 천지에서 인간과 만물이 나온다는 자연론적인 관점을 가진다. 이 두 관점을 요약해보면 다음과 같다.

유가적 관점: 혁괘(革卦),「단전(彖傳)」에 "탕왕(湯王)과 무왕(武王)이 혁명을 하여 천에 순종하고 사람에게 부응하였으니, 혁(革)의 때가 크도다![湯武革命 順乎天而應乎人 革之時 大矣哉]", 대유괘(大有卦)의 효사에 "하늘이 돕는지라 길하여 이롭지 않음이 없다.[自天祐之 吉无不利]"라는 등의 말이 있다. 여기서 볼 때, 천은 인격적 주재자로서 섬김의 대상이 되고, 인간은 천을 섬기는 자로서의 지위를 가진다.

도가적 관점:「역전」에서의 천인관에는 도가적인 색채도 스며있다. 즉, 천을 땅의 짝으로 바라본다는 점이다.「역전」에서는 인간 및 만물을 자연으로서의 천지에서 나온 것으로 본다. 함괘(咸卦),「단전」에 "하늘과 땅이 감동하면 만물이 화생(化生)한다.[天地 感而萬物 化生]", 태괘(泰卦),「단전」에 "천지가 사귐에 만물이 통(通)한다.[天地 交而 萬物 通也]",「계사전」에 "천지의 기운이 쌓임에 만물이 변화하여 엉긴다.[天地絪縕 萬物化醇]"는 등의 구절은 모두 만물은 유일신이 아닌, 천지의 소생임을 지적한 말이다. 그리고 여기서의 천은 지와 짝을 이루어 만물을 낳는 자연으로서의 천이다.

여기서 본다면,「역전」의 천인관은 하늘을 인격신으로 보는 유가적인 관점과 자연으로서의 하늘로 보는 도가적인 관점이 혼재해 있음을 알 수 있다.「역전」에서의 천인의 관계를 요약해보면 이렇다. 하나는 유가의 관점으로 '천 → 인'의 구도를 가지는데, 이는 주역이 가진 종교적인 요소를 엿보게 한다. 또 하나는 도가의 관점으로 '도 → 천지 → 인·만물'의 구도를 가지는데, 이것은 주역이 가진 자연학적인 성향을 엿보게 하는 부분이다.

이상에서「역전」에 나타난 천인관에 대해 살펴보았다.「역전」의 천인관을 정확히 파악하는 속에 역철학의 뼈대도 정확히 이해할 수 있다.

주역은 원래 점치는 책이었다. 그러나 「역전」이 지어짐으로부터 주역은 종합적인 철학서로의 위상을 갖게 되었다. 이후 역학은 인문학과 자연학의 각 학파들에 유입되어 그들의 고유한 학문체계를 더욱 풍요롭게, 그리고 심오하게 발전시켰다. 그 중 인문학적인 부분에 대해서만 먼저 말해보면 다음과 같다.

1. **유학와 주역**: 원시유학은 인간사회의 윤리를 관심의 주요 대상으로 삼는 학파이다. 이 학파는 송대(宋代)에 이르러 주역이 인간과 자연 세계를 아우르는 철학체계를 견지한 것에서 착안하여 인류의 근거를 우주자연 속에서 찾고자하는 새로운 유학으로 탈바꿈되었다. 이러한 성향의 학문체계를 '성리학(性理學)' 또는 '주자학(朱子學)'이라 칭한다.

2. **노장철학과 주역**: 노장철학에서는 인식의 문제, 그리고 우주자연론에 대해 특별한 관심을 표한다. 여기서 특히 우주자연론은 주역과 밀접한 관련성을 가진다. 주역의 논리를 빌려 노장철학을 해석함으로써 이론의 깊이를 더하고자 한 학자가 있다. 그 대표자는 서한(西漢) 말기『도덕경지귀(道德經指歸)』를 지은 엄준(嚴遵)이다. 또한 엄준의 제자인 양웅(揚雄)은 노자의 학설을 빌려와 역리를 설명하기도 하였다. 그는『태현경(太玄經)』을 지어 노자의 천도관을 기반으로 하여 자신의 역철학을 전개시켰다. 노장철학과 주역은 우주자연론의 측면에 있어서는 관심의 초점이 서로 겹쳐진다. 그래서 노장철학과 주역을 상호 연계적으로 이해하려는 시도가 있었다. 이러한 노력들은 우주자연을 둘러싼 철학적 이해를 풍요하게 하는 역할을 하였다.

3. **도교와 주역**: 후한(後漢) 말에 창건된 도교는 노자의 철리(哲理)와 무격신앙 및 장생법이 어우러져서 된 종교이다. 장생법 중에는 금단(金丹)을 제조하여 복용하는 법도 있다. 금단을 만드는 법은 후한 말의 위백양(魏伯陽)이 지은 『주역참동계(周易參同契)』에 실려 있다. 이 책에서는 금단 제조법을 주역의 괘를 사용하여 설명하고 있다. 즉 주역에 나오는 건곤(乾坤)의 괘를 화로로 보고, 감리(坎離)의 괘를 재료로 삼는 등의 이론이 그것이다. 나중에는 인간의 몸 자체를 연단의 화로로 보기에 이르렀다. 이 이론이 발전하여 나중에는 중국의 독특한 양생법인 기공법(氣功法)이 그 체계를 갖추게 되었다.

4. **불교와 주역**: 인도의 불교는 그 교리가 난해하므로 중국인들에게 전달이 쉽지 않다. 그래서 노장학뿐 아니라, 역학의 논리를 응용함으로써 교리를 효과적으로 전달하고자 했다. 그 대표자로는 한대(漢代)의 상수역(象數易)을 활용하여 『원인론(原因論)』을 지은 종밀(宗密)과 주역을 응용하여 『화엄론(華嚴論)』을 지어 화엄의 교리를 해석한 이통현(李通玄) 등이 있다. 한편, 명말(明末)의 지욱선사(智旭禪師)는 『주역선해(周易禪解)』를 지어 불교교리에 입각하여 주역을 해석함으로써 주역을 보는 시각을 다양화시켰다.

이상에서 본 것처럼 주역은 중국의 모든 인문학 분야에 큰 영향을 끼쳤다.

❖ **주역과 동양의 과학**

주역철학은 오행철학과 함께 동아시아에서 자연세계를 설명하는 대표적 학술체계이다. 이들은 서로의 교류를 통하여 보완적 관계를 이루기도 했다. 그러나 그 원류를 보면, 주역철학은 유신론적이면서 윤리와 심리가 더 중시되고, 오행철학은 무신론적이면서 기질과 물질의 요인이 더 중시된다. 어떤 이들은 이러한 학문 체계들을 미신으로 평가하기도 하는데, 객관적인 평가는 심도 있는 연구를 해본 이후에만 내릴 수 있을 것이다.

주역은 상(象)과 수(數)의 학문인데, 상과 수는 모두 자연물과 밀접한 관련을 맺고 있다. 그러므로 주역은 인문학적 요소뿐 아니라, 자연과학적인 요인도 선천적으로 배태되어 있다. 주역이 자연과학 분야에 활용된 것을 본다면 아래와 같다.

1. **천문과 주역**: 한(漢)나라의 장형(張衡)은 「계사전」의 '우러러 하늘에서 상(象)을 본다.[仰則觀象於天]'는 말에 근거하여 천문관측 기구인 혼천의(渾天儀)를 제작하고, 팔괘방위설과 음양감응설을 응용하여 지동의(地動儀)를 만들어 지진의 징조를 살폈다. 당대(唐代)에는 주역의 수리를 응용하여 '대연력(大衍曆)'이란 책력을 만들기도 했다.

2. **수학과 주역**: 삼국 시기의 수학자였던 유휘(劉徽)는 수학의 근원을 복희의 8괘로 보았으며, 그는 주역의 수리를 응용하여 원주율(圓周率)을 3.1416으로 산출하기도 했다. 북송(北宋)의 소강절(邵康節)은 주역의 수리를 응용하여 우주의 역사를 논한 『황극경세서(皇極經世書)』를 지었다. 또 남송(南宋)의 진구소(秦九韶)는 점치는 방법을 연구하던 중

연산규칙을 발견하여 『수서구장(數書九章)』을 지었다.

3. **의학과 주역**: 후한(後漢)의 장중경(張仲景)은 『상한론(傷寒論)』을 지었다. 그는 주역의 이론을 응용한 의학자로, 사람의 병증을 태양병(太陽病)·소양병(少陽病)·태음병(太陰病)·소음병(少陰病)·양명병(陽明病)·궐음병(厥陰病)으로 분류하였다. 이것은 주역의 음양과 4상의 개념을 응용하여 만든 이론이다. 그리고 그는 병증들이 서로 전이된다고 했는데, 이것은 주역에서 음양이 상호 변화하는 원리에서 취한 것이다. 또한 명대의 장개빈(張介賓)은 『의역의(醫易義)』란 책을 지었다. 그는 여기서 상수역을 근거로 생리와 병리 등의 의학원리를 논하였다.

4. **물리·화학과 주역**: 주역의 원리로 물리학을 연구한 사람으로는 명대(明代)에 서광계(徐光啓)와 방이지(方以智)가 있다. 화학은 연단술에서 각종 물질들을 배합하는 가운데서 발전을 보았다. 중국의 화약은 이러한 학문적 경향을 토대로 하여 만들어진 결과물이다.

주역철학은 이밖에도 서예나 무용 등의 예술 분야에도 응용되었다. 이에서 본다면 주역이 동양문화에 끼친 영향력은 광대하다고 말할 수 있다.

주역은 동아시아의 문화에만 영향을 끼친 것이 아니라, 서구인들에게 있어서도 그 중요성을 인정받았고, 또한 서구의 새로운 문화를 창조하는 데도 영향력을 미쳤다.

주역이 서구에 전해진 것은 1600년대 말, 지금으로부터 약 300년 전이다. 300년은 결코 짧은 세월이 아니다. 그들은 주역을 진지하게 연구하여 도리어 동양인들이 배워야 할 만큼 체계적이면서 깊이 있는 연구를 해놓았고, 지금도 많은 학자들에 의해 연구되고 있다.

주역을 가장 먼저 서구에 소개한 사람은 벨기에의 예수회 수도사 쿠프레(1623-1693)이다. 그는 『서문사서직해(西文四書直解)』를 공동으로 번역을 하면서, 주역의 64괘에 대한 해설을 부록으로 실어 1687년에 파리에서 출판했다. 이로써 주역이 최초로 서구에 소개되었다. 그 이후 주역은 많은 서구인들에 의해 번역과 연구 작업이 행해졌는데, 비중 있는 몇 사람만 소개해본다면 다음과 같다.

부베(1656-1730)는 프랑스 선교사로 교황의 명령으로 중국으로 갔다. 거기서 그는 주역을 연구했고, 주역의 자료 중 일부를 라이프니츠에게 보내주었다.

르기(1663-1738)는 부베를 따라 중국으로 간 프랑스 선교사이다. 그는 『중국에서 가장 오래된 책』이란 이름으로 주역을 라틴어로 번역했다. 이 책은 서구에 전해진 최초의 완역본으로, 서구인들의 전면적인 연구가 가능하게 되었고, 또 유럽의 각국 언어로 번역하는데 중요한 참고서가 되게 했다.

이후로 영국의 선교사인 레게의 영역본 주역이 유명하고, 리하르트 빌헬름이 독일어로 번역했는데, 이것이 서양에서 가장 권위가 있는 번역본이다. 그리고 그는 『역경강연집(易經講演集)』이란 저서도 남겼다. 또 그의 아들 헬무트 빌헬름이 지은 『역경팔강(易經八講)』은 서양인들의 역학 공부에 지침서가 되었다. 그리고 심리학자인 융은 빌헬름으로부터 역학 강의를 듣고 감명을 받아, 주역 연구에 매진하여 심리학과 역리의 접목을 시도하기도 하였다.

주역은 이미 신비주의 또는 미신을 조장하는 책이 아니라, 인문과학과 자연과학 모두에 중대한 의미를 가진 책으로 평가받고 있다. 이러한 현상은 동양인들에게서 보다 서구인들에 의해 더욱 두드러진다.

❖ 주역과 서양 과학자

주역을 300여 년 전에 처음 서구에 소개한 인물은 벨기에 선교사인 쿠프레이다. 그 뒤로 프랑스 선교사 부베는 주역에 조예가 깊었으며, 그 뒤를 이어 프랑스 선교사 르기는 주역을 라틴어로, 영국의 선교사 레게는 영어로, 리하르트 빌헬름은 독일어로 번역을 했다. 이러한 노력을 발판으로 서양에서는 주역에 대한 연구가 활발히 진행되었다.

주역 속에는 천지자연의 이치에 대해 말한 부분도 있다. 그렇기에 그 속에는 당연히 자연과학적인 측면에서도 관심 있게 볼 만한 부분이 있다. 실제로 서양 과학자들 중에는 주역에 관심을 보인 인물들이 많이 있다. 그 대표적인 인물로는 라이프니츠와 보어, 그리고 융을 들 수 있겠다.

먼저 라이프니츠(1646-1716)와 주역의 관계를 보면 다음과 같다.
라이프니츠는 이성을 존중하는 철학자로서 수학에도 조예가 깊었다. 그는 보편적 기호를 통하여 과학은 물론, 철학이나 종교에 이르기까지 세상 내의 모든 문제들을 통일적으로 해석하려는 생각을 가졌던 인물이다. 그는 기호 없이는 생각을 다 전할 수 없다고 할 만큼, 기호의 의미를 중시했다. 이것은 주역에서 문자나 말로써는 의미를 전달하는 것이 한계가 있기에 괘상(卦象)을 통하여 뜻을 전달하려 한 것과 동일한 발상이다.

라이프니츠는 동양의 학문에 대해 깊은 관심을 가졌었는데, 중국에 파견된 선교사 부베로부터 「복희64괘차서지도(伏羲六十四卦次序之圖)」를 얻어 보고 경탄을 금할 수 없었다. 일반적으로 그에게서의 「복희64괘차서지도」는 그가 이미 고안한 2진법에 대해 확신을 가지게 해준 자료라는 정도로만 알려져 있다. 그러나 근자에 들어 중국의 호양(胡陽)과 이장탁(李長鐸)은 『라이프니츠 이진법과 복희팔괘도고(萊布尼茨二進制與伏羲八卦圖考)』에서 라이프니츠가 그의 친구에게 보내는 편지에서 자신의 2진법을 주역의 「복희64괘차서지도」를 보고 고안했다고 고백한 내용을 소개했다. 그러면서 그들은 라이프니츠의 2진법이 「복희64괘차서지도」에서 나온 것임을 논증했다.

2진법은 10진법과는 달리 간단히 두 개의 숫자로만 연산작업을 수행하게 한 수리체계이다. 라이프니츠는 2진법을 단지 수학적인 용도로만이 아니라, 만유(萬有)의 존재 원리를 설명하는 도구로 활용하고자 했다. 이것은 주역이 지향하는 목표와 일치하는 것이고, 더욱이 2진법에서 그 기호를 0과 1로 한 것은 주역에서 음[--]과 양[—]으로 우주의 변화를 설명하는 것과 같은 형식을 취한다. 이진법에서는 여섯 개의 양효로 된 건괘(乾卦)를 111111, 여섯 개의 음효로 된 곤괘(坤卦)를 000000으로, 그 외의 62개도 모두 0과 1을 써서 표현한다. 그의 2진법은 주역의 음양철학과 밀접한 관련성을 가진다. 라이프니츠가 고안한

2진법은 기계의 자기제어시스템에 응용되었다. 현대문명을 지배하는 컴퓨터는 자기제어시스템에서 발전된 것이다.

닐스 보어 또한 주역의 원리를 잘 이해하고 있었다. 고전 물리학에서는 만물이 물질 입자의 결합에 의해 존재하고, 또 물질입자들의 운동에 의해 변화가 생긴다고 보았다. 또한 이 이론은 뉴튼의 운동법칙에 의해 예측할 수 있다고 믿었다. 그러나 고전 물리학은 자신을 되돌아 보아야 할 상황을 맞게 되었다. 닐스 보어(1885-1963)와 하이젠베르그(1901-1976) 등에 의해 양자물리학이 탄생했기 때문이다.

양자물리학에서는 불확정성 원리와 이중성의 원리를 제시했다. 이 가운데 닐스 보어와 주역의 관계에 대한 이야기는 이중성의 원리에서 찾아볼 수 있다. 양자물리학에서는 가장 미세한 물질인 빛의 실체를 분석해보면, 빛에는 파동과 입자의 두 요소가 공존하고 있는데, 파동이 때로는 입자처럼 움직이고, 입자가 때로는 파동처럼 움직인다고 말한다. 이것이 곧 이중성의 원리인데, 이 원리를 정립하는데 핵심적 역할을 한 사람이 바로 보어이다.

빛의 본질에 대한 17세기의 이론은 두 종류가 있었다. 뉴튼의 입자설과 후크와 호이겐스의 파동설이 그것이다. 19세기에 들어와서는 페르데이와 맥스웰에 의해 전자기학이 탄생하면서 빛은 전자기파의 일종으로 간주되면서 파동설이 유리한 입장에 서게 된다. 그러나 20세기 초에 이르러 막스 플랑크가 양자가설을 세워 빛은 파동으로도 설명할 수 있고, 입자로도 설명할 수 있음을 시사했다. 닐스 보어의 이중성 원리는 이러한 과정을 통해 정립되었다.

그런데 보어는 물질의 기초 요소인 입자와 파동은 대립적인 존재가 아니라, 상호 보완적인 관계를 가진다고 했다. 즉 입자와 파동은 상호

대립적인 관계에 있는 것이 아니라, 상호 보완적인 관계를 형성함으로써 물질의 기초단위를 형성한다는 말이다. 이는 주역에서의 음과 양이 상호 대립자가 아니라, 각자에게 없는 기운을 상호 보완적으로 제공해 줌으로써 세계를 생성·유지시킨다고 보는 입장과 맥을 같이 하는 이론이다.

보어는 '서로 다른 성질의 것이 상호 보완적인 관계에 있다.'고 하는 주역의 음양철학에 깊은 감명을 받았다. 그래서 그는 학문적 공적이 인정되어 덴마크 정부로부터 기사작위를 받을 때, 문장에 음양이 어우러져 있는 태극마크를 새기고, 그 위에다 "대립적인 것은 상호 보완적이다(CONTRARIA SUNT COMPLEMENTA)"라는 글도 함께 새겨 넣고서 작위 수여식에 나아가기도 하였다.

한편, 심리학자인 칼 구스타프 융(1875-1961)도 주역과 밀접한 관련을 가진 인물이다. 융은 빌헬름으로부터 주역강의를 듣고부터 주역에 매료되었다. 그래서 주역 책이 걸레가 되도록 읽고, 또 읽었다. 그리고 점의 원리를 깊이 이해하였다. 그는 합리론자인 프로이드의 고전심리학을 뛰어넘어 새로운 유형의 역동적인 심리학을 개척한 인물이다.

융은 동시성(同時性) 원리를 정립함으로써 심리학의 발전에 귀중한 공헌을 했다. 동시성은 '객관적인 사건 또는 사태는 관찰자의 심리 세계와 기묘하게 상호 연관되어 있다'는 이론이다. 어느 날 융이 새벽 2시에 화들짝 놀라 잠을 깼다. 그때 어떤 그림자가 방으로 들어오는 느낌을 받았다. 불을 켜보았으나 아무도 없었고, 갑자기 융의 이마와 뒷골에 강한 통증을 느꼈다. 이튿날 융은 관심을 갖고 치료하던 환자가 머리에 총을 쏘아 자살했다는 소식을 접하였다. 그런데 나중에 알고 보니, 지난밤 융의 머리가 아팠던 시간과 그 환자가 자살한 시간이 동일하였다. 융의 무의식이 환자가 자살한 시간에 환자의 자살사건과 상호 감응을 일으켰던 것이다. 이것이 바로 동시성 원리의 한 예이다. 물론, 이 현상을 우연의 일치라고 주장할 수도 있겠지만, 우리는 무의식이 일으키는 예감이나 꿈이 현실의 사건과 일치하는 경우를 종종 경험한다. 융은 이러한 현상이 우연히 생긴 것이 아니라, '의미 있는 일치'로 진단하였다. 동시성 원리는 무의식 가운데 선천적인 지적능력이 존재하며, 또한 시공을 초월하여 사태를 직접적으로 파악하는 능력이 내재되어 있다는 조건 위에 정립된 이론이다. 융의 동시성 원리는 심리의 형태를 기계적인 인과론으로만 보는 프로이드의 학설을 넘어서서 심리의 형태에는 비인과적인 요소가 존재함을 알게 했다.

융은 점에 대해 많은 통찰을 하였다. 그가 제시한 동시성 원리는 주역의 점법과 관련이 깊다. 융은 점을 칠 때, 질문에 따라 그에 상응하는 괘가 나온다는 사실을 발견했다. 예를 들어 결혼에 대한 일을 점치면 결혼 문제와 관련된 점괘를 얻게 된다는 것이다. 이것을 우연한 현상이라고도 할 수 있겠지만, 융은 동시성의 원리에 의해 그렇게 된 것으로 보았다. 즉 인간의 무의식은 현실세계와 상응관계에 놓여있으므로 점치는 자의 무의식이 현실세계의 질문에 대한 정보를 괘를 통해 내보인다는 것이다.

융은 점의 원리를 심리학적으로 설명한다. 주역에서 괘를 뽑는 것은 순간적인 포착인데, 여기에는 무의식이 개입된다. 점을 올바로 치면, 꼭 묻는 일에 상응하는 내용의 괘를 얻게 되는데, 여기에는 이유가 없다. 즉 비인과적이라는 말이다. 다만, 점치는 순간에 점치는 자의 무의식과 객관적인 사건이 동시적으로 감응을 이룸으로써 얻은 결과를 괘를 통해 드러낼 뿐이다. 이 모든 현상이 가능하도록 중개하는 것이 바로 점치는 자의 무의식 속에 있는 원형(元型)이다.

융은 무의식을 개인무의식과 집단무의식으로 나눈다. 집단무의식은 인류의 의식 밑바닥에 있는 원초적인 의식으로 전 인류가 공유한다. 이 집단무의식을 이루는 핵심요소가 바로 원형이다. 이것은 인류가 살아오면서 물려받은 다양한 경험에 대한 각각의 상징적 표상이다. 원형은 융이 무의식을 설명하기 위해 제시한 개념으로, 이것은 시공의 장벽과 인과의 법칙을 초월하여 상황을 재구성하고, 재결정하는 초인과적인 역할을 담당한다. 점치는 자의 무의식 속에 있는 원형은 현실의 객관적인 사건, 그리고 사건에 대한 정보를 제시하는 도구인 괘와 상응관계를 이룬다. '원형'과 '객관적인 사건', 그리고 '괘' 이들 셋 사이에는 논리적 인과율을 초월하여 직접적이고, 총체적이고, 동시적인 감응현상이 일어난다.

집단무의식 속의 원형을 끄집어내려면 일상의 현재의식을 초월하여야 한다. 집단무의식은 의식의 가장 밑바닥에 있다. 여기에 도달할 때, 원형을 끄집어낼 수 있고, 또 올바른 괘를 얻을 수 있다. 현재의식을 초월하여 집단무의식 속에 들어가 원형의 활동을 이끌어내는 방법을 주역에서는 '마음을 씻는다'는 '세심(洗心)', '마음을 가다듬는다'는 '재계(齋戒)', '잡념을 제거한다'는 '무사무위(無思無爲)' 등의 방법을 제시한다. 융은 주역을 대함에 있어 무의식의 반영으로 드러난 의미 있는 상징에 대해 집중적인 주의를 기울이도록 권했다. 그는 이것을 '적극적 상상력'이라는 말로 표현했다. 적극적인 상상력은 무의식의 상징을 능동적으로 해석해내는 데 도움을 준다고 본 것이다.

융은 점의 원리를 무의식 세계와 연관하여 설명했다. 이러한 측면에서 본다면, 그는 심리학적인 측면에서 주역을 바라보았다고 할 수 있겠다.

부록 :: 주역이야기 참고도서

1. 주백곤 저, 김학권 역, 『주역산책』, 예문서원

2. 고회민 저, 신하령 · 김태완 역, 『상수역학』, 신지서원

3. _____, 정병석 역, 『주역철학의 이해』, 문예출판사

4. 진고응 저, 최진석 · 김갑수 · 이석명 역, 『주역, 유가사상인가 도가사상인가』, 예문서원

5. 요명춘 · 강학위 · 양위현 저, 심경호 역, 『주역철학사』, 예문서원

6. 김경방 · 여소강 저, 한국철학사상연구회 역, 『역의 철학』, 예문서원

7. 주희 저, 김상섭 해설, 『역학계몽』, 예문서원

8. 한국주역학회 편, 『주역의 현대적 조명』, 범양사

9. 체 게 융 저, 김성관 역, 『융심리학과 동양종교』, 일조각

10. 박재주 저, 『주역의 생성논리와 과정철학』, 청계

11. 김기, 『음양오행설의 이해』, 문사철

12. 데이비드 보드니스, 김민희 역, 『E=mc제곱』, 생각의 나무

13. 스티븐 에프 메이슨, 박성래 역, 『과학의 역사』, 까치

14. Daniel F. Styer, 조길호, 『이상한 나라의 양자역학』, 북스힐

15. 『주역전의대전』, 학민문화사